EUROPA-FACHBUCHREIHE
für wirtschaftliche Bildung

Verwaltungsfachangestellte/-r
Wirtschaftslehre

Informationsband

Engel · Pils · Stumpf

VERLAG EUROPA-LEHRMITTEL
Nourney, Vollmer GmbH & Co. KG
Düsseldorfer Straße 23
42781 Haan-Gruiten

Europa-Nr.: 47434

EUROPA LEHRMITTEL

Autoren:
Günter Engel, Massenbachhausen
Holger Pils, Pfedelbach
Björn Stumpf, Stuttgart

2. Auflage 2024

Druck 5 4 3 2 1

Alle Drucke derselben Auflage sind parallel einsetzbar, da bis auf die Behebung von Druckfehlern untereinander unverändert.

ISBN 978-3-7585-4261-9

Umschlaggestaltung, Layout, Grafik, Satz: Punkt für Punkt GmbH · Mediendesign, 40549 Düsseldorf
Umschlagkonzept: tiff.any GmbH, 10999 Berlin
Umschlagfoto: © Traumbild – stock.adobe.com
Druck: LD Medienhaus GmbH & Co. KG, 48683 Ahaus, www.ld-medienhaus.de

Vorwort

„Verwaltungsfachangestellte/-r Wirtschaftslehre" ist der **Band 2** einer Reihe für die **Verwaltungsberufe**. Das Buch ist ein Lehr- und Lernbuch, das Fachwissen durch kompetenzorientierte **Lernkontrollen** ergänzt. Zahlreiche Übersichten, Tabellen und Beispiele veranschaulichen die Lerninhalte und erleichtern das Lernen. **Zusammenfassungen** am Ende der Kapitel unterstützen beim Wiederholen.

Für welche Zielgruppe ist dieses Buch geeignet?
Das Buch stellt eine optimale Vorbereitung auf die Abschlussprüfung der Verwaltungsfachangestellten dar, ohne dabei auch weiterführende und vertiefende Inhalte außer Acht zu lassen. Somit kann das Buch auch als Nachschlagewerk für Ausbilder/-innen und Mitarbeiter/-innen in den öffentlichen Verwaltungen sowie für Dozenten/Dozentinnen eingesetzt werden.

Woran orientiert sich der Inhalt des Buches?
Das Lehrbuch Wirtschaftslehre berücksichtigt den **Rahmenlehrplan** für den Ausbildungsberuf **Verwaltungsfachangestellte/Verwaltungsfachangestellter** der Kultusministerkonferenz der Länder sowie die **Lehrpläne für Baden-Württemberg**.

Nach Lernfeldern gegliedert!
Das Buch ist nach Lernfeldern gegliedert und behandelt die **Lernfelder 1, 3, 5, 6, 8, 12 und 14**. Zudem werden die Inhalte des Lehrplans für Baden-Württemberg des Faches **Allgemeine Wirtschaftslehre** in die Lernfelder integriert.
Die fehlenden Lernfelder des Rahmenlehrplans und die noch fehlenden Lehrpläne für Baden-Württemberg sind oder werden in gesonderten Lehrbüchern aufgenommen.
Die vorliegende 2. Auflage des Bandes Wirtschaftslehre entspricht dem **Stand vom Januar 2024**.

Detaillierte Gliederung und umfangreiches Stichwortverzeichnis!
Durch die detaillierte Gliederung und das umfangreiche Stichwortverzeichnis ist ein schnelles Auffinden der Inhalte möglich.

Wir danken!
Wir danken unseren Auszubildenden, den Verwaltungen sowie unseren Kolleginnen und Kollegen, die uns freundlicherweise mit Anregungen und Materialien unterstützt haben.

Ihr Feedback ist uns wichtig!
Wir freuen uns auf einen lebendigen Austausch und sind allen Lesern gegenüber offen für Anregungen, Kritik und Verbesserungsvorschläge. Wenn Sie mithelfen möchten, dieses Buch für die kommenden Auflagen zu verbessern, schreiben Sie uns unter:
lektorat@europa-lehrmittel.de.

Januar 2024

Günter Engel
Holger Pils
Björn Stumpf

Inhaltsverzeichnis

Lernfeld 1: Die eigene Berufsausbildung mitgestalten

A

1 Berufsausbildungsverhältnis

1.1 Grundlagen

BBiG § 1 Die Berufsausbildung dient dem Ziel **berufliche Handlungsfähigkeit** zu vermitteln. In dieser Fähigkeit münden alle beruflichen Fertigkeiten, Kenntnisse und Fähigkeiten (auch berufliche Erfahrungen) die zur Ausübung einer qualifizierten beruflichen Tätigkeit notwendig sind.

Das Berufsausbildungsverhältnis im öffentlichen Dienst begründet sich zwischen dem Ausbildenden (Gemeinde, Stadt oder Land) und dem Auszubildenden als Privatperson.

Der rechtliche Rahmen basiert auf dem **Berufsbildungsgesetz** (BBiG), in Verbindung mit den spezifisch geltenden **Tarifverträgen**[1] und den allgemeinen **arbeitsrechtlichen Bestimmungen**, wie z. B. den Schutzvorschriften des Jugendarbeitsschutzgesetzes (JArbSchG). Diese Rechtsgrundlagen werden durch die **Ausbildungsordnung**[2]**,** für die öffentlichen Ausbilder, und den **Rahmenlehrplan**[3]**,** für die kaufmännischen Berufsschulen, komplettiert.

Das zentrale Merkmal für die berufliche Ausbildung in Deutschland, sowohl in der Privatwirtschaft als auch im öffentlichen Dienst, ist das **duale Ausbildungssystem**. Kennzeichnend für dieses System sind zwei parallel gestaltete Lernorte, in denen unterschiedliche Schwerpunkte auf Praxis und Theorie gelegt werden.

Unter einer Ausbildung versteht man die Vermittlung von Fertigkeiten und Wissen durch eine dazu befugte Einrichtung (z. B. Unternehmen, Behörden, Schulen). Im Regelfall endet eine institutionelle Ausbildung mit einer Abschlussprüfung und der Auszubildende erhält nach erfolgreicher Teilnahme eine Bescheinigung über seine erworbene Befähigung.

---

1 Tarifverträge für Auszubildende im öffentlichen Dienst werden nach Geltungsbereich unterschieden und leiten sich aus den allgemeinen Tarifverträgen ab. In Verbindung mit dem Tarifvertrag für den öffentlichen Dienst (TVöD), gilt der Tarifvertrag für Auszubildende im öffentlichen Dienst (TVAöD). Gleichermaßen verhält es sich beim Tarifvertrag für den öffentlichen Dienst der Länder (TV-L), aus welchem der Tarifvertrag für Auszubildende der Länder in Ausbildungsberufen nach dem Berufsbildungsgesetz (TVA-L BBiG) hervorgeht.

2 Die Ausbildungsordnung wird vom Bundesministerium für Wirtschaft und Technologie im Einvernehmen mit dem Bundesministerium für Bildung und Forschung verordnet. Die rechtlichen Inhalte der Ausbildungsordnung (Ausbildungsrahmenplan) für den Ausbildungsberuf „Verwaltungsfachangestellte/-r" finden Sie allgemein unter der Internetadresse (Stand: Baden-Württemberg; März 2018): https://rp.baden-wuerttemberg.de/Themen/Bildung/Ausbildung/Documents/vwfa_merkblatt.pdf

3 Die Rahmenlehrpläne werden von der Ständigen Konferenz der Kultusminister der Länder (KMK) beschlossen. Inhalte des Rahmenlehrplans für den kaufmännischen Ausbildungsberuf „Verwaltungsfachangestellte/-r" finden Sie unter der Internetadresse (Stand: März 2018): https://www.kmk.org/fileadmin/pdf/Bildung/BeruflicheBildung/rlp/VerwaltungsFA.pdf

Die Berufsausbildung hat die Zielsetzung Fähigkeiten zu vermitteln, die der Berufsausübung dienen. Bei der dualen Berufsausbildung wird diese Aufgabe durch Ausbildungsbetriebe und Berufsschulen (berufsbildende Schulen; Berufskollegs) nach den Vorgaben des Berufsbildungsgesetzes (BBiG) übernommen.

Das duale Ausbildungssystem

1. Lernort:
Ausbildungsbetrieb

An diesem Lernort ist die spezifische Ausbildungsordnung grundlegend.
Sie stellt den Rahmen für die Durchführung der praktischen Ausbildung im Betrieb, d. h. sie bildet das Fundament für die Vermittlung von berufs- und betriebsspezifischen Kenntnissen und Fertigkeiten bei der Kommune oder Stadt.

2. Lernort:
a) Berufsschule
b) Verwaltungsschule (Vorbereitungslehrgang)

Die schwerpunktmäßige Vermittlung der theoretischen Kenntnisse auf Basis der Rahmenlehrpläne ist für diese Lernorte maßgeblich.

Die theoretische Ausbildung soll den Grundstein für die praktische Ausbildung im Betrieb (Gemeinde, Stadt oder Landkreise) legen und eine theoretische Reflektion der praktischen Ausbildung ermöglichen.

Die konkrete Vernetzung innerhalb des dualen Systems wird bei der Organisation des Examens deutlich. Die erfolgreich absolvierte schriftliche Abschlussprüfung an der kaufmännischen Berufsschule gilt als Zwischenprüfung für das zuständige Regierungspräsidium. Die Zwischenprüfung gilt wiederum als Voraussetzung für die Zulassung zur Ausbildungsabschlussprüfung in Theorie und Praxis vor einer zentralen Prüfungsbehörde (zuständige Stelle), wie dem Regierungspräsidium Karlsruhe in Baden-Württemberg.

BBiG
§ 73

1.2 Abschluss und Inhalte des Berufsausbildungsvertrages

Der Berufsausbildungsvertrag ist ein Vertrag zwischen einer oder einem Auszubildenden und einem Ausbildenden (Ausbildungsbetrieb) in einem anerkannten Ausbildungsberuf. Dieser Vertrag begründet ein Berufsausbildungsverhältnis.

BBiG §§ 10, 11

Ein Berufsausbildungsvertrag[4] ist schriftlich von beiden Vertragsparteien, dem Ausbildenden und Auszubildenden, zu unterzeichnen. Soll der Berufsausbildungsvertrag mit einem beschränkt Geschäftsfähigen (minderjährigen Auszubildenden) geschlossen werden, ist die Zustimmung der gesetzlichen Vertreter erforderlich.

Die ausbildenden Stellen haben unverzüglich nach Abschluss des Berufsausbildungsvertrages, spätestens vor Beginn der Berufsausbildung, den wesentlichen Inhalt des Vertrages schriftlich (nicht in elektronischer Form) niederzulegen.

BBiG § 11

Die wesentlichen Vertragsinhalte sind aus dem BBiG, respektive aus gültigen Tarifverträgen für Auszubildende abzuleiten. Nachfolgende Vertragsinhalte sind gemäß BBiG mindestens aufzunehmen.

	Inhalte
1.	Art, sachliche und zeitliche Gliederung sowie Ziel der Berufsausbildung, insbesondere die Berufstätigkeit, für die ausgebildet werden soll,
2.	Beginn und Dauer der Berufsausbildung (unter subjektiver Berücksichtigung von Anerkennungszeiten und Verkürzung),
3.	Ausbildungsmaßnahmen außerhalb der Ausbildungsstätte (z. B. externe Schulungen, der Besuch von Seminaren bzw. Lehrgängen),
4.	Dauer der regelmäßigen täglichen Ausbildungszeit,
5.	Dauer der Probezeit (mindestens ein Monat, maximal vier Monate),
6.	Zahlung und Höhe der Ausbildungsvergütung,
7.	Dauer des Urlaubs (ggf. unter Berücksichtigung der Tarifverträge und des JArbSchG),
8.	Voraussetzungen, unter denen der Berufsausbildungsvertrag gekündigt werden kann,
9.	Tarifverträge, die auf das Berufsausbildungsverhältnis anzuwenden sind.

BBiG § 36

Zur abschließenden Begründung ist der Berufsausbildungsvertrag der zuständigen Stelle, i. d. R. der Leitstelle der Verwaltungsschulen zwingend vorzulegen. Diese prüft die Bedingungen, gibt ggf. ihr Einverständnis und trägt den besagten Vertrag in das Verzeichnis der Berufsausbildungsverhältnisse ein[5]. Dieser Vorgang ist für die Zulassung zur Zwischen- und Abschlussprüfung zwingend erforderlich.

1.3 Rechte und Pflichten aus dem Berufsausbildungsvertrag

Der Abschluss eines Berufsausbildungsvertrages begründet wechselseitige **Rechte** und **Pflichten**.

4 Muster eines Berufsausbildungsvertrags siehe: https://rp.baden-wuerttemberg.de/Themen/Bildung/Ausbildung/Documents/rechtl-gr-mv-tvaoe.pdf

5 Vgl. Antragsbeispiel unter: https://rp.baden-wuerttemberg.de/Themen/Bildung/Ausbildung/Documents/rechtl-gr-mv-bbig.pdf (Abruf: Februar 2018)

Rechte und Pflichten aus dem Berufsausbildungsvertrag

Pflichten des Ausbildenden

zur Ausbildung

BBiG § 13, § 14 f.
- Die Ausbildenden müssen dafür Sorge tragen, dass das vorgesehene Ausbildungsziel erreicht wird. Die Ausbildung hat durch einen Ausbilder planmäßig, zeitlich und sachlich gegliedert zu erfolgen um die theoretischen und praktischen Kenntnisse zu vermitteln.
- Kostenlose Zurverfügungstellung von notwendigen Ausbildungsmitteln, wie z. B. Werkzeuge und Werkstoffe.

BBiG § 15
- Die Freistellung der Auszubildenden für den Berufsschulunterricht oder für Sonderveranstaltungen im Rahmen des Berufsschulunterrichts.

BBiG § 13, § 14 (2)
- Zur Führung des schriftlichen Ausbildungsnachweises (Berichtsheft) anhalten, soweit in der Ausbildungsordnung vorgeschrieben.

JArSchG § 22, 23
- Übertragung von Tätigkeiten, die dem Ausbildungszweck dienen und ihren körperlichen Kräften angemessen sind (z. B. Verbot von Akkordarbeit).
- Informationspflicht über die an jeder Ausbildungsstätte geltenden Sicherheits- und Ordnungsvorschriften.

zur Fürsorge

BBiG § 17, BurlG § 1
- Zahlung einer angemessenen, mindestens jährlich steigenden Vergütung und Gewährung von Urlaub.

BBiG §14 (3)
- Verbot von Weisungen, die auf eine ausbildungswidrige Beschäftigung gerichtet sind.

JArSchG § 31, GG Art. 2
- Körperliche Gewalt oder Züchtigung ist unzulässig.

zum Zeugnis

BBiG § 16
- Bei Beendigung der Ausbildung besteht die Pflicht zur Ausstellung eines einfachen (Art, Dauer und Ziel) oder (nach Wunsch) qualifizierten (Leistung und Führung) Zeugnisses.

Rechte des Auszubildenden

Pflichten des Auszubildenden

zur Ausbildung

BBiG § 13
- Das Bemühen (aktive Mitwirkung), die notwendigen Fertigkeiten, Kenntnisse und Fähigkeiten (und damit die berufliche Handlungsfähigkeit) zu erwerben.
- Teilnahme am Schulunterricht (Besuch der Berufsschule) bzw. an den Veranstaltungen.
- Teilnahme an Prüfungen und überbetrieblichen Ausbildungsmaßnahmen.
- Das Befolgen von Weisungen, die ihnen im Rahmen der Berufsausbildung von Ausbildenden oder sonst Weisungsberechtigten erteilt werden.
- Ordentlicher Umgang mit zur Verfügung gestellten Betriebsmitteln.

JArSchG §§ 32, 33
- Ärztliche Untersuchung innerhalb der letzten 14 Monate vor Ausbildungsbeginn (Bescheinigung) mit Nachuntersuchung nach einem Jahr.

zur Treue und Verschwiegenheit

UWG § 17
- Stillschweigen über Betriebs- und Geschäftsgeheimnisse zu wahren.
- Handelsverbot, Verbot des Betreibens eines eigenen Gewerbes
- Wettbewerbsverbot, d. h. Verbot der Ausübung von Geschäften im Geschäftszweig des Ausbildenden.

Rechte des Ausbildenden

1.4 Berufsausbildungsdauer und Probezeit

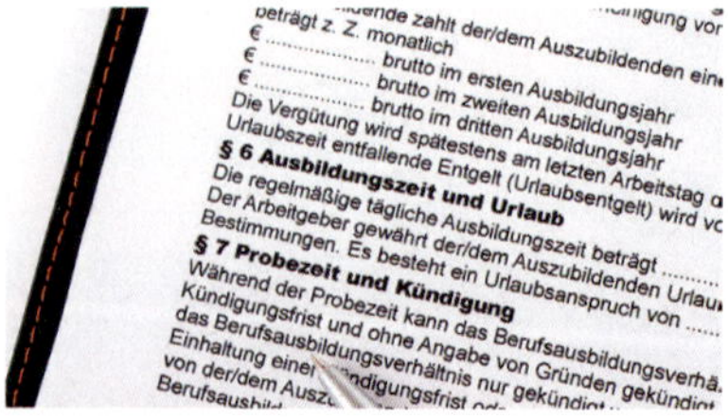

© simoneminth –

BBiG §§ 20, 22 — Die Berufsausbildungsdauer beginnt mit der Probezeit, die mindestens einen Monat betragen muss, aber höchstens vier Monate betragen darf. Die eigentliche Berufsausbildungsdauer soll i. d. R. drei Jahre dauern und eine Zeit von 30 Monaten nicht unterschreiten.

BBiG § 8 — Eine Verkürzung der Berufsausbildungsdauer ist im Rahmen einer Kann-Regelung für besonders begabte bzw. ältere Auszubildende möglich. Die Grundlage bildet die Anerkennung bestimmter Leistungen (z. B. Schulabschluss (Abitur), berufliche Vorerfahrungen oder besondere ausbildungsrelevante Leistungen). Die Verkürzung bedarf der rechtzeitigen Beantragung und der Zustimmung des zuständigen Regierungspräsidiums.[6]

BBiG § 21 — Eine Verlängerung der Berufsausbildungsdauer zum Erreichen des Ausbildungsziels bedarf der Beantragung durch den Auszubildenden beim zuständigen Regierungspräsidium. Eine Verlängerung kann etwa durch schwere Erkrankungen oder durch eine Unterbrechung der Berufsausbildung begründet sein.

1.5 Berufsausbildungsende und Kündigung

BBiG §§ 20, 22 — Das Berufsausbildungsende tritt laut BBiG mit Ablauf der Berufsausbildungsdauer, bzw. vor Ablauf mit Bestehen der Ausbildungsabschlussprüfung ein.

BBiG § 5, BGB §§ 626, 314 — Die **Kündigung** des Berufsausbildungsverhältnisses kann von beiden Vertragspartnern während der Probezeit jederzeit ohne das Einhalten einer Kündigungsfrist erfolgen. Nach dem Ende der Probezeit kann beiderseits nur noch aus wichtigem Grund fristlos gekündigt werden.

© Gina Sanders –

BBiG § 21 — Eine einseitige Kündigung von Seiten des Auszubildenden ist mit einer Kündigungsfrist von vier Wochen unter Angabe des Kündigungsgrundes schriftlich möglich. Die Vertragspartei, die nach der Probezeit das Berufsausbildungsverhältnis grundlos löst, ist innerhalb der ersten drei Monate nach Beendigung zum Schadenersatz verpflichtet (sog. Vertragsbruch).

BEISPIELE

Beispiel 1:
Die Ausbildende (Gemeinde Heilbronn) vernachlässigt seine gesetzlichen Ausbildungspflichten. Der Auszubildende Ben Mayer tritt deshalb vom Berufsausbildungsvertrag zurück. Die ggf. entstehende Schadensersatzpflicht trägt der Ausbildende, d. h. die Gemeinde Heilbronn.

Beispiel 2:
Der Auszubildende Ben Mayer fehlt regelmäßig unentschuldigt im Berufsschulunterricht. Der Ausbildende (Gemeinde Heilbronn) tritt daraufhin vom Berufsausbildungsvertrag zurück. Die Konsequenz in Form eines ggf. entstehenden Schadenersatzanspruches trägt der Auszubildende B.

6 Vgl. Antragsbeispiel unter: https://rp.baden-wuerttemberg.de/Themen/Bildung/Ausbildung/Documents/rechtl-gr-av-antr.pdf (Abruf: Februar 2018)

Die **Weiterbeschäftigung** nach Ablauf der Berufsausbildungsdauer wird in der Regel innerhalb der letzten sechs Monate des Ausbildungsverhältnisses vereinbart. Erfolgt die Weiterbeschäftigung des Auszubildenden nach Ablauf der Berufsausbildungsdauer ohne vorherige Vereinbarung zwischen Ausbildenden und Auszubildenden, so wird ein Arbeitsverhältnis für unbestimmte Zeit geschlossen. Der Arbeitgeber hat die Niederschrift der wesentlichen Vertragsbestimmungen binnen eines Monats dem Arbeitnehmer vorzulegen.

BBiG § 23
NachwG § 2

Zusammenfassung und Lernkontrolle

Zusammenfassung

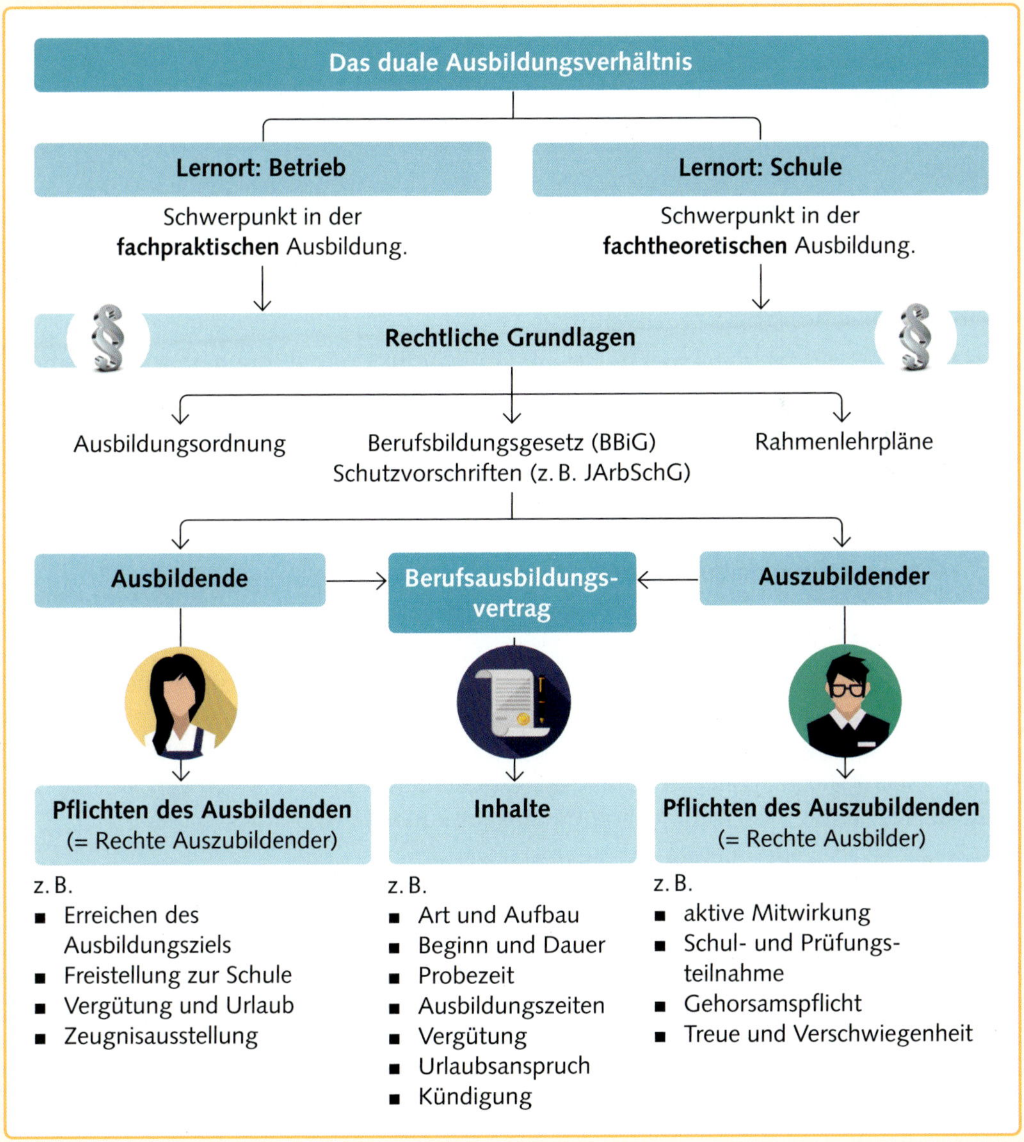

Beendigung des Ausbildungsverhältnisses

- Ablauf der Ausbildungszeit
- Bestehen der Abschlussprüfung

Kündigung (schriftlich)

- **während** der Probezeit
  - **ohne** Angabe von **Gründen** (fristlos)
- **nach** der Probezeit
  - fristlose Kündigung aus **wichtigem Grund**
  - bei Aufgabe der Berufsausbildung oder Neuaufnahme einer anderen Ausbildung

Lernkontrolle

Aufgabe 1

Anna Richter (17 Jahre) möchte Verwaltungsfachangestellte werden. Die Stadtverwaltung Heilbronn bietet ihr einen Ausbildungsplatz an.

1) Stellen Sie fest, wie ein Ausbildungsvertrag zustande kommt, wenn Anna Richter keine Volljährigkeit besitzt.
2) Nennen Sie wesentliche Aspekte, die im Berufsausbildungsvertrag geregelt werden.
3) Die Stadtverwaltung Heilbronn ist von der Leistungsbereitschaft von Anna Richter bereits beim Vorstellungsgespräch so überzeugt, dass sie keine Probezeit vereinbaren.
   a. Erläutern Sie den Hintergrund (Zweck) der Probezeit.
   b. Prüfen Sie, ob dies rechtlich möglich ist.
   c. Beurteilen Sie den Fall erneut, wenn die Stadtverwaltung Heilbronn fünf Monate Probezeit vereinbaren möchte.

Aufgabe 2

Bei ihrer Tätigkeit erhält Lisa Müller Einblicke in unterschiedliche Amtsdokumente. Dabei fällt ihr auf, dass ihr Berufsschullehrer Herr Schneider bereits fünf Strafzettel wegen zu schnellen Fahrens erhalten hat. In der Schule erzählt sie ihren Mitschülern davon. Ein Mitschüler spricht Herrn Schneider darauf an. Der Berufsschullehrer beschwert sich bei der Stadt Heilbronn, die Frau Müller daraufhin fristlos kündigt.

Prüfen Sie, ob diese Kündigung rechtmäßig erfolgte.

Aufgabe 3

Christian ist mit der Berufsausbildung unzufrieden. Prüfen Sie, inwieweit er Einfluss darauf hat, dass die „Mängel" in der Berufsausbildung beseitigt werden. Nennen Sie mögliche Anlaufstellen für Christian.

Aufgabe 4

Die Ausbildende Frau Kaiser beschäftigt zwei Auszubildende für 4 Wochen in der Stadt Eppingen. Der dortige Vorgesetzte beauftragt die Auszubildenden ab und an damit den Bürgersteig vor dem Verwaltungsgebäude zu fegen. Darüber hinaus verlangt er von beiden Abzubildenden regelmäßig während stark arbeitsintensiven Zeiten zu arbeiten und dem Berufsschulunterricht fern zu bleiben.

Prüfen Sie, ob die Anweisungen rechtmäßig sind.

2 Rechtliche Bestimmungen des Arbeitsschutzes für Jugendliche und Auszubildende

2.1 Arbeitsrechtliche Schutzbestimmungen im Überblick

Arbeitsrechtliche Schutzbestimmungen gelten für Arbeitsverhältnisse und sind im engeren Sinne Schutzvorschriften zu Gunsten der Arbeitnehmer. Sie bestehen in vielen **sozialen** und **technischen** Bereichen, die den Arbeitsalltag der Arbeitnehmer prägen und sichern.

Die gesetzlichen Bestimmungen normieren Ansprüche und Pflichten der Arbeitnehmer und Arbeitgeber. Die sozialen Schutzbereiche regeln häufig individuelle Ansprüche der Arbeitnehmer, z. B. in den Bereichen Arbeitszeit und Kündigung. Die technischen Schutzbereiche umfassen in der Regel allgemeine Vorschriften zur Arbeitssicherheit und zum Gesundheitsschutz der Arbeitnehmer.

Arbeitsrechtliche Schutzbestimmungen

Sozialer Arbeitsschutz

z. B.
- **Jugendarbeitsschutz**
- Kündigungsschutz
- Arbeitszeitschutz
- Mutterschutz
- Elterngeld und -zeit

Technischer Arbeitsschutz

Arbeitsschutzgesetz mit Verordnungen z. B.
- Arbeitsstättenverordnung
- Bildschirmarbeitsverordnung
- Lärm- und Vibrations-Arbeitsschutzverordnung

Der Großteil der Schutzrechte gilt für alle Arbeitnehmer. Einzelne Arbeitnehmergruppen genießen darüber hinaus Sonderschutz, z. B. Jugendliche und Auszubildende.

Jugendarbeitsschutzgesetz – Auszug –			
	Aspekte	**Rechts-quelle**	**Inhalte**
Erholungsschutz	Urlaub	§ 19	Jugendliche haben einen **gesonderten Urlaubsanspruch**. Dieser steht in Abhängigkeit zum **Alter** des Jugendlichen zu Beginn des Kalenderjahres. So haben Jugendliche ▪ **bis 16** Jahre einen Anspruch auf **30** Werktage, ▪ **bis 17** Jahre einen Anspruch auf **27** Werktage und ▪ **bis 18** Jahre einen Anspruch auf **25** Werktage. Der Urlaubsanspruch entsteht nach Ablauf von sechs Monaten. Anmerkung: ab 18 Jahren gilt der gesetzliche Urlaubsanspruch von mindestens 24 Werktagen nach dem BurlG.
	Ruhezeiten	§§ 9 ff.	▪ Arbeitgeber müssen Jugendlichen im Voraus feststehende Ruhepausen von angemessener Dauer gewähren. Die Ruhepausen müssen mindestens betragen: – 30 Minuten bei einer Arbeitszeit von 4,5–6 Stunden, – 60 Minuten bei einer Arbeitszeit > 6 Stunden. ▪ Länger als viereinhalb (> 4,5) Stunden am Stück dürfen Jugendliche nicht ohne Ruhepause beschäftigt werden. ▪ Als Ruhepause gilt nur eine Arbeitsunterbrechung von mindestens 15 Minuten. **Anmerkung:** Der Ausbildende ist verpflichtet, die Pausen in der Berufsschule und die Zeiten für die Wegestrecken zwischen Berufsschule und Betrieb auf die Arbeitszeit anzurechnen.
	Freizeit, Arbeits-beginn und Arbeitsende	§§ 13–18, § 27	▪ Nach Beendigung der täglichen Arbeitszeit dürfen Jugendliche nicht vor Ablauf einer ununterbrochenen Freizeit von mindestens 12 Stunden beschäftigt werden. ▪ Jugendliche dürfen i. d. R. (branchenspezifische Sonderregelungen sind zu beachten) zwischen 20:00 und 06:00 Uhr, an Samstagen und an Sonn- und Feiertagen nicht beschäftigt werden.
Gesundheitsschutz	Ärztliche Unter-suchungen	§ 32 f.	**Erstuntersuchung** Vor Eintritt in das Berufsleben ist für den Jugendlichen vorgeschrieben, dass er innerhalb der letzten vierzehn Monate von einem Arzt untersucht worden ist (Erstuntersuchung) und dem Arbeitgeber eine von diesem Arzt ausgestellte Bescheinigung vorliegt. Legt der Jugendliche nach Ablauf von 14 Monaten nach Aufnahme der ersten Beschäftigung die Bescheinigung nicht vor, darf er nicht weiterbeschäftigt werden. **Nachuntersuchung** Dem Jugendlichen ist ferner eine Nachuntersuchung in den letzten drei Monaten des ersten Jahres verpflichtend vorgeschrieben.

Zusammenfassung und Lernkontrolle

Zusammenfassung

Jugendarbeitsschutzgesetz

Hintergrund

Dieses Gesetz dient dem Schutz von heranwachsenden Kindern und Jugendlichen und soll sie vor psychischer und physischer Gefährdung bei der Ausübung ihrer beruflichen Arbeit schützen.

Geltungsbereich

1. Jugendliche Arbeitnehmer

Alter: 15 bis 18 Jahre

Beschäftigung von Personen unter 15 Jahren ist verboten (Kinderarbeit)

2. Auszubildende

Wesentliche Inhalte gemäß JArbSchG (Auszüge)

- Beschäftigungsbeschränkungen
- Regelmäßige Arbeitszeit
- Pausenregelungen
- Freizeit
- (Beschäftigung an Samstagen, Sonntagen und Feiertagen)
- Generelle Beschäftigungsverbote
- Untersuchungen zum Gesundheitszustand
- Urlaubsanspruch

Lernkontrolle

Aufgabe 1

Das Jugendarbeitsschutzgesetz verfolgt das Ziel, die gesundheitsgefährdende Beschäftigung von Jugendlichen zu verhindern. Prüfen Sie in diesem Zusammenhang die nachfolgenden Fälle.

1. Eine Auszubildende ist 16 Jahre alt und hat bis 20 Uhr gearbeitet. Bestimmen Sie ab wann sie am nächsten Tag frühestens wieder beschäftigt werden darf.

2. Der 17-jährige Alessandro wird am 14. Mai 18 Jahre alt. Er möchte am 10. Mai seinen Urlaub antreten. Prüfen Sie, welcher Urlaubsanspruch besteht.
3. Ein Auszubildender hat dienstags seinen blockmäßigen Berufsschultag mit fünf Unterrichtsstunden zu je 45 Minuten. Die Ausbildende verlangt von ihm nach Ende der Unterrichtszeit noch in die Bank zu kommen. Prüfen Sie die Rechtslage.
4. Stellen Sie fest, ob ein 16-jähriger an jedem Tag 8,5 Stunden beschäftigt werden darf, wenn sein Betrieb regelmäßig samstags geschlossen hat.

Aufgabe 2

Begründen Sie, ob im folgenden Fall ein Verstoß gegen das Jugendarbeitsschutzgesetz vorliegt.

Die 16-jährige Maria muss häufig 2 bis 3 Stunden länger arbeiten. Grund hierfür ist die krankheitsbedingte Unterbesetzung, bei der sie aushelfen muss. Maria kommt häufig erst gegen 22 Uhr nach Hause. Selbst wenn ein Kollege sie nach Hause fährt, wird es nach 21 Uhr. Am nächsten Tag soll sie regelmäßig bereits um 7 Uhr wieder beginnen.

Aufgabe 3

Die Auszubildende Jennifer Wolf, 17 Jahre, wird seit dem 1. August zur Verwaltungsfachangestellten bei der Stadt Eppingen ausgebildet. Am Montag, 08.12., konfrontiert sie ihr Ausbilder mit der fristlosen Kündigung. Als Grund wird mangelnde Arbeitsleistung und Vertrauensbruch angegeben. Hintergrund ist die Krankmeldung von Jennifer, während der sie im Ski-Urlaub war und dies auf Facebook öffentlich machte.

Die Auszubildende Jennifer Wolf verlässt das Verwaltungsgebäude. Nicht ohne Grund hat sie sich die Auszeit genommen. Sie ist mit der Ausbildung unzufrieden. Besonders unglücklich ist sie mit ihrem Einsatzplan, der folgende Arbeits- und Unterrichtszeiten vorsieht:

Tag	Arbeits- bzw. Unterrichtszeiten
Montag	08:00 bis 13:00 Uhr Berufsschule, 14:15 bis 17:30 Uhr Betrieb
Dienstag	08:00 bis 12:10 Uhr Berufsschule, 14:00 bis 17:00 Uhr Betrieb
Mittwoch	07:30 bis 12:30 Uhr, 13:30 bis 18:00 Uhr Betrieb
Donnerstag	07:30 bis 12:30 Uhr, 13:00 bis 18:00 Uhr Betrieb
Freitag	07:30 bis 13:00 Uhr Betrieb

Auch ihre Tätigkeiten stören sie. Am Mittwoch hat sie wieder den Auftrag erhalten die Geschäftsräume aufzuräumen. Dabei muss sie bis zu 30 kg schwere Kartons mit Ordnern schleppen sowie fegen und wischen. Sie hatte jedes Mal starke Rückenschmerzen von der anstrengenden Arbeit. Deswegen hatte sie sich am Donnerstag geweigert den Auftrag auszuführen, worüber ihr Ausbilder nicht erfreut war. Im Sommer musste sie sogar vor einer Grillparty den Rasen ihres Ausbilders mähen. Sie war darüber so verärgert, dass sie sich am nächsten Tag geweigert hat, Personenregisterkarten einzusortieren. Zudem hat Sie sich auf dem Mitarbeiterbalkon trotz geltenden Rauchverbots eine Zigarette angesteckt.

1. Begründen Sie, wer (Auszubildende und Ausbilder) gegen welche Pflichten des Berufsbildungsgesetzes oder das Jugendarbeitsschutzgesetz verstoßen hat.
2. Prüfen Sie die Rechtswirksamkeit der Kündigung durch den Ausbilder.
3. Die Auszubildende Jennifer Wolf möchte selbst das Ausbildungsverhältnis mit der Stadt Eppingen kündigen. Sie möchte eine Ausbildung zur Floristin beginnen. Am 01. Januar des nächsten Jahres könnte sie anfangen. Prüfen Sie, ob die Kündigung möglich ist.

3 Betriebliche und gewerkschaftliche Interessenvertretung für Jugendliche und Auszubildende

3.1 Kollektive Mitbestimmung und Interessenvertretung in der Jugend- und Auszubildendenvertretung

Die kollektive Mitbestimmung regelt die Rechtsbeziehung zwischen Arbeitnehmerkoalitionen und Arbeitgebern. Diese Koalitionen firmieren als **Betriebsrat** (Privatwirtschaft) oder als **Personalrat** (Dienststellen der öffentlichen Verwaltung) und fungieren als Interessenvertretung der Arbeitnehmer gegenüber den Arbeitgebern.

© kamasigns – stock.adobe.com

Die Rechtsgrundlage der kollektiven Mitbestimmung über die Jugend- und Auszubildendenvertretung (JAV) in Betrieben der Privatwirtschaft ist das **Betriebsverfassungsgesetz** (BetrVG). An diesem orientiert gelten für Dienststellen der öffentlichen Verwaltung einige abweichende Regelungen gemäß dem **Personalvertretungsgesetz** von Bund (BPersVG) und Ländern (LPVG), wie z. B. im **Landespersonalvertretungsgesetz Baden-Württemberg** (LPVG BW)[8]. vgl. Kapitel 3.6

Gebildet wird die JAV in Dienststellen mit bestehendem Personalrat, sofern i. d. R. mindestens fünf wahlberechtigte Arbeitnehmer beschäftigt werden, LPVG § 59

- die unter 18 Jahren (jugendliche Arbeitnehmer) oder
- die zu ihrer beruflichen Ausbildung beschäftigt sind.

8 Aus Vereinfachungsgründen basieren die Ausführungen zur JAV auf der Rechtsgrundlage des LPVG BW.

LPVG § 66

Bestehen in einer Dienststelle **mehrere JAV**, ist neben diesen eine Gesamt-JAV zu bilden. Im Geschäftsbereich mehrstufiger Verwaltungen kann die Stufen-JAV gebildet werden, bei Bezirkspersonalräten die Bezirks-JAV und bei Hauptpersonalräten die Haupt-JAV.

LPVG §§ 60, 58

Zur JAV **wahlberechtigt** (aktives Wahlrecht) sind grundsätzlich alle Arbeitnehmer unter 18 Jahren sowie alle Arbeitnehmer in beruflicher Ausbildung, ohne Altersbegrenzung. **Wählbar** (passives Wahlrecht) sind alle diejenigen Arbeitnehmer, die das 26. Lebensjahr noch nicht vollendet haben sowie alle in beruflicher Ausbildung, unabhängig des Alters.

LPVG § 62

Die **Wahlen** finden alle zweieinhalb Jahre statt, im Wechsel zusammen mit den regelmäßigen Wahlen des Personalrats in der Zeit vom 1. April bis 31. Juli und sonst in der Zeit vom 1. Oktober bis 31. Januar.

LPVG § 61

Die **Anzahl** der JAV-Mitglieder richtet sich nach der Anzahl der Arbeitnehmer unter 18 Jahren und Auszubildenden in einer Dienststelle:

Arbeitnehmer < 18 Jahre und Auszubildende	Anzahl der JAV-Mitglieder
5–20	1
21–50	3
51–200	5
mehr als 200	7

LPVG § 63

Die **Aufgaben** der JAV umfassen alle Angelegenheiten, die die jugendlichen Arbeitnehmer und Auszubildenden im Betrieb betreffen. Hierzu gehören u. a.:

- die Allgemeine Vertretung der Jugendinteressen im Personalrat.
  Anm.:
  Behandelt der Personalrat Angelegenheiten, die besonders Jugendliche und Auszubildende betreffen, kann die gesamte JAV an der Beratung teilnehmen. In diesen Angelegenheiten hat die JAV Stimmrecht. An der Behandlung anderer Angelegenheiten im Personalrat kann ein von der JAV entsandtes Mitglied beratend teilnehmen.
- die Überwachung der Einhaltung von Vorschriften zugunsten Jugendlicher und Auszubildender.
- die Übermittlung berechtigter Anregungen und Beschwerden von Jugendlichen und Auszubildenden an den Personalrat.
- die Beantragung von Maßnahmen, die der Gleichstellung von weiblichen und männlichen Jugendlichen und Auszubildenden, der Eingliederung von Jugendlichen und Auszubildenden mit Migrationshintergrund oder auch dem Umweltschutz und Klimaschutz in der Dienststelle dienen.
- die Teilnahme eines Mitglieds der JAV an Vorstellungsgesprächen zur Besetzung von ausgeschriebenen Ausbildungsplätzen und an Personalgesprächen, auf Verlangen der betroffenen Jugendlichen und Auszubildenden.

LPVG § 63

Die Einberufung der **Jugend- und Auszubildendenversammlung** soll möglichst unmittelbar vor oder nach einer Personalversammlung stattfinden.

3.2 Gewerkschaftliche Interessenvertretung nach dem Tarifvertragsgesetz

Die Vertretung der Interessen von Arbeitnehmern im öffentlichen Dienst über den Personalrat oder von jugendlichen Arbeitnehmern und Auszubildenden durch die JAV wird ergänzt durch eine zweite Säule der Mitbestimmung, den **Gewerkschaften**.

© Gina Sanders – stock.adobe.com

> Gewerkschaften sind Vereinigungen von Arbeitnehmern zur Vertretung ihrer wirtschaftlichen, sozialen und kulturellen Interessen.

Die Gewerkschaften sind mit der Gestaltung der Arbeits- und Wirtschaftsbedingungen im Interesse einer größeren Arbeitnehmerschaft des öffentlichen Dienstes beauftragt. Diese sind als Vereinigungen der Arbeitnehmer bei der Vorbereitung allgemeiner Regelungen für die Arbeitsverhältnisse im öffentlichen Dienst zu beteiligen bzw. gestalten als Tarifpartner der Arbeitgeber im Arbeitnehmerbereich durch Abschluss von **Tarifverträgen** die Arbeits- und Wirtschaftsbedingungen.

© Stockwerk-Fotodesign – stock.adobe.com

Tarifvertragsparteien

Arbeitgeberverbände	**Arbeitnehmerverbände**
Dachverband: **Vereinigung der kommunalen Arbeitgeberverbände (VKA)**	Dachverband: **Deutscher Gewerkschaftsbund (DBG)**
Kommunale Arbeitgeberverbände (KAV) in den 16 Bundesländern, wie z. B.: ▪ Kommunaler Arbeitgeberverband Baden-Württemberg (KAV Baden-Württemberg) ▪ Kommunaler Arbeitgeberverband Bayern (KAV Bayern)	Organisationen und Fachgewerkschaften, wie z. B.: ▪ Vereinte Dienstleistungsgesellschaft (ver.di) ▪ Deutsche Verwaltungs-Gewerkschaft (DVG) ▪ Gewerkschaft der Sozialverwaltung (GdV)

TVG

Für alle Arbeitnehmer und Auszubildenden der öffentlichen Verwaltung verhandeln die Gewerkschaften mit den öffentlichen Arbeitgebern auf der Grundlage des Tarifvertragsgesetzes (TVG) **Tarifverträge** aus. In Abhängigkeit zum Verhandlungsgegenstand kann es sich hierbei um Mantel-, Rahmen- oder Entgelttarifverträge handeln.

vgl. vertiefend LF 6

Tarifverträge für Auszubildende im öffentlichen Dienst werden nach Geltungsbereich unterschieden. Anzuführen sind der Tarifvertrag für Auszubildende im öffentlichen Dienst (TVAöD[9]) sowie der Tarifvertrag für Auszubildende der Länder in Ausbildungsberufen nach dem Berufsbildungsgesetz (TVA-L BBiG[10]). Diese Tarifverträge umfassen u. a. folgende Regelungsgebiete:

- Berufsausbildungsvertrag
- Art, sachliche und zeitliche Gliederung der Ausbildung
- Beginn und Dauer der Ausbildung
- Dauer der regelmäßigen täglichen oder wöchentlichen Ausbildungszeit
- Dauer der Probezeit
- Zahlung und Höhe des Ausbildungsentgelts
- Dauer des Urlaubs
- Kündigungsrechte

9 Weiterführende Informationen zum TVAöD sind unter folgendem Link einsehbar. https://www.bmi.bund.de/SharedDocs/downloads/DE/themen/oeffentlicherDienst/tarifvertraege/auszubildende_at.pdf?__blob=publicationFile&v=3

10 Weiterführende Informationen zum TVA-L BBiG sind unter folgendem Link einsehbar. http://www.tdl-online.de/fileadmin/downloads/rechte_Navigation/F._Auszubildende__Praktikanten/01_TVA-L_BBiG/TVA-L_BBiG_i.d.F._des_ÄTV_Nr._7_VT.pdf

Zusammenfassung und Lernkontrolle

Zusammenfassung

Kollektive Mitbestimmung

Betriebliche Ebene

→ erfolgt die Interessenvertretung durch den Personalrat und die Jugend- und Auszubildendenvertretung.

Hintergrund:

- Durchsetzung von Kollektivinteressen der Arbeitnehmer und Auszubildenden an betrieblichen Prozessen.

Gesetzliche Grundlage:

- BetrVG (allgemein)
- BPersVG
- LPVG (BW)

Personalrat

Teilnahme und Stimmrecht

Jugend- und Auszubildenden-vertretung (JAV

Voraussetzungen:

- bestehender Personalrat
- mind. 5 Arbeitnehmer < 18 Jahre bzw. Auszubildende (altersunabhängig)

Wählbar:

- Arbeitnehmer < 26 Jahre und Auszubildende (altersunabhängig), die nicht Mitglied im Personalrat sind

Amtszeit:

- 2 Jahre

Überbetriebliche Ebene

→ erfolgt die Mitbestimmung über die Gewerkschaften

Hintergrund:

- Durchsetzung von Arbeitnehmerinteressen auf einer übergeordneten Ebene.

Gesetzliche Grundlage u. a.: §

- Tarifvertragsrecht (TVG)

Tarifverträge

- TVAöD
- TVA-L BBiG

Inhalte (Auswahl):

- Ausbildungsvertrag
- Beginn und Dauer der Ausbildung
- Dauer der Ausbildungszeit
- Dauer der Probezeit

Lernkontrolle

Aufgabe 1

In der Gemeinde Wuppertal sind insgesamt 110 Mitarbeiter beschäftigt. Ein Personalrat besteht bereits. Die Personalsituation setzt sich wie folgt zusammen:

- 22 Arbeitnehmer (darunter zehn Auszubildende) unter 18 Jahren,
- 38 Arbeitnehmer (einschließlich vier Auszubildenden) 18 – 25 Jahren
- 50 Arbeitnehmer 26 Jahre und älter

Dieses Jahr stehen die Wahlen der Jugend- und Auszubildendenvertretung (JAV) an. Derzeit wird die Wahl der JAV vorbereitet. Als angehende Verwaltungsfachangestellte sollen Sie tatkräftig mitwirken.

1. Erklären Sie die Grundsätze, nach denen die Wahl zur JAV durchgeführt wird.
2. Prüfen Sie, aus wie vielen Mitgliedern die JAV der Gemeinde besteht.
3. Stellen Sie fest, wie viele Personen insgesamt wahlberechtigt sind (aktives Wahlrecht).
4. Daniel Albrecht, 24 Jahre, seit neun Monaten als Verwaltungsfachangestellter beschäftigt, möchte als neu gewähltes Personalratsmitglied gleichzeitig auch JAV-Vertreter werden. Prüfen Sie, ob dies für Daniel möglich ist.
5. Klären Sie, wer von den drei folgenden Kandidaten für die JAV wahlberechtigt ist (aktives Wahlrecht) und wer sich in die JAV wählen lassen kann (passives Wahlrecht).
   Kandidat 1. Betül Demir (17 Jahre, Auszubildende, 3. Ausbildungsjahr)
   Kandidat 2. Stephan Westphal (22 Jahre, seit fünf Monaten als Arbeitnehmer angestellt)
   Kandidat 3. Chiara Russo (26 Jahre, Auszubildende, 2. Ausbildungsjahr)
6. Bestimmen Sie die Amtszeit der JAV.

Aufgabe 2

Als Mitglied der JAV möchte ihr Kollege wissen, welche Rechte bzw. Pflichten sich aus dieser Tätigkeit ergeben. Entscheiden Sie, ob die nachfolgenden Rechte zutreffen.

1. Die JAV verhandelt selbstständig mit dem Arbeitgeber (Dienstherren).
2. Für die jüngeren Mitarbeiter der Gemeinde gibt es durch die JAV Ansprechpartner in ihrem Alter, die ihre Anliegen über den Personalrat beim Dienstherren vortragen können und durchzusetzen versuchen.
3. Mitglieder der JAV müssen an allen Sitzungen des Personalrates teilnehmen und aktuelle Informationen an die jungen Mitarbeiter der Gemeinde weitergeben.
4. Ein Vertreter der JAV kann sich gleichzeitig in den Personalrat wählen lassen.
5. Die Auszubildenden können beispielsweise die Ablösung eines unbeliebten Ausbilders über den Personalrat erzwingen.

Aufgabe 3

Erläutern Sie die Bedeutung der gewerkschaftlichen Interessenvertretung.

Aufgabe 4

Nennen Sie 5 Aspekte, die in einem Tarifvertrag für Auszubildende des öffentlichen Dienstes geregelt werden.

Lernfeld 3: Güterbeschaffung vorbereiten

B

1 Markt und Preis

1.1 Der Markt

1.1.1 Begriff

> Ein Markt ist der Ort, an dem Angebot und Nachfrage aufeinander treffen und sich somit der Preis eines Gutes oder einer Dienstleistung bildet.

Märkte müssen nicht an Ort oder Zeit gebunden sein, wie die typischen Wochenmärkte, Supermärkte, oder Messen. Sie können auch in Form von Wertpapierbörsen, Zeitungsanzeigen, Internet-Handel usw. bestehen. Sie weisen unterschiedliche Reichweiten (Wochenmarkt, Internet-Handel, Weltmarkt usw.) und auch unterschiedliche Organisationsformen (Börse, Autohandel, Versteigerung usw.) auf. Auch die Güterarten, die auf verschiedenen Märkten gehandelt werden sind sehr unterschiedlich. In einer Volkswirtschaft gibt es nicht den einen Markt, sondern eine Vielzahl von Märkten. Ein gemeinsames Kennzeichen aller Märkte ist allerdings das Aufeinandertreffen von Angebot und Nachfrage.

Unter dem Angebot versteht man die Menge an vorhandenen Gütern und Dienstleistungen. Die Nachfrage ist die Absicht von Haushalten oder Unternehmen Waren oder Dienstleistungen mit finanziellen Mitteln zu erwerben. In einer freien Marktwirtschaft regeln das Angebot und die Nachfrage den Gleichgewichtspreis. Dieser kommt nur zustande, wenn Angebot und Nachfrage übereinstimmen.

1.1.2 Aufgaben des Marktes

Durch den Markt wird der Güteraustausch zwischen Angebot und Nachfrage ermöglicht. Allerdings haben Käufer und Verkäufer grundsätzlich unterschiedliche Interessen. Verkäufer versuchen auf dem Markt ihre Produkte oder Dienstleistungen möglichst gewinnbringend durch einen hohen Preis abzusetzen. Die Käufer dagegen möchten möglichst wenig ausgeben.

BEISPIEL

Ein Autohändler möchte einen möglichst hohen Preis für seinen Gebrauchtwagen erzielen. Der Käufer möchte so wenig wie möglich für den gebrauchten PKW ausgeben.

Die Aufgabe des Marktes ist es diese gegensätzlichen Interessen der Käufer und Verkäufer über den Preis auszugleichen. Das Marktgeschehen wird von Angebot, Nachfrage und Preis bestimmt.

1.1.3 Marktarten

Betrachtet man die gehandelten Gegenstände bei einem Markt, so kann man zwischen den zwei grundsätzlichen Marktarten Faktormärkte und Gütermärkte unterscheiden.

Faktormärkte sind Märkte, auf denen die volkswirtschaftlichen Produktionsfaktoren Arbeit, Boden und Kapital gehandelt werden. Märkte auf denen Waren und Dienstleistungen gekauft und verkauft werden nennt man Gütermärkte.

Gütermärkte. Gütermärkte kann man in Konsumgütermärkte und Produktionsgütermärkte unterteilen. Bei den Konsumgütermärkten kaufen Endverbraucher Waren und Dienstleistungen. Auf den Produktionsgütermärkten werden Produkte zur Weiternutzung in Unternehmen gehandelt.

Marktart	Inhalt	Anbieter	Nachfrager
Faktormärkte			
Arbeitsmarkt	Arbeitsleistung gegen Entgelt (Löhne und Gehälter)	Arbeitnehmer	Arbeitgeber (Unternehmen, Staat, ...)
Immobilienmarkt	Handel von Grundstücken und Gebäuden	Makler, Grund- und Gebäudeeigentümer	Haushalte, Unternehmen, Staat
Geld- und Kapitalmarkt	Wertpapiere, langfristige und kurzfristige Kredite	Banken, Unternehmen, Staat	Haushalte, Unternehmen, Staat
Gütermärkte			
Konsumgütermarkt	Konsumgüter und Dienstleistungen für den Endverbraucher	Unternehmen	Haushalte
Produktionsgütermarkt	Produktionsgüter, Dienstleistungen und Rohstoffe	Unternehmen	Unternehmen

Märkte können auch nach ihrem Organisationsgrad, Marktzutritt und Vollkommenheitsgrad unterschieden werden.

Kriterium	Beschreibung
Organisationsgrad	**Organisierte Märkte:** Das Marktgeschehen richtet sich nach bestimmten Regeln, wobei Zeit und Ort ebenfalls festgelegt sind (z. B. Auktionen, Börsen, Messen). **Nicht organisierte Märkte:** Es gibt keine festen Regeln und das Marktgeschehen ist nicht an Ort und Zeit gebunden.

Kriterium	Beschreibung
Marktzutritt	**Offene Märkte:** Markt ohne Zutrittsbeschränkung sowohl für Anbieter als auch für Nachfrager. **Beschränkte Märkte:** Zugang für Marktteilnehmer durch wirtschaftliche oder rechtliche Voraussetzungen eingeschränkt (z. B. Konzessionen, Befähigungsnachweise, Mindestkapitalpflicht). **Geschlossene Märkte:** Zugang ist nur für bestimmte Teilnehmerkreise möglich.
Vollkommenheitsgrad	**Unvollkommene Märkte:** Es gibt keine homogenen Güter, keine Markttransparenz und keinen einheitlichen Preis. (Entspricht dem Regelfall) **Vollkommene Märkte:** Theoretisches Modell auf dem es nur einen einheitlichen Preis für ein bestimmtes Produkt geben kann.

1.1.4 Marktformen

Betrachtet man die Anzahl der Marktteilnehmer auf der Anbieter- und Nachfragerseite, so spricht man von Marktformen. Es lassen sich neun Grundformen unterscheiden:

Nachfrager / Anbieter	viele	wenige	einer
viele	Polypol (vollständige Konkurrenz)	Nachfrageoligopol	Nachfragemonopol
wenige	Angebotsoligopol	Zweiseitiges (bilaterales) Oligopol	Beschränktes Nachfragemonopol
einer	Angebotsmonopol	Beschränktes Angebotsmonopol	Zweiseitiges (bilaterales) Monopol

Polypol

Beim Polypol gibt es viele Anbieter, die alle dasselbe bzw. ein sehr ähnliches und austauschbares Produkt verkaufen wollen und viele Nachfrager für diese Produkte. Der Marktanteil der einzelnen Anbieter ist sehr klein. Die einzelnen Anbieter oder Nachfrager haben keinen Einfluss auf den Marktpreis und müssen diesen akzeptieren. Der preisliche Spielraum der einzelnen Anbieter ist sehr gering, da bei höheren Preisen die Nachfrager bei einem anderen Anbieter die Produkte kaufen werden. Der rege Wettbewerb verhindert überhöhte Preise.

BEISPIEL

Supermärkte in einer Großstadt.

Oligopol

Es gibt nur wenige Anbieter oder Nachfrager für ein Produkt. Bei einem Angebotsoligopol hat jeder Anbieter eine gewisse Marktmacht und kann zu seinen Gunsten das Marktgeschehen beeinflussen. Senkt ein Anbieter seine Preise, so wird vermehrt bei ihm nachgefragt. Die anderen Anbieter müssen darauf reagieren und es kann sich ein harter Preiskampf entwickeln.

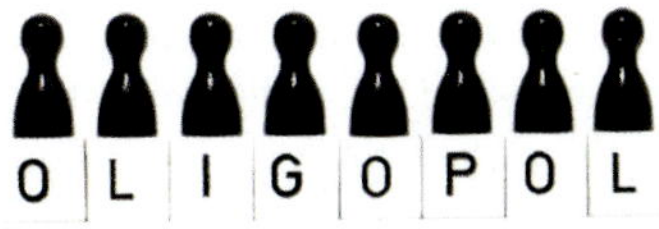

Ein Oligopolist wird dagegen seine Preise erhöhen, wenn er damit rechnen kann, dass auch die anderen Oligopolisten ihre Preise erhöhen werden. Durch diese Preiserhöhungen, bzw. Preisabsprachen hat dann der Nachfrager das Nachsehen.

BEISPIEL

Der deutsche Strommarkt wird hauptsächlich durch wenige große Konzerne bestimmt (Angebotsoligopol).

Monopol

Existiert nur ein Anbieter oder ein Nachfrager für ein Produkt auf dem Markt, so spricht man von einem Monopol. Bei einem Monopol gibt es keinen Wettbewerb. Der Monopolist auf der Anbieterseite kann seinen Preis und seine Menge so festlegen, dass sie für ihn und seinen Gewinn optimal sind. Den Nachfragern bleibt nichts anderes übrig, als das Produkt für den vorgegebenen Preis beim Monopolisten zu kaufen. Der Monopolist wird jedoch seinen Preis nicht beliebig hoch setzen, da sonst die Gefahr besteht, dass Mitbewerber auf dem Markt auftreten.

1.2 Preisbildung

1.2.1 Preisbildung im Modell des vollkommenen Marktes

Bei einer typischen Kaufentscheidung spielt nicht nur der Preis eine Rolle. Verschiedene subjektive Faktoren, wie Öffnungszeiten, Zeitdruck, Produktpräsentation, Vertrauen in eine Marke, Sympathie, können die Kaufentscheidung beeinflussen. Eine Kaufentscheidung ist somit eine komplexe, von persönlichen und situativen Einflüssen bestimmte Entscheidung.

Um den Preismechanismus – das Zusammenwirken von Angebot, Nachfrage und Preis – ohne subjektive Einflüsse untersuchen zu können, muss man ein Modell zu Hilfe nehmen. Ein Modell ist eine vereinfachte Abbildung der Wirklichkeit, bei dem gewisse Prämissen angenommen werden. In diesem Fall bedient man sich am Modell des vollkommenen Marktes.

1.2.2 Modellannahmen der Preisbildung im vollkommenen Markt

Die Anbieter und Nachfrager verhalten sich stets rational, vernunftgemäß nach dem ökonomischen Prinzip. Auf dem Markt herrscht vollständige Konkurrenz und es existieren nur homogene, d.h. völlig gleichartige Güter. Die Käufer haben keinerlei Präferenzen (Vorlieben) in persönlicher, zeitlicher, räumlicher und sachlicher Hinsicht. Es herrscht völlige Markttransparenz (Marktübersicht). Anbieter und Nachfrager müssen sofort auf Änderungen der Marktsituation reagieren können.

Voraussetzungen	Erklärungen
Rationales Verhalten der Marktteilnehmer	Die Marktteilnehmer streben nach einer Nutzenmaximierung. Sie entscheiden sich bspw. bei gleichartigen Produkten für das günstigere Produkt.
Vollständige Konkurrenz	Die Marktteilnehmer können den Preis nicht beeinflussen. Sie können nur die angebotene oder nachgefragte Menge verändern.
Homogene Güter	Ein Einheitspreis kann sich nur dann entwickeln, wenn auf dem Markt vollkommen gleichartige Güter angeboten werden. Völlig gleichartige Güter müssen in ihrer Qualität und Beschaffenheit völlig identisch sein.
Keinerlei Präferenzen	Beispiele für die einzelnen Präferenzen: Persönliche Präferenz: Ein Kunde bevorzugt ein Geschäft aufgrund des sympathischen Verkaufspersonals. Zeitliche Präferenz: Ein Anbieter wird bevorzugt, da er schneller liefern kann. Räumliche Präferenz: Die Verkaufsstelle befindet sich direkt am Wohnort und ist somit schnell erreichbar. Sachliche Präferenz: Es werden von einem Anbieter besondere Serviceleistungen zusätzlich angeboten.
Völlige Markttransparenz	Der Käufer kennt alle Konkurrenzprodukte und deren Preise bei den verschiedenen Anbietern.
Sofortige Reaktion der Marktteilnehmer	Die Marktteilnehmer treffen sich am gleichen Ort und zum gleichen Zeitpunkt, damit jeder Teilnehmer auf Marktveränderungen unverzüglich reagieren kann.

Unter diesen Prämissen lässt sich das Verhalten der Marktteilnehmer untersuchen. Treffen eine oder mehrere Prämissen nicht auf den Markt zu, spricht man von einem unvollkommenen Markt.

1.2.3 Verhalten der Nachfrager

BEISPIEL

Vor der Einführung eines PKWs der Kompaktklasse mit festgelegter Ausstattung wurden 1 000 potenzielle Käufer nach ihrem Kaufverhalten gefragt. Ziel war es heraus zu finden, bis zu welchem Preis sie den PKW noch kaufen würden. Das Ergebnis ist in unten stehender Tabelle dargestellt.

Preis je Einheit in EUR	25.000	22.500	20.000	17.500	15.000	12.500
Nachfrage in Stück	0	200	400	600	800	1 000

Dieses Ergebnis zeigt das typische Verhalten der Käufer. Sie streben danach, für ein Produkt möglichst wenig zu bezahlen. Daraus lässt sich folgende Nachfrageregel ableiten:

- Je mehr der Preis steigt, desto geringer ist die Nachfrage.
- Je mehr der Preis sinkt, desto größer ist die Nachfrage.

Grafische Darstellung der Nachfragekurve

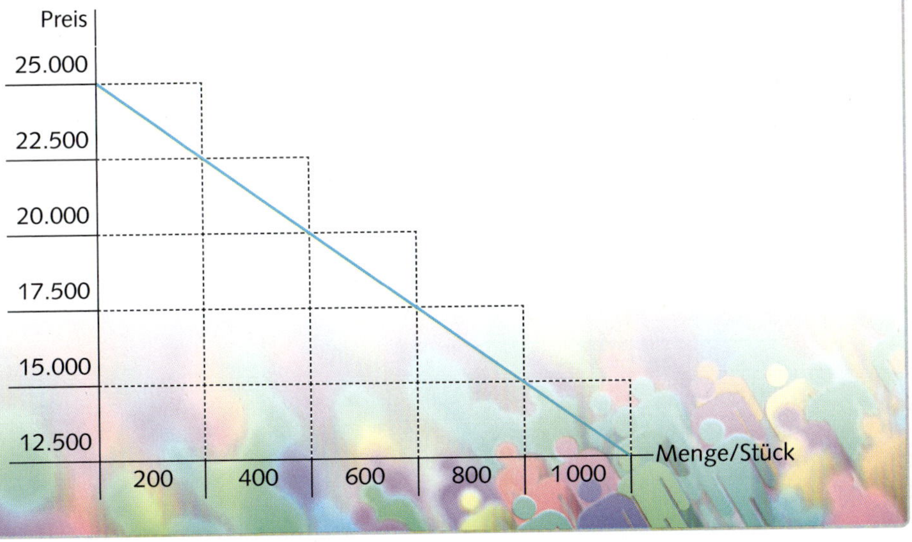

Der sinkende Preis erleichtert die Kaufentscheidung und ermöglicht auch den weniger kaufkräftigen Nachfragern das Produkt zu erwerben.

Bei einem Preis von 22.500 € sind beispielsweise nur 200 Käufer am Kauf interessiert. Bei 12.500 € dagegen würden alle Befragten das Auto kaufen.

1.2.4 Verhalten der Anbieter

Vor der Einführung eines PKWs der Kompaktklasse könnten auch die Anbieter befragt werden, bei welchem Preis sie einen PKW der Kompaktklasse anbieten würden. Die Anzahl der angebotenen PKWs bei einem bestimmten Preis sind in der unten stehendenden Tabelle ersichtlich.

Preis je Einheit in EUR	25.000	22.500	20.000	17.500	15.000	12.500
Nachfrage in Stück	1 000	800	600	400	200	0

In dieser Tabelle zeigt sich das typische Verhalten der Anbieter. Sie streben danach, ihre Produkte für einen möglichst hohen Preis zu verkaufen, um einen entsprechend hohen oder sogar maximalen Gewinn zu erzielen. Daraus lässt sich folgende Angebotsregel ableiten:

- Je mehr der Preis steigt, desto größer wird das Angebot.
- Je mehr der Preis sinkt, desto geringer wird das Angebot.

Durch den steigenden Preis entsteht ein größerer Anreiz für die Unternehmen mehr zu produzieren und auf den Markt zu bringen.

Bei einem Preis von 25.000 € würden 1 000 PKWs angeboten. Bei einem Preis von 12.500 € wäre kein Anbieter mehr bereit, einen PKW auf dem Markt zu verkaufen.

1.2.5 Gleichgewichtspreisbildung

Grafische Darstellung der Nachfragekurve

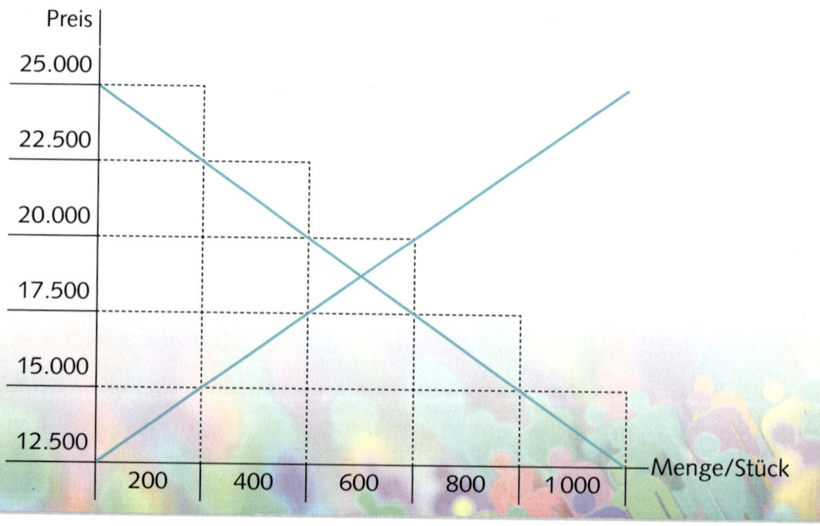

Legt man beide Diagramme zum Verhalten der Nachfrager und Anbieter zusammen, so stellt man fest, dass beide Mengen nur bei einem Marktpreis von 18.750 € übereinstimmen. Dieser Preis, bei dem angebotene und nachgefragte Menge übereinstimmen, wird auch als Gleichgewichtspreis bezeichnet. Die dazugehörige Menge wird Gleichgewichtsmenge genannt. Bei den anderen Preisen werden entweder zu wenig Stückzahlen angeboten oder nachgefragt und somit auch weniger verkauft oder gekauft.

Aus dem Koordinatensystem kann man also den Gleichgewichtspreis als Schnittpunkt zwischen der Angebots- und Nachfragekurve auf der y-Achse ablesen. Die entsprechende Gleichgewichtsmenge ist auf der x-Achse ersichtlich.

Der Gleichgewichtspreis lässt sich auch durch die Gegenüberstellung der beiden Tabellen zum Verhalten der Nachfrager und Anbieter errechnen.

Preis je Einheit (in Euro)	Angebotsmenge (in Stück)	Nachfragemenge (in Stück)	Absatz (in Stück)	Umsatz (in Euro)
12.500	0	1000	0	0
15.000	200	800	200	3.000.000
17500	400	600	400	7.000.000
18.750	**500**	**500**	**500**	**9.375.000**
20.000	600	400	400	8.000.000
22.500	800	200	200	4.500.000
25.000	1000	0	0	0

1.2.6 Funktionen des Gleichgewichtspreises

Ausgleichsfunktion: Beim Gleichgewichtspreis bekommen alle Nachfrager das Gut, wenn sie mindestens den Gleichgewichtspreis zahlen wollen. Ebenso können alle Anbieter, die höchstens den Gleichgewichtspreis verlangen, ihre Produkte absetzen. Der Markt wird geräumt und die Umsatzmenge ist maximal.

Lenkungsfunktion: Der Preis ist ein wichtiger Indikator, ob auf einem Markt Gewinne erwirtschaftet werden können. Er zeigt lohnenswerte Investitionen an und lenkt sie somit in die richtigen Märkte.

Ausschaltungsfunktion: Dadurch werden Marktteilnehmer vom Markt verdrängt, die nicht zum Marktpreis produzieren können.

Produzentenrente

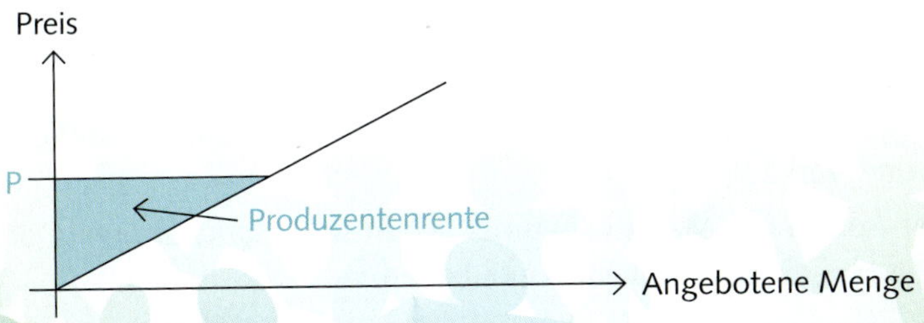

Betrachtet man in unserem Beispiel den Preis von 22.500 €. So sieht man, dass zwar 800 PKWs angeboten werden, aber nur 200 Käufer bereit sind, für diesen Preis den PKW zu kaufen. Ist der Preis also über dem Gleichgewichtspreis, so entsteht ein **Angebotsüberhang**. In dieser Situation, in der das Angebot größer ist als die Nachfrage spricht man von einem **Käufermarkt**. Die Anbieter sind gezwungen, ihren Preis nach unten anzupassen, damit mehr Käufer bereit sind, die Ware zu kaufen. Bei niedrigerem Preis bieten gleichzeitig weniger Anbieter ihre Ware am Markt an. Es findet somit ein Prozess der Annäherung in Richtung Gleichgewichtspreis statt.

Bei einem Preis von 15.000 € werden nur 200 PKWs angeboten, aber die Nachfrage beläuft sich auf 800 PKWs. Die Nachfrage ist somit höher als das Angebot und man bezeichnet dies als **Nachfrageüberhang**. Von einem Nachfrageüberhang spricht man also, wenn der Marktpreis unter dem Gleichgewichtspreis liegt. In dieser Situation haben die Verkäufer die bessere Position. Deshalb spricht man von einem **Verkäufermarkt**. Die Hersteller können also ihre Preise entsprechend nach oben korrigieren, um ihre Gewinne zu erhöhen. Die Preiserhöhung lockt weitere Anbieter an, wobei gleichzeitig bei steigenden Preisen die Nachfrage zurück geht. Es erfolgt wie auch beim Angebotsüberhang die Annäherung in Richtung Gleichgewichtspreis.

Schaut man sich das Diagramm von oben an, so fällt auf, dass einige Nachfrager auch bereit gewesen wären, mehr als den Gleichgewichtspreis zu zahlen. Durch die Bereitschaft einen höheren Preis zu zahlen, als den Gleichgewichtspreis, entsteht eine Differenz, die man als **Konsumentenrente** bezeichnet. Ebenso gibt es auch genügend Anbieter, die ihr Produkt auch für einen geringeren Preis verkauft hätten. Diese Differenz zwischen dem Gleichgewichtspreis und dem möglichen Angebotspreis nennt man **Produzentenrente**.

Zusammenfassung und Lernkontrolle

Zusammenfassung

Markt

- Ein Markt ist jedes Zusammentreffen von Angebot und Nachfrage.
- Es gibt organisierte und nicht organisierte, offene und geschlossene Märkte sowie Käufer- und Verkäufermärkte.
- Nach der Anzahl der Marktteilnehmer lassen sich Marktformen in den Grundformen Polypol, Oligopol und Monopol bilden.

Angebot und Nachfrage

- Angebot und Nachfrage richten sich auf einem vollkommenen Polypolmarkt allein nach dem Preis (Modellbetrachtung).
- Je höher der Preis, desto höher das Angebot und desto geringer die Nachfrage.

Für die Preisbildung beim Polypol auf dem vollkommenen Markt gilt:

- **Polypolmarkt:** viele Anbieter, viele Nachfrager
- **vollkommener Markt:** Markttransparenz, Homogenität der Güter, fehlende Präferenzen, Zeitlosigkeit, rationales Verhalten
- je **höher** der Preis, desto **geringer** die Nachfrage und desto **höher** das Angebot
- **fällt** der Preis **steigt** die Nachfrage und das Angebot **sinkt**
- **Preisbildungsprozess** ist beendet, wenn der Preis erreicht ist bei dem die Nachfragemenge der Angebotsmenge entspricht (A = N)
- Marktmechanismus gleicht Angebotsmengenüberschuss und Nachfragemengenüberschuss aus bis der Gleichgewichtspreis erreicht ist

Lernkontrolle

Aufgabe 1

Nennen Sie die Aufgaben des Marktes!

Aufgabe 2

Nennen Sie jeweils zwei konkrete Beispiele für Faktormärkte und Gütermärkte!

Aufgabe 3

Märkte können auch nach ihrem Organisationsgrad, Marktzutritt und Vollkommenheitsgrad unterschieden werden. Erklären Sie die unterschiedlichen Marktarten.

Aufgabe 4

Um welche Marktform handelt es sich bei dem einzigen Food-Truck der Stadt, welcher seine Speisen im Industriegebiet verkauft. Auch im Umkreis von 20 km gibt es keinen Anbieter dieser Art.

Aufgabe 5

Was versteht man unter einem Modell?

Aufgabe 6

Beschreiben Sie die Voraussetzungen des Modells des vollkommenen Marktes!

Aufgabe 7

Berechnen Sie den jeweiligen Absatz in Stück und den jeweiligen Umsatz in Euro. Ermitteln Sie mit Hilfe eines Diagramms den Gleichgewichtspreis.

Preis je Einheit (in €)	Angebotsmenge (in Stück)	Nachfragemenge (in Stück)
10	100	400
20	150	350
30	200	300
40	250	250
50	300	200
60	350	150
70	400	100

Aufgabe 8

Welche Funktionen hat der Gleichgewichtspreis?

2 Beschaffungsvorgänge

2.1 Planung und Durchführung von Beschaffungsvorgängen

Hierbei geht es ausschließlich um die Beschaffung der Betriebsmittel, Werkstoffe und Dienstleistungen. Der Begriff Beschaffung umfasst normalerweise auch die Beschaffung des Personals und der finanziellen Mittel. Dies soll hier nicht betrachtet werden.

Bei der Beschaffung innerhalb von öffentlichen Verwaltungsbetrieben gibt es gegenüber der privaten Wirtschaft besondere Vorschriften. Da Gelder der Allgemeinheit ausgegeben werden besteht ein öffentliches Interesse. Die Vorschriften im Einzelnen sind in der Vergabe- und Vertragsordnung für Bauleistungen (VOB) und der Vergabe- und Vertragsordnung für Leistungen (VOL) geregelt. Folgende Besonderheiten sind hierbei zu beachten:

Die **öffentliche Ausschreibung** stellt den Regelfall dar. Hierbei wird eine unbeschränkte Zahl von Anbietern öffentlich aufgefordert, ihre Angebote an die ausschreibende Behörde abzugeben.

Eine **beschränkte Ausschreibung** ist möglich bei bestimmten Schwellenwerten des Auftrages, welche in den oben genannten Vorschriften geregelt sind. So kann eine beschränkte Ausschreibung stattfinden, wenn eine gewisse Dringlichkeit vorliegt, eine öffentliche Ausschreibung bereits erfolglos durchgeführt wurde oder sich aufgrund von spezifischem Fachwissen nur eine begrenzte Anzahl von Unternehmen als Anbieter in Frage kommt. Diese Ausschreibung erfolgt grundsätzlich in zwei Stufen. Zuerst können sich interessierte Unternehmen für die Teilnahme am Vergabeverfahren bewerben, danach erfolgt die Angebotsaufforderung der Behörde an ausgewählte Unternehmen.

Für die oben genannten Ausschreibungen gilt, dass die Angebote bis zum Ende der Angebotsfrist geheim bleiben. Auch dürfen keine Nachverhandlungen stattfinden und das günstigste Angebot erhält den Zuschlag.

Auch für die **freihändige Vergabe** gibt es bestimmte Schwellenwerte. Hierbei wird auf eine Ausschreibung verzichtet, wenn der Auftragswert entsprechend niedriger ist, eine entsprechende Dringlichkeit besteht oder wenn die anderen Vergabearten unzweckmäßig erscheinen. Die Behörde kann sich dann direkt an bestimmte Unternehmen wenden und mit ihnen verhandeln. Diese Vergabeart entspricht allerdings nicht dem Zweck des Vergaberechts und soll eher die Ausnahme darstellen.

2.2 Bedarfsermittlung

Bevor eine Ausschreibung oder eine freihändige Vergabe durchgeführt werden kann, muss die Bedarfsermittlung stattfinden. Der Zweck der Bedarfsermittlung ist die Bestimmung der Art, der Menge und des Zeitpunktes der Bestellung des Materials.

© Eisenhans – stock.adobe.com

Die Bedarfsarten lassen sich folgendermaßen gliedern:

Bedarfsart	Erklärung	Beispiele
Rohstoffe	Hauptbestandteil des Produktes	Holz für Möbel, Papier für Bücher, Blech für Autos
Hilfsstoffe	Nebenbestandteile des Produktes	Leim für Möbel, Faden für Bücher, Schrauben für Autos
Betriebsstoffe	Sind nicht Bestandteil des Produktes, sondern dienen der Aufrechterhaltung des Produktionsprozesses bzw. der Energieerzeugung	Treibstoff oder Strom für Maschinen, Reparatur-, Büromaterial und Putzmittel
Fremdbauteile	Fremd bezogene Einbauteile für ein Produkt	Beschläge für Möbel, Farbe für den Buchdruck, Reifen für Autos
Handelswaren	Fremd bezogene Artikel, die nicht, oder nicht wesentlich verändert und danach weiterverkauft werden	Zubehör (wie Fußmatten) oder Sortimentserweiterungen (wie Merchandising Produkte)

Man kann die Bedarfsarten auch in Primär-, Sekundär- und Tertiärbedarf einteilen.

Der **Primärbedarf** ist der Bedarf an Enderzeugnissen der beispielsweise innerhalb eines Jahres anfällt. Aus dem Primärbedarf wird ein Produktionsprogramm abgeleitet, in dem die Anzahl, der Fertigungstermin und der Fertigungsort festgelegt werden.

Der **Sekundärbedarf** ist der Bedarf an Rohstoffen oder Einzelteilen, die zur Herstellung des Primärbedarfs benötigt werden.

Der **Tertiärbedarf** ist der Bedarf, der bei Hilfs- und Betriebsstoffen zur Herstellung und zum Transport des Sekundärbedarfs anfällt.

Bei der Betrachtung des mengenmäßigen Bedarfs kann man zwei grundsätzliche Verfahren unterscheiden:

Bei der **programmorientierten (deterministischen) Bedarfsermittlung** wird der zukünftige Bedarf aufgrund des Absatz- oder Produktionsprogramms ermittelt. Aufgrund des Primärbedarfs wird durch Stücklisten bzw. Rezepturen das herzustellende Produkt in seine Einzelteile zerlegt und daraus der Bedarf für die Roh-, Hilfs- und Betriebsstoffe (Sekundärbedarf) ermittelt. Dies stellt den Bruttobedarf dar. Vergleicht man diesen mit den verfügbaren Lagerbeständen, so erhält man den Nettobedarf. Die programmierte Bedarfsermittlung dient vor allem der Ermittlung des Sekundärbedarfs bei bekanntem Primärbedarf.

Bei der **verbrauchsorientierten (stochastischen) Bedarfsermittlung** wird die Menge aufgrund von Vergangenheitswerten bestimmt. Dabei geht man von der Annahme aus, dass sich die vergangene Bedarfsentwicklung genauso wie die zukünftige Bedarfsentwicklung gestalten wird. Es wird aufgrund von statistischen Methoden aus den Vergangenheitswerten auf den zukünftigen Bedarf geschlossen. Dieses Verfahren wird oft bei der Planung von geringwertigen Gütern (z. B. beim Tertiärbedarf) oder bei schwankenden Nachfragen verwendet.

Bei der zeitlichen Bedarfsplanung gibt es grundsätzlich zwei Verfahren.

Beim **Bestellrhythmusverfahren** erfolgt die Bestellung nach festgelegten Bestellrhythmen. So wird z. B. der Lagerbestand wöchentlich oder monatlich überprüft und die Menge beschafft, die den Lagerbestand auf eine festgelegte Menge auffüllt.

Beim **Bestellpunktverfahren** wird immer dann bestellt, wenn ein zuvor festgelegter Meldebestand (Bestellpunkt) erreicht ist. Diese Überprüfung findet nach jedem Lagerabgang statt. Dabei wird nach der folgenden Formel vorgegangen:

Meldebestand = eiserner Bestand + durchschnittlicher Bestand · Lieferzeit

Die Höhe des Meldebestands ergibt sich aus dem täglichen Verbrauch bis zum Eintreffen der bestellten Ware und einem Sicherheitsbestand (= eiserner Bestand), falls es zu Lieferverzögerung kommt oder der Verbrauch steigt. Im Idealfall trifft die Ware dann ein, wenn der Sicherheitsbestand im Lager erreicht ist.

2.3 Bezugsquellenermittlung

Die Aufgabe der Bezugsquellenermittlung ist es, mögliche Lieferanten zu finden bzw. auszuwählen. Informationen können entweder schon vorhanden sein, sogenannte interne Informationsquellen, oder müssen von außerhalb beschafft werden (externe Informationsquellen). Dabei ist zu beachten, dass die Informationen aktuell und richtig sind.

Interne Informationen (= liegen im Betrieb vor)	Externe Informationen (= außerhalb des Betriebes)
▪ Lieferantenkartei ▪ Vorliegende Kataloge ▪ Vorliegende Preislisten ▪ Vorliegende Unterlagen von Vertreterbesuchen	▪ Nachschlagewerke wie „Gelbe Seiten“ ▪ Online-Dienste im Internet ▪ Kataloge, Preislisten, Prospekte ▪ Werbeanzeigen in Fachzeitschriften ▪ Messen, Ausstellungen

Der Angebotspreis des Lieferanten ist ein wichtiges Kriterium für die Auswahl eines passenden Lieferanten. Aber auch weitere Kriterien, wie allgemeine Liefer- und Zahlungsbedingungen, Zuverlässigkeit, Garantieleistungen, Service oder gute Qualität sind ausschlaggebend für die Wahl des richtigen Lieferanten.

2.4 Die Anfrage

© VRD – stock.adobe.com

Durch eine Anfrage stellt der Kunde fest, ob und zu welchen Preisen und Bedingungen Produkte oder Dienstleistungen vom Lieferer bezogen werden können. Sie dient der Informationsbeschaffung. Dabei kann eine Anfrage allgemein oder speziell verfasst sein. Bei der **allgemeinen Anfrage** richtet sich die Anfrage auf das gesamte Sortiment eines Lieferers. Dabei wird der Lieferer aufgefordert einen Katalog oder eine Preisliste zuzusenden oder es wird um einen Vertreterbesuch gebeten. Durch die spezielle Anfrage wird konkret nach einem Preis und den Lieferungs- und Zahlungsbedingungen für ein bestimmtes Produkt gefragt. Die Anfrage unterliegt keiner festgesetzten Form und kann somit mündlich, schriftlich, telefonisch, oder in einer elektronischen Form erfolgen.

Es gibt unterschiedliche Gründe für eine Anfrage:

- Die Konditionen der Lieferer können unbekannt oder überholt sein.
- Es sollen Konkurrenzangebote eingeholt werden, um diese mit dem bestehenden Lieferanten zu vergleichen.
- Der Lieferantenkreis soll erweitert werden.
- Es sollen völlig neue Produkte eingekauft werden, z. B. bei einer Sortimentserweiterung.

Durch eine Anfrage können neue Geschäftsbeziehungen eingeleitet oder ein bestehender Lieferant zur Abgabe eines Angebotes aufgefordert werden. Die Anfrage ist unverbindlich, d. h. der Anfragende wird durch eine Anfrage nicht rechtlich verpflichtet. Dadurch können beliebig viele Anbieter angeschrieben und deren Preise verglichen werden.

Wesentliche Inhalte einer schriftlichen Anfrage können sein:

- Grund der Anfrage
- Nennen der gewünschten Ware oder Dienstleistung
- Angabe der erforderlichen Menge
- Erfragen der Preise, Lieferungs- und Zahlungsbedingungen
- Hinweis auf einen gewünschten Liefertermin
- Fristsetzung für die Angebotsabgabe

2.5 Das Angebot

Ein Angebot ist eine Willenserklärung gegenüber einer bestimmten Person oder einem bestimmten Unternehmen, zu festgelegten Bedingungen Ware zu liefern oder Leistungen zu erbringen. Durch ein Angebot sollen die Kunden zum Kauf angeregt werden.

Bestandteile eines Angebots sind:

- Art, Güte und Beschaffenheit der Ware (Ist nichts Besonderes vereinbart, so ist die mittlere Art und Güte zu liefern)
- Zahlungsbedingungen (Preis, Rabatte, Skonto, Anzahlung, Zeitpunkt der Zahlung)
- Menge
- Lieferungsbedingungen (Lieferzeit, Verpackungskosten, Versandkosten)
- Erfüllungsort
- Gerichtsstand (Austragungsort für Rechtsstreitigkeiten)

Sind Angebote nicht an eine bestimmte Person oder an ein bestimmtes Unternehmen sondern an die Allgemeinheit gerichtet, wie bei Zeitungsanzeigen, Internetanzeigen, Prospekten oder Schaufensterauslagen, so sind sie rechtlich gesehen kein Angebot und somit auch nicht verbindlich. Auch durch sogenannte „Freizeichnungsklauseln" wie, „solange der Vorrat reicht", oder „Angebot freibleibend", kann die Verbindlichkeit des Angebotes aufgehoben werden.

2.6 Der Angebotsvergleich

Um sich für einen Anbieter entscheiden zu können wird ein Angebotsvergleich zwischen den einzelnen Angeboten durchgeführt. Hier wird zunächst der Einstandspreis der einzelnen Angebote betrachtet (quantitativer Angebotsvergleich).

BEISPIEL

In einem Unternehmen soll eine Abteilung komplett mit 30 neuen Laptops ausgestattet werden. Der Sachbearbeiter im Einkauf hat hierfür zwei Angebote vorliegen.

Angebot 1: (Chip Gmbh)

Sehr geehrte Damen und Herren,

zurzeit können wir Ihnen 30 Stück unseres Modells „C1055" als Sonderaktion zu einem Preis von insgesamt 16.200,– € inkl. Mehrwertsteuer anbieten. Wir gewähren Ihnen einen Sonderrabatt von 5 %. Die Lieferung erfolgt frei Haus. Bei Bezahlung innerhalb von 14 Tagen gewähren wir Ihnen 3 % Skonto. Die Lieferung erfolgt vier Wochen nach Auftragseingang.

Sollten Sie noch Fragen haben, wenden Sie sich bitte an oben stehende Telefonnummer. Wir hoffen, wir konnten Ihr Interesse für unser Produkt wecken und freuen uns auf Ihre Bestellung.

Mit freundlichen Grüßen

Susanne Rehklau

Angebot 2: (Compair KG)

Sehr geehrte Damen und Herren,

vielen Dank für Ihr Vertrauen in unsere Produkte.

Die gewünschten Laptops können wir Ihnen zu einem Listenpreis von 530,– € (Gesamtpreis: 15.900,– €) inkl. Mehrwertsteuer anbieten. Für 30 Stück erlauben wir uns, Ihnen eine Verpackungs- und Transportkostenpauschale in Höhe von 300,– € zu berechnen. Wir gewähren unseren Kunden ein Zahlungsziel von 2 Monaten. Bei Zahlung innerhalb von 14 Tagen erhalten Sie 2 % Skonto. Die Lieferung erfolgt sofort nach Auftragseingang.

Wir hoffen auf eine baldige Bestellung!

Mit freundlichen Grüßen

Klaus Eberhard

Kalkulationsschema zur Berechnung der Einstandspreise:

Anbieter	Chip GmbH	Compair KG
Listeneinkaufspreis in €	16.200,00	15.900,00
– Rabatt in € (vom Listenpreis)	810,00	–
= Zieleinkaufspreis in €	15.350,00	15.900,00
– Skonto in € (vom Zieleinkaufspreis)	461,70	318,00
= Bareinkaufspreis in €	14.928,30	15.582,00
+ Bezugskosten in € (Transport- und Verpackungskosten)	–	300,00
= Einstandspreis in €	14.928,30	15.882,00

Betrachtet man alleine den Einstandspreis, so würde die Entscheidung auf den Anbieter Chip GmbH fallen. Bei der Auswahl des passenden Anbieters können aber auch noch andere Faktoren als monetäre (quantitative) Kriterien eine Rolle spielen; Sogenannte qualitative Kriterien.

Quantitative Kriterien	Qualitative Kriterien	
▪ Preis ▪ Rabatte ▪ Skonto ▪ Bezugskosten	▪ Qualität ▪ Lieferzeit ▪ Service ▪ Garantie ▪ Bestehende Geschäftsbeziehungen	▪ Entfernung ▪ Umweltschutz ▪ Image ▪ …

Deshalb sollte man die Bezugskalkulation durch einen qualitativen Angebotsvergleich erweitern. Zur Durchführung des qualitativen Angebotsvergleichs bietet sich eine Entscheidungsbewertungstabelle an.

Zuerst werden bei diesem Vorgehen die wichtigsten Kriterien für die Auswahl des Anbieters bestimmt. Nachdem die Kriterien gewählt sind, wird eine Tabelle erstellt und die Kriterien werden aufgrund ihrer Bedeutung gewichtet. Dazu werden Gewichtungspunkte vergeben, die zusammen 100 ergeben müssen.

Kriterien	Gewichtung	Chip GmbH		Compair KG	
		Punkte	gewichtete Punkte	Punkte	gewichtete Punkte
Preis	50				
Lieferzeit	20				
Service	20				
Entfernung	10				
Summe	100				

Im nächsten Schritt wird nun bewertet, wie gut der einzelne Anbieter das entsprechende Kriterium erfüllt. Dabei kann man folgendes Bewertungssystem verwenden:

- 5 Punkte = Lieferant, der das Kriterium am besten erfüllt.
- 1 Punkt = Lieferant, der das Kriterium am schlechtesten erfüllt.

Bei der Betrachtung von mehreren Lieferanten können auch Punkte dazwischen vergeben werden, oder eine höhere Punktzahl als Bestnote vergeben werden.

Kriterien	Gewichtung	Chip GmbH		Compair KG	
		Punkte	gewichtete Punkte	Punkte	gewichtete Punkte
Preis	50	5		1	
Lieferzeit	20	1		5	
Service	20	5		1	
Entfernung	10	1		5	
Summe	100				

Im letzten Schritt werden nun die gewichteten Punkte als jeweiliges Produkt von Gewichtung und Bewertungspunkten eingetragen. Anschließend wird die Summe der Punkte pro Lieferant ermittelt und der Lieferant mit der höchsten Punktezahl ausgewählt.

Kriterien	Gewichtung	Chip GmbH		Compair KG	
		Punkte	gewichtete Punkte	Punkte	gewichtete Punkte
Preis	50	5	250	1	50
Lieferzeit	20	1	20	5	100
Service	20	5	100	1	20
Entfernung	10	1	10	5	50
Summe	100		**380**		**220**

2.7 Die A-B-C Analyse

In einem Unternehmen, wie auch in einer Behörde werden jährlich viele unterschiedliche Waren benötigt. Dabei können sich diese Waren wertmäßig stark voneinander unterscheiden. Von Waren im Centbereich, wie z. B. Schrauben bis zu teuren Spezialmaschinen. Diese unterschiedlichen Waren müssen auch unterschiedlich behandelt werden.

Die A-B-C Analyse ist ein einfaches Instrument zur Wirtschaftlichkeitskontrolle bei der Beschaffung und Lagerung von Waren. Das Ziel ist es, die Beschaffungs- und Lagerkosten zu minimieren. Dabei werden die einzelnen Waren in die drei Bereiche A, B und C eingeteilt.

A-Güter haben einen hohen Wertanteil, aber nur einen geringen Mengenanteil am gesamten Lagergut. Bei C-Gütern ist es genau umgekehrt: Sie haben einen relativ geringen Wert, jedoch einen hohen Anteil an der Gesamtmenge der vorhandenen Güter. B-Güter haben einen mittleren Wert- und Mengenanteil.

BEISPIEL

Ein Unternehmen bezieht 6 verschiedene Produkte und möchte für diese eine A-B-C Analyse durchführen.

Zunächst wird der prozentuale Anteil der Artikelmenge an der Gesamtmenge errechnet. Danach erfolgt die Berechnung des Artikelwertes (Anzahl multipliziert mit dem Preis je Einheit) und des prozentualen Anteils des Artikelwertes am Gesamtwert aller Artikel. Aufgrund der Prozentzahlen wird eine Rangfolge gebildet.

Artikelbezeichnung	Artikelmenge		Artikelwert			Rangfolge
	Anzahl	Anteil in %	Preis je Einheit in €	Artikelwert in €	Anteil in %	
SL 2	90	37,5	9,–	810,–	0,9	6
SL 4	22	9,2	1.299,–	28.578,–	32,4	2
XL 3	35	14,6	349,–	12.215,–	13,8	3
ML 8	50	20,8	69,–	3.450,–	3,9	5
ML 5	23	9,6	469,–	10.787,–	12,2	4
XL 1	20	8,3	1.619,–	32.380,–	36,7	1
Summe	240	100		88.220,–	100	

Nun wird die Tabelle entsprechend der Rangfolge umgestellt und die Artikelmenge und die Artikelwerte werden jeweils kumuliert. Dabei kann man von folgenden Richtwerten ausgehen:

Kategorien	Kumulierter Wertanteil
A-Güter	ca. 70 % des Gesamtwertes
B-Güter	ca. 25 % des Gesamtwertes
C-Güter	ca. 5 % des Gesamtwertes

Daraus ergibt sich folgende Ergebnistabelle:

Rangfolge	Artikelbezeichnung	Materialmenge in %	Kumulierte Materialmenge in %	Artikelwert in %	Kumulierte Artikelwerte in %	Kategorie
1	XL 1	8,3	8,3	36,7	36,7	A
2	SL 4	9,2	17,5	32,4	69,1	A
3	XL 3	14,6	32,1	13,8	82,9	B
4	ML 5	9,6	41,7	12,2	95,1	B
5	ML 8	20,8	62,5	3,9	99,0	C
6	SL 2	37,5	100	0,9	100	C

Aus dieser Einteilung lassen sich verschiedene Strategien bezüglich Einkaufsverhalten, Bestellhäufigkeit, personeller Besetzung von Einkauf und Lager sowie Arbeitsaufwand im Lager verfolgen.

Bei den **A-Gütern** sollte man demzufolge auf eine sorgfältige Auswahl von geeigneten Lieferanten achten und Preisverhandlungen von Fachkräften durchführen lassen. Die Lagerbestände sind besonders zu kontrollieren oder die Ware muss im Lager besonders geschützt werden. Auch sollte man eine optimale Planung der Bestell- und Lagermengen durchführen.

Die **C-Güter** werden aufgrund ihres geringen Wertes oft in großen Mengen bestellt und gelagert. Aufgrund der großen Bestellmenge sollte ein möglichst hoher Mengenrabatt erzielt werden. Bei diesen Gütern wird auf eine kostenintensive Einkaufsplanung und Lagerkontrolle größtenteils verzichtet.

Bei **B-Gütern** ist zu prüfen, ob sie eher den A-Gütern oder den C-Gütern zugeordnet werden können, um dann entsprechende Strategien anzuwenden.

Zusammenfassung und Lernkontrolle

Zusammenfassung

Beschaffung im Bereich der öffentlichen Verwaltung durch
- öffentliche Ausschreibung
- beschränkte Ausschreibung
- freihändige Vergabe

↓

Bedarfsermittlung durch statische Verfahren aus Vergangenheitswerten

↓

Bestellverfahren
- Bestellrhythmusverfahren
- Bestellpunktverfahren

↓

Bezugsquellenermittlung durch
- interne Informationsquellen
- externe Informationsquellen

↓

Anfrage
- unverbindliche Informationsbeschaffung
- rechtlich keine Willenserklärung

Angebot
- rechtlich verbindliche Willenserklärung des Verkäufers

↓

Angebotsvergleich zur Ermittlung des günstigsten Angebots, insbesondere aufgrund des Einstandspreises

↓

ABC-Analyse
Instrument zur Wirtschaftlichkeitskontrolle bei Beschaffung und Lagerung
- A-Güter haben hohen Wert- und geringen Mengenanteil
- B-Güter haben mittleren Wert- und mittleren Mengenanteil
- C-Güter haben geringen Wert- und hohen Mengenanteil

Lernkontrolle

Aufgabe 1

Welche Besonderheiten gibt es bei der Beschaffung aus Sicht der öffentlichen Verwaltung?

Aufgabe 2

Stellen Sie den Zweck der Bedarfsermittlung dar. Gehen Sie dabei auf die Art, Menge und den Zeitpunkt der Bestellung des Materials ein.

Aufgabe 3

Erklären Sie den Unterschied zwischen der verbrauchs- und der programmorientierten Bedarfsermittlung!

Aufgabe 3

Wie hoch ist der Meldebestand, wenn von einem täglichen Verbrauch von 150 Stück, einer Lieferzeit von 5 Tagen und einem eisernen Bestand von 300 Stück ausgegangen wird?

Aufgabe 4

Nennen Sie die wesentlichen Inhalte einer Anfrage!

Aufgabe 5

Einem Unternehmen liegt folgendes Angebot vor:

> 1 150 Schreibtischlampen zum Stückpreis von 48,– €. Es wird ein Mengenrabatt in Höhe von 15 % gewährt. 2,5 % Skontoabzug ist innerhalb von 8 Tagen möglich. Verpackungs- und Versandkosten belaufen sich auf insgesamt 120,– €.

Ist dieses Angebot eines neuen Anbieters interessant, wenn das Unternehmen bei ihrem üblichen Lieferanten einen Einstandspreis von 45,80 € bezahlt hat. Gehen Sie davon aus, dass innerhalb von 8 Tagen die Rechnung bezahlt wird.

Aufgabe 6

Welche Entscheidungskriterien könnten bei Aufgabe 5, abgesehen vom Preis, noch eine Rolle spielen?

Aufgabe 7

Weshalb wird eine A-B-C Analyse durchgeführt? Welche Schlüsse lassen sich aus dem Ergebnis einer A-B-C Analyse ziehen?

Lernfeld 5: Personalvorgänge zielorientiert mitgestalten

C

1 Personalwirtschaft

1.1 Bedeutung und Ziele der Personalwirtschaft

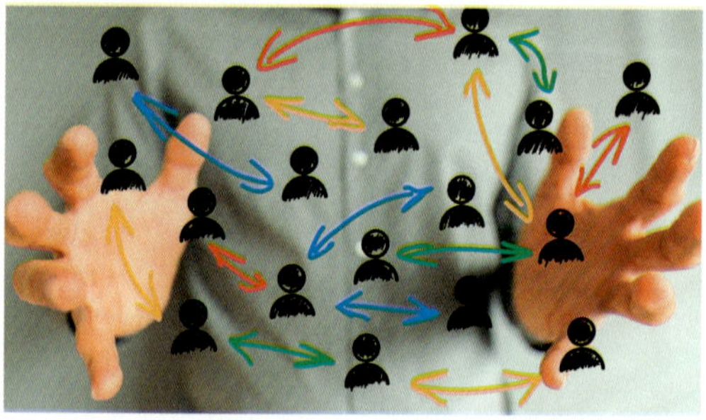

Die Personalwirtschaft hat eine strategische Bedeutung innerhalb der Unternehmensführung. Dabei gilt der Faktor Arbeit als Schlüsselelement für die Zukunftsfähigkeit eines Unternehmers und steht damit in unmittelbarer Verbindung zum Unternehmenserfolg.

Die aus dieser Verantwortung ableitbaren Herausforderungen an die Personalwirtschaft sind vielfältig. Im Kern geht es um die Vereinbarkeit zwischen den Interessen der Unternehmensleitung (ökonomische Ziele) und den individuellen Bedürfnissen des Personals (soziale Ziele).

Ziele der Personalwirtschaft

Ökonomische Ziele

z. B.
- Gewinnmaximierung
- Hoher Marktanteil
- Höchstmöglicher Umsatz
- Kosteneffizienz
- Hohe Produktivität
- Maximale Rentabilität

Soziale Ziele

z. B.
- Motivierendes Betriebsklima
- Sozialleistungen (Altersvorsorge)
- Fortbildungsangebote
- Selbst- und Mitbestimmung am Arbeitsplatz
- Markt- und leistungsgerechte Einkommenspolitik
- Arbeitsplatzgarantie
- Vereinbarkeit Familie und Beruf

Die Personalpolitik fungiert stets in der Schnittstelle zwischen ökomischen und sozialen Zielen. Diese können konkurrierend oder komplementär zueinander stehen. Die Hauptaufgabe der Personalpolitik besteht demnach in der Bestrebung einen optimalen Ausgleich zwischen den Zielen zu erreichen.

Ferner sind die Ziele von internen und externen Faktoren (z. B. demographischer Wandel oder Wettbewerb mit der Privatwirtschaft) beeinflusst. Betrachtet man in diesem Zusammenhang den allgemeinen, aber auch in der öffentlichen Verwaltung bestehenden Fachkräftemangel, wird die zunehmende Bedeutung um die **Gewinnung**, **Bindung** und **Entwicklung** von Personal deutlich.

BEISPIEL

Die Stadt Heilbronn gewährt ihrem Personal über den gesetzlichen Urlaubsanspruch hinaus, fünf zusätzliche Urlaubstage. Diese Entscheidung kann zu nachstehenden Effekten führen.

1. Die hohen Sozialleistungen können direkt den ökonomischen Erfolg (z. B. Kosteneffizienz) gefährden, weil die Arbeit zu teuer bzw. die erforderliche Arbeitsleistung nicht erbracht werden kann.
2. Andererseits ist denkbar, dass die Anzahl an zusätzlichen Urlaubstagen indirekt zu einer höheren Produktivität aufgrund gestiegener Motivation führt. Das Personal arbeitet effektiver und benötigt somit weniger Zeit.

1.2 Aufgaben der Personalwirtschaft

1.2.1 Personalplanung

Die Personalplanung ist ein präventiver Vorgang, der in enger Abstimmung mit der strategischen (zukünftigen) Unternehmensplanung erfolgt. Die Personalentscheidungen sind dabei so zu treffen, dass sich mit diesen Entscheidungen die künftigen Unternehmensziele realisieren lassen. Voraussetzungen hierfür sind:

- **Informationen zur Gesamtplanung des Unternehmens**
  (z. B. Einsatz- oder Rationalisierungsplanung)
- **Personalinterne Faktoren**
  (z. B. Fluktuations-, Fehlzeiten-, Altersstrukturstatistiken)
- **Personalexterne Faktoren**
  (z. B. Bildungsstand, Arbeitsmarktpotenzial und gesetzliche Regulierung)

In der zeitlichen Betrachtung wird zwischen kurz-, mittel- und langfristiger Personalplanung unterschieden.

- Die **kurzfristige** (operative) Planung ist flexibel und reagiert täglich auf Veränderungen (z. B. Urlaubs- oder Vertretungsplanung).
- Die **mittelfristige** (taktische) Planung berücksichtigt weitreichendere Veränderungen, wie etwa bestimmte Umstrukturierungsmaßnahmen (z. B. Zusammenlegung von Abteilungen).
- Die **langfristige** (strategische) Planung hingegen umfasst die Ziele der strategischen Unternehmenspolitik, wie den allg. Personalabbau oder die Bedarfsplanung für Auszubildende.

Die Personalplanung lässt sich in unterschiedliche **Teilplanungsgebiete** aufteilen[1].

Personalplanung

- Personal-**bestand**-planung
- Personal-**bedarfs**-planung
- Personal-**beschaffungs**-planung
- Personal-**einsatz**-planung
- Personal-**entwicklungs**-planung
- Personal-**abbau**-planung

1.2.2 Personalbedarfsplanung

Die Personalbedarfsplanung hat die Aufgabe, die aktuell bestehende und die zukünftig notwendige Kapazität an Personal gegenüberzustellen. Dieser Abgleich zwischen Ist- und Sollkapazität dient der Feststellung von Abweichungen, die im Prozess der Personalplanung kurz-, mittel- oder langfristig Berücksichtigung finden.

Im Falle einer Unterkapazität muss sich die Personalbedarfsplanung bei der Rekrutierung einerseits auf die Anzahl des notwendigen Personals (quantitativ) und andererseits auf die erforderliche Qualifikation des Personals (qualitatives Anforderungsprofil) konzentrieren. Dabei sind stets die planbaren Personalabgänge (z. B. Pensionäre) zu beachten.

Soll-Kapazität an Personal
− Ist-Kapazität an Personal
− Planbare Personalabgänge
= Personalbedarf (Unter-/Überkapazität)
Personalbestandsanpassung*

* Bei **Unterkapazität** wird über die **Personalbeschaffungsplanung** der potenzielle quantitative und qualitative Bedarf (gegebenenfalls über den Arbeitsmarkt) geklärt. Bei **Überkapazität** wird betriebsintern Personal abgebaut.

1 In Anlehnung an den Rahmenlehrplan liegt der Fokus auf der **Personalbedarfs-** und **Personaleinsatzplanung**. Die weiteren Teilplanungsgebiete dienen der Vollständigkeit.

BEISPIEL

Die Stadt Heilbronn hat einen Personalbestand von aktuell 500 Beschäftigten. Für die derzeitige Arbeitssituation sind 510 Beschäftigte erforderlich. Es herrscht eine Unterkapazität an Beschäftigten. Diese Personallücke muss über geeignete Rekrutierungsmaßnahmen (zum Beispiel Stellenausschreibungen) geschlossen werden.

1.2.3 Personaleinsatzplanung

Die Personaleinsatzplanung steht in direkter Abhängigkeit zur Personalbedarfsplanung (gegebenenfalls der Personalbeschaffungsplanung). Sie hat die Aufgabe, den angepassten Personalbestand (siehe obiges Berechnungsschema) den betriebsinternen Tätigkeitsbereichen zuzuordnen. Diese Zuordnung muss sich an **quantitativen** und **qualitativen**, aber auch an örtlichen und **zeitlichen** Gegebenheiten orientieren.

- Die **quantitative Personaleinsatzplanung** möchte genau diejenige Anzahl an Personal zur Verfügung haben, die sie laut Personalbedarfsplanung benötigt, um alle Stellen zu besetzen.
- Die **qualitative Personaleinsatzplanung** verfolgt das Ziel, die Fähigkeiten des Personals mit den Anforderungsprofilen der Stellen optimal zu verbinden.
- Die **örtliche** und **zeitliche Zuordnung** ist wichtig, wenn die Leistung des Personals an unterschiedlichen Orten und Zeiten erforderlich ist. Der Einsatz in Krankenhäusern erfordert beispielsweise einen Schichtbetrieb.

Zusammenfassung und Lernkontrolle

Zusammenfassung

Personalpolitik

Ziele

Ökonomische Ziele

z. B.
- Gewinnmaximierung
- Hoher Marktanteil
- Kosteneffizienz
- Maximale Rentabilität

Soziale Ziele

z. B.
- Sozialleistungen (Altersvorsorge)
- Selbst- und Mitbestimmung am Arbeitsplatz
- Markt- und leistungsgerechte Einkommenspolitik
- Vereinbarkeit Familie und Beruf

Aufgaben (u. a.)

Personalplanung

Personalbedarfsplanung

Soll-Kapazität an Personal
− Ist-Kapazität an Personal
− Planbare Personalabgänge
= Personalbedarf (Unter-/Überkapazität)

Personalbestandsanpassung

Personaleinsatzplanung

- quantitativ
- qualitativ
- örtlich
- zeitlich

Lernkontrolle

Aufgabe 1

Die Ziele der Personalpolitik sind unterschiedlich.

1. Nennen Sie je zwei Ziele der Personalpolitik im Hinblick auf Arbeitgeber und Arbeitnehmer.
2. Definieren Sie mögliche Zielkonflikte und formulieren Sie Lösungsvorschläge.

Aufgabe 2

Definieren Sie anhand eines konkreten Beispiels den Zusammenhang zwischen der Personalbedarfs- und der Personaleinsatzplanung.

Aufgabe 3

Die durchschnittliche Bearbeitungszeit für die Ausstellung eines Führerscheins beträgt derzeit 12 Minuten. Pro Monat werden etwa 2000 Beantragungen registriert.

1. Berechnen Sie auf der Grundlage von 75.000 Minuten (Arbeitszeit/Jahr/Mitarbeiter) den notwendigen Personalbedarf pro Jahr.
2. Wie würde sich der Personalbedarf verändern, wenn die Anzahl der Beantragungen auf 1500 pro Monat zurückgehen würde.
3. Welche Veränderungen würden sich ergeben, wenn die Zeit aufgrund der Digitalisierung auf 8 Minuten pro Bearbeitung reduziert werden könnte.

Aufgabe 4

Laut Personalbedarfsplanung werden bei der Stadt Heidelberg im aktuellen Geschäftsjahr 76 Verwaltungsfachangestellte benötigt. Diese Anzahl wird von folgenden Aspekten beeinflusst:

- Die Anzahl an Kfz-Zulassungen/-Ummeldungen hat in den letzten beiden Jahren dramatisch abgenommen, weshalb in diesem Bereich zwei Vollzeitstellen abgebaut werden sollen.
- Aufgrund der unerwarteten Zunahme an Schülerzahlen soll im Bereich „Schul-Sekretariat" eine zusätzliche Stelle geschaffen werden.
- Derzeit sind 74 Verwaltungsfachangestellte beschäftigt, von denen 4 in Ruhestand und 4 in Elternzeit gehen.
- Im aktuellen Jahr werden 14 Verwaltungsfachangestellte mit ihrer Ausbildung fertig.

1. Berechnen Sie die Höhe des Personalbedarfs (Unter- oder Überkapazität).
2. Entscheiden Sie, wie viele der 14 Auszubildenden übernommen werden können/sollten.

2 Beschäftigungsverhältnisse im öffentlichen Dienst

© Africa Studio –

2.1 Allgemeine Differenzierung

Zu den Beschäftigten im öffentlichen Dienst gehören alle Bediensteten des Bundes, der Länder und der Kommunen sowie der Körperschaften, Anstalten und Stiftungen des öffentlichen Rechts. Die jeweilige arbeitsrechtliche Ausgestaltung der Dienst- und Beschäftigungsverhältnisse im öffentlichen Dienst ist dabei nicht einheitlich. Neben unterschiedlichen Bestimmungen im Bund und in den Ländern (Bundesbeamtengesetz, Landesbeamtengesetze sowie TVöD und TV-L) ist der öffentliche Dienst von einer Ungleichheit innerhalb der Beschäftigungsverhältnisse geprägt.

Konkret unterscheidet der öffentliche Dienst die Dienstverhältnisse der **Beamten** (auch von **Richtern**[2] und **Soldaten**[3]) von denjenigen der privatwirtschaftlich Angestellten und Arbeitern. Die rechtliche Stellung der Beamten leitet sich maßgeblich von den gesetzlichen Bestimmungen ab. Für die Angestellten und Arbeiter gilt das gesetzliche Arbeitsrecht, das für Angestellte durch den Bundes-Angestelltentarifvertrag (BAT) oder für Arbeiter nach den Manteltarifverträgen des Bundes (MTB) oder der Länder (MTL) ergänzt wird.

§ 2 BeamtStG

Laut Beamtenstatusgesetz (BeamtStG) verfügt der Gesetzgeber über die **Dienstherrnfähigkeit**[4], die es erlaubt Beamte zu beschäftigen. Damit steht dem Staat für die Anwendung der jeweiligen Beschäftigungsverhältnisse ein gewisser Ausgestaltungsspielraum zu. Demnach kann er weitgehend wählen, ob er Bedienstete in Beamten- oder in Anstellungsverhältnissen beschäftigt. Möglich ist dabei sowohl eine einheitliche als auch eine unterschiedliche Auswahl an Beschäftigungsverhältnissen.

2.2 Öffentlich-rechtliches Dienst- und Treueverhältnis (Beamtenverhältnis)

Art. 33 GG

Das **Beamtenverhältnis** ist anders als das „normale" Arbeitsverhältnis. Es basiert auf einem **öffentlich-rechtlichen Dienst- und Treueverhältnis**. Dieses wird über die Bestimmungen des **öffentlichen Rechts** determiniert, das über die Verfassung (Art. 33 GG) im Beamtengesetz konkretisiert ist. Spezifisch gilt für Bundesbeamte das **Bundesbeamtengesetz** und für Beschäftigte der Länder und Kommunen das jeweilige **Landesbeamtengesetz**.

Im **öffentlich-rechtlichen Dienst- und Treueverhältnis** stehen die Beamten, Richter und Soldaten mit dem Staat in einer besonderen Verbindung. Diese ist notwendig, weil staatliche Leistungen besonderen Anforderungen unterliegen. Staatliches Handeln ist für die

---

2 **Richter** Sie sind keine Beamten und damit nicht weisungsgebunden. Dennoch unterliegen Sie dem öffentlich-rechtlichen Dienst- und Treueverhältnis.

3 **Soldaten** Sie sind keine Beamten, aber weisungsgebunden im Sinne ihres Dienstes für die Landesverteidigung. Auch sie unterliegen dem öffentlich-rechtlichen Dienst- und Treueverhältnis.

4 **Dienstherr**: Der jeweilige Dienstherr (Bund, Land oder Kommune) steht in Abhängigkeit zum Status der Bediensteten als Bundes-, Landes- oder Kommunalbeamte.

Funktionsfähigkeit von Wirtschaft und Gesellschaft unabdingbar. Grundlage bilden neutrale (interessensunabhängige) Instanzen der Legislative, Judikative und Exekutiven. Mit Leistungen der Privatwirtschaft sind diese nicht vergleichbar.

Mit dem Beamtenverhältnis verbindet sich ableitend die Forderung an ein hohes Maß an Loyalität der Beamten gegenüber dem Staat. Konkret ergeben sich über § 33 BeamtStG **Grundpflichten** für die Beamten, wie zum Beispiel: §§ 33 ff. BeamtStG

- Aufgabenerfüllung zum Wohl der Allgemeinheit, unparteiisch und gerecht
- Bekenntnis zur und Einhaltung der freiheitlichen demokratischen Grundordnung im Sinne des Grundgesetzes BeamtStG § 9
- Zurückhaltung für eine politische Betätigung aus der Rücksicht auf die Pflichten des Amtes (hierzu zählt auch das Verbot kollektiver Maßnahmen – **Verbot des Beamtenstreiks**)
- Amtsverschwiegenheit
- Ablehnung der Annahme von Geschenken
- Genehmigungspflicht für Nebentätigkeiten

Aus diesen Grundpflichten ergehen besondere **„hoheitsrechtliche Befugnisse"**, die die oben genannte Funktionalität des Staatsapparates gewährleisten. Ableitend wird in Art. 33 (4) GG der Beamtenstatus über den **Funktionsvorbehalt** verfassungsrechtlich geschützt. Art. 33 (4) GG

In der öffentlichen Auseinandersetzung sind die „hoheitlichen Befugnisse" der Exekutiven (Polizei) und Judikativen (Gerichte) eher unstrittig. Als eher strittig gilt hingegen das behördliche Erlassen von **Verwaltungsakten** laut § 8 BeamtStG (z. B. der Entzug der Fahrerlaubnis durch Verwaltungsbeamte oder die Ausstellung eines Zeugnisses durch verbeamtete Lehrer). § 8 BeamtStG

Beginn, Verlauf und Ende des Beamtenverhältnisses

Nach Art. 33 (2) GG steht jedem deutschen Staatsbürger nach persönlicher (gesundheitlicher) Eignung, Befähigung und fachlicher Leistung ein Recht auf Zugang zu jedem öffentlichen Amt zu. Im Gegensatz zu Tarifangestellten, die ihr Dienstverhältnis mit einem Arbeits- oder Ausbildungsvertrag begründen, beginnt das Beamtenverhältnis mit einem Verwaltungsakt, der die Aushändigung einer **Ernennungsurkunde** zum Gegenstand hat. Art. 33 (2) GG § 7 f. BeamtStG

Das Dienstverhältnis eines Beamten folgt dem Grundsatz des **Berufsbeamtentums**. Es ist folglich auf Lebenszeit angelegt. In der Regel beginnt das Berufsbeamtentum jedoch zunächst mit der Ernennung zum **Beamten auf Widerruf**. Dieser Status gilt als notwendige Vorstufe zum **Beamten auf Probe** und zum **Beamten auf Lebenszeit**. § 4 (4) § 6 (4) BeamtStG

Das **Beamtenverhältnis auf Widerruf**, indem sich meist Beamte (Anwärter) im Vorbereitungsdienst zur Laufbahnbefähigung befinden, ist im Allgemeinen ein **Ausbildungsdienstverhältnis** zum einfachen, mittleren, gehobenen oder höheren Dienst. In einem derartigen Beamtenverhältnis ist eine Entlassung bzw. der Widerruf, unter Wahrung rechtsstaatlicher Prinzipien, jederzeit durch den Dienstherrn möglich. Das Beamtenverhältnis auf Widerruf endet mit dem Bestehen oder definitivem Nichtbestehen der Prüfung zur Laufbahnbefähigung.

Besteht ein Anwärter oder Referendar (Bezeichnung für den höheren Dienst) den Vorbereitungsdienst, ist eine Übernahme in das Beamtenverhältnis auf Probe möglich. Dieses ist im Grunde ein Befähigungsdienstverhältnis mit dem Zweck die persönliche und fachliche Eignung für die Übernahme in das Beamtenverhältnis auf Lebenszeit zu erproben bzw. festzustellen[5]. Nach spätestens 5 Jahren muss ein Beamtenverhältnis auf Probe in ein solches auf Lebenszeit umgewandelt werden, wenn die beamtenrechtlichen Voraussetzungen dafür gegeben sind. Bewährt sich der Beamte in der Probezeit nicht, so kann sich der Dienstherr von ihm durch Entlassung Kraft Gesetz trennen.

§ 31 (1) BeamtStG

§ 25 ff. BeamtStG

Das Beamtenrecht geht vom Regelfall des Berufsbeamtentums mit einem **Beamtenverhältnis auf Lebenszeit** aus. Einem Beamten wird dieser Status nach Abschluss der Probezeit verliehen. Der aktive Dienst endet folglich mit Erreichen der gesetzlichen Altersgrenze und dem Eintritt oder der Versetzung des Beamten in den Ruhestand.

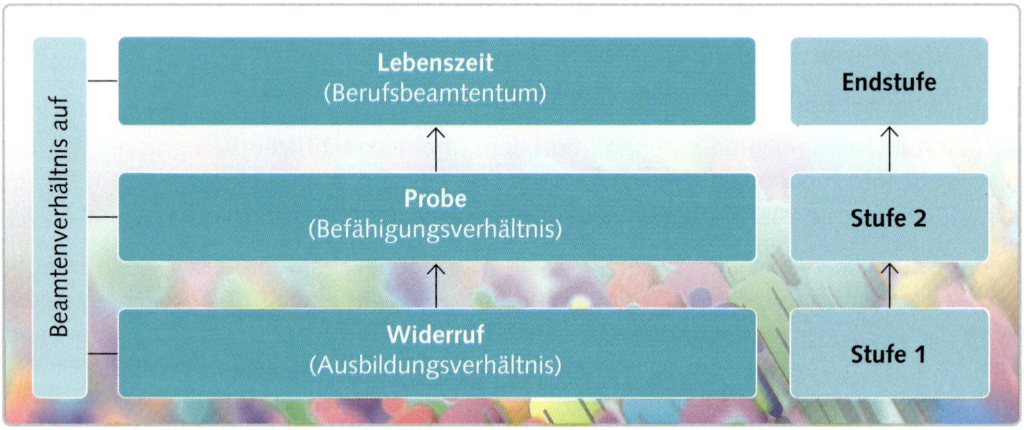

Exkurs:

§ 6 (2)
§ 4 (2)
BeamtStG

Ein vom Grundsatz des Berufsbeamten abweichendes Beamtenverhältnis ist der **Beamte auf Zeit**. Ein derartiges Beamtenverhältnis gilt nur für begrenzte Dauer und für spezifisch hoheitliche Aufgaben (z. B. Oberbürgermeister, Landräte, etc.).

5 **Probezeiten eines Beamten auf Probe**
Die regelmäßige Probezeit eines Bundesbeamten auf Probe dauert gemäß § 8 (1) BLV in den Laufbahnen des einfachen Dienstes 1 Jahr, des mittleren Dienstes 2 Jahre, des gehobenen Dienstes 2 Jahre und 6 Monate und des höheren Dienstes 3 Jahre. Die Mindestprobezeit beträgt in den Laufbahnen des einfachen und des mittleren Dienstes gemäß § 8 (3) BLV 6 Monate, in den Laufbahnen des gehobenen und des höheren Dienstes 12 Monate.

Neben dem Eintritt oder der Versetzung in den Ruhestand, kann das Beamtenverhältnis auf Lebenszeit ferner beendet werden, durch: § 21 ff. BeamtStG

- Entlassung aus dem Beamtenverhältnis (§ 22 BeamtStG)
- Verlust der Beamtenrechte[6] (§ 24 BeamtStG)
- Entfernung aus dem Beamtenverhältnis (§ 10 BDG – Bundesdisziplinargesetz)

Nach Beendigung besteht weder ein Anspruch auf Besoldung noch auf Versorgung. § 24. BeamtStG

Fürsorgepflicht

Das Dienst- und Treueverhältnis bildet das rechtliche Fundament für die **Fürsorgepflicht** des Dienstherrn gegenüber den Beamten. Diese schützt die Beamten in der aktiven Phase und im Ruhestand. Die aus der Fürsorgepflicht ableitbaren Ansprüche sind insbesondere das Recht auf **Beamtenbesoldung** und **Beamtenversorgung**. Art. 33 (5) GG § 45. BeamtStG

Die **Beamtenbesoldung** (Bezahlung der Beamten) des Bundes richtet sich nach den Vorschriften der Besoldungsordnung (BBesO). Die Länder können hierzu ergänzende Regelungen durch Landesbesoldungsordnungen erlassen (zum Beispiel das Landesbesoldungsgesetz in Baden-Württemberg (LBesGBW). Die **Besoldung** ist dabei kein sog. Entgelt für den geleisteten Dienst, sondern eine **Alimentation** für die Bereitstellung der gesamten Persönlichkeit für den öffentlichen Dienst als Lebensberuf.

Nach dem **Alimentationsprinzip** ist den Beamten eine **amtsangemessene Alimentation** zu gewähren. Diese dient der Sicherung einer dauerhaften Unabhängigkeit, indem den Beamten eine ihrem jeweiligen Status entsprechende Lebensführung ermöglicht wird. Konkret bedeutet dies, dass ein angemessener Lebensunterhalt analog der Entwicklung der allgemeinen wirtschaftlichen und finanziellen Verhältnisse (zum Beispiel in Anlehnung an das allgemeine Lohnniveau) und des allgemeinen Lebensstandards zu garantieren ist. Als Teil der Alimentation gilt auch die sog. **Beihilfe**, die eine finanzielle Unterstützung zum Beispiel in Krankheits-, Pflege- und Geburtsfällen gewährt.

Die **Beamtenversorgung** ist eine Sonderregelung nach dem **Beamtenversorgungsgesetz** (BeamtVG), das zur Alterssicherung der Beamten (auch Richter) dient. Das **Beamtenversorgungsrecht** ist ein Teilgebiet des öffentlichen Rechts und gilt als eigenständiges System der sozialen Sicherung (**Alterssicherungssystem**). Es beinhaltet alle Regelungen, die der Absicherung des Risikos im Ruhestand, dem vorzeitigen Ausscheiden aus dem aktiven Dienst, dem Ausscheiden nach Unfällen im Dienst oder der grundlegenden Absicherung von Hinterbliebenen dienen. § 80 BBG

Laufbahnsystem

Für die beruflichen Entwicklungsmöglichkeiten der Beamten gibt es unterschiedliche Laufbahnen. Das zugrundeliegende **Laufbahnrecht** ist damit Teil des Berufsbeamtentums. Es legt u. a. fest, welche Mindestanforderungen für die Eingruppierung in eine bestimmte **Laufbahngruppe** erforderlich sind.

---

6 Verlust der Beamtenrechte u. a. bei rechtskräftiger Verurteilung wegen einer Vorsatztat zu einer Strafe von mindestens einem Jahr oder bei Straftaten gegen die innere und äußere Sicherheit sowie bei Bestechlichkeit zu einer Freiheitsstrafe von mindestens sechs Monaten.

BBesG

LBesGBW

Den jeweiligen Laufbahngruppen sind bestimmte **Besoldungsgruppen** zugeordnet. Diese konstituieren sich aus dem Bundesbesoldungsgesetz (BBesG) oder den jeweiligen Landesbesoldungsgesetzen (zum Beispiel dem Landesbesoldungsgesetz Baden-Württemberg – LBesGBW).[7]

Die Zuordnung zu einer bestimmten Laufbahn- und Besoldungsgruppe richtet sich nach dem Ausbildungsniveau, der ausgeübten Position und dem Dienstalter. Die Einstellung in eine bestimmte Laufbahngruppe entscheidet damit einerseits über die Besoldungsgruppe und andererseits über die Karriere- und Entwicklungsmöglichkeiten eines Beamten. Beim Bund gibt es die Laufbahngruppen des **einfachen**, des **mittleren**, des **gehobenen** und des **höheren** Dienstes. Die nachfolgende Tabelle gibt hierzu einen Überblick.

Laufbahngruppe	Mindestanforderungen/Qualifikationsvoraussetzungen	Besoldungsgruppen
Einfacher Dienst	▪ Hauptschulabschluss oder ein als gleichwertig anerkannter Bildungsstand	A2 bis A5
Mittlerer Dienst	▪ Realschulschulabschluss oder ein als gleichwertig anerkannter Bildungsstand	A6 bis A9
Gehobener Dienst	▪ Fachabitur oder Abitur oder ein als gleichwertig anerkannter Bildungsstand	A9 bis A13
Höherer Dienst	▪ Master (abgeschlossenes Hochschulstudium) oder ein gleichwertiger Abschluss (z. B. Staatsexamen von Universitäten)	A13 bis A16

Diese Vierteilung in den Laufbahngruppen ist seit der **Föderalismusreform** (2006) für die Länder nicht mehr bindend. Seither hat sich das Laufbahnrecht zwischen Bund und Ländern stark auseinanderentwickelt. Das Land Baden-Württemberg hat bspw. die Anzahl der Laufbahngruppen unter Wegfall der Laufbahngruppe des einfachen Dienstes auf drei reduziert.[8] Gemäß dem **Leistungsprinzip** sind innerhalb dieser Laufbahngruppen mehrere Laufbahnen denkbar, die für unterschiedliche Tätigkeitsbereiche und Qualifikationen ausgestaltet sind.

7 Einen Überblick über die Höhe der jeweiligen Bundes-Besoldungsgruppe A2 bis A16 gibt für das Jahr 2017/18 nachfolgender Link (Besoldungstabelle): https://www.beamtenbesoldung.org/images/pdf/bund2018.pdf
Einen Überblick über die Höhe der Beamtenbesoldung für das Land Baden-Württemberg (Stand 2018) gibt nachstehender Link (Besoldungstabelle): https://lbv.landbw.de/-/besoldungstabellen-2018

8 Nachstehend finden Sie weitere Länderbeispiele, die von dem Laufbahnsystem des Bundes abgewichen sind:
- **Hamburg**, **Schleswig-Holstein**, **Bremen**, **Mecklenburg-Vorpommern**, **Niedersachsen**, **Sachsen-Anhalt** und **Berlin** haben die Anzahl der Laufbahngruppen von vier auf zwei reduziert, in jeder der beiden Laufbahngruppen bestehen indes zwei Einstiegsebenen.
- **Bayern** und **Rheinland-Pfalz** haben eine einheitliche Laufbahn eingerichtet, in die in eine der vier Qualifikationsebenen eingestiegen wird.
- In den **übrigen Ländern** (z. B. Thüringen und Hessen) bleibt es bei der bisherigen Vierteilung, analog des Bundes.

Anm.: Unter nachfolgendem Link erhalten Sie einen umfassenden und detaillierten Überblick: https://www.dbb.de/fileadmin/pdfs/2017/170831_laufbahnsysteme_bund_laender.pdf

2.3 Privatrechtliches Arbeitsverhältnis im öffentlichen Dienst

Im Unterschied zu den Beamten im Beamtenverhältnis, stehen Arbeitnehmer nicht in einem öffentlich-rechtlichen Dienst- und Treueverhältnis. Ihr Arbeitsverhältnis ist nicht auf Lebenszeit angelegt und stellt ein schuldrechtliches Verhältnis zwischen Staat und Privatperson dar. Folglich begründet sich ihr Arbeitsverhältnis, abweichend zum Beamtenrecht, über einen **privatrechtlichen Arbeitsvertrag**. Für diese Arbeitnehmergruppe gilt daher das **gesetzliche Arbeitsrecht** (zum Beispiel abgeleitet aus dem bürgerlichen Gesetzbuch – BGB), das etwa durch den **Bundesangestelltentarifvertrag** (BAT) ergänzt wird. Die Bestimmungen für die Angestellten der Länder nach den allgemeinen Tarifverträgen, wie dem TVöD-V (Tarifvertrag im öffentlichen Dienst der Verwaltung) oder dem TV-L (Tarifvertrag für den öffentlichen Dienst der Länder) sind nahezu deckungsgleich. Gleiches gilt für die Arbeiter nach den Manteltarifverträgen (Bund: MTB, Länder: MTL). BGB

Zusammenfassung und Lernkontrolle

Zusammenfassung

Grundprinzipien des Beamtenverhältnisses im Überblick:

Beamtenverhältnis (Pflichten)	**Das Lebenszeitprinzip**	Beamte sollen im Grundsatz während ihres gesamten Erwerbslebens angestellt sein (Berufsbeamtentum).
	Die Amtsverschwiegenheit	Über dienstliche Informationen ist in der aktiven Phase und im Ruhestand Stillschweigen zu üben.
	Die überparteiische Amtsführung	Beamte haben sich während der aktiven Wahrnehmung ihrer Aufgaben parteipolitisch neutral zu verhalten.
	Verbot des Beamtenstreiks	Eine kollektive Maßnahme zur Wahrung gemeinsamer Berufsinteressen ist verboten.

Beamtenverhältnis (Rechte)	**Die Fürsorgepflicht des Dienstherrn**	Die Pflicht des Dienstherrn gilt als Recht, als sog. Gegenstück zur Treuepflicht der Beamten gegenüber dem Dienstherrn.
	Das Alimentationsprinzip	Dieses Prinzip folgt dem Grundsatz einer amtsangemessenen Besoldung und Versorgung der Beamten und ihrer Familie.
	Die Beamtenvertretung	Beamte haben zwar Streikverbot, dennoch besitzen sie das Recht sich in Gewerkschaften oder Berufsverbänden zusammenzuschließen. Protest ist möglich.

Lernkontrolle

Aufgabe 1

Nennen Sie je zwei Rechte und Pflichten aus dem Berufsbeamtentum.

Aufgabe 2

Das Beamtentum ist in der öffentlichen Debatte umstritten. Sammeln Sie Pro- und Kontra-argumente.

Aufgabe 3

Definieren Sie anhand eines selbstgewählten Beispiels die unterschiedlichen Stufen eines Beamten bis zum Status „Beamter auf Lebenszeit“.

Aufgabe 4

Das Beamtentum verbietet den Streik für „bessere“ Arbeitsbedingungen. Nehmen Sie hierzu allgemein Stellung, indem Sie „Streik“ von „Protest“ unterscheiden.

Aufgabe 5

Formulieren Sie die beruflichen Aufstiegsmöglichkeiten eines Beamten im mittleren Dienst.

Aufgabe 6

Unterscheiden Sie anhand von zwei frei wählbaren Kriterien die Beschäftigungsgruppen im öffentlichen Dienst.

3 Rechtliche und soziale Rahmenbedingungen der Arbeitnehmer in der öffentlichen Verwaltung

3.1 Grundlagen des Arbeitsrechts

Das deutsche Arbeitsrecht regelt die Rechtsbeziehungen zwischen Arbeitgeber und Arbeitnehmer[9]. Es basiert auf vielen Rechtsquellen (Anspruchsgrundlagen) und individuellen Regelungen. Eingeteilt wird das Arbeitsrecht in **Individualarbeitsrecht** und **Kollektivarbeitsrecht**. Im Folgenden sind die Rechtsquellen des Arbeitsrechts gemäß ihrer Rangstufe aufgeführt.

Rangprinzip ↓

1. Europäisches Recht
2. Grundgesetz
3. Arbeitsgesetzgebung (Bundes- und Landesgesetz)
4. Tarifvertrag
5. Betriebsvereinbarung
6. Einzelarbeitsvertrag
7. Direktionsrecht Arbeitgeber

↑ Günstigkeitsprinzip

Im Arbeitsrecht geht grundsätzlich die ranghöhere der rangniedrigeren Regelung vor. Sind arbeitsrechtliche Regelungen in miteinander konkurrierenden Rechtsquellen unterschiedlich geregelt, ergibt sich die dargestellte „normale" Rangfolge **(Rangprinzip)**.

Das Rangprinzip kann durchbrochen werden, wenn eine rangniedrigere Anspruchsgrundlage günstiger für den Arbeitnehmer ist **(Günstigkeitsprinzip)**. Für die Arbeitnehmer besteht darin ein Schutzrecht, dass in Einzelarbeitsverträgen nicht zu ihrem Nachteil von höheren Rangstufen abgewichen werden darf.

Eine rangniedrigere Gesetzesnorm (z. B. Einzelarbeitsvertrag) darf nicht zum Nachteil eines Arbeitnehmers von einer ranghöheren Anspruchsgrundlage (z. B. Arbeitsgesetzgebung) abweichen.

BEISPIEL

Die Stadtverwaltung Stuttgart weicht zu Gunsten ihrer Arbeitnehmer vom gesetzlichen Urlaubsanspruch ab und gewährt arbeitsvertraglich fünf zusätzliche Urlaubstage. Nach dem Günstigkeitsprinzip gilt somit anstatt des gesetzlichen Anspruchs die abweichende Regelung der Stadtverwaltung Stuttgart.

9 Arbeitnehmer ist nach der Rechtsprechung des Bundesarbeitsgerichts (BAG), wer aufgrund eines privatrechtlichen Vertrages für einen anderen (Arbeitgeber), gegen Entgelt, unselbstständige (d. h. weisungsgebundene) Arbeit leistet.

3.2 Individualarbeitsrecht

© Antonioguillem –

3.2.1 Wesen und Abschluss von Arbeitsverträgen

BGB § 611

Unter das Individualarbeitsrecht fällt der **Arbeitsvertrag**. Der Arbeitsvertrag ist ein privatrechtlicher Vertrag zwischen Arbeitnehmer und Arbeitgeber zur Begründung eines Arbeitsverhältnisses. Er kommt durch zwei übereinstimmende Willenserklärungen zustande. Aus rechtlicher Sicht ist der Arbeitsvertrag eine Sonderform des Dienstvertrages.

NachwG § 2, 3
TVöD-V § 2

Der **Abschluss** eines Einzelarbeitsvertrags bedarf keiner gesetzlichen Form. Es herrscht **Form-** bzw. **Vertragsfreiheit**. Der Vertrag kann schriftlich oder mündlich geschlossen werden. Die geltenden Tarifverträge und deren Abweichungen zum Vertragsabschluss sind zu beachten. So wird zum Beispiel nach dem TVöD-V ein Arbeitsvertrag stets schriftlich geschlossen.

Ausnahme:

TzBF § 14 (4)

Ein befristeter Arbeitsvertrag bedarf nach dem Teilzeitbefristungsgesetz (TzBF) zwingend der Schriftform.

Anmerkung:

Aus Gründen der Rechtssicherheit sollte in der Praxis grundsätzlich die Schriftform gewählt werden.

NachwG

Erfolgt der Abschluss ausnahmsweise in mündlicher Form, bestehen für den Arbeitgeber weiterführende Verpflichtungen gemäß dem Gesetz über den Nachweis der für ein Arbeitsverhältnis geltenden Bedingungen (NachwG). In diesem Fall ist dem Arbeitnehmer spätestens einen Monat nach Beginn des Arbeitsverhältnisses, die vom Arbeitgeber unterzeichnete Niederschrift über die wesentlichen Arbeitsbedingungen auszuhändigen. Ein Nachweis in elektronischer Form ist unzulässig. Dies gilt gemäß dem NachwG gleichermaßen bei Änderungen zentraler Vertragsbedingungen. Ausgenommen davon sind Änderungen der gesetzlichen Bestimmungen, Tarifverträge, etc. die für das Arbeitsverhältnis gelten.

3.2.2 Inhalt von Arbeitsverträgen

NachwG § 2

Die **Inhalte** können analog gesetzlicher Bestimmungen frei vereinbart werden. In die Niederschrift sind mindestens folgende Vertragsinhalte aufzunehmen:

1. der Name und die Anschrift der Vertragsparteien,
2. der Zeitpunkt des Beginns des Arbeitsverhältnisses
3. bei befristeten Verträgen die vorhersehbare Dauer, bzw. das Ende des Arbeitsverhältnisses,
4. der Arbeitsort, gegebenenfalls Arbeitsorte,
5. eine kurze Charakterisierung oder Beschreibung der vom Arbeitnehmer zu leistenden Tätigkeit,
6. die Zusammensetzung, die Höhe und die Fälligkeit des Arbeitsentgelts einschließlich der Zuschläge, Zulagen, Prämien, etc.,
7. die vereinbarte regelmäßige Arbeitszeit,
8. die Dauer des jährlichen Erholungsurlaubs,
9. die Fristen für die Kündigung des Arbeitsverhältnisses (auch Probezeiten),
10. ein in allgemeiner Form gehaltener Hinweis auf die Tarifverträge, Betriebs- oder Dienstvereinbarungen, die auf das Arbeitsverhältnis anzuwenden sind.

Die oben genannten Vertragsinhalte können teilweise, etwa die Punkte 6. und 7., durch Verweise auf Tarifverträge oder Betriebsvereinbarungen ersetzt werden. Ebenso die Punkte 8. und 9., welche einen Verweis auf die gesetzlichen Bestimmungen erlauben.

Wird dem Arbeitnehmer ein schriftlicher Arbeitsvertrag (siehe nachfolgendes Vertragsmuster) zur Unterzeichnung vorgelegt, entfällt die obige Nachweispflicht, soweit dieser den inhaltlichen Anforderungen entspricht.

Beispiel für einen unbefristeten Arbeitsvertrag[10]

Verwaltung (nachfolgend Arbeitgeber
Landeshauptstadt Stuttgart

Mitarbeiter (nachfolgend Arbeitnehmer
Max Mustermann

Zwischen der **„Landeshauptstadt Stuttgart; 70161 Stuttgart“** und Herrn *„Max Mustermann, Musterallee 12; 74078 Musterstadt“* wird nachfolgender – **unbefristeter Arbeitsvertrag** – geschlossen.

§ 1 Aufgabenbereich
Der Mitarbeiter wird mit Wirkung vom 1. September 20.. als Verwaltungsfachangestellter angestellt. Er ist verpflichtet, im Rathaus (Haupthaus) in Stuttgart Mitte und in allen anderen Außenämtern des Stadtgebiets Stuttgart tätig zu sein. Mehrarbeit ist auf Anordnung im Rahmen gesetzlicher und tariflicher Vorschriften zu leisten.

§ 2 Probezeit
Die Anstellung erfolgt zunächst auf die Dauer von 6 Monaten zur Probe. Während der Probezeit kann das Dienstverhältnis beiderseits mit einer Frist von zwei Wochen gekündigt werden. Eine Kündigung vor Dienstantritt ist ausgeschlossen. Mit Ablauf der Probezeit endet das Dienstverhältnis, sofern nicht spätestens 2 Wochen vor diesem Zeitpunkt seine Fortsetzung schriftlich vereinbart wird.

§ 3 Beendigung des Dienstverhältnisses
(1) Wird das Dienstverhältnis nach Ablauf der Probezeit fortgesetzt, ist es beiderseits mit einer Frist von 4 Wochen zum Ende eines Kalendermonats kündbar. Nach einer Kündigung ist die Stadt Stuttgart berechtigt, für die restliche Dauer des Dienstverhältnisses auf eine weitere Dienstleistung zu verzichten. (2) Das Dienstverhältnis endet spätestens am Ende des Monats, in dem das 67. Lebensjahr vollendet wird, ohne dass es einer Kündigung bedarf.

§ 4 Arbeitszeit und Vergütung
(1) Die regelmäßige Arbeitszeit richtet sich nach der betriebsüblichen Zeit. Sie beträgt derzeit 40 Stunden in der Woche unter Berücksichtigung von Pausen. Regelmäßiger Arbeitsbeginn ist um 8:00 Uhr, Arbeitsende ist um 17:00 Uhr. (2) Der Mitarbeiter wird gemäß seiner Arbeitszeit in die tarifliche Gehaltsgruppe III, Berufsjahr 6 eingestuft. (3) Übertarifliche Zulagen werden freiwillig und unter Widerrufsvorbehalt gewährt; sie sind auf Tariferhöhungen und Höhergruppierungen anrechenbar. (4) Die Zahlung von Zulagen, Gratifikationen und ähnlichen Leistungen liegt im Ermessen der Stadt Stuttgart und begründet auch bei wiederholter Gewährung keinen Rechtsanspruch.

§ 5 Abtretung und Verpfändung
Die Abtretung und Verpfändung der Gehaltsansprüche bedürfen der Zustimmung der Stadt Stuttgart. Bei Gehaltspfändungen können zur Deckung der Bearbeitungskosten bis zu 3 % des jeweiligen an den Gläubiger überwiesenen Betrags einbehalten werden, dieser Anspruch entsteht jeweils vor der Gehaltsforderung.

§ 6 Urlaub
Der Urlaubsanspruch beträgt derzeit 28 Arbeitstage. Er ist mit der Stadt Stuttgart abzustimmen.

§ 7 Schweigepflicht, Amtsverschwiegenheit
Der Mitarbeiter verpflichtet sich, über alle ihm während seiner Tätigkeit bekannt werdenden Geschäfts- und Betriebsgeheimnisse der Stadt Stuttgart, sowie der Kunden (Bürger) innerhalb und außerhalb des Betriebs auch nach Beendigung des Arbeitsverhältnisses Stillschweigen zu bewahren.

§ 8 Nebenbeschäftigung
Der Mitarbeiter verpflichtet sich während der Beschäftigung jede entgeltliche oder unentgeltliche Tätigkeit, die die Arbeitsleistung negativ beeinflussen könnte, zu unterlassen. Eine Information an den Arbeitgeber ist bei Aufnahme einer Nebentätigkeit unbedingt erforderlich. Es besteht eine Genehmigungspflicht des Arbeitgebers.

§ 9 Vertragsstrafe
Der Mitarbeiter verpflichtet sich, dem Arbeitgeber eine Vertragsstrafe in Höhe eines Monatsgehalts zu zahlen, falls er die Stelle nicht antritt oder später das Dienstverhältnis vertragswidrig löst.

§ 10 Vertragsänderungen
Mündliche Nebenabreden bestehen nicht. Jede Änderung oder Ergänzung dieses Vertrages bedarf der Schriftform, um Gültigkeit zu erlangen.

§ 11 Abschlussklausel/Zeugnis
(1) Ansprüche aus dem Arbeitsverhältnis müssen von beiden Seiten innerhalb eines Monats nach Kündigung schriftlich geltend gemacht werden. (2) Bei Beendigung des Arbeitsverhältnisses erhält der Arbeitnehmer ein Zeugnis, aus dem sich Art und Dauer der Beschäftigung sowie, wunschgemäß, eine Beurteilung von Führung und Leistung ergeben.

Stuttgart, den 06.05.20..
i. A. M. Hummels (Arbeitgeber)

Stuttgart, den 06.05.20..
M. Mustermann (Arbeitnehmer)

10 Exemplarisch kann ein Musterarbeitsvertrag des Landes Baden-Württemberg unter folgendem Link abgerufen werden: https://www.service-bw.de/lebenslage/-/sbw/Arbeitsvertrag-5000686-lebenslage-0

3.2.3 Dauer von Arbeitsverhältnissen

BGB § 620 (2)

Das Arbeitsverhältnis gilt als Dauerschuldverhältnis und wird im Allgemeinen auf unbestimmte Zeit geschlossen **(unbefristete Arbeitsverträge)**. Zur Verbesserung der Flexibilität der Beschäftigung (zum Beispiel bei temporär hoher Auftragslage oder saisonalen Abweichungen) gibt es Sonderformen **(befristete Arbeitsverträge)**, die gesondert geregelt werden.

BGB §§ 620 (3), 163, 158 (2)

Befristete Arbeitsverhältnisse sind entweder auf eine bestimmte **Dauer** (kalendermäßig befristete Arbeitsverträge) oder zu einem bestimmten **Zweck** (zweckbefristete Arbeitsverträge) vereinbart und enden ohne Kündigung mit Zeitablauf bzw. Zweckerreichung.

TzBfG § 14 (1, 2, 3)

Die Befristung bedarf nach dem TzBfG grundsätzlich eines **sachlichen Grundes**. Dieser liegt zum Beispiel vor, wenn:

- der betriebliche Bedarf an der Arbeitsleistung nur vorübergehend besteht,
- die Befristung im Anschluss an eine Ausbildung oder ein Studium erfolgt, um den Übergang des Arbeitnehmers in eine Anschlussbeschäftigung zu erleichtern,
- der Arbeitnehmer zur Vertretung eines anderen Arbeitnehmers beschäftigt wird,
- die Eigenart der Arbeitsleistung die Befristung rechtfertigt,
- die Befristung zur Erprobung erfolgt, oder
- in der Person des Arbeitnehmers liegende Gründe die Befristung rechtfertigen.

TzBfG § 14 (1)

Als Ausnahme von genannter Regel sieht das TzBfG die einmalige **sachgrundlose Befristung** für bis zu zwei Jahre bei demselben Arbeitgeber vor. Bis zu dieser Gesamtdauer von zwei Jahren ist auch die höchstens **dreimalige Verlängerung** eines kalendermäßig befristeten Arbeitsvertrags zulässig. Als gesetzlich ausgeschlossen gilt dies, wenn mit demselben Arbeitgeber bereits zuvor ein befristetes oder unbefristetes Arbeitsverhältnis bestanden hat (Verbot von Kettenverträgen). Abweichende Bestimmungen können sich durch tarifvertragliche Regelungen ergeben. Entsprechend kann die Anzahl der Verlängerungen oder die Höchstdauer der Befristung abweichend des TzBfG festlegt werden.

BAG 06.04.2011–7 AZR 716/09

Das BAG hat entschieden, dass mit einem zeitlichen Abstand von drei Jahren erneut ein sachgrundlos befristetes Arbeitsverhältnis mit demselben Arbeitgeber geschlossen werden kann.

TzBfG § 14 (4)

Die Befristung bedarf grundsätzlich der Schriftform. Ferner ist der Arbeitgeber verpflichtet, die befristeten Arbeitnehmer über zu besetzende unbefristete Arbeitsplätze zu informieren.

3.2.4 Haupt- und Nebenpflichten aus Arbeitsverträgen

3.2.4.1 Abgrenzung der Vertragspflichten

Der Arbeitsvertrag ist gekennzeichnet durch eine Vielzahl von gegenseitigen Vertragspflichten und den damit in Verbindung stehenden Rechten. Rechtsgrundlage ist das BGB in Verbindung mit dem individuellen Arbeitsvertrag, welcher gegebenenfalls durch einen Tarifvertrag oder eine Betriebsvereinbarung ergänzt und konkretisiert ist.

Die Vertragspflichten lassen sich in **Haupt-** und **Nebenpflichten** unterteilen. Die Hauptpflichten umfassen die unmittelbaren Leistungen der jeweiligen Vertragspartner (Arbeitgeber und Arbeitnehmer) gemäß Arbeitsvertrag. Ergänzend ergeben sich durch die längerfristige arbeitsvertragliche Beziehung, im Sinne des Dauerschuldverhältnisses bestimmte Nebenpflichten.

3.2.4.2 Hauptpflichten

Die **Hauptpflicht des Arbeitnehmers** umfasst die persönliche Erbringung der vertraglich geschuldeten Arbeitsleistung in festgelegtem Umfang und an vereinbartem Ort (sog. Dienstpflicht). Folglich hat der Arbeitnehmer die ihm übertragenen Arbeiten pünktlich, gewissenhaft und seinen Fähigkeiten entsprechend auszuführen. Eine in der Regel allgemein gehaltene Umschreibung der auszuübenden Tätigkeit ersetzt nähere Einzelheiten über die Hauptleistungspflichten der Arbeitnehmer. Gemäß diesem Vorgehen entsteht ein gewisser Spielraum, den der Arbeitgeber durch das Zuweisen eines bestimmten Arbeitsplatzes mit konkretem Arbeitsgebiet gestalten kann bzw. muss.

BGB §§ 611

NachwG § 2 (1)

BEISPIEL

Die Verwaltungsfachangestellte Lisa Meier wird von der Landeshauptstadt Stuttgart mit der Vereinbarung eingestellt, dass sie als Servicekraft (Bürgerberater) im Bürgerbüro Stuttgart-Feuerbach eingesetzt wird.

In der Praxis erfolgt die Konkretisierung der Tätigkeit oftmals über das sog. **Direktionsrecht** des Arbeitgebers.

Die **Hauptpflicht des Arbeitgebers** besteht darin, die vertraglich geschuldete Vergütung, das sog. Arbeitsentgelt zu zahlen. Diese **Entgeltzahlungspflicht** gilt auch bei Arbeitsunfähigkeit wegen Krankheit. Ein Anspruch auf volle Vergütung besteht in den ersten sechs Wochen. Die Vergütungspflicht entfällt bei Arbeitskämpfen (zum Beispiel Streik oder Aussperrung).

BGB § 611

EntgFG §§ 1, 3, 4

Zusätzliche Vereinbarungen über eine erfolgsabhängige Vergütung (zum Beispiel Zuschlag, Provision) sind vertraglich zu fixieren. Ein Anspruch auf bestimmte Zusatz- oder Sonderzahlungen (zum Beispiel Weihnachtsgratifikationen) sind auch ohne vertragliche Niederschrift verpflichtend, soweit diese als branchenspezifisch üblich gelten oder ohne Vorbehalt auf längere Zeit vergeben wurden (Betriebliche Übung).

HGB §§ 59, 64, 69

Einzelheiten der Vergütungspflichten regeln neben dem in Deutschland geltenden gesetzlichen Mindestlohn oft auch Tarifverträge im öffentlichen Dienst.

TVöD-V §§ 12–25

Exkurs: Gesetzlicher Mindestlohn

Nach dem Mindestlohngesetz (MiLoG) hat jeder Arbeitnehmer Anspruch auf Zahlung eines Arbeitsentgelts mindestens in Höhe des Mindestlohns. Die Höhe des Mindestlohns ist an die Inflation gekoppelt und wird in der Regel alle zwei Jahre neu festgesetzt. Im Jahr 2019 beträgt der Brutto-Mindestlohn 9,19 € je Zeitstunde und gilt als Lohnuntergrenze[11]. Für den Mindestlohn gilt der Grundsatz der Unabdingbarkeit. Damit sind individuelle vertragliche Vereinbarungen, die den Anspruch auf Mindestlohn unterschreiten oder seine Geltendmachung beschränken oder ausschließen, unwirksam.

MiLoG §§ 1, 3

11 Laut Mindestlohn-Kommission erhöht sich die Lohnuntergrenze ab dem 01.01.2020 um weitere 16 Cent, auf 9,35 € je Arbeitsstunde. (Quelle: https://www.bmas.de/DE/Themen/Arbeitsrecht/Mindestlohn/mindestlohn.html, Abruf: 12.2018)

MiLoG § 22 Ausnahmen sieht das MiLoG derzeit u. a. für Auszubildende oder Pflichtpraktikanten im Rahmen einer Ausbildung oder eines Studiums vor. Für diese gilt der Mindestlohn nicht, weil es sich hierbei um ein Berufsbildungsverhältnis und kein Arbeitsverhältnis handelt.

Der Mindestlohn und die Ausnahmen im Überblick (siehe Grafik).

Ausnahmen vom Mindestlohn

Keinen Mindestlohn bekommen:

Langzeitarbeitslose in den ersten sechs Monaten einer neuen Beschäftigung

Menschen im **Ehrenamt**

Auszubildende und **Jugendliche** unter 18 Jahren ohne Berufsabschluss

Zeitungszusteller Der Mindestlohn steigt stufenweise von 8,50 (ab 2017) über 9,19 (2019) auf 9,35 (2020)

Praktikanten generell bei Pflichtpraktika, bei freiwilligen Praktika bis zu drei Monaten

Sonderfall: **Saisonarbeiter** in Landwirtschaft und Gastronomie. Hier gilt der Mindestlohn, allerdings wird die Befreiung von der Sozialversicherungspflicht bis Ende 2018 von 50 auf 70 Tage ausgeweitet.

3.2.4.3 Nebenpflichten

BGB § 242 Die Nebenpflichten beruhen für Arbeitgeber und Arbeitnehmer in erster Linie auf dem Grundsatz von **Treu und Glauben**[12]. Im Kern geht es darum, dass ein Arbeitnehmer seine Verpflichtungen aus dem Arbeitsverhältnis so erfüllt, dass die Interessen des Arbeitgebers gewahrt werden. Er hat dabei sowohl seine Stellung im Betrieb, seine eigenen Interessen als auch die Interessen der anderen Arbeitnehmer des Betriebes zu berücksichtigen.

Der Umfang und die Grenzen der Nebenpflichten lassen sich damit nicht immer exakt definieren, sie bedürfen der Berücksichtigung des Einzelfalls. Das führt dazu, dass die zu beachtenden Nebenpflichten in Abhängigkeit zur auszuübenden Tätigkeit variieren.

---

12 **Treue** in diesem Zusammenhang bedeutet, dass der eine Vertragspartner (Arbeitnehmer) aufrichtig, ehrlich, korrekt und verlässlich seinen Verpflichtungen nachkommt. **Glauben** heißt, dass der andere Vertragspartner (Arbeitgeber) darauf vertraut, dass der Arbeitnehmer diese Eigenschaften besitzt.

BEISPIEL

Ein Angestellter in gehobener Position bei der Landeshauptstadt Stuttgart (z. B. Leiter/-in der Stabsstelle „Projektleitung S21") mit einer entsprechend weitreichenden Verantwortung wird andere Nebenpflichten zu erfüllen haben, als ein Serviceberater mit einfachen Tätigkeiten (z. B. Bürgerberater am Schalter).

Abweichend von der Nebenpflicht im Einzelfall, kann in bestimmten Notfällen die Dienstpflicht für einen Arbeitnehmer in Anlehnung an „Treu und Glauben" in der Form erweitert werden, als dass ein bestimmtes pflichtbewusstes Handeln oder die allgemeine Hilfe eingefordert wird.

BEISPIEL

Ein Angestellter des Bürgerbüros Karlsruhe erkennt Rauch aus einem Papierkorb. Ein Einschreiten zum Löschen dieses Brandherdes stellt eine pflichtbewusste Handlung im Sinne einer Nebenpflicht dar, die sich aus „Treu und Glauben" ohne vertragliche Verpflichtung ergibt.

Ein Überblick über einige allgemeingültige Nebenpflichten sowohl auf Arbeitnehmer- wie auch auf Arbeitgeberseite gibt die folgende Tabelle.

Rechte und Pflichten aus einem Dienstverhältnis

Pflichten des Arbeitgebers

Hauptpflichten

HGB § 64
- Entgeltzahlungspflicht

Nebenpflichten

HBG § 59
- **Beschäftigungspflicht**
  Ein Arbeitnehmer hat ein Recht auf Beschäftigung – eine Freistellung ist nur bei schutzwürdigem Interesse des Arbeitgebers vorübergehend möglich (zum Beispiel bei fehlender Vertrauensbasis).

HBG § 62
- **Fürsorgepflicht**
  Der Arbeitgeber hat die primäre Pflicht, die **Sozialabgaben** und **Steuern** abzuführen, aber auch eine soziale Schutzpflicht **z. B.**
  - **Schutz von Leben und Gesundheit**
    z. B. Sicherheit am Arbeitsplatz durch geeignete Arbeitsräume, Arbeitsmittel und Arbeitsabläufe.

Rechte des Arbeitnehmers

Pflichten des Arbeitnehmers

Hauptpflichten

- Dienstpflicht HGB § 59

Nebenpflichten

- **Verschwiegenheits- und Treuepflicht** UWG § 17
  Mitteilungsverbot von Betriebs- und Geschäftsgeheimnissen an Dritte sowie das Gebot zur Förderung des Betriebsinteresses und der Abwendung von Schaden für den Arbeitgeber.
- **Gebot zur Schadensverhütung**
  Das Verhalten soll gemäß Treu und Glauben, bzw. gemäß den gebotenen Vorschriften erfolgen.
- **Unterlassen von ruf- und kreditschädigenden Äußerungen**
- **Pflicht zur Wahrung und Förderung des „Betriebsfriedens"**

Rechte des Arbeitgebers

Pflichten des Arbeitgebers

- Schutz der Persönlichkeitsrechte **(bold)**
  z. B. Verbot einer heimlichen Abhör- und Überwachungsaktion, sorgfältiger Umgang mit Personalakten.
- **Schutz des Eigentums**
  z. B. Schutz des Eigentums durch Bereitstellung von sicheren Verwahrmöglichkeiten etc.
- **Schutz vor sexueller Belästigung**
  z. B. Pflicht zur Sicherung der Würde des Menschen am Arbeitsplatz.
- **Urlaubsgewährung**
  z. B. Pflicht zur Gewährung eines bezahlten Erholungsurlaubs von mind. 24 Werktagen, als gesetzlicher Mindesturlaub.

AGG § 1 ff.

- **Gleichbehandlungspflicht**
  Gewährleistung der Gleichbehandlung zwischen Geschlechtern, Religionen, sexueller Identität sowie zwischen Voll- und Teilzeitkräften.

BurlG §§ 1 u. 3

- **Bildungsurlaub**
  Der Arbeitgeber hat dem Arbeitnehmer einen tariflich zustehenden Bildungsurlaub zur **Weiterbildung** zu gewähren.

BGB § 630

- **Zeugnis**
  Bei Beendigung des Dienstverhältnisses besteht die Pflicht zur Ausstellung eines **einfachen** (Art und Dauer) oder (nach Wunsch) **qualifizierten** (Leistung und Führung) Zeugnisses.

Rechte des Arbeitnehmers

Pflichten des Arbeitnehmers

- **Gehorsamspflicht**
  Den Weisungen des Arbeitgebers ist Folge zu leisten, z. B. Rauchverbot, Telefonbenutzung, etc.

TVöD § 41

- **Loyalität gegenüber dem Staat („politische Treupflicht") –** ***eingeschränkte Gültigkeit!***
  Die Beschäftigten (zum Beispiel Lehrer oder Erzieher) sind verpflichtet, sich durch ihr Verhalten zur freiheitlich demokratischen Grundordnung im Sinne des Grundgesetzes zu bekennen.

TVöD-V § 3 (2)

- **Pflicht zur Unbestechlichkeit**
  z. B. Verbot der Annahme von Geschenken, Belohnungen etc.

TVöD-V § 3 (3)

- **Pflicht zur Unterlassung einer Nebentätigkeit**
  Für Nebentätigkeiten besteht eine Anzeigepflicht. Sollten die Interessen des Arbeitgebers gegen diese Tätigkeit sprechen (z. B. Überforderung), ist diese zu unterlassen.

Rechte des Arbeitgebers

BGB § 626 i. V. m. § 628 (2)

Kommt eine der Vertragsparteien seinen Haupt- oder Nebenpflichten nicht oder nur in unzureichender Form nach, kann dies zu Sanktionen wie Lohnminderung, Kündigung oder zu einer Schadenersatzpflicht führen.

3.2.5 Arbeitszeit

ArbZG §§ 1 f.

Ein Arbeitnehmer kann in Vollzeit, Teilzeit oder als Aushilfe beschäftigt werden. Die Regelungen zur Arbeitszeit bleiben davon i. d. R. unberührt. Die Arbeitszeit wird stets als die Zeit definiert, in der ein Arbeitnehmer im Rahmen seines Arbeitsverhältnisses beschäftigt ist. Als Beschäftigungszeit gilt die Zeit vom Beginn bis zum Ende der Arbeit, abzüglich der Ruhepausen, die nicht als Arbeitszeit gelten. Den Maßstab für die Festlegung der Arbeitszeit bildet das Arbeitszeitgesetz (ArbZG). Es dient in erster Linie der Sicherheit und dem Gesundheitsschutz der Arbeitnehmer bei der Arbeitszeitgestaltung und regelt u. a. folgende Sachverhalte:

- **Maximaldauer** der täglichen Arbeitszeit ArbZG § 3
  Die werktägliche regelmäßige Arbeitszeit darf **acht (8) Stunden** nicht überschreiten. Als Werktage gelten die Tage von montags bis samstags. Die maximale Wochenarbeitszeit beträgt damit **48 Stunden**. Die tägliche Arbeitszeit kann in freier Vereinbarung auf **10 Stunden** erhöht werden. Damit ist eine Arbeitszeit von 60 Stunden pro Arbeitswoche möglich, wenn an keinem Tag die maximale Höchstarbeitszeit von 10 Stunden überschritten wird.
- **Verteilung** der täglichen Arbeitszeit ArbZG §§ 3 f.
  Für die Erhöhung der regelmäßigen Arbeitszeit auf 10 Stunden setzt das Gesetz eine zeitliche Begrenzung: In einem Zeitraum von 6 Monaten bzw. 24 Wochen dürfen im Durchschnitt 8 Stunden werktäglicher Arbeitszeit nicht überschritten werden.
- **Ruhepausen** während der Arbeitszeit ArbZG § 5
  Bei einer täglichen Arbeitszeit von mehr als sechs Stunden ist eine Pause von mindestens 30 Minuten, bei einer Arbeitszeit von mehr als neun Stunden, eine Pause von mindestens 45 Minuten verbindlich.
- **Ruhezeiten** nach der Arbeitszeit ArbZG §§ 9 f.
  Zwischen der Beendigung der täglichen Arbeitszeit und dem Neubeginn der Arbeit muss eine **ununterbrochene Ruhezeit von 11 Stunden** liegen.
- Arbeit an **Sonn-** und **Feiertagen** ArbZG §§ 7, 10
  Grundsätzlich dürfen Arbeitnehmer an Sonn- und gesetzlichen Feiertagen von 0 bis 24 Uhr nicht beschäftigt werden. Gesetzliche Ausnahmen gelten in unterschiedlichen Bereichen, auch und insbesondere bei öffentlichen Arbeitsverhältnissen.

BEISPIELE

- Not- und Rettungsdienste sowie Feuerwehr
- öffentliche Sicherheit und Ordnung
- Gerichte und Behörden
- Verteidigung
- Krankenhäuser
- Einrichtungen zur Behandlung, Pflege und Betreuung von Personen
- Theaterhäuser für Theatervorstellungen, Filmvorführungen, Schaustellungen, Darbietungen und andere ähnliche Veranstaltungen

Tarifverträge können sowohl engere Grenzen für die Arbeitszeitgestaltung fassen, als auch über den Rahmen des ArbZG hinausgehende Regelungen festhalten.

Spezielle Regelungen zur Arbeitszeit von besonders schutzbedürftigen Arbeitnehmern finden sich u. a. im **Jugendarbeits-** und im **Mutterschutzgesetz**.

3.2.6 Arbeitszeitformen

3.2.6.1 Klassische Arbeitszeitformen

Die klassischen Arbeitszeitformen haben größtenteils nur sehr geringfügige Gestaltungsmöglichkeiten. Neben der Anzahl an Wochenstunden, wird die tägliche Arbeitszeit mit festem Arbeitsbeginn und Arbeitsende festgelegt. Diese starren Arbeitszeitmodelle werden den modernen Anforderungen an die Vereinbarkeit von familiären, privaten und beruflichen Interessen nicht mehr gerecht. Nicht zuletzt im Sinne der Wettbewerbsfähigkeit der Unternehmen werden alternative (flexible) Arbeitszeitmodelle relevant. Diese müssen in der Personalpolitik Berücksichtigung finden, um Arbeitszeitregelungen beweglicher zu gestalten und auf betriebs- und arbeitnehmerspezifische Beweggründe adäquat reagieren zu können.

3.2.6.2 Gleitende Arbeitszeit

ArbZG

Bei der gleitenden Arbeitszeit wird eine bestimmte **Kernzeit** (einschließlich Pausen) festgelegt. Den Arbeitnehmern obliegt es nun selbst, außerhalb der Kernzeit den Beginn und das Ende ihrer täglichen Arbeitszeit innerhalb des Arbeitszeitrahmens zu bestimmen, die sog. Gleitspanne.

Variante 1:

08:00 Uhr	Arbeitszeitrahmen	20:00 Uhr
Gleitspanne	**Kernzeit**	**Gleitspanne**
	(z. B. 10:00 bis 14:00 Uhr)	

Variante 2:

08:00 Uhr		Arbeitszeitrahmen		20:00 Uhr
Gleitspanne	**Kernzeit**	**Gleitspanne**	**Kernzeit**	**Gleitspanne**
	(z. B. 10:00 bis 12:00 Uhr)		(z. B. 14:00 bis 16:00 Uhr)	

Ist diese Arbeitszeitform vereinbart, gilt während der Kernzeit Anwesenheitspflicht. Die Kontrolle der täglichen Arbeitszeit erfolgt durch geeignete Hilfsmittel (zum Beispiel Stechuhren) und wird auf einem Gleitzeitkonto verbucht. Am Ende eines festgelegten Abrechnungszeitraums (zum Beispiel sechs Monate) soll das Gleitzeitkonto ausgeglichen sein.

Für die Gestaltungsmöglichkeiten innerhalb eines Unternehmens bietet diese Arbeitszeitform die Möglichkeit, bestimmte Bereiche mit individuell festgelegten **Funktionszeiten** zu belegen.

Variante 3:

08:00 Uhr		Arbeitszeitrahmen		20:00 Uhr
		Bereich 1: Fahrerlaubnisstelle		
Gleitspanne	Funktionszeit	Gleitspanne	Funktionszeit	Gleitspanne

	Bereich 2: Fahrzeugzulassungsstelle	
Gleitspanne	Funktionszeit	Gleitspanne

Die Festlegung der jeweiligen abteilungsspezifischen **Funktionszeiten** steht immer auch in unmittelbarer Abhängigkeit zur

- Anzahl der notwendigen Arbeitnehmer
  (Besatzungsstärke)
- Auftragsbearbeitungszeit
  (Qualität, im Sinne der Zuverlässigkeit)
- Verfügbarkeit der Leistung
  (Servicezeit, im Sinne der Bereitstellung eines bestimmten Services)

In der Praxis wird die Koordinierung den Abteilungen bzw. letztlich den Arbeitnehmern in den Abteilungen selbst überlassen. Damit regelt das Team die Dauer und die Lage ihrer Arbeitszeit, einschließlich der Urlaubsgestaltung, in eigener Kompetenz.

3.2.6.3 Flexible Arbeitszeit

Die flexible Arbeitszeit umfasst zwei Modelle, die **Vertrauensarbeitszeit** und die **freie Arbeitszeitregelung**. Bei beiden Modellen entfällt die Anwesenheitspflicht des Arbeitnehmers, weshalb ein intaktes Vertrauensverhältnis zwischen Arbeitgeber und Arbeitnehmer wichtig ist. Häufig findet diese Form bei Führungskräften oder Außendienstmitarbeitern Anwendung.

- **Vertrauensarbeitszeit**
  Die Erfüllung der vertraglichen Arbeitszeitpflicht obliegt dem Arbeitnehmer. Für außervertragliche Arbeitnehmerleistungen (Überstunden) besteht kein Anspruch auf eine zusätzliche Vergütung. Eine für das Unternehmen in der Regel notwendige Kontrolle der Anwesenheit (z. B. über die Führung eines individuellen Arbeitnehmerzeitkontos) entfällt.

BEISPIEL

Ein Sachbearbeiter für den Bereich Arbeitsmarkt- und Wirtschaftsstatistik beim Statistischen Amt Stuttgart arbeitet gemäß der Vertrauensarbeitszeit. Dies ist sinnvoll, weil für das Erreichen bestimmter Auswertungsziele sehr flexibel auf bestimmte Hochphasen Rücksicht zu nehmen ist.

- **Freie Arbeitszeitregelung**
  Die freie Arbeitszeitregelung findet häufig bei denjenigen Arbeitnehmern Anwendung, die überwiegend einer erfolgsorientierten Entgeltzahlung unterliegen. Die Höhe des Arbeitnehmerentgelts ist damit unmittelbar von der Arbeitsleistung abhängig. Eine Arbeitszeitkontrolle entfällt.

3.2.6.4 Teilzeitarbeit

Nach dem Teilzeit- und Befristungsgesetz (TzBfG) arbeitet ein Arbeitnehmer in Teilzeit, wenn dessen regelmäßige Wochenarbeitszeit kürzer ist, als die eines vergleichbaren vollzeitbeschäftigten Arbeitnehmers desselben Betriebes. Arbeitnehmer in Betrieben mit mehr als 15 Mitarbeitern haben **Anspruch auf Teilzeitarbeit**, wenn ihr Arbeitsver-

TzBfG §§ 2, 6 u. 8

hältnis seit mindestens 6 Monate besteht und keine betrieblichen Gründe entgegenstehen. Teilzeitarbeit ist formfrei spätestens drei Monate vor dem erstrebten Beginn zu beantragen. Hat der Arbeitgeber Einwende, ist die Ablehnung der Teilzeit spätestens einen Monat vor dem beantragten Beginn schriftlich zu erklären.

TzBfG §§ 4, 10

Bei Teilzeitbeschäftigten gilt das **Verbot der Diskriminierung**. D. h. sie sind grundsätzlich wie vergleichbare Vollzeitbeschäftigte zu behandeln, durch Aus- und Weiterbildung zu fördern und bei der Besetzung von Führungspositionen zu berücksichtigen. Die Entgelthöhe eines Teilzeitbeschäftigten richtet sich prozentual am Entgelt eines Vollzeitbeschäftigten aus.

BEISPIEL

Ein Vollzeitbeschäftigter erhält ein Bruttoentgelt von 5.000 € pro Monat. Ein Teilzeitbeschäftigter in gleicher Position arbeitet 70 %. Daraus ergibt sich ein monatliches Bruttoentgelt für den Teilzeitbeschäftigten wie folgt: 5.000 € x 70 % = 3.500 €.

TzBfG § 9

TzBfG §§ 10 f.

Bei einer **befristeten Teilzeitregelung** kann ein Arbeitnehmer nach Fristablauf seine Arbeit in Vollzeit wieder aufnehmen. Ist eine **unbefristete Teilzeitregelung** vereinbart, besteht kein Recht auf Rückkehr in Vollzeitarbeit. Der Arbeitgeber hat den Teilzeitarbeitnehmer jedoch bei gleicher Eignung für die Besetzung eines noch offenen Arbeitsplatzes zu bevorzugen. Die **Kündigung** eines Arbeitsverhältnisses auf Grund eines beabsichtigten Übergangs von einem Vollzeit- in ein Teilzeitarbeitsverhältnis oder umgekehrt ist unwirksam.

TzBfG § 12

- **Abrufarbeitsverhältnisse**
  Arbeit auf Abruf ist ein besonderes Teilzeitarbeitsverhältnis, bei dem der Arbeitnehmer seine Arbeit in Abhängigkeit vom Arbeitsanfall leistet. Grundlage ist die Vereinbarung über die Dauer der z. B. wöchentlichen oder täglichen Arbeitszeit. Wird diese vertraglich nicht fixiert, gilt eine Arbeitszeit von 10 Stunden pro Woche und eine tägliche Arbeitszeit von drei zusammenhängenden Stunden als vereinbart. Beim „Abrufen" ist eine Abruffrist von vier Tagen zu beachten. Wird diese Mindestfrist nicht eingehalten, hat der Arbeitnehmer ein Verweigerungsrecht. Unabhängig der geleisteten Arbeit muss für nichtabgerufene Arbeit die vereinbarte Vergütung bezahlt werden.

TzBfG § 13

- **Arbeitsplatzteilung (Job-Sharing)**
  Bei der Arbeitsplatzteilung teilen sich mindestens zwei oder mehr Arbeitnehmer einen Vollzeitarbeitsplatz. Die daraus resultierenden Teilzeitarbeitskräfte sind gemeinsam für die Erfüllung der Arbeitsaufgabe verantwortlich. Sie regeln unabhängig vom Arbeitgeber innerhalb der gegebenen Betriebszeit die Dauer und Verteilung ihrer Arbeitszeit. Bei dringenden betrieblichen Erfordernissen (z. B. Krankheit oder Urlaub) kann eine gegenseitige Vertretungspflicht vereinbart werden. Scheidet eine Teilzeitkraft aus dem Unternehmen aus, besteht für die direkt betroffenen übrigen Teilzeitkräfte, neben dem allgemeinen Kündigungsrecht, ein gesondertes Kündigungsrecht.

SGB IV § 8 (1)

- **Geringfügiges Beschäftigungsverhältnis**
  Ein geringfügiges Beschäftigungsverhältnis lässt sich in Anlehnung an das „Sozialgesetzbuch – viertes Buch (SGB IV) unterteilen in eine **„geringfügig entlohnte Beschäftigung"** und eine **„kurzfristige Beschäftigung"**.

3.2.6.5 Telearbeit

Bei der Telearbeit wird die Arbeitsleistung räumlich entfernt vom Arbeitsplatz am Unternehmenssitz (Betriebsarbeitsplatz) erbracht. Voraussetzung sind Informations- und Kommunikationstechnologien, die den Betriebsarbeitsplatz mit dem Telearbeitsplatz verbinden. Diese Verbindung leisten elektronische Kommunikationsmittel wie Computer, Internet, E-Mail und Telefon. Telearbeit ist Zuhause (heimbasierte Telearbeit) und unterwegs (mobile Telearbeit) möglich.

BEISPIEL

Ein IT-Mitarbeiter der Stadt Heilbronn, mit dem Telearbeit vereinbart ist, hat an regelmäßigen Beratungen (z. B. Projektbesprechungen) teilzunehmen. Bei Bedarf ist der Telearbeiter an die Bürokommunikation angeschlossen. Die Art und Weise weiterer Informationsvermittlung (z. B. Unterschriftenprotokolle) sind innerhalb der Abteilung abzustimmen.

3.2.7 Beendigung von Arbeitsverhältnissen

3.2.7.1 Überblick

Die folgende Abbildung verdeutlicht unterschiedliche Varianten für die Beendigung von Arbeitsverhältnissen. BGB § 620

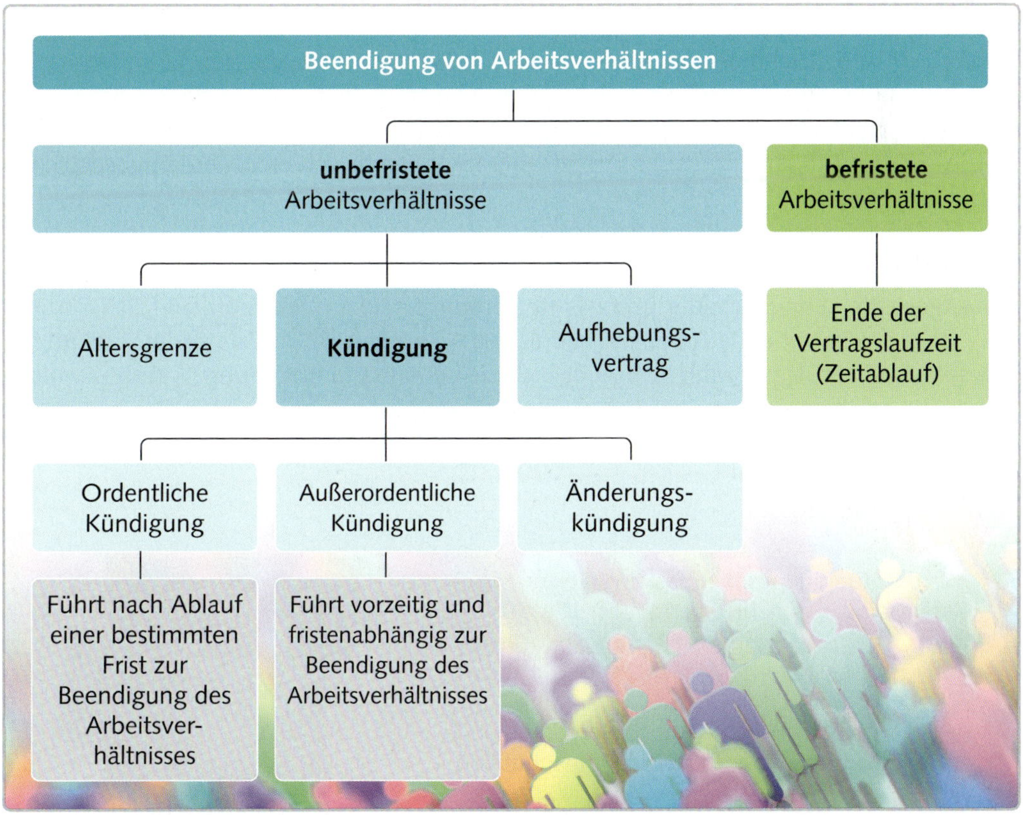

Steht der Zeitpunkt für die Beendigung des Arbeitsverhältnisses bereits bei Vertragsabschluss fest **(befristetes Arbeitsverhältnis)**, endet das Arbeitsverhältnis mit Ablauf der festgelegten Zeit. Da sich beide Vertragspartner der Befristung damit im Vorfeld bewusst sind, besteht sowohl für den Arbeitnehmer, als auch für den Arbeitgeber Planungssicherung. In beiderseitigem Einvernehmen ist die Umgestaltung eines befristeten in ein unbefristetes Arbeitsverhältnis möglich.

Ist ein Arbeitsverhältnis hingegen für eine **unbefristete Zeit** geschlossen, so endet dieses durch das Erreichen der Altersgrenze, mittels eines Aufhebungsvertrages oder Kündigung.

3.2.7.2 Altersgrenze

Erreicht ein Arbeitnehmer die gesetzliche **Altersgrenze** (derzeit 67 Jahre), so führt dieser Umstand in der Regel automatisch zu einer Beendigung des Arbeitsverhältnisses.

3.2.7.3 Aufhebungsvertrag

Der Aufhebungsvertrag oder die „Auflösungsvereinbarung" basiert auf einer zwischen Arbeitnehmer und Arbeitgeber einvernehmlichen Aufhebung des Arbeitsverhältnisses zu einem bestimmten Zeitpunkt. In der Regel folgt der Aufhebung des Arbeitsverhältnisses eine Abfindungszahlung, womit sämtliche Rechtsstreitigkeiten beseitigt sind. Mit dieser Form wählt der Arbeitnehmer bewusst die Möglichkeit, seinen Arbeitsvertrag aufzulösen um gegebenenfalls eine offene (vakante) Stelle bei einem anderen Unternehmen anzunehmen.

Kündigt ein Arbeitnehmer sein Arbeitsverhältnis ohne die Angabe von Gründen, droht im Rahmen der Arbeitslosenversicherung eine **Sperrzeit**. In der Folge haben Arbeitnehmer bis zu drei Monate nach Beendigung des Arbeitsverhältnisses keinen Anspruch auf Arbeitslosengeld (Sperrzeit wegen Arbeitsaufgabe). Ferner verlieren sie den gesetzlichen Kündigungsschutz.

BEISPIEL

Die Angestellte Lena Schneider und das Regierungspräsidium Stuttgart sind sich darüber einig, dass das bestehende Arbeitsverhältnis mit Ablauf des 02.11.20.. endet. Das Regierungspräsidium Stuttgart zahlt zum Ausgleich die vereinbarte Abfindung, womit sämtliche Ansprüche aus dem Arbeitsverhältnis abgegolten sind.

3.2.7.4 Kündigung

BGB §§ 125, 622 f.

Mit der Kündigung beendet eine Vertragspartei einseitig das Arbeitsverhältnis. Die Kündigung ist eine einseitige, empfangsbedürftige und rechtsgestaltende Willenserklärung durch die das Arbeitsverhältnis für die Zukunft aufgelöst werden soll. Bei Kündigungen durch den Arbeitgeber ist stets der Kündigungsschutz zu prüfen.

© fovito – stock.adobe.com

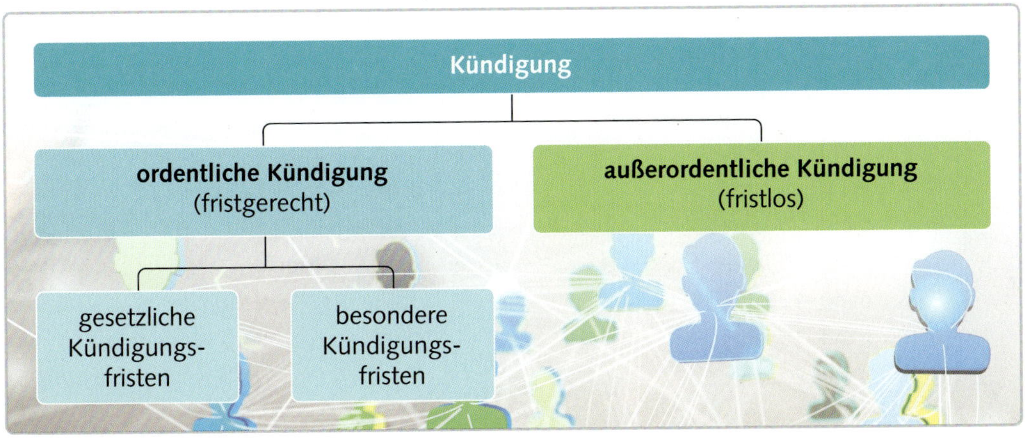

Ordentliche Kündigung

Die ordentliche Kündigung ist eine **fristgerechte Kündigung**, die eine einseitige Erklärung des Arbeitgebers oder des Arbeitnehmers darstellt, um das Arbeitsverhältnis zum Ablauf einer festgelegten **gesetzlichen Frist** zu beenden.

Gesetzliche Kündigungsfrist

Das Arbeitsverhältnis eines Arbeitnehmers kann **von beiden Seiten** (Arbeitnehmer und Arbeitgeber) mit einer Grundkündigungsfrist von vier Wochen (28 Tage) zum 15. oder zum Ende eines Kalendermonats schriftlich gekündigt werden.

Besondere Kündigungsfristen

Die Sonderregelungen zu den Kündigungsfristen gelten lediglich für die **Arbeitgeber** gegenüber den langjährig beschäftigten Arbeitnehmern. Eine Kündigung durch den Arbeitgeber ist in diesem Fall nur **zum Ende eines Monats** möglich und steht in unmittelbarer Abhängigkeit zu den besonderen (gesetzlichen) Kündigungsfristen, die wiederum von der **aktuellen Beschäftigungsdauer**[13] des Arbeitnehmers abhängig sind. Die nachstehende Grafik gibt hierzu einen Überblick. BGB § 622

13 **Hinweis:** Beschäftigungszeiten vor Vollendung des 25. Lebensjahres sind nach § 622 Abs. 2 BGB bei der Ermittlung der Kündigungsfrist nicht zu berücksichtigen. Beachte: NEU-Regelung seit 2010. Der Europäische Gerichtshof (EuGH) hat im Jahr 2010 entschieden, dass die genannte „alte" Regelung des deutschen Arbeitsrecht eine unzulässige Altersdiskriminierung darstellt (EuGH, Urteil vom 19.01.2010 – C-55/07). Sie ist daher wegen Verstoßes gegen EU-Recht in laufenden Prozessen vor Arbeitsgerichten nicht mehr anzuwenden. Zur Berechnung der für Arbeitgeber geltenden gesetzlichen Kündigungsfrist sind also auch Beschäftigungszeiten vor Vollendung des 25. Lebensjahres heranzuziehen.

Kündigungsfrist jeweils zum Monatsende

Betriebszugehörigkeit des Arbeitnehmers	Kündigungsfrist
mind. 2 Jahre	1 Monat
mind. 5 Jahre	2 Monate
mind. 8 Jahre	3 Monate
mind. 10 Jahre	4 Monate
mind. 12 Jahre	5 Monate
mind. 15 Jahre	6 Monate
mind. 20 Jahre	7 Monate

BEISPIEL

Der Angestellte Philipp Bauer (26 Jahre, Verwaltungsfachangestellter) wurde mit 18 Jahren bei der Stadt Karlsruhe eingestellt. Seine Beschäftigungszeit beträgt 8 Jahre.

Kündigung durch den Arbeitnehmer
Als Arbeitnehmer will Herr Bauer zum 30. Mai kündigen. In diesem Fall muss die Kündigung dem Arbeitgeber spätestens vier Wochen (28 Tage) vor Arbeitsvertragsende (30. Mai) vorliegen.

02. Mai — *(+) 28 Tage* — *30. Mai*

Kündigungstermin + Kündigungsfrist = Arbeitsvertragsende

Für Herrn Bauer ist der 02. Mai der späteste Kündigungstermin zum 30. Mai, d. h. die Kündigung muss zu diesem Zeitpunkt dem Arbeitgeber bereits vorliegen.

Abwandlung: Beabsichtigt Philipp Bauer zum 15. Mai (Monatsmitte) zu kündigen, muss die Kündigung spätestens am 18. Mai dem Arbeitgeber zugegangen sein.

Kündigung durch den Arbeitgeber
Die Stadt Karlsruhe kündigt Herrn Bauer unter Berücksichtigung der Kündigungsschutzvorschriften zum 30. Mai. Die Kündigungsfrist der Stadt Karlsruhe beliefe sich auf vier Wochen zum Ende eines Kalendermonats. Tatsächlich beträgt die Kündigungsfrist drei Monate zum Monatsende (vgl. Tabelle und Hinweis zum EU-Recht).

28. Feb. — *(+) 3 Monate* — *30. Mai*

Kündigungstermin + Kündigungsfrist = Arbeitsvertragsende

Für eine fristgerechte Kündigung durch den Arbeitgeber muss Herr Bauer spätestens am 28. Februar die Kündigung zugegangen sein. Eine Kündigung zur Monatsmitte (15. Mai) ist nicht möglich.

Aufgrund der **Öffnungsklausel** in § 622 (4) BGB sind tarifliche Abweichungen zugunsten der Beschäftigten möglich. Laut dem TVöD gelten nachstehende Kündigungsschutzfristen für unbefristete Arbeitsverhältnisse.

Öffnungsklausel Vgl. Tarifvertragsrecht

Beschäftigungszeiten	Kündigungsfristen
weniger als 6 Monate	2 Wochen zum Monatsende
bis zu 1 Jahr	1 Monat zum Monatsende
mehr als 1 Jahr	6 Wochen zum Quartalsende
mindestens 5 Jahre	3 Monate zum Quartalsende
mindestens 8 Jahre	4 Monate zum Quartalsende
mindestens 10 Jahre	5 Monate zum Quartalsende
mindestens 12 Jahre	6 Monate zum Quartalsende

TVöD § 34

Anmerkungen:
Der tarifliche (besondere) Kündigungsschutz (die sog. „Unkündbarkeit") besteht für diejenigen Beschäftigten im Tarifgebiet West (z. B. Baden-Württemberg), die mindestens 15 Jahre beim selben Arbeitgeber beschäftigt waren und mindestens 40 Jahre alt sind.

TVöD TV-L

Außerordentliche Kündigung
Bei einer außerordentlichen Kündigung wird das Arbeitsverhältnis (befristet oder unbefristet) ohne Einhaltung der gesetzlichen Kündigungsfrist beendet (fristlose Kündigung). Sie wird auch als Kündigung aus wichtigem Grund bezeichnet.

BGB §§ 626, 314

Zur außerordentlichen Kündigung bedarf es – anders als bei der ordentlichen Kündigung – eines **ausreichenden Kündigungsgrundes**. Ein solcher liegt vor, wenn dem Kündigenden unter Berücksichtigung aller Umstände des Einzelfalls und unter Abwägung der beiderseitigen Interessen (Verhältnismäßigkeit) die Fortsetzung des Vertragsverhältnisses bis zum Ablauf der vereinbarten Befristung bzw. bis zur nächsten ordentlichen Kündigungsmöglichkeit unzumutbar ist. Unzumutbar ist die Fortsetzung des Arbeitsverhältnisses im Einzelfall nur, wenn der Arbeitgeber vor der Kündigung eine Abmahnung ausspricht und die Kündigung nicht unverhältnismäßig ist.

Im Kontext ist die Dauer des Arbeitsverhältnisses, die Höhe des Verschuldens und die Folgen des **Verhaltens des Arbeitnehmers** zu berücksichtigen. Entscheidend ist die **Prognose**. Es geht nicht nur darum, was bereits geschehen ist, sondern darum, ob die Zusammenarbeit in der Zukunft unzumutbar ist. Als **wichtige Gründe** anerkannt sind folgende Beispiele.

Wichtige Kündigungsgründe

Arbeitgeber

- strafbare (vorsätzliche) Handlungen mit Auswirkung auf das Unternehmen (z. B. Diebstahl, Unterschlagung, schwere Beleidigung, tätliche Übergriffe, Sachbeschädigung)
- unbegründete Arbeitsverweigerung
- vorsätzliche Geschäftsschädigung (z. B. üble Nachrede, Konkurrenztätigkeit, wiederholte Trunkenheit)
- Mobbing
- sexuelle Belästigung

Arbeitnehmer

- Verletzung der Vergütungspflicht (z. B. keine Gehaltszahlung)
- Verletzung der Fürsorgepflichten
- Keine Urlaubsgewährung
- Gewalt jedweder Art

BGB §§ 626, 314

Die Kündigung muss nach Feststellung des wichtigen Grundes innerhalb einer **zweiwöchigen Frist** schriftlich erklärt werden und dem Empfänger zugehen (Empfangsbedürftigkeit).

Mit Ablauf der Frist verfällt das Recht zur außerordentlichen Kündigung. Das Recht zur ordentlichen Kündigung bleibt davon unberührt. Wirksam wird die Kündigung i. d. R. nur dann, wenn zuvor eine schriftliche **Abmahnung** erfolgt ist. Der Arbeitnehmer kann gegen die außerordentliche Kündigung Kündigungsschutzklage beim Arbeitsgericht einreichen.

BGB §§ 622 f.

Vertragliche Kündigung

Bei der vertraglichen Kündigung werden über arbeitsvertragliche Regelungen die gesetzlichen Bestimmungen der Vertragspartner zur Kündigung erweitert.

Zu dieser Erweiterung zählen u. a. die Verlängerung der gesetzlichen Kündigungsfrist oder die individuelle Festlegung eines bestimmten Kündigungstermins. Zu beachten gilt, dass individuelle Vereinbarungen stets schriftlich festzuhalten sind und keine Vereinbarung zur Benachteiligung des Arbeitnehmers führen. So darf z. B. für den Arbeitnehmer keine längere Kündigungsfrist vereinbart werden, als die, die für den Arbeitgeber gilt.

BEISPIEL

Im Arbeitsvertrag zwischen René Marchand und der Stadt Heidelberg wird in beiderseitigem Einvernehmen eine Kündigungsfrist für beide Seiten von vier Monaten zum Quartalsende vereinbart.

Änderungskündigung

Bei der Änderungskündigung kündigt der Arbeitgeber das Arbeitsverhältnis mit dem Ziel, das bestehende Arbeitsverhältnis zu abweichenden Bedingungen weiterzuführen.

KSchG § 2

BEISPIEL

Durch die zunehmende Automatisierung wird einem Servicemitarbeiter im Bürgerbüro Heidelberg gekündigt. Mit der Kündigung bekommt der Angestellte sofort einen anderen Arbeitsplatz in der Abteilung „Öffentlichkeitsarbeit" angeboten, welchen der Arbeitnehmer annimmt.

Exkurs: Anhörungsrecht des Personal- bzw. Betriebsrats

Hat das betroffene Privatunternehmen einen Betriebsrat gewählt, bzw. die öffentlichen Betriebe einen Personalrat, so ist dieser vor jeder Kündigung zu hören. Eine ohne Anhörung des Betriebsrats oder Personalrats ausgesprochene Kündigung ist unwirksam. Nach dem Bundespersonalverfassungsgesetz (BPersVG) ist der Personalrat bei der ordentlichen und außerordentlichen Kündigung innerhalb von 3 Arbeitstagen zu hören. Der Betriebsrat bei der ordentlichen Kündigung innerhalb einer Woche, bei der außerordentlichen Kündigung unverzüglich, spätestens jedoch innerhalb von drei Tagen. Dieser kann schriftlich, unter Angabe von Gründen, widersprechen.

BPersVG § 79 (3)
BetrVG § 102 (5)
KSchG § 103

3.2.8 Besondere arbeitsrechtliche Verträge: Probearbeitsverhältnis

Eine Probezeit ist für ein Arbeitsverhältnis nicht vorgeschrieben. Die Vereinbarung einer Probezeit zu Beginn eines Arbeitsverhältnisses ist jedoch gängige Praxis. Während der Probezeit gelten grundsätzlich arbeitsrechtliche Bedingungen. Bei **unbefristeten** Arbeitsverhältnissen beträgt die Probezeit maximal sechs Monate. Während der Probezeit gilt eine gesetzliche Kündigungsfrist von zwei Wochen. Dieser Grundsatz gilt auch im Geltungsbereich des TVöD.

BGB § 622 (3)

TVöD § 2 (4)

Bei **befristeten** Arbeitsverhältnissen ist die Probezeit als sachlicher Befristungsgrund anerkannt. Damit endet das Arbeitsverhältnis ohne Kündigung mit Fristablauf. In der Praxis nutzen die Arbeitgeber verstärkt die bis zu zwei Jahren zulässige sachgrundlose Befristung eines Arbeitsverhältnisses „zur Erprobung".

TzBfG § 14 (2)

Tarifvertragliche Bestimmungen (zum Beispiel des TVöD oder TV-L), die für die Beschäftigten günstiger sind oder die Befristungsmöglichkeiten einschränken können, besitzen in der Regel, abweichend zu den gesetzlichen Vorschriften, vorrangige Gültigkeit.

Zusammenfassung und Lernkontrolle

Zusammenfassung

Arbeitsvertrag (Individualarbeitsrecht)

Vertragsfreiheit

Arbeitgeber

Rechte und Pflichten

Rechte des Arbeitgebers
=
Pflichten des Arbeitnehmers

Günstigkeitsprinzip und Rechtsrahmen
z. B.
- BGB
- HGB
- NachwG
- ArbzG
- Tarifverträge (TVöD, TV-L)

Arbeitnehmer

Rechte und Pflichten

Rechte des Arbeitnehmers
=
Pflichten des Arbeitgebers

Arten von Arbeitsverhältnissen

Vollzeitarbeit

- 48 Stunden pro Woche
- 8 Stunden pro Tag

Ausnahmen:
- **10 Stunden** pro Tag für max. **6 Monate** im **Ø 8** Stunden pro Tag.
- **Tarifverträge** können geringere Arbeitszeiten festschreiben.

Teilzeitarbeit

Recht auf Teilzeit, wenn:
- Betrieb > 15 Arbeitnehmer
- Arbeitsverhältnis > 6 Monate
- Betriebliche Gründe der Teilzeitarbeit nicht entgegenstehen.

Arbeitszeitformen

- gleitende Arbeitszeit
- Flexible Arbeitszeit
  - Vertrauensarbeitszeit
  - freie Arbeitszeitgestaltung

- Abrufarbeitsverhältnisse
- Arbeitsplatzteilung (Job-Sharing)
- geringfügig Beschäftigte
  - geringfügige entlohnte Beschäftigung
  - kurzfristige Beschäftigung
- Telearbeit

Beendigung des Arbeitsverhältnisses

Erreichen der Altergrenze

Ein Arbeitnehmer erreicht die gesetzliche Altersgrenze.

Zeitablauf

Ein zeitlich befristeter Arbeitsvertrag endet automatisch mit Zeitablauf.

Kündigung

Schriftliche, einseitige empfangsbedürftige Willenserklärung (einseitiges Rechtsgeschäft) zur Beendigung eines Arbeitsverhältnisses.

Aufhebungsvertrag

Die Vertragspartner einigen sich einvernehmlich auf die Beendigung (Aufhebung) des bestehenden Arbeitsverhältnisses.

Ordentliche Kündigung

- Kündigungsfrist (Regel) = 28 Tage zum 15. oder zum Ende eines Monats.
- Längere Kündigungsfristen für langjährig beschäftigte Arbeitnehmer.
- Keine längere Frist des Arbeitnehmers im Vergleich zum Arbeitgeber.
- Informationspflicht an den Personal- bzw. Betriebsrat.
- Begründungspflicht des Arbeitgebers.
- Prüfung sozialer Rechtfertigung (vgl. Kapitel: Kündigungsschutz)

Außerordentliche Kündigung

- Fristlose Kündigung aus wichtigem Grund von beiden Seiten.
- 2-Wochenfrist nach Kündigungsgrund.
- Informationspflicht an den Personal- bzw. Betriebsrat.

Beispiele:
- Diebstahl
- Beleidigung
- Arbeitsverweigerung etc.

Änderungskündigung

- Änderung der Tätigkeit des Arbeitnehmers.
- Teilkündigungen sind zulässig, wenn:
- Arbeitsverhältnis zu abgeänderten Bedingungen fortgeführt werden kann.

Lernkontrolle

Aufgabe 1

Erklären Sie das im Arbeitsvertragsrecht geltende Rang- und das Günstigkeitsprinzip anhand eines selbstgewählten Beispiels.

Aufgabe 2

Prüfen Sie, ob jede Arbeitsvertragsform mündlich abgeschlossen werden kann.

Aufgabe 3

Prüfen und begründen Sie, ob der nachstehende Arbeitsvertrag inhaltlich richtig und vollständig ist.

Arbeitsvertrag

Zwischen der Stadt „Heilbronn, Marktplatz, 74072 Heilbronn" (Arbeitgeber genannt) und Frau „Anna Richter; Akazienstr. 8, 74078 Heilbronn" (Arbeitnehmer genannt) wird folgender – unbefristeter – Arbeitsvertrag geschlossen:

1. **Beginn des Arbeitsverhältnisses/Arbeitsort**
   Der Arbeitnehmer wird ab 1.8. d. J. in der Zentrale in Heilbronn eingestellt.
2. **Probezeit**
   Auf eine Probezeit wird verzichtet.
3. **Arbeitszeit**
   Die regelmäßige tägliche Arbeitszeit beträgt zurzeit 10,2 Stunden ohne die Berücksichtigung von Pausen. Regelmäßiger Arbeitsbeginn ist um 7:30 Uhr. Die Mittagspause dauert von 13:45 Uhr bis 14:30 Uhr.
4. **Urlaub**
   Der Arbeitnehmer hat einen bezahlten Urlaubsanspruch von 30 Werktagen pro Kalenderjahr.
5. **Vergütung**
   Der Arbeitnehmer erhält für seine Tätigkeit ein monatliches Bruttogehalt von 2.350 €. Die Auszahlung erfolgt innerhalb der ersten drei Tage des Folgemonats. Ein Anspruch auf vermögenswirksame Leistungen besteht nicht.
6. **Krankheit**
   Im Krankheitsfall hat der Arbeitnehmer für die Dauer von vier Wochen einen Anspruch auf Entgeltfortzahlung durch den Arbeitgeber.
7. **Verschwiegenheitspflicht**
   Der Arbeitnehmer verpflichtet sich, während der Dauer des Arbeitsverhältnisses und nach Ausscheiden, über alle betrieblichen Angelegenheiten, die ihm im Rahmen oder aus Anlass seiner Tätigkeit bekannt geworden sind, Stillschweigen zu bewahren.
8. **Kündigung**
   Die Kündigungsfrist beträgt für den Arbeitnehmer vier Wochen, für den Arbeitgeber zwei Wochen jeweils zum 15. oder Ende eines Kalendermonats.
9. **Zeugnis**
   Der Arbeitgeber überreicht dem Arbeitnehmer beim Ausscheiden aus dem Betrieb ein schriftliches Zeugnis, in dem Angaben über Art und Dauer der Beschäftigung gemacht werden. Ein Anspruch auf ein qualifiziertes Zeugnis, das zusätzlich Aussagen zur Leistung und Führung enthält, besteht nicht und wird nur in Ausnahmefällen ausgestellt.

Ort, Datum/Unterschrift Arbeitgeber	Ort, Datum/Unterschrift Arbeitnehmer
Heilbronn, 01.10.xx Walter	*Heilbronn, 01.10.xx Richter*

Hinweis: Erstellen Sie für ihre Lösungen eine Tabelle nach folgendem Muster.

	Inhalte und Rechtsquelle	Zulässig/ unzulässig	Gesetzliche Begründung, gegebenenfalls Richtigstellung
1	..	..	..
2	..	..	..
.	..	..	..
Anmerkung:			

Aufgabe 4

Frau Müller ist seit 2 Jahren bei der Stadt Eppingen im Bürgerbüro beschäftigt. In ihrem Büro arbeitet sie mit fünf weiteren Mitarbeitern, von denen zwei ab und an im Büro rauchen. Da sie eine nachweisliche Atemwegserkrankung hat, bittet sie um Versetzung an einen rauchfreien Arbeitsplatz. Ihr Arbeitgeber verweigert ihr diesen Wunsch. Beurteilen Sie die Rechtslage.

Aufgabe 5

Herr Mayer wird von seinem Vorgesetzten Herrn Streng fast täglich zu Überstunden verpflichtet. Im Arbeitsvertrag ist keine Überstundenregelung vereinbart. Prüfen Sie, ob Herr Mayer dazu verpflichtet ist, die Überstunden zu leisten.

Aufgabe 6

Nennen Sie Vor- und Nachteile der Gleitzeitarbeit für Arbeitnehmer und Arbeitgeber.

Aufgabe 7

Erklären Sie die Arbeitszeitformen: 1. Jobsharing, 2. Arbeit auf Abruf und 3. Telearbeit.

Aufgabe 8

Die betriebliche Ausgestaltung der Arbeitszeit und der Pausen wirkt sich auf die individuelle Arbeitsleistung der Arbeitnehmer aus.

Prüfen Sie, welche Arbeitszeitformen für die in den nachfolgenden Fällen betroffenen Mitarbeiter aus unterschiedlichen Feldern am geeignetsten erscheinen.

Fall 1. Für die Mitarbeiter, die in der Verwaltung eines Bürgermeisteramts arbeiten.

Fall 2. Für Arbeitnehmer, die in der Forschung und Entwicklung in einem Softwareunternehmen beschäftigt sind.

Aufgabe 9

Diskussion
Recherche

Teilzeitarbeit bietet sowohl Vor- als auch Nachteile. Erläutern Sie diese unter den Perspektiven:

1. Arbeitgeber
2. Arbeitnehmer
3. Gesellschaft

Aufgabe 10

Prüfen Sie, auf welche Weise die nachfolgenden Arbeitsverhältnisse beendet werden.

Fall 1. Herr Klumm hat heute, nach über 30 Jahren Anstellung ohne Unterbrechung, seinen letzten Arbeitstag in der Volksbank.

Fall 2. Frau Hummels hat sich mit der Geschäftsleitung vertraglich über den Zeitpunkt ihres Ausscheidens aus dem Unternehmen und über die Höhe der Abfindung geeinigt.

Fall 3. Herr Reus war für 6 Monate als Vertretung für eine Mitarbeiterin tätig, die nun aus der Elternzeit zurückkommt.

Fall 4. Herr Vogel bekommt noch heute seine Arbeitspapiere per Post zugeschickt, da er nach einem Vorfall an seinem Arbeitsplatz, der strafrechtliche Folgen nach sich ziehen wird, sofort das Firmengelände verlassen musste.

Fall 5. Herr Kern arbeitet heute das letzte Mal in seiner Abteilung. Sein Arbeitgeber hat ihm einen anderen Arbeitsplatz innerhalb des Unternehmens angeboten – zu geänderten Arbeitsbedingungen.

Aufgabe 11

Erläutern Sie, wodurch sich die Änderungskündigung von der „gewöhnlichen" ordentlichen Kündigung unterscheidet.

Aufgabe 12

Die Stadt Stuttgart plant die Entlassung von drei Mitarbeitern. Als Auszubildende/r in der Personalabteilung sind Sie damit beauftragt, unter Beachtung der gesetzlichen Kündigungsfristen den letzten Arbeitstag für die drei betroffenen Mitarbeiter zu ermitteln.

	Name	Alter	Dauer der Beschäftigung	Zugang der Kündigung	Kündigungsfrist (§ 622 BGB)	Letzter Arbeitstag (Datum)
Fall 1	Onken	33	7 Jahre	15. Juli		
Fall 2	Kern	43	21 Jahre	31. Juli		
Fall 3	Hankel	26	5 Jahre	27. Juli		

Aufgabe 13

Herr Wünsche (31 Jahre), seit 8 Jahren bei der Stadt Hannover angestellt, möchte zum 1. September den Arbeitgeber wechseln. Ermitteln Sie, an welchem Tag die Kündigung spätestens vorliegen muss.

Aufgabe 14

Die Klopp GmbH möchte die nachfolgenden Regelungen in ihre Arbeitsverträge übernehmen. Begründen Sie, ob diese Gültigkeit besitzen.

1. Die Kündigungsfrist für Mitarbeiter beträgt drei Monate zum Ende des Quartals, für die Klopp GmbH gilt die Kündigungsfrist per Gesetz.
2. Die Kündigungsfrist beträgt 3 Jahre für beide Vertragspartner.
3. Die Klopp GmbH zahlt 7 % über den aktuellen Tarifvertragsbestimmungen. Dieses Gehalt soll drei Jahre lang unverändert bleiben. Ein neuer Tarifvertrag hat hierauf keinen Einfluss.
4. Tritt ein Mitarbeiter einer Gewerkschaft bei, so ist die Klopp GmbH dazu berechtigt, das Arbeitsverhältnis aufzulösen.

Aufgabe 15

Hannah Baumgärtner ist bei der Stadt Wuppertal im Service angestellt. Bei der Kontrolle beim Verlassen des Gebäudes wird Sie des Diebstahls eines zehn Euroscheins überführt. Unverzüglich wird ihr von Betriebsseite geraten, das bestehende Arbeitsverhältnis in beiderseitigem Einvernehmen zu kündigen. Andernfalls würde die Stadt am folgenden Tag die fristlose Kündigung aussprechen.

1. Prüfen Sie die allgemeinen Voraussetzungen für die Aussprache einer fristlosen Kündigung und beurteilen Sie, ob in diesem Fall eine fristlose Kündigung rechtlich möglich ist.
2. Nehmen Sie Stellung zum Verhalten der Stadt.
3. Nennen Sie vier Gründe, die eine fristlose (außerordentliche) Kündigung rechtfertigen.
4. Angenommen, Hannah wurde fristlos gekündigt. Beschreiben Sie das mögliche Vorgehen, sich gegen diese Kündigung zu wehren.

3.3 Schutzrechte in Arbeitsverhältnissen

3.3.1 Überblick

Arbeitsrechtliche Schutzbestimmungen

Sozialer Arbeitsschutz

z. B.
- Kündigungsschutz
- Arbeitszeitschutz
- Mutterschutz
- Elterngeld und -zeit
- Schutzrechte für schwerbehinderte Menschen
- Datenschutz

Technischer Arbeitsschutz

Arbeitsschutzgesetz mit Verordnungen z. B.
- Arbeitsstättenverordnung
- Bildschirmarbeitsverordnung
- Lärm- und Vibrations-Arbeitsschutzverordnung

3.3.2 Soziale Schutzrechte

3.3.2.1 Kündigungsschutz

Mit einer Kündigung beendet ein Vertragspartner einseitig das Arbeitsverhältnis. Anders als bei einem Aufhebungsvertrag ist nicht entscheidend, ob der von der Kündigung betroffene Partner mit der Kündigung einverstanden ist (einseitiges Rechtsgeschäft).

Für Arbeitnehmer hat die Kündigung oft schwerwiegende Konsequenzen. Das Arbeitsverhältnis bildet im Regelfall die Existenzgrundlage. Aus diesem Grunde folgt das Kündigungsrecht, im engeren Sinne der **Kündigungsschutz**, dem Zweck, dass Arbeitsverhältnisse möglichst fortbestehen. Damit sollen Arbeitnehmer vor übereilten und sozial ungerechtfertigten Kündigungen durch den Arbeitgeber gesetzlich geschützt werden.

Den Arbeitgebern muss es dennoch möglich sein, Arbeitnehmer zu entlassen, wenn es die wirtschaftliche Lage erfordert, wenn ein Arbeitnehmer für sein Aufgabenfeld ungeeignet ist oder sein Fehlverhalten dem Unternehmen schadet. Der gesetzliche Kündigungsschutz ist arbeitsrechtlich damit von besonderer Bedeutung. Er dient dem Interessenausgleich zwischen Arbeitgeber und Arbeitnehmer und soll möglichst für beide Vertragsparteien zufriedenstellende Lösungen anbieten.

Allgemeiner Kündigungsschutz

KschG §§ 1 u. 23 In den Anwendungsbereich des Kündigungsschutzgesetzes (KSchG) fällt die Kündigung des Arbeitsverhältnisses gegenüber dem Arbeitgeber. Arbeitnehmerseitige Kündigungen sind grundsätzlich nicht im Geltungsbereich des KSchG. Damit können sich die Arbeitgeber nicht auf dieses Gesetz berufen. Die Arbeitnehmer hingegen sind laut KSchG gegen eine ordentliche Kündigung durch den Arbeitgeber geschützt, wenn bestimmte Voraussetzungen erfüllt sind. Es gilt zu klären, ob:

- das Arbeitsverhältnis am 1. Januar 2004 oder danach begonnen hat und in dem Betrieb in der Regel mehr als zehn Arbeitnehmer (ausschließlich der Auszubildenden) beschäftigt sind, **oder**
- das Arbeitsverhältnis bereits am 31. Dezember 2003 bestanden hat und in dem Betrieb am 31. Dezember 2003 in der Regel mehr als fünf Arbeitnehmer (ausschließlich der Auszubildenden) beschäftigt waren **und**
- das Arbeitsverhältnis des Arbeitnehmers zum Zeitpunkt der Kündigung in dem Betrieb ununterbrochen länger als sechs Monate bestanden hat (Wartezeit).

Erfüllt das Arbeitsverhältnis die aufgeführten Voraussetzungen, ist die ordentliche Kündigung seitens der Arbeitgeber unwirksam, wenn die Kündigung als **sozial ungerechtfertigt** gilt. KschG § 1 (2)

Eine **sozial gerechtfertigte Kündigung** bedarf eines bestimmten Kündigungsgrundes. Dieser kann in der **Person** oder im **Verhalten** des Arbeitnehmers oder durch dringende **betriebliche Erfordernisse** bedingt sein (siehe nachfolgende Übersicht).

Kündigungsgrund	Beispiele	Voraussetzungen für die Rechtmäßigkeit des Kündigungsgrundes/Hinweise
Person des Arbeitnehmers	▪ Mangelnde körperliche und geistige Eignung ▪ Dauerende bzw. häufig wiederholte krankheitsbedingte Unfähigkeit, die geschuldete Arbeitsleistung zu erbringen.	▪ Bestätigung der negativen Prognose und Nachweis einer für den Arbeitgeber unzumutbaren und wirtschaftlichen Belastung des Betriebsablaufs ▪ Überprüfung, ob der Arbeitnehmer für den Kündigungsgrund objektiv verantwortlich ist.
Verhalten des Arbeitnehmers	**Schuldhafte Pflichtverletzung** durch z. B. ▪ Arbeitsverweigerung ▪ Häufige Unpünktlichkeit ▪ Beleidigung oder tätliche Angriffe ▪ Betrug und Diebstahl ▪ Fehlende Krankmeldungen, etc.	▪ Notwendigkeit einer schriftlichen Abmahnung über die Leistungsmängel vor der Kündigung ▪ Überprüfung, ob der Arbeitnehmer für den Kündigungsgrund objektiv verantwortlich ist.
dringende betriebliche Erfordernisse	▪ Geschäftsrückgang ▪ (Auftrags- oder Absatzrückgang) ▪ Rationalisierungsmaßnahmen ▪ (Änderung der Produktionsmethodik, Betriebsstilllegungen, etc.)	▪ Erfolgt die Kündigung mehrerer Arbeitnehmer sind die sozialen Gesichtspunkte zu berücksichtigen ▪ (sog. **Sozialauswahl**).

Verhältnismäßigkeitsgrundsatz

Recht-sprechung des BAG

Bei jeder Kündigung ist der Grundsatz der Verhältnismäßigkeit zu wahren. Dieser besagt, dass das Ziel einer Maßnahme und deren Auswirkungen in einem angemessenen Verhältnis zueinander stehen müssen. Die Kündigung als Maßnahme kommt damit nur in Betracht, wenn bestimmte Prüfungspunkte berücksichtigt wurden. Zu prüfen ist, ob:

- der zu kündigende Arbeitnehmer an einem anderen Arbeitsplatz im selben Betrieb oder in einem Betrieb des Unternehmens weiterbeschäftigt werden kann,
- die Weiterbeschäftigung des Arbeitnehmers nach zumutbaren Umschulungs- oder Fortbildungsmaßnahmen möglich ist oder
- eine Weiterbeschäftigung des Arbeitnehmers unter geänderten Vertragsbedingungen möglich ist und der Arbeitnehmer sein Einverständnis hiermit erklärt hat (Änderungskündigung).

Anhörung und Widerspruch des Personal- oder Betriebsrats

KschG § 1 (2)
BetrVG § 95, 102
LPVG BW § 71

Als sozial ungerechtfertigt gilt eine Kündigung auch dann, wenn der Personal- bzw. Betriebsrat nicht oder nicht ordnungsgemäß angehört wurde. Dieser hat die Möglichkeit einer ordentlichen Kündigung innerhalb einer Woche, einer außerordentlichen Kündigung innerhalb von drei Tagen zu widersprechen. Dieses Widerspruchsrecht gilt ferner, wenn der Arbeitgeber bei der Auswahl des ordentlich zu kündigenden Arbeitnehmers den Verhältnismäßigkeitsgrundsatz oder dessen soziale Gesichtspunkte nicht oder nicht ausreichend berücksichtigt.

Einspruch beim Personal- oder Betriebsrat

BPersVG § 79
LPVG BW § 81
BetrVG § 102

Hält ein Arbeitnehmer eine Kündigung für sozial ungerechtfertigt, so kann er beim Personal- bzw. Betriebsrat binnen einer Woche nach Zugang der Kündigung Einspruch einlegen. Der Rat wird nach Prüfung des Falls versuchen, eine Einigung zwischen Arbeitnehmer und Arbeitgeber zu bewirken. Erachtet der Rat den Einspruch für richtig, wird er auf Verlangen des Arbeitnehmers seine Stellungnahme, die der Kündigungsschutzklage vor dem Arbeitsgericht beifügt werden kann, schriftlich mitteilen.

Das Einspruchsrecht des Rats gilt nicht für Aufhebungsverträge oder Kündigungen durch die Arbeitnehmer selbst.

Klage gegen eine Kündigung

KschG § 4

vgl. Arbeits-gerichts-barkeit

Hält ein Arbeitnehmer seine Kündigung für sozial ungerechtfertigt oder aus anderen Gründen als rechtsunwirksam, steht es dem Arbeitnehmer frei, binnen drei Wochen nach Zugang der Kündigung beim Arbeitsgericht des Geschäftssitzes Klage zu erheben **(Kündigungsschutzklage)**. Hat ein Arbeitnehmer Kündigungsschutzklage erhoben, muss der Arbeitgeber den Arbeitnehmer auf dessen Verlangen hin grundsätzlich bis zum rechtskräftigen Urteil bei unveränderten Arbeitsbedingungen weiterbeschäftigen. In der Praxis wird anstelle einer Kündigungsschutzklage häufig ein Vergleich vor dem Arbeitsgericht geschlossen. Darin verzichtet der Arbeitnehmer auf Weiterbeschäftigung und der Arbeitgeber zahlt eine Ausgleichszahlung in Höhe einer gerichtlich festgesetzten Abfindung.

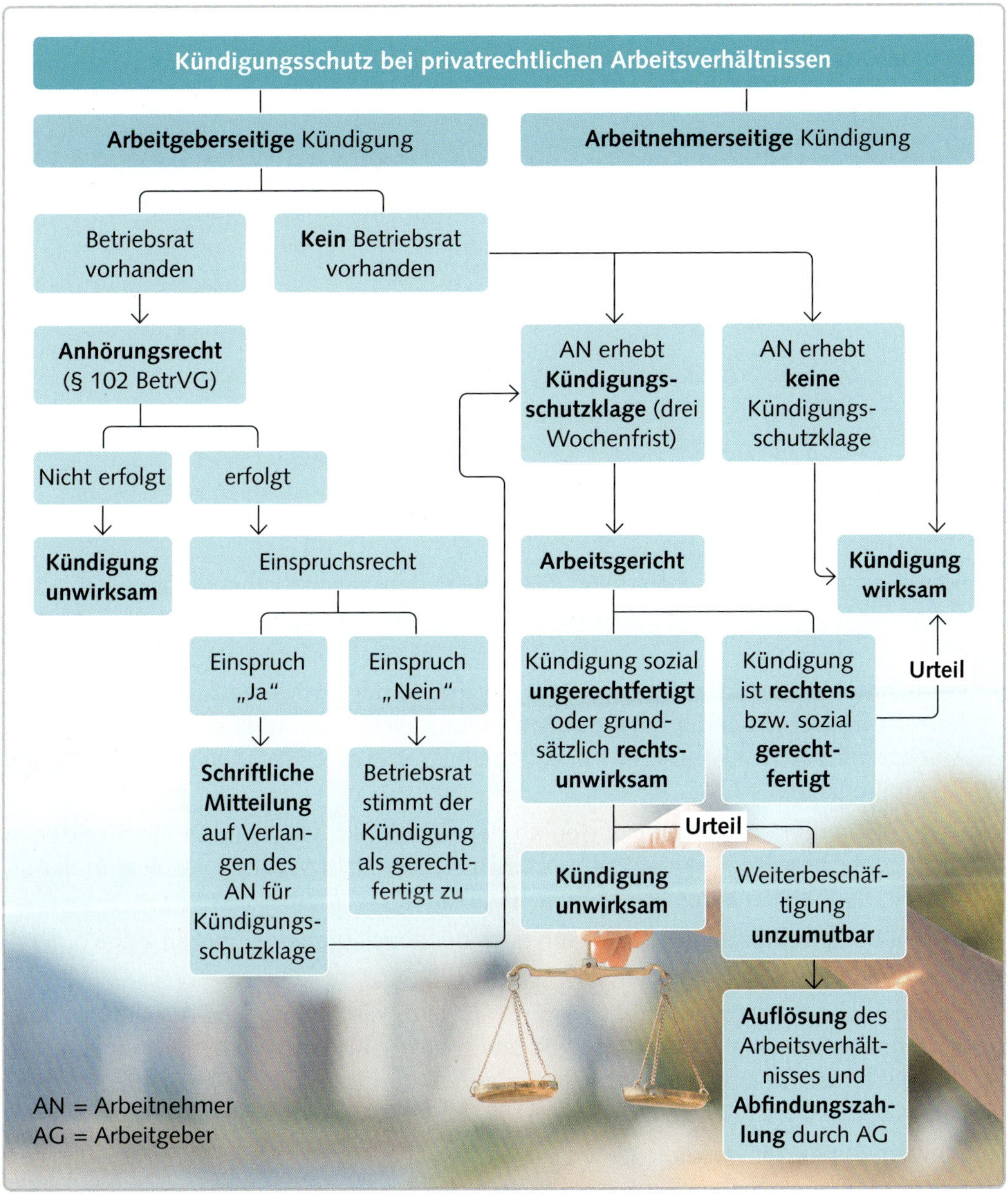

Besonderer Kündigungsschutz

Über den allgemeinen Kündigungsschutz hinausgehend, hat der Gesetzgeber die Kündigung von Personengruppen, die als besonders schutzbedürftig gelten, grundsätzlich ausgeschlossen beziehungsweise erschwert. Die Personen können dabei in einer besonderen **Situation** oder **Funktion** sein.

Besonderer Kündigungsschutz

Personen in besonderer **Situation**	
§§ 85 ff. SGB I X	Schwerbehinderte Menschen
§ 9 MuSchG	Werdende Mütter
§ 18 BEEG	Eltern während der Elternzeit
§ 22 BBiG	Auszubildende nach Ende der Probezeit

Personen in besonderer **Funktion**	
Mitglieder des Personal- oder Betriebsrats	§ 15 KSchG
Jugend- und Auszubildendenvertretung	§ 15 KSchG
Schwerbehindertenvertreter	§ 96 SGB IX
Datenschutzbeauftragte	§§ 4 f. (3) BDSG

SGB IX §§ 85 ff.

- **Schwerbehinderte Menschen** (mind. 50 % Behinderungsgrad) können nur mit Zustimmung des Integrationsamtes gekündigt werden. Die Kündigungsfrist beträgt vier Wochen.

MuSchG § 9

- **Werdende Mütter** (Schwangere) können **während der Schwangerschaft** und bis zum Ablauf von **vier Monaten nach der Entbindung** nicht gekündigt werden, sofern der Arbeitgeber davon Kenntnis hat oder innerhalb von zwei Wochen nach Kündigung Kenntnis erlangt.

BEEG § 18

- Eltern während der **Elternzeit** dürfen ab dem Zeitpunkt, von dem an Elternzeit beim Arbeitgeber beantragt worden ist, höchstens jedoch acht Wochen vor Beginn der Elternzeit, und während der Elternzeit nicht gekündigt werden.

BBiG § 22

- Gegenüber dem **Auszubildenden** kann nach der abgelaufenen **Probezeit** keine ordentliche Kündigung mehr ausgesprochen werden.

KSchG § 15

- **Personal- und Betriebsratsmitglieder** und Mitglieder der **Jugend- und Auszubildendenvertretung** sind während ihrer Amtszeit und bis ein Jahr danach ordentlich unkündbar. Dies gilt ferner für Kandidaten zur Wahl des Betriebsrats und nicht gewählte Kandidaten bis sechs Monate nach der Wahl.

SGB IX § 96

- **Schwerbehindertenvertreter** gelten als Vertrauenspersonen der schwerbehinderten Menschen und genießen damit den gleichen Kündigungsschutz wie Mitglieder des Betriebsrats.

BDSG §§ 4 f. (3)

- **Datenschutzbeauftragte** können während des Bestehens ihrer Bestellung sowie ein Jahr nach Abberufung als Datenschutzbeauftragter nicht gekündigt werden.

BGB § 626

> Das Recht zur **fristlosen Kündigung** aus wichtigem Grund bleibt vom genannten Kündigungsschutz unberührt. Ausgenommen, beziehungsweise an Bedingungen geknüpft, ist der Mutterschutz.

3.3.2.2 Arbeitszeit

ArbZG

Das Arbeitszeitgesetz (ArbZG) umfasst den Gesundheitsschutz der Arbeitnehmer, indem es die tägliche Höchstarbeitsdauer begrenzt, Mindestruhepausen während der Arbeit sicherstellt und Mindestruhezeiten nach Arbeitsende festlegt. Dieses Gesetz ist für alle Arbeitsverhältnisse anzuwenden, sofern keine Sondervorschriften (z. B. für Jugendliche Arbeitnehmer nach dem JArbSchG) per Gesetz gelten. Auszugsweise sind die wesentlichen Bestimmungen aufgezählt.

- Die **werktägliche Arbeitszeit** ist auf acht Stunden begrenzt. Hiervon kann abgewichen werden. Ausnahmen sind wie folgt geregelt: ArbZG §§ 3 f.
  - Die werktägliche Arbeitszeit kann auf maximal zehn Stunden erhöht werden, wenn innerhalb von sechs Monaten oder innerhalb von 24 Wochen im Durchschnitt acht Stunden werktäglich nicht überschritten werden. ArbZG § 7
  - Eine Überschreitung der Ausnahmeregelung von zehn Stunden pro Werktag ist gemäß einer betrieblichen- oder tarifvertraglichen Vereinbarung möglich. ArbZG § 4
- Die Arbeitnehmer dürfen nicht länger als sechs Stunden am Stück arbeiten. Es sind die folgenden Ruhepausen einzuhalten. ArbZG § 5

Arbeitszeit	Ruhepausen
ab 6 Stunden bis max. 9 Stunden	mind. 30 Minuten (oder 2 x 15 Minuten)
ab 9 Stunden	mind. 45 Minuten

- Nach Beendigung der werktäglichen Arbeitszeit muss eine ununterbrochene Ruhezeit von mindestens elf Stunden gewährt werden. ArbZG § 9 f.
- An Sonn- und Feiertagen gilt ein grundsätzliches Beschäftigungsverbot. Arbeiten ist an diesen Tagen nur ausnahmsweise, das heißt unter den im Gesetz festgelegten Bedingungen zulässig. Im öffentlichen Dienst sind diese Ausnahmen häufig über Tarifverträge geregelt. TvÖD §§ 7 f.

3.3.2.3 Mutterschutz

Das Mutterschutzgesetz (MuSchG) und die Verordnung zum Schutze der Mütter am Arbeitsplatz (MuSchArbV) gelten für alle (werdenden) Mütter, die sich in einem Beschäftigungsverhältnis befinden. Auszugsweise sind hierzu einige Regelungen aufgeführt.

- **Schutz vor Überforderung und Gesundheitsschädigung** MuSchG §§ 2 ff.
  Mütter sind am Arbeitsplatz besonders schutzbedürftig, d. h. die Arbeitgeber haben Sorge dafür zu tragen, dass der Arbeitsplatz derart gestaltet wird, dass kurze Pausen möglich sind, oder passende Sitzmöglichkeiten eingerichtet werden. Besteht nach

ärztlichem Gutachten ferner eine Gefahr für Leben und Gesundheit von Mutter oder Kinder, so darf die Mutter an diesem Arbeitsplatz nicht mehr weiterbeschäftigt werden.

- **Mutterschutzfristen**
  MuSchG § 6
  Werdende Mütter dürfen in den letzten sechs Wochen vor der Entbindung und bis zum Ablauf von acht Wochen, bei Früh- und Mehrlingsgeburten bis zum Ablauf von zwölf Wochen nach der Entbindung nicht beschäftigt werden.
- **Beschäftigungsverbote**
  MuSchG §§ 8, 29
  Außerhalb der allgemeinen Schutzfristen sieht das Mutterschutzgesetz zum Schutz der werdenden Mutter und ihres Kindes generelle Beschäftigungsverbote (z. B. Akkord-, Fließband-, Mehr-, Sonntags- oder Nachtarbeit) und individuelle Beschäftigungsverbote aufgrund eines ärztlichen Attestes vor.

  Anmerkung:
  MuSchG § 6
  Schwangere oder stillende Frauen aller Berufsgruppen können sich im Rahmen des ArbZG zur Arbeit an Sonn- und Feiertagen ausdrücklich bereiterklären.
- **Schutz vor Arbeitsplatzverlust und finanziellen Einbußen**
  MuSchG §§ 9, 13 f.
  Mütter sind vor dem Verlust des Arbeitsplatzes während der Schwangerschaft und einige Zeit nach der Geburt gesetzlich geschützt. Für sie gilt der besondere Kündigungsschutz. Der Gesetzgeber schützt Mütter zusätzlich vor finanziellen Einbußen (Entgelteinbußen) durch das Mutterschaftsgeld.

Exkurs: Mutterschaftsgeld

Für den Zeitraum der Mutterschutzfristen erhalten Mütter in Abhängigkeit zu dem durchschnittlichen Nettogehalt der letzten drei Kalendermonate vor Mutterschutzfristbeginn von der gesetzlichen Krankenversicherung ein Mutterschaftsgeld in Höhe von maximal 13 € pro Kalendertag, d. h. maximal 403 € pro Monat. Die Differenz zwischen diesem Betrag (z. B. 403 €) und dem vollen Nettogehalt ist für diese Zeit vom Arbeitgeber zu entrichten.

3.3.2.4 Elternzeit und Elterngeld

Aufgrund des Bundeselterngeld- und Elternzeitgesetzes (BEEG) besteht sowohl ein Anspruch auf **Elternzeit** als auch auf **Elterngeld**.

Elternzeit

BEEG §§ 15 f.

Elternzeit ist ein Anspruch des Arbeitnehmers gegenüber dem Arbeitgeber.

- **Antragsberechtigte**
  Die Elternzeit kann (auch anteilig) von jedem Elternteil allein oder von beiden gemeinsam in Anspruch genommen werden. Bei mehreren Kindern besteht der gesonderte Anspruch für jedes Kind.
- **Beantragungsfristen**
  Die Elternzeit ist spätestens sieben Wochen vor der voraussichtlichen Geburt schriftlich beim Arbeitgeber zu beantragen. Die Beantragungsfrist für die Elternzeit für den Zeitraum zwischen dem dritten und achten Geburtstag des Kindes beträgt 13 Wochen.

- **Dauer und Flexibilisierung**
  Die maximale Dauer der Elternzeit beträgt 36 Monate. Der Anspruch besteht bis zur Vollendung des dritten Lebensjahres des Kindes. Mütter und Väter können 24 Monate der Elternzeit auf den Zeitraum zwischen dem dritten und dem achten Lebensjahr übertragen. Die Zustimmung des Arbeitgebers ist nicht notwendig.
- **Beschäftigung während und nach der Elternzeit**
  Das Arbeitsverhältnis bleibt während der Elternzeit grundsätzlich bestehen und es erfolgt damit eine Zeitanrechnung auf die Rentenversicherung. Während der Elternzeit ist eine Teilzeitbeschäftigung mit maximal 30 Stunden pro Woche für Vater und Mutter, oder bis maximal 60 Stunden für beide gemeinsam möglich. Nach der Elternzeit besteht das Recht auf Rückkehr zu der Arbeitszeit, die vor Beginn der Elternzeit galt.

Elterngeld

Elterngeld ist eine Familienleistung für alle Eltern, die ihr Kind vorrangig selbst betreuen wollen und aus diesem Beweggrund heraus nicht voll erwerbstätig sein können. Damit will das Elterngeld den zeitweiligen Ausstieg aus dem Berufsleben für die Erziehung des Kindes honorieren. BEEG §§ 1 ff.

- **Anspruchsvoraussetzungen**
  Elterngeld wird für volle Lebensmonate des Kindes gezahlt. Fehlt eine der nachstehenden Anspruchsvoraussetzungen an nur einem Tag, besteht für den gesamten Lebensmonat kein Anspruch. Elterngeld kann beantragen, wer:
  1. einen Wohnsitz oder seinen gewöhnlichen Aufenthalt in Deutschland hat,
  2. mit seinem Kind in einem Haushalt lebt,
  3. dieses Kind selbst betreut und erzieht,
  4. keine oder keine volle Erwerbstätigkeit ausübt,
  5. die Einkommensgrenze pro Jahr (Elternpaar: 500.000 €/Alleinerziehende: 250.000 €) nicht überschreitet.
- **Leistungshöhe und Bezugsdauer**
  Die Berechnung der Höhe des Elterngelds steht grundsätzlich in Abhängigkeit zum Nettoeinkommen des betreuenden Elternteils. Konkret ersetzt das Elterngeld das entfallende Erwerbseinkommen, welches im Jahr vor der Geburt des Kindes vom betreuenden Elternteil im Monatsdurchschnitt erzielt wurde.

Berechnung der Leistungshöhe	
Monatliches Nettoeinkommen (NE) vor der Geburt des Kindes in Euro (€)	**Ersatzrate in Prozent (%)**
> = 1.240,00 €	65 %
1.000,00 € bis 1.200,00 €	67 %
< 1.000,00 €	schrittweise bis 100 %

- Bei einem Nettoeinkommen unter 1.000 steigt das Elterngeld schrittweise von 67 % auf 100 % an. Je geringer das Einkommen, desto höher ist der prozentuale Anstieg (Ersatzrate).
- Elterngeld wird in Höhe von monatlich 300 € (Mindestbetrag) bis zu monatlich 1.800 € (Höchstbetrag) gezahlt.

Der Bezugszeitraum von einem Elternteil beträgt mindestens 2 Monate und maximal 12 Monate. Zusätzlich besteht ein Anspruch auf 2 weitere Monate, wenn ein Elternteil für diesen Zeitraum auf einen Teil seines Einkommens verzichtet. Eltern können diesen Anspruch von 12 oder 14 Monaten untereinander aufteilen. Eine abwechselnde oder gleichzeitige Beanspruchung ist möglich.

- **Antragstellung und Fristen**
  Das Elterngeld muss schriftlich bei den zuständigen Elterngeldstellen der Bundesländer beantragt werden. Jeder Elternteil stellt hierzu einmalig und separat einen Antrag, der von beiden Elternteilen unterschrieben werden muss (Ausnahme: Alleinerziehende mit alleinigem Sorgerecht). Elterngeld kann innerhalb der ersten vierzehn Lebensmonate eines Kindes beantragt werden. Für adoptierte Kinder ist bei der Elterngeldbeantragung nicht das tatsächliche Geburtsdatum, sondern das Datum der Haushaltsaufnahme relevant.

BEISPIEL

Die verheiratete Verwaltungsfachangestellte Lisa Müller beantragt unmittelbar nach der Geburt ihres Sohnes Elterngeld bei der L-Bank in Karlsruhe. Ihr durchschnittliches Jahreseinkommen (im Jahr vor der Geburt) betrug 30.000 €. Damit erzielte Frau Müller ein monatliches Nettoeinkommen von 2.500 € (30.000 €/12 Monate). Frau Müller steht eine Ersatzrate in Höhe von 65 % auf ihr letztes Nettoeinkommen zu (2.500 € > 1.240 €). Sie erhält nach Bewilligung des Antrags, eine monatliche Ersatzrate in Höhe von 1.625 € (2.500 x 0,65) für maximal 14 Monate.

Exkurs: ElterngeldPlus

Für die Eltern von Kindern, die nach dem 01.07.2015 geboren sind, besteht die Möglichkeit, zwischen dem bisherigen Elterngeld (Basiselterngeld) und dem Bezug von ElterngeldPlus zu wählen oder beides zu kombinieren. Mit dem ElterngeldPlus soll es für Mütter und Väter künftig einfacher werden Elterngeldbezug und Teilzeitarbeit miteinander zu vereinbaren.

SGB IX § 2

3.3.2.5 Schutzrechte für schwerbehinderte Menschen

Das Schwerbehindertenrecht verfolgt das wesentliche Ziel, die Einstellung möglichst vieler schwerbehinderter Menschen zu erreichen.

SGB IX §§ 71 f.

Ein schwerbehinderter Mensch ist infolge körperlicher, geistiger oder seelischer Erkrankung in seiner Erwerbsfähigkeit nicht nur vorübergehend um mindestens 50 % gemindert. Private und öffentliche Arbeitgeber, die im Jahresdurchschnitt monatlich mindestens 20 Arbeitsplätze haben, sind verpflichtet, mindestens 5 % dieser Arbeitsplätze mit schwerbehinderten Menschen zu besetzen (Pflichtquote).

SGB IX § 77

Solange ein Arbeitgeber die vorgeschriebene Zahl schwerbehinderter Menschen nicht beschäftigt, entrichtet er für jeden unbesetzten Pflichtarbeitsplatz eine Ausgleichsabgabe. Die Zahlung der Ausgleichsabgabe hebt die Beschäftigungspflicht schwerbehinderter Menschen jedoch nicht auf.

SGB IX § 81 (1) BetrVG § 99

Werden Arbeitsplätze neu besetzt, verpflichten sich die Arbeitgeber vorrangig zu prüfen, ob ein schwerbehinderter Mensch beschäftigt werden kann. Nimmt ein Arbeitgeber ohne vorherige Prüfung eine Einstellung eines nicht behinderten Arbeitnehmers vor, so hat der Betriebs- oder

Personalrat das Recht, die Zustimmung zur Einstellung zu verweigern. Erfolgt die Einstellung eines schwerbehinderten Menschen, so darf die Beschäftigung nur nach dessen Fähigkeiten und Fertigkeiten erfolgen. Zusätzlich sind notwendige Sicherheitsvorkehrungen zu treffen.

Die rechtmäßige **Kündigung** eines schwerbehinderten Arbeitnehmers bedarf der Zustimmung des Integrationsamtes. SGB IX §§ 85, 102

3.3.2.6 Datenschutz

Rechtliche Grundlagen

Mit der fortschreitenden Entwicklung der Digitalisierung gewinnt der Datenschutz als Schutzrecht der Arbeitnehmer zunehmend an Bedeutung. Dies begründet sich u. a. damit, dass die Erfassung, Erhaltung, Analyse und Weitergabe persönlicher Daten stetig vereinfacht und beschleunigt wird. Die gesetzlichen Grundlagen für den Datenschutz bilden die Europäische Datenschutz-Grundsatzverordnung (DSGV0) und das Bundesdatenschutzgesetz (BDSG). Für die Behörden der Länder und Gemeinden gelten die jeweiligen Landesdatenschutzgesetze (LDSG). Für alle gültig ist die DSGVO, die den Mitgliedsstaaten der EU in bestimmten Bereichen einen Gestaltungsspielraum einräumt. Zusätzliche Vorschriften zum Datenschutz findet man in weiteren Gesetzen (z. B. Telekommunikationsgesetz).

Datenschutzgrundverordnung (DSGBV) gültig für alle Mitgliedsstaaten der EU	
Bundesdatenschutzgesetz (BDSG) gültig für Bundesbehörden und Organisationen des Bundes und für Unternehmen	**Landesdatenschutzgesetze (LDSG)** gültig für die jeweiligen Landesbehörden und ihre Organisationen

Ziel des Datenschutzes

Gemäß eines BGH-Urteils zur Volkszählung von 1983 muss jeder Person die Möglichkeit gegeben werden, über die Verwendung und Weitergabe ihrer personenbezogenen Daten selbst zu entscheiden.

Die Vorschriften des Datenschutzes basieren auf dem Grundrecht der Unantastbarkeit der Menschenwürde und dem Grundrecht auf freie Entfaltung der Persönlichkeit. GG Art 1 u. 2

Die DSGVO nennt als Ziele der Verordnung und damit Ziele des Datenschutzes den DSGVO Art. 1

- Schutz natürlicher Personen bei der Verarbeitung personenbezogener Daten und den
- Schutz der Grundrechte und Grundfreiheiten natürlicher Personen, insbesondere des Rechts auf Schutz personenbezogener Daten. DSGVO Art. 2

Der sachliche Anwendungsbereich erstreckt sich auf ganz oder teilweise automatisierte Verarbeitung personenbezogener Daten sowie auf die nichtautomatisierte Verarbeitung, wenn die Daten in einem Dateisystem gespeichert werden oder gespeichert werden sollen. Erfolgt die Datenverarbeitung durch nichtöffentliche Stellen in nichtautomatisierter Verarbeitung gilt das BDSG nicht, wenn die Datenverarbeitung ausschließlich persönlichen oder familiären Tätigkeiten dient. BDSG § 1

Wichtige Begriffe des Datenschutzes

DSGVO Art. 4 BDSG § 46

- **Personenbezogene Daten**
  Personenbezogene Daten sind Einzelangaben über persönliche oder sachliche Verhältnisse einer bestimmten oder bestimmbaren natürlichen Person. Eine Person wird als bestimmbar angesehen, wenn sie direkt oder indirekt identifiziert werden kann. Grundsätzlich gilt, dass alle Informationen, über die irgendwie ein Personenbezug hergestellt werden kann, auch unter den Begriff der personenbezogenen Daten fallen. Klar zuzuordnen sind der Name, die Telefonnummer sowie Kreditkarten- oder Personalnummern. Aber auch Kontodaten, Kfz-Kennzeichen, die Kundennummer oder die Anschrift zählen zu den personenbezogenen Daten. Auch weniger eindeutige Informationen lassen u. U. einen Personenbezug zu (z. B. Arbeitszeit).

DSGVO Art. 4 BDSG § 46

- **Verarbeitung**
  Unter Verarbeitung versteht das Gesetz jeden mit oder ohne Hilfe automatisierter Verfahren ausgeführten Vorgang im Zusammenhang mit personenbezogenen Daten wie das **Erheben**, **Erfassen**, **Ordnen** und die **Speicherung** (Aufnahme und Aufbewahren von Daten auf einen Datenträger zum Zweck der Nutzung) der Daten. Unter Verarbeitung wird auch die **Anpassung** oder **Veränderung** (inhaltliche Umgestaltung gespeicherter Daten), das **Auslesen**, **Abfragen**, die **Verwendung** sowie die **Offenlegung** durch Übermittlung oder Verbreitung der Daten verstanden. Ebenfalls ist der **Abgleich** oder die **Verknüpfung**, die **Einschränkung**, das **Löschen** oder die **Vernichtung** eine Verarbeitung. Auch die **Sperrung** (Einschränkung der Verarbeitung durch Markierung der Daten mit dem Ziel, ihre künftige Verarbeitung einzuschränken) ist Teil der Datenverarbeitung.

DSGVO Art. 4 BDSG § 2

- **Verantwortlicher**
  Als Verantwortliche gelten natürliche oder juristische Personen, Behörden, Einrichtungen oder andere Stellen, die über die Zwecke und Mittel der **Verarbeitung von personenbezogenen Daten** entscheiden.
  Das BDSG unterscheidet zudem zwischen öffentlichen Stellen und nichtöffentlichen Stellen. Öffentliche Stellen i. S. des BDSG sind Behörden des Bundes, juristische Personen und andere, öffentliche Aufgaben wahrnehmende Personen und Organe. Als **nichtöffentliche Stellen** gelten natürliche und juristische Personen, Gesellschaften und andere Personenvereinigungen des privaten Rechts, soweit sie keine hoheitlichen Aufgaben der öffentlichen Verwaltung wahrnehmen.
  Die DSGVO definiert hierzu den Begriff **Unternehmen**.

GSDVO Art. 4

- **Einwilligung**
  Als Einwilligung der betroffenen Person gilt jede freiwillig für den bestimmten Fall, in informierter Weise und unmissverständlich abgegebene Willensbekundung in Form einer Erklärung oder einer sonstigen eindeutigen bestätigenden Handlung, mit der die betroffene Person zu verstehen gibt, dass sie mit der Verarbeitung der sie betreffenden personenbezogenen Daten einverstanden ist.

Betroffene Person

GSDVO Art. 4

Betroffene Personen sind alle identifizierten oder identifizierbaren natürlichen Personen.

Grundregeln des Datenschutzes

Im Gesetz werden Grundsätze festgelegt, die bei der Datenverarbeitung von personenbezogenen Daten eingehalten werden müssen. DSGVO und BDSG § 47

- **Rechtmäßigkeit der Verarbeitung**
  Für die Verarbeitung personenbezogener Daten gilt ein sogenanntes Verbot mit Erlaubnisvorbehalt. Die Verarbeitung von Daten ist demnach nur zulässig, wenn eine **Einwilligung** oder eine andere in dieser **Vorschrift normierte Ausnahme** vorliegt. Dies ist der Fall, wenn z. B. DSGVO Art. 6
  - die Verarbeitung für die Erfüllung eines Vertrages erforderlich ist, die auf Antrag der betroffenen Person erfolgt;
  - die Verarbeitung zur Erfüllung einer rechtlichen Verpflichtung erforderlich ist;
  - die Verarbeitung erforderlich ist, um lebenswichtige Interessen der betroffenen Person oder einer anderen natürlichen Person zu schützen;
  - die Verarbeitung im öffentlichen Interesse oder zur Erfüllung hoheitlicher Aufgaben erforderlich ist oder
  - die Verarbeitung zur Wahrung berechtigter Interessen des Verantwortlichen oder eines Dritten erforderlich ist und die Interessen oder Grundrechte und Grundfreiheiten der betroffenen Person nicht überwiegen. Dieser Rechtfertigungsgrund gilt nicht für Behörden.

BEISPIELE

Das Einwohnermeldeamt muss die persönlichen Daten von Bürgern erheben und aufbewahren.
Eine Gemeinde speichert die Adressen der Lieferanten von Büromaterial.

- Transparenz
  Der Grundsatz der Transparenz soll dazu dienen, dass die betroffenen Personen ihre Rechte und im weiteren Sinne generell ihr Recht auf informationelle Selbstbestimmung wahrnehmen können. Der Grundsatz der Transparenz wird in weiteren Artikeln präzisiert, z. B. durch die Informationspflichten bei der Erhebung von personenbezogenen Daten sowie durch das Auskunftsrecht der betroffenen Person DSGVO Art. 5 und 12 ff.
- Zweckbindung
  Die Zwecke der Datenverarbeitung müssen bereits bei der Erhebung personenbezogener Daten festgelegt, eindeutig und legitim sein. DSGVO Art. 5 BDSG § 3
- Datenminimierung (Datensparsamkeit)
  Personenbezogene Daten müssen dem Zweck angemessen und auf das für die Zwecke der Verarbeitung notwendige Maß beschränkt werden. DSGVO Art. 5
- Richtigkeit der Datenverarbeitung
  Personenbezogene Daten müssen sachlich richtig und erforderlichenfalls auf dem neuesten Stand sein. Personenbezogene Daten, die im Hinblick auf die Zwecke ihrer Verarbeitung unrichtig sind, sollen unverzüglich gelöscht oder berichtigt werden. DSGVO Art. 16 u. 17

DSGVO Art. 5 u. 17

- Speicherbegrenzung
  Personenbezogene Daten dürfen nur in einer Form gespeichert werden, die die Identifizierung der Person nur solange ermöglicht, wie es für die Zwecke der Verarbeitung erforderlich ist. Sobald die Speicherung personenbezogener Daten für den Verarbeitungszweck also nicht mehr erforderlich ist, müssen diese gelöscht oder die Identifizierung der betroffenen Person aufgehoben werden.

DSGVO Art. 32

- Integrität und Vertraulichkeit
  Personenbezogene Daten müssen in einer Weise verarbeitet werden, die eine angemessene Sicherheit der personenbezogenen Daten gewährleistet. Dazu gehört auch der Schutz vor unbefugter und unrechtmäßiger Verarbeitung und vor unbeabsichtigtem Verlust, Zerstörung oder Schädigung der Daten (Datenschutz). Die verarbeitende Stelle muss hierfür geeignete technische und organisatorische Maßnahmen treffen.

Rechte der Betroffenen

Aus den Rechten der Betroffenen ergeben sich auch Pflichten der datenverarbeitenden Stelle (Verantwortlicher).

Informationspflicht bei Erhebung personenbezogener Daten und Transparenzpflicht

DSGVO Art 12 u. 13 BDSG § 32

Werden personenbezogene Daten bei der betroffenen Person erhoben, so muss der Verantwortliche zum Zeitpunkt der Erhebung dem Betroffenen mitteilen, wer die Daten erhebt (Kontaktdaten des Verantwortlichen), ggf. unter Angabe der Kontaktdaten des Datenschutzbeauftragten. Zudem muss über den Zweck der Verarbeitung und die dafür geltende Rechtsgrundlage informiert werden. Sollten die Daten für andere bestimmt sein, muss auch der Empfänger genannt werden. Zusätzlich muss die Information auch die Dauer der Datenspeicherung enthalten. Ein Hinweis auf die dem Betroffenen zustehenden Rechte auf Berichtigung, Löschung und Einschränkung der Verarbeitung muss erfolgen.

Auskunftsrecht des Betroffenen

DSGVO Art 15 BDSG § 34

Die betroffene Person hat das Recht, von dem Verantwortlichen eine Bestätigung darüber zu verlangen, ob sie betreffende personenbezogene Daten verarbeitet werden. Ist dies der Fall, so hat sie ein Recht auf Auskunft über diese Daten. Unter anderem kann der Betroffene auch Information über die Verarbeitungszwecke, die Herkunft und Empfänger der Daten sowie über die Dauer der Speicherung und ihm zustehende Rechte verlangen.

Recht auf Berichtigung

DSGVO Art. 16

Die betroffene Person hat das Recht, die Berichtigung sie betreffender unrichtiger personenbezogener Daten im Hinblick auf den Zweck und die Vollständigkeit zu verlangen.

Recht auf Löschung (Recht auf Vergessenwerden)

Betroffene haben (mit bestimmten Ausnahmen) das Recht, die Löschung ihrer Daten zu verlangen. Dies ist z. B. möglich, wenn die Daten zu dem Zweck, zu dem sie ursprünglich erhoben oder verarbeitet wurden, nicht mehr erforderlich sind oder die dazu erteilte Einwilligung widerrufen wurde. Das Löschungsrecht im Sinne der DSDVO ist auch ein „Recht auf Vergessenwerden", wenn die verantwortliche Stelle die zu löschenden Daten öffentlich gemacht hat. Dann muss sie vertretbare Schritte unternehmen, um die Stellen, die diese Daten verarbeiten, zu informieren, dass die betroffene Person von ihnen die Löschung aller Links zu diesen Daten oder von Kopien verlangt. Diese Vorschrift ist von besonderer Bedeutung für den Betrieb von Internet-Suchmaschinen.

DSGVO Art. 17 BDSG § 35

Recht auf Einschränkung der Verarbeitung (Sperrung)

Die betroffene Person kann in bestimmten Fällen die Einschränkung der Verarbeitung verlangen. Ein Beispiel hierfür wäre, wenn der Verantwortliche die Daten nicht mehr länger benötigt, die betroffene Person sie jedoch zur Geltendmachung, Ausübung oder Verteidigung von Rechtsansprüchen benötigt oder die betroffene Person Widerspruch gegen die Verarbeitung eingelegt hat.

DSGVO Art. 18 BDSG § 35

Der Verantwortliche muss grundsätzlich allen Empfängern der Daten jede Berichtigung, Löschung oder Einschränkung der Verarbeitung mitteilen.

DSGVO Art. 19

Recht auf Datenübertragbarkeit

Das Recht auf Datenübertragung gibt betroffenen Personen unter bestimmten Voraussetzungen einen Anspruch, eine Kopie der sie betreffenden personenbezogenen Daten in einem üblichen und maschinenlesbaren Dateiformat zu erhalten. Der Nutzer hat damit das Recht, Daten von einem Anbieter zu einem anderen mitzunehmen. Das Recht auf Datenübertragbarkeit ist auf die Daten beschränkt, die die betroffene Person dem Verarbeiter zur Verfügung gestellt hat. Es gilt nicht für den öffentlichen Bereich.

DSGVO Art. 20

Widerspruchsrecht

Der Betroffene hat grundsätzlich ein allgemeines Widerspruchsrecht gegen eine an sich rechtmäßige Verarbeitung von personenbezogenen Daten, die im öffentlichen Interesse liegt, in Ausübung öffentlicher Gewalt oder aufgrund des berechtigten Interesses des Verantwortlichen oder eines Dritten erfolgte. Der Verantwortliche darf die Daten dann nur noch verarbeiten, wenn er zwingende berechtigte Gründe für die Verarbeitung nachweisen kann, die die Interessen, Rechte und Freiheiten des Betroffenen überwiegen. Bei der Verarbeitung von Daten zum Zwecke des Direktmarketings besteht das Widerrufsrecht jedoch voraussetzungslos und uneingeschränkt.

DSGVO Art. 6 u. 21

Unabhängige Aufsicht

Die DSGVO bestimmt, dass jeder Mitgliedstaat eine oder mehrere unabhängige Aufsichtsbehörden einzurichten hat. Diese Behörden müssen vollständig unabhängig in der Wahrnehmung ihrer Aufgaben sein. Die Aufsichtsbehörde hat die Aufgabe die Anwendung der DSGVO zu überwachen und durchzusetzen. Zudem ist sie für die Aufklärung über Risiken der Verarbeitung personenbezogener Daten zuständig. Betroffene können sich mit Beschwerden an die Behörde wenden.

DSGVO Art. 51, 52 u. 57

Bestellung und Aufgaben eines Datenschutzbeauftragten

Aufgrund der Öffnungsklausel gibt es in Deutschland eine Vorschrift über die Pflicht zur Bestellung eines Datenschutzbeauftragten in Abhängigkeit der Anzahl der Personen, die bei der verantwortlichen Stelle mit der Verarbeitung personenbezogener Daten beauftragt sind. Die DSGVO schreibt Voraussetzungen für die Bestellung eines Datenschutzbeauftragten nach anderen Kriterien vor.
Nach der DSGVO muss ein Datenschutzbeauftragter bestellt werden,

DSGVO Art. 37, 9 u. 10 BDSG § 5

- wenn die Verarbeitung von einer **Behörde oder öffentlichen Stelle (behördlicher Datenschutzbeauftragter)** durchgeführt wird, mit Ausnahme von Gerichten, die im Rahmen ihrer justiziellen Tätigkeit handeln, oder bei **nicht-öffentlichen Stellen**,
- wenn bei anderen Stellen die Verarbeitung persönlicher Daten das **Kerngeschäft ist bzw. die** Verarbeitungen in umfangreicherem Rahmen stattfindet oder besonders sensible Daten verarbeitet werden.

BDSG § 38

Zusätzlich schreibt das BDSG die Bestellung eines Datenschutzbeauftragten für Unternehmen in Deutschland vor, wenn mindestens 10 Personen mit der automatisierten Verarbeitung personenbezogener Daten beschäftigt sind oder wenn die Unternehmen Auskunfteien, Adresshändler oder Markt- und Meinungsforschungsinstitute sind.

DSGVO Art. 37 BDSG § 38

Die Ernennung eines Datenschutzbeauftragten kann formfrei erfolgen. Die Benennung ist offiziell erfolgt, wenn der Datenschutzbeauftragte der zuständigen Aufsichtsbehörde gemeldet wurde (Übermittlung der Kontaktdaten).

Hauptaufgaben des Datenschutzbeauftragten

DSGVO Art. 39

Zu den Aufgaben des Datenschutzbeauftragten zählen zumindest:

- **Unterrichtung und Beratung** des Verantwortlichen oder des Auftragsverarbeiters und der Beschäftigten, die Verarbeitungen durchführen, hinsichtlich ihrer Pflichten aus den Datenschutzvorschriften.

DSGVO Art. 35

- **Überwachung** der Einhaltung der Datenschutzvorschriften einschließlich der Zuweisung von Zuständigkeiten, der Sensibilisierung und Schulung der an der Datenverarbeitung beteiligten Mitarbeiter.
- **Beratung** im Zusammenhang mit der Datenschutz-Folgenabschätzung und Überwachung ihrer Durchführung. Die Datenschutz-Folgenabschätzung ist eine Vorabkontrolle, die insbesondere bei der Verarbeitung besonders sensibler Daten durchzuführen ist. In diesen Fällen muss der Datenschutzbeauftragte die dem Verfahren innewohnenden besonderen Risiken für die Rechte und Freiheiten des Betroffenen prüfen und diese Risiken bewerten um die Rechtmäßigkeit der Datenverarbeitung festzustellen.
- Der Datenschutzbeauftragte ist **Anlaufstelle** für die Aufsichtsbehörde

Technischer Datenschutz (Datensicherheit)

Die Datensicherheit dient hauptsächlich dem eigenen Sicherheitsbedürfnis der speichernden Organisation bzw. Stelle. Gleichwohl ergibt sich die Notwendigkeit sicherer Datenbestände auch aufgrund gesetzlicher Vorschriften.
Die Datensicherung umfasst im weitesten Sinne alle technischen (auch softwaretechnischen), organisatorischen und personellen Maßnahmen, um die Sicherheit der betriebli-

chen Daten zu gewährleisten. Im engeren Sinne versteht man unter der Datensicherung (Bestandsicherung) die Herstellung von Kopien (Backup) der Daten.
Zahlreiche Bedrohungen gefährden die Ziele der Datensicherheit. Mögliche Ursachen sind z. B.:

- vorsätzliches Handeln von Personen (z. B. Datendiebstahl durch Mitarbeiter)
- Irrtum bzw. Fehlbedienung (z. B. versehentliches Löschen von Daten, falsche Dateneingabe)
- höhere Gewalt (z. B. Brand)
- Schadsoftware (z. B. Trojaner, Viren)
- technisches Versagen (z. B. defekte Hardware, Stromausfall)

Dabei ist zu beachten, dass Gefahren sowohl von Mitarbeitern als auch von Personen die im Haus tätig sind (z. B. Reinigungspersonal, Handwerker) oder von Personen ausgehen können, die sich außerhalb befinden (z. B. Hacker, Bot-Netze).

Da von diesen Bedrohungen naturgemäß auch personenbezogene Daten, die besonders sensibel zu behandeln sind, betroffen sind, dient die Datensicherheit auch dem Datenschutz. Die DSGVO und das BDSG machen hierzu Vorschriften, die zum Zweck des Datenschutzes, also zum Schutz der Persönlichkeitsrechte der Betroffenen einzuhalten sind.

DSGVO Art. 25
BDSG § 64

Technischer Datenschutz nach § 64 BDSG

1. Verwehrung des Zugangs zu Verarbeitungsanlagen, mit denen die Verarbeitung durchgeführt wird, für Unbefugte **(Zugangskontrolle)**
2. Verhinderung des unbefugten Lesens, Kopierens, Veränderns oder Löschens von Datenträgern (Datenträgerkontrolle)
3. Verhinderung der unbefugten Eingabe von personenbezogenen Daten sowie der unbefugten Kenntnisnahme, Veränderung und Löschung von gespeicherten personenbezogenen Daten **(Speicherkontrolle)**
4. Verhinderung der Nutzung automatisierter Verarbeitungssysteme mit Hilfe von Einrichtungen zur Datenübertragung durch Unbefugte **(Benutzerkontrolle)**
5. Gewährleistung, dass die zur Benutzung eines automatisierten Verarbeitungssystems Berechtigten ausschließlich zu den von ihrer Zugangsberechtigung umfassten personenbezogenen Daten Zugang haben **(Zugriffskontrolle)**
6. Gewährleistung, dass überprüft und festgestellt werden kann, an welche Stellen personenbezogene Daten mit Hilfe von Einrichtungen zur Datenübertragung übermittelt oder zur Verfügung gestellt wurden oder werden können **(Übertragungskontrolle)**
7. Gewährleistung, dass nachträglich überprüft und festgestellt werden kann, welche personenbezogenen Daten zu welcher Zeit und von wem in automatisierte Verarbeitungssysteme eingegeben oder verändert worden sind **(Eingabekontrolle)**

8. Gewährleistung, dass bei der Übermittlung personenbezogener Daten sowie beim Transport von Datenträgern die Vertraulichkeit und Integrität der Daten geschützt werden **(Transportkontrolle)**
9. Gewährleistung, dass eingesetzte Systeme im Störungsfall wiederhergestellt werden können **(Wiederherstellbarkeit)**
10. Gewährleistung, dass alle Funktionen des Systems zur Verfügung stehen und auftretende Fehlfunktionen gemeldet werden **(Zuverlässigkeit)**
11. Gewährleistung, dass gespeicherte personenbezogene Daten nicht durch Fehlfunktionen des Systems beschädigt werden können **(Datenintegrität)**
12. Gewährleistung, dass personenbezogene Daten, die im Auftrag verarbeitet werden, nur entsprechend den Weisungen des Auftraggebers verarbeitet werden können **(Auftragskontrolle)**
13. Gewährleistung, dass personenbezogene Daten gegen Zerstörung oder Verlust geschützt sind **(Verfügbarkeitskontrolle)**
14. Gewährleistung, dass zu unterschiedlichen Zwecken erhobene personenbezogene Daten getrennt verarbeitet werden können **(Trennbarkeit)**

3.3.3 Technischer Arbeitsschutz

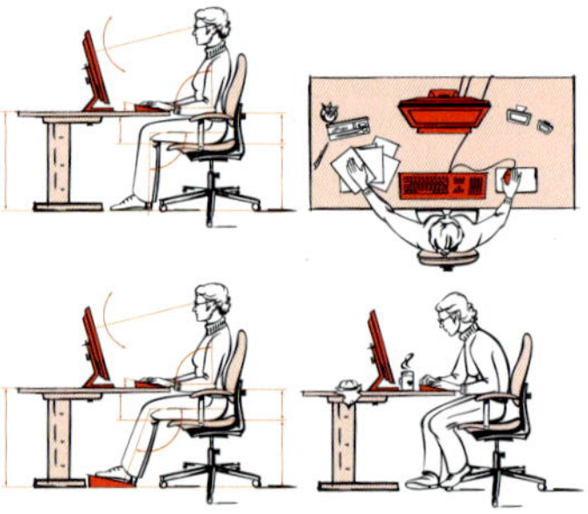

Der technische Arbeitsschutz umfasst den Gesundheits- und Unfallschutz. Ziel ist die Erhöhung der Arbeitssicherheit und damit die Verringerung von Gesundheitsgefahren. Die Rechtsgrundlagen um diese Zielsetzung zu erreichen sind weitläufig und begründen sich vordergründig auf Gesetze, die durch Verordnungen, Vorschriften sowie Richtlinien beeinflusst werden.

Gesetze

- Arbeitsschutzgesetz (ArbSchG)
- Arbeitssicherheitsgesetz (ASiG)
- Produktsicherheitsgesetz (ProdSG)
- Sozialgesetzbuch (SGB)

Verordnungen und Vorschriften

- Arbeitsstättenverordnung (ArbStättV)
- Betriebssicherheitsverordnung (BetrSichV)
- Bildschirmarbeitsverordnung (BildscharbV)
- Lärm- und Vibrations-Arbeitsschutzverordnung
- Unfallverhütungsvorschriften (UVV)

Richtlinien

- Arbeitsstättenrichtlinien
- Arbeitsschutzrichtlinien
- Bildschirmrichtlinien

Der technische Arbeitsschutz – Auszug –		
Arbeitsschutzgesetz (ArbSchG)	ArbSchG §§ 1 ff.	Dieses Gesetz regelt für alle Tätigkeitsbereiche die grundlegenden Arbeitsschutzpflichten des Arbeitgebers, die Pflichten und die Rechte der Beschäftigten sowie die Überwachung des Arbeitsschutzes durch die zuständigen staatlichen Behörden. Der Arbeitgeber ist verpflichtet, die erforderlichen Maßnahmen zu treffen, um die Sicherheit und den Gesundheitsschutz der Beschäftigten bei der Arbeit zu gewährleisten und zu verbessern. Hierzu muss er die am Arbeitsplatz bestehenden Gesundheitsgefährdungen beurteilen. Die Gefährdungsbeurteilung ist die Grundvoraussetzung, um zielgerichtete, wirksame und kostengünstige Arbeitsschutzmaßnahmen durchführen zu können. Der Arbeitgeber hat die Beschäftigten in Gesundheitsgefährdungen und Schutzmaßnahmen zu unterweisen.

Die nachfolgende Tabelle gibt einen allgemeinen Überblick zu ausgewählten Rechtsgrundlagen des technischen Arbeitsschutzes, die das Arbeitsschutzgesetz maßgeblich beeinflussen.

Der technische Arbeitsschutz – Auszug –	
Arbeitsstättenverordnung (ArbStättV)	Diese Verordnung definiert Ziele an das Betreiben von Arbeitsstätten und konkretisiert sich über die **„Technischen Regeln für Arbeitsstätten (ASR)“**.[14] Im Detail werden **Schutzziele** für Arbeitnehmer geregelt, wie z. B. die Anforderungen an ▪ Arbeitsräume (z. B. Raumabmessungen und Bewegungsflächen), ▪ Pausen-, Bereitschafts- und Sanitärräume, ▪ Beleuchtung, Belüftung und Raumtemperatur.
Bildschirmverordnung (BildscharbV)	Diese Verordnung konkretisiert die Sicherheit und den Gesundheitsschutz bei der **Arbeit an Bildschirmgeräten**. Sie gilt für alle Beschäftigtengruppen und schließt alle Arten von Tätigkeiten mit Bildschirmgeräten ein. Geregelt werden u. a. ▪ die technischen Mindestanforderungen an Bildschirmgeräte, ▪ die Arbeitsumgebung, ▪ die Softwaregestaltung und ▪ die Arbeitsorganisation (z. B. regelmäßige Pausen etc.). Die Arbeitgeber sind ferner dazu angehalten, ihren Arbeitnehmern Untersuchungen der Augen und des Sehvermögens anzubieten.

14 Details erhalten Sie beim Bundesamt für Arbeitssicherheit. https://www.baua.de/DE/Angebote/Rechtstexte-und-Technische-Regeln/Regelwerk/ASR/ASR-A1-2.html

Der technische Arbeitsschutz – Auszug –	
Sozialgesetzbuch, Siebtes Buch (SGB VII)	Das Siebte Buch Sozialgesetzbuch (SGB VII) – **Gesetzliche Unfallversicherung** – ist die Rechtsgrundlage für die gesetzliche Unfallversicherung in Deutschland. Es enthält Regelungen zur: ▪ Verhütung und zur finanziellen Entschädigung von Arbeitsunfällen und Berufskrankheiten, ▪ zur medizinischen, beruflichen und sozialen Rehabilitation von Versicherten und ▪ zur Organisation der Unfallversicherungsträger. Das SGB VII bestimmt auch, unter welchen Voraussetzungen Unternehmer, Kollegen oder Dritte für Arbeitsunfälle haften. Es enthält zudem Spezialvorschriften für den Datenschutz, die die allgemeinen Datenschutznormen im Sozialgesetzbuch X ergänzen.

Allgemeine Hinweise zum technischen Arbeitsschutz

Die Überwachung der Einhaltung oben genannter Aspekte obliegt u. a.
- den Ämtern für Arbeitsschutz und Sicherheitstechnik,
- den Gewerbeaufsichtsämtern und
- den Berufsgenossenschaften.

Sie führen Betriebsbesichtigungen durch, begutachten die Einrichtungen und nehmen bei Unfällen und Anzeigen Stellung. Des Weiteren werden in den Unternehmen Sicherheitsbeauftragte bestellt, die darüber wachen, ob die Unfallverhütungsvorschriften eingehalten werden.

Nur eine gemeinsame Gestaltung der Arbeitsumgebung durch Arbeitgeber und Arbeitnehmer, die aktiv und präventiv agieren, bekämpft und schaltet Gesundheitsgefahren aus.

3.4 Arbeitsgerichtsbarkeit

3.4.1 Aufbau der Arbeitsgerichte

Die Arbeitsgerichtsbarkeit ist dreistufig aufgebaut (siehe Grafik) und besitzt eine eigenständige Gerichtsbarkeit.

ArbGG § 1, 8

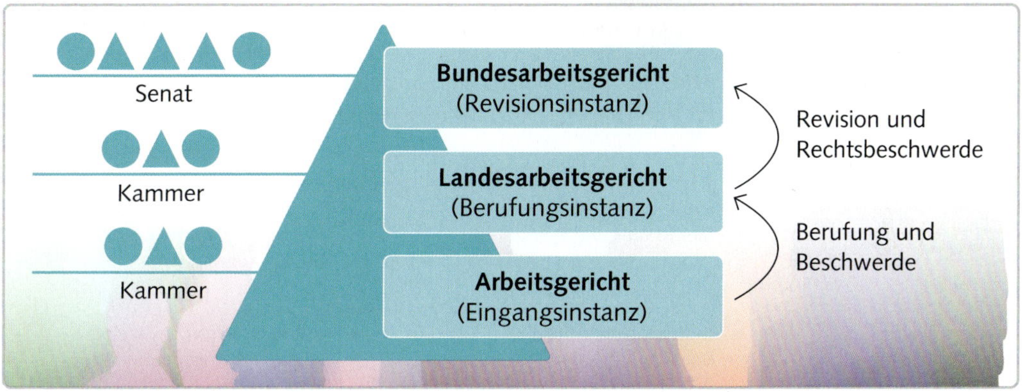

- Die **Eingangsinstanz** oder Erstsatz ist stets das Arbeitsgericht (Ort der Klageerhebung). Die örtliche Zuständigkeit obliegt dem Gericht im Bezirk des Beklagten, i. d. R. der Wohn- oder Geschäftssitz des Arbeitgebers. Jede **Kammer** der Arbeitsgerichte ist mit einem Berufsrichter [▲] (Vorsitzender der Kammer) und je einem ehrenamtlichen Richter [●] (Beisitzer) aus dem Kreis der Arbeitnehmer und dem Kreis der Arbeitgeber besetzt. Die **Vertretung** vor Gericht ist durch den Arbeitnehmer **selbst**, durch einen Rechtsanwalt, einen Vertreter eines Arbeitgeberverbandes oder einer Gewerkschaft möglich. ArbGG § 16, 48
- Die **Berufungsinstanz** als Zweitinstanz ist das Landesarbeitsgericht (LAG). Hier findet im **Berufungsverfahren** gegen gesprochene Urteile oder im **Beschwerdeverfahren** (wenn der Beschwerdegegenstand 600,00 Euro Streitwert übersteigt) die Überprüfung der erstinstanzlichen Entscheidungen des Arbeitsgerichtes statt. Die Folge ist ggf. eine **Neuverhandlung** unter erneuter Beweisaufnahme. Die **Kammern** der Landesarbeitsgerichte sind in gleicher Weise wie die der Arbeitsgerichte besetzt. Die Selbstvertretung ist ausgeschlossen, die Prozessvertretung ist Anwälten und Verbandsvertretern vorbehalten. ArbGG § 35
- Die **Revisionsinstanz** als Drittinstanz ist das Bundesarbeitsgericht (BAG). Gegen Urteile der Landesarbeitsgerichte ist unter bestimmten Voraussetzungen das Rechtsmittel der **Revision**, gegen Beschlüsse die **Rechtsbeschwerde**, zum Bundesarbeitsgericht zulässig. Hier erfolgt **keine neue Beweisaufnahme** und Verhandlung. Der Senat beim Bundesarbeitsgericht besteht aus **drei Berufsrichtern** (ein Vorsitzender und zwei beisitzende Richter) und aus je einem ehrenamtlichen Richter aus dem Kreis der Arbeitnehmer und dem Kreis der Arbeitgeber. ArbGG §§ 72 ff.

3.4.2 Verfahrensarten

Das arbeitsgerichtliche Verfahren unterscheidet zwischen **Urteils-** und **Beschlussverfahren**, die hinsichtlich der **Art der Entscheidung** (Urteil bzw. Beschluss) wie auch im Zusammenhang mit der **sachlichen Zuständigkeit** voneinander abweichen.

ArbGG §§ 46–79
§§ 80–99

ArbGG §§ 2, 2b

Arbeitsgerichtsverfahren

	Urteilsverfahren	Beschlussverfahren
Eröffnung	▪ Das Urteilsverfahren wird durch **Klageerhebung** eingeleitet. ▪ Es gilt der **Beibringungsgrundsatz**, d.h. die Parteien müssen dem Gericht die für den Prozess notwendigen Tatsachen (Beweise) vorbringen.	▪ Das Beschlussverfahren wird durch Antragstellung eingeleitet. ▪ Es gilt der **Amtsermittlungsgrundsatz**, d.h. das Gericht muss die notwendigen Tatsachen erforschen und selbst beschaffen.
Beteiligte	▪ Die streitenden Parteien sind hier **Kläger** und **Beklagte.**	▪ Die Beteiligten hier bezeichnet man als **Antragsteller** und **Antragsgegner**.
Gegenstand – Auswahl –	▪ **Individualrechtliche** Rechtstreitigkeiten zwischen Arbeitnehmern untereinander (z.B. Gruppenakkordarbeit) und Arbeitgebern aus dem Arbeitsverträgen und Sonderformen *und* ▪ Angelegenheiten aus einem bestimmten **Arbeitsverhältnis** (z.B. Kündigung) *und* ▪ Sonstige in Zusammenhang stehende Streitfragen (z.B. auch Streifragen zwi-schen den Tarifvertragsparteien zur Gültigkeit des Tarifvertrages etc.)	▪ **Kollektivrechtliche** Streitigkeiten in Angelegenheiten aus z.B. ▪ dem Betriebsverfassungsgesetz (z.B. Errichtung und Zusammensetzung eines Betriebsrats) ▪ dem **Mitbestimmungsgesetz** (z.B. Vertreterwahl der Arbeit-nehmer in den Aufsichtsrat) *und* ▪ den Regelungen für die **Tariffähigkeit** einer Vereinigung etc.
Beteiligte	**Urteil**	**Beschluss**

ArbGG § 80 (2)

ZPO § 278

ArbGG § 54a

Exkurs – **Güteverfahren**

- Für beide obigen Urteilsverfahren gilt stets der **Grundsatz**, dass eine **gütliche Einigung** des Rechtsstreits während des ganzen Verfahrens anzustreben ist.
- Eine **gütliche Einigung** kommt zustande, wenn die Konfliktparteien sich gleichermaßen entgegenkommen und ggf. jeweils Zugeständnisse machen.
- Der Vorsitzende der Kammer (Berufsrichter) des Arbeitsgerichts **kann** ein **Güteverfahren** zum Zwecke der gütlichen Einigung der Parteien ansetzen.
- Die **Güteverhandlung** findet **ohne ehrenamtliche Richter** statt. Der Vorsitzende hat in der Güteverhandlung den **Sach- und Streitstand** mit den Parteien zu erörtern bzw. zu klären. Ein persönliches Erscheinen vor Gericht ist erforderlich.
- Das Gericht kann ferner ein alternatives Verfahren der außergerichtlichen Konfliktbeilegung vorschlagen.

Zusammenfassung und Lernkontrolle

Zusammenfassung

Soziale Schutzrechte des Arbeitnehmers

Kündigung durch Arbeitgeber

Kündigungsfrist eingehalten?

- nein → **Kündigung unwirksam**
- ja → Sind die notwendigen **Wirksamkeitsvoraussetzungen** erfüllt?
  - Ist die **Schriftform** eingehalten?
    - nein → **Kündigung unwirksam**
    - ja → Arbeitsverhältnis > 6 Monate
      - nein → **Kündigung unwirksam**
      - ja → Anhörung des Personal- bzw. Betriebsrats?
        - nein → **Kündigung unwirksam**
        - ja → **Kündigung wirksam**
          - Bestehen Schutzrechte?

Besteht Kündigungsschutz?

- **Allgemeiner Kündigungsschutz?**
  - gilt für alle Arbeitnehmer (AN), die > 6 Monate im Betrieb (> 10 AN) tätig sind
  - ja → Liegt eine sozial ungerechtfertigte Kündigung vor?
    - **Gründe:**
      - in Person
      - im Verhalten
      - in betrieblichen Erfordernissen
    - ja → **Kündigung unwirksam**
    - nein → Widerspruch des Betriebsrats → Arbeitgeber hält an Kündigung fest → Einreichung der Kündigungsschutzklage vor dem Arbeitsgericht
- **Besonderer Kündigungsschutz?**
  - **gilt für**
    - werdende Mütter
    - Eltern in Elternzeit
    - Schwerbehinderte Menschen und deren Stellvertreter
    - Auszubildende
    - Mitglieder des Personal- und Betriebsrats
    - Jugend- und Auszubildendenvertretungen (JAV)

Wichtige Schutzrechte des Arbeitnehmers im Überblick

Soziale Schutzrechte

Arbeitszeitgesetz

Dieses Gesetz soll die Arbeitnehmer vor gesundheitlichen Schäden durch zu lange Arbeitszeiten schützen. Die Höchstarbeitszeit ist dabei i. d. R. auf 8 Stunden pro Tag begrenzt. Weiter sind die Pausenregelungen zu beachten, z. B. ab 6 Stunden → 30 Min. Pause.

Mutterschutzgesetz

Dieses Gesetz gewährt Frauen, die in einem aktuellen Arbeitsverhältnis beschäftigt sind, in der Zeit der Schwangerschaft und nach der Geburt des Kindes einen, neben dem Kündigungsschutz, besonderen Gesundheitsschutz sowie materielle (finanzielle) Leistungen.

Elterngeld und Elternzeitgesetz

Dieses Gesetz regelt die Antragsfristen, Freistellungszeiten und Wiedereinstiegsmöglichkeiten nach der Geburt des Kindes und die Zurverfügungstellung von Elterngeld für einen bestimmten Zeitraum.

Schwerbehindertengesetz

Dieses Gesetz fördert Chancengleichheit, indem behinderte Menschen bevorzugt eingestellt werden (Quote). Ferner sind bestimmte Arbeitsverbote definiert.

Datenschutz

Schutz personenbezogener bei der Datenverarbeitung durch

- Speichern
- Verändern
- Übermitteln
- Löschen
- Sperren

Datenverarbeitung nur

- mit Zustimmung des Betroffenen
- aufgrund gesetzlicher Vorschriften
- bei betrieblicher Notwendigkeit

Betroffener hat Recht auf

- Auskunft
- Berichtigung
- Sperrung

Technische Schutzrechte

Arbeitsschutzgesetz

Dieses Gesetz gilt für alle Tätigkeitsbereiche und umfasst die grundlegenden Arbeitsschutzpflichten des Arbeitgebers, die die Arbeitnehmer vor jeder möglichen Gefahr am Arbeitsplatz schützen sollen.

Arbeitsstättenverordnung

Diese Verordnung regelt die Schutzziele gemäß den Anforderungen an bestimmte Arbeitsräume (z. B. Raumabmessungen und Bewegungsflächen, oder Beleuchtungen etc.).

Bildschirmverordnung

Diese Verordnung dient dem Schutz der Arbeitnehmer in der Art, als dass die technischen Mindestanforderungen an Bildschirmgeräte, an die Arbeitsumgebung und an die Softwaregestaltung optimal für den Arbeitsprozess zur Verfügung stehen.

Sozialgesetzbuch (SGB VII)

Dieses umfasst die Leistungen der gesetzlichen Unfallversicherung im Falle eines Arbeitsunfalls, z. B. bei finanziellen Entschädigungen oder bei eintretenden Berufskrankheiten etc.

Lernkontrolle

Aufgabe 1

Begründen Sie, weshalb der Gesetzgeber Schutzrechte für Arbeitnehmer vorsieht.

Aufgabe 2

Unterscheiden Sie zwischen „sozialen" und „technischen" Schutzrechten und finden Sie jeweils Beispiele.

Aufgabe 3

Definieren Sie Arbeitnehmergruppen, für welche der besondere Kündigungsschutz gilt und begründen Sie die jeweilige Berechtigung.

Aufgabe 4

Die Stadt Heilbronn beschäftigt die nachfolgenden Arbeitnehmer. Prüfen Sie, welche Regelungen für den Kündigungsschutz in den jeweiligen Fällen gelten.

1. Hannah Baumgärtner, Auszubildende im 3. Ausbildungsjahr.
2. Aaron Seyfarth, Angestellter, seit einem Jahr im Personalrat.
3. Rebekka Kuhnle, Auszubildende im 2. Ausbildungsjahr, Mitglied in der JAV.
4. Anika Ruth, Angestellte, ist aufgrund eines Unfalls in ihrer Erwerbsfähigkeit um 70 % gemindert.

Aufgabe 5

Das Arbeitszeitgesetz regelt die maximale Arbeitszeit eines Arbeitnehmers pro Tag. Prüfen und beurteilen Sie mittels dieses Gesetzes die Rechtslage bei nachfolgenden Fällen:

1. Eine Angestellte bei der Stadtverwaltung, 23 Jahre alt, möchte ihre tägliche Arbeitszeit auf 60 Stunden pro Woche erhöhen. Eine tarifliche Regelung besteht nicht.
2. In der Stadt Hamburg gilt die 5-Tage-Woche von Montag bis Freitag. Ein Angestellter möchte wissen, wieviel werktägliche Arbeitszeit das Arbeitszeitgesetz maximal zulässt.
3. Die Stadt Esslingen plant in den Monaten November und Dezember aufgrund der Abschlussarbeiten die Arbeitnehmer der Finanzabteilung an insgesamt 25 Tagen 10 Stunden täglich zu beschäftigen. Regelmäßig wird 40 Stunden in der 5-Tage-Woche gearbeitet.
4. Ein Arbeiter einer Maschinenbaufabrik hat in einer Schicht von 15 bis 23 Uhr gearbeitet. Sein Arbeitgeber erwartet von ihm, dass er am nächsten Tag um 9 Uhr die Frühschicht beginnt.

Aufgabe 6

Die Stadt Esslingen hat Frau Hummels vor zwei Monaten eingestellt. Kurz darauf wird ihre Schwangerschaft festgestellt. Sie befindet sich noch in der Probezeit.

1. Prüfen Sie, ob das Mutterschutzgesetz für Frau Hummels gilt.

2. Stellen Sie fest, ob Frau Hummels zur Bekanntgabe ihrer Schwangerschaft beim Arbeitgeber verpflichtet ist und wann sie dies mitteilen muss.
3. Aufgrund der möglichen Gesundheitsgefährdung, die sich mit der Tätigkeit ergeben kann, möchte ihr Arbeitgeber ihren Arbeitsplatz ihrem Umstand gerecht einrichten. Worauf muss die Stadt hierbei achten?
4. Zählen Sie allgemeine berufliche Tätigkeiten auf, die zum Schutz der werdenden Mütter von Frau Hummels nicht mehr ausgeübt werden dürfen.

Aufgaben 7

Klären Sie welche Maßnahmen zur Datensicherheit in Ihrer Behörde durchgeführt werden.

Aufgabe 8

Maßnahmen für die Datensicherheit dienen meist auch dem Datenschutz. Ist es auch möglich, dass Maßnahmen zur Datensicherung den Datenschutz jedoch behindern oder gegensätzliche Anforderungen an das Datenverarbeitungssystem stellen?

Aufgabe 9

Grenzen Sie mit Hilfe des Bundesdatenschutzgesetzes (§ 3) die Begriffe „übermitteln", „nutzen" und „verarbeiten" von Daten ab.

Aufgabe 10

Klären sie mit Hilfe des Bundesdatenschutzgesetzes (§ 4 BDGS) folgende Fragen:

1. Wann müssen Datenschutzbeauftragte bestellt werden (§ 4 BDSG)?
2. Welche Voraussetzungen müssen Datenschutzbeauftragte erfüllen?
3. Können auch externe Datenschutzbeauftragte bestellt werden?
4. Wie sind Datenschutzbeauftragte zu bestellen?

Aufgabe 11

Bestimmen Sie Streitigkeiten, für die Arbeitsgerichte hauptsächlich zuständig sind.

3.5 Kollektives Arbeitsrecht

3.5.1 Möglichkeiten der kollektiven Mitbestimmung

GG Art. 9 (3)

Das kollektive Arbeitsrecht regelt die Rechtsbeziehung zwischen einer arbeitnehmerrechtlichen Koalition und dem Arbeitgeber. Im Gegensatz zum Individualarbeitsrecht, bei dem sich Arbeitnehmer und Arbeitgeber als eigene Rechtspersönlichkeit unvermittelt gegenüberstehen, werden die Arbeitnehmer beim Kollektivarbeitsrecht durch einen **Betriebsrat** oder **Personalrat** vertreten. Damit erfolgt die betriebliche Mitbestimmung im Kollektiv.

Möglichkeiten kollektiver Mitbestimmung in Betrieben

Betriebsrat

Der Betriebsrat ist die Arbeitnehmervertretung, die von Arbeitnehmern im **privatwirtschaftlichen Bereich** gewählt wird.

Rechtsgrundlage:

- **Betriebsverfassungsgesetz** (BetrVG)

Personalrat

Der Personalrat ist die Personalvertretung, die von Beschäftigen im **öffentlich-rechtlichen Bereich (sog. öffentlicher Dienst)** gewählt wird.

Rechtsgrundlage:

- **Personalvertretungsgesetz** von Band (BPersVG) und Ländern (LPVG)

3.5.2 Betriebsrat

Der Betriebsrat hat die Aufgabe, die Interessen der Arbeitnehmer in einem Betrieb zu vertreten und in arbeitsrechtlichen Angelegenheiten seine Rechte auszuüben. Die wichtigsten Regelungen zum Betriebsrat wie Gründungsmodalitäten, Aufgaben und Beteiligungsrechte finden sich im Betriebsverfassungsgesetz (BetrVG).

Gründungsmodalitäten: Wahl, Amtszeit und Zusammensetzung

BetrVG § 1, 5, 13

Der Betriebsrat ist das Interessenvertretungsorgan der Arbeitnehmer. Für die Gründung eines Betriebsrats besteht ein Initiativrecht, wenn mindestens fünf wahlberechtigte Arbeitnehmer ständig beschäftigt sind, von denen drei wählbar sein müssen. Arbeitnehmer i. S. d. Gesetzes sind keine leitenden Angestellten.

BetrVG § 7, 8

Wahlberechtigt sind alle Arbeitnehmer, auch Auszubildende, die das 18. Lebensjahr vollendet haben (aktives Wahlrecht). Für den Betriebsrat wählbar sind alle wahlberechtigten Arbeitnehmer, die mindestens sechs Monate dem Betrieb angehörig sind (passives Wahlrecht).

BetrVG § 9, 38

Die Größe des Betriebsrats bestimmt sich nach der Gesamtanzahl der Arbeitnehmer im Betrieb. Gewählte Betriebsratsmitglieder nehmen ihre Tätigkeit während der Arbeitszeit wahr. Ab einer Betriebsgröße von i. d. R. mehr als 200 Arbeitnehmern, werden die Betriebsratsmitglieder von der Arbeit freigestellt.

BetrVG § 14, 21

Der Betriebsrat wird in geheimer und unmittelbarer Wahl gewählt. Im Vorfeld ist der Wahlvorstand zu wählen. Die regelmäßige Amtsdauer beträgt vier Jahre und endet spätestens zum 31. Mai des Jahres, in welchem die regelmäßigen Neuwahlen zum Betriebsrat anstehen.

BetrVG § 15, 26

Der Betriebsrat wählt aus seiner Mitte den Vorsitzenden und seinen Stellvertreter. Diese führen die laufenden Geschäfte. Seine Zusammensetzung soll so gestaltet sein, dass viele Organisations- und Beschäftigungsbereiche vertreten sind. Ab drei Mitgliedern muss der Betriebsrat den zahlenmäßigen Anteil an weiblichen und männlichen Beschäftigen abbilden.

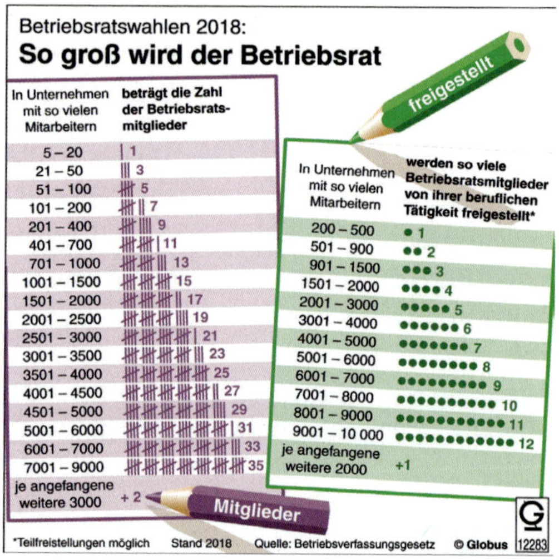

Organe des Betriebsrats

Um die eigentliche Arbeit des Betriebsrats zu optimieren, werden unter bestimmten Voraussetzungen Organe des Betriebsrats gebildet. Unterschieden werden u. a. der Betriebs- und Wirtschaftsausschuss.

Aus ELV 72139 Seite 173

BetrVG § 27, 28, 106 f.

Organe des Betriebsrats

Betriebsausschuss

- In Betriebsräten mit 9 und mehr Mitgliedern ist ein Betriebssausschuss zu bilden.
- Er führt die lfd. Geschäfte und besteht aus dem Vorsitzenden des Betriebsrats, dessen Stellvertreter und aus 3 bis 9 weiteren Mitgliedern, deren Zahl sich nach der Größe des Betriebsrats ergibt.

Wirtschaftsausschuss

- In allen Unternehmen mit mehr als 100 Beschäftigten ist ein Wirtschaftsausschuss zu bilden.
- Er berät mit der Unternehmensleitung über wirtschaftliche Angelegenheiten und besteht aus 3 bis 7 Mitgliedern, die vom Betriebsrat für ihre Amtszeit bestimmt werden.

Betriebsversammlung

Eine Betriebsversammlung dient der innerbetrieblichen Kooperation. Konkret werden die Arbeitnehmer über die Tätigkeiten des Betriebsrats informiert und erhalten die Möglichkeit zu arbeitnehmerrelevanten Sachverhalten Stellung zu beziehen. Der Betriebsrat hat in jedem Kalendervierteljahr eine Betriebsversammlung einzuberufen, zu welcher auch die Arbeitgebervertreter eingeladen werden. Diese sind wenigstens einmal im Kalenderjahr zur Teilnahme verpflichtet, um über das Personal- und Sozialwesen, die wirtschaftliche Lage und Entwicklung des Betriebes sowie den betrieblichen Umweltschutz zu berichten.

BetrVG
§ 2, 42 ff.
§ 43 (2)

Allgemeine Aufgaben

Das BetrVG definiert für den Betriebsrat u. a. folgende allgemeine Aufgaben:

BetrVG
§ 80

Allgemeine Aufgaben des Betriebsrats

Überwachung	Förderung
Überwachung der Umsetzung der für Arbeitnehmer geltenden Gesetze, Verordnungen, Unfallverhütungsvorschriften, Tarifverträge und Betriebsvereinbarungen.	Förderung der Interessen von schwerbehinderten Menschen, Jugendlichen, älteren und ausländischen Arbeitnehmern sowie der Frauen für die Vereinbarkeit von Familie und Beruf.

Beteiligungsrechte

Die Beteiligungsrechte des Betriebsrats sind die Grundlage für die Wahrnehmung seiner allgemeinen Aufgaben. Diese Rechte ermöglichen dem Betriebsrat Maßnahmen zu beeinflussen und damit den Entscheidungsspielraum der Geschäftsleitung.

BetrVG
§ 81 ff.

Beteiligungsrechte

Informationsrecht	Beratungsrechte	Mitwirkungsrechte	Mitbestimmungsrechte
Dieses Informationsrecht umfasst die rechtzeitige und umfassende Unterrichtung des Betriebsrats über geplante betriebliche Maßnahmen	Mit dem Beratungsrecht kann der Betriebsrat seine Argumente darlegen und Gegenvorschläge unterbreiten. Eine Einigung ist nicht erzwingbar. Das Ziel ist ein Interessenausgleich.	Der Betriebsrat hat ein Widerspruchs- bzw. Vetorecht bei bestimmten personellen Angelegenheiten. Bestimmte Rechte sind abhängig von der Anzahl der Arbeitnehmer.	Dieses Informationsrecht umfasst die rechtzeitige und umfassende Unterrichtung des Betriebsrats über geplante betriebliche Maßnahmen

Beispiele: Information über die:	**Beispiele: Beratung** über die:	**Beispiele: Zustimmung** über die:	**Beispiele: Mitbestimmung** über die:

▪ wirtschaftliche und finanzielle Lage
▪ geplante Neu-, Um- und Erweiterungsbauten,
▪ Einführung neuer Arbeitsmethoden und -abläufe
▪ Investitionsprogramme
▪ etc.
	▪ Personalbedarfplanungen
	▪ geplante Betriebsänderungen z. B.
	  ▪ Betriebsstilllegungen,
	  ▪ Unternehmenszusammenschlüsse,
	  ▪ Rationalisierungsmaßnahmen
		▪ Personalauswahlrichtlinien
		▪ Personalbefragungen
		▪ Beurteilungsgrundsätze
		▪ Maßnahmen zur Berufsbildung
		Unternehmen ab 20 Arbeitnehmer:
		▪ Personale Einzelmaßnahmen z. B.
		  ▪ Einstellungen
		  ▪ Versetzungen
		  ▪ Kündigung
			▪ Arbeitszeitregelungen z. B.
			  ▪ Überstunden,
			  ▪ Kurzarbeit, etc.
			▪ Entgeltregelungen
			▪ Arbeitsüberwachung
			▪ Sozialeinrichtungen z. B.
			  ▪ Kinderbetreuung
			  ▪ Kantinen

Einflusskraft: **sehr gering**	Einflusskraft: **gering**	Einflusskraft: **mittel**	Einflusskraft: **hoch**
wirtschaftliche Angelegenheiten		**personelle Angelegenheiten**	**soziale Angelegenheiten**

Aus ELV 72139 Seite 174

BEISPIEL

Beispiel 1:
Die EUROPA-Bank (300 Mitarbeiter) hat einen Betriebsrat und plant den Neubau einer Filiale in Stuttgart-Süd. Verbunden mit dieser Entscheidung soll die Filiale in Stuttgart-Kaltental geschlossen werden. Über die Planung des Neubaus ist der Betriebsrat rechtzeitig und umfassend zu informieren. Er hat ein **Informationsrecht**. Im Fall der Filialschließung kann der Betriebsrat auf der Grundlage bereitgestellter Informationen eine Stellungnahme verfassen und Gegenvorschläge unterbreiten. Der Betriebsrat versucht über sein Beratungsrecht einen Interessenausgleich zu erreichen.

Beispiel 2:
Die EUROPA-Bank plant im Zuge einer Filialschließung die Entlassung von zehn Mitarbeiten. Der Betriebsrat hat hier ein **Mitwirkungsrecht**, d. h. er kann gegen die Kündigungen Widerspruch einlegen. Unter bestimmten Umständen kann der Widerruf die Weiterbeschäftigung der betroffenen Arbeitnehmer bis zur endgültigen gerichtlichen Entscheidung bewirken.

Beispiel 3:
Im Zuge der Neueröffnung des Filialgebäudes in Stuttgart-Süd, will der Vorstand neue Arbeitszeitüberwachungsmethoden in Form von Stempeluhren einführen. Werden derartige soziale Angelegenheiten geplant, hat der Betriebsrat ein Mitbestimmungsrecht. Ohne die Zustimmung des Betriebsrats ist die Einführung nicht rechtmäßig.

Einigungsstelle

Bei unlösbaren innerbetrieblichen Differenzen zwischen Arbeitgeber und Betriebsrat, sieht das Gesetz die Einigungsstelle vor. Diese wird paritätisch gebildet, d. h. mit der gleichen Anzahl von Vertretern der Arbeitgeber und der Arbeitnehmer. Den unabhängigen Vorsitz besetzt eine i. d. R. neutrale Person, auf die sich beide Seiten einigen **müssen**.

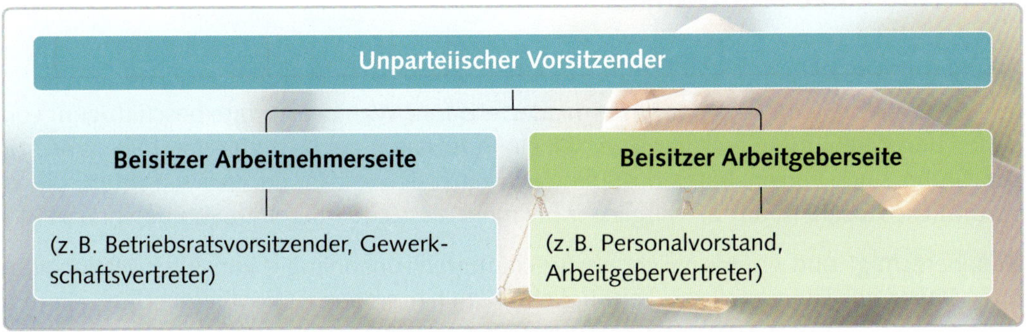

BetrVG § 60 Abs. 1

Ein vom unabhängigen Vorsitzenden gesprochenes Urteil gilt für beide Parteien, sofern dieses nicht, auf Antrag einer Partei, in nachfolgender Rechtsinstanz durch ein arbeitsgerichtliches Urteil ersetzt wird.

Exkurs: **Jugend- und Auszubildendenvertretung (JAV) nach dem BetrVG**

In Unternehmen mit Betriebsrat kann es eine gesonderte **Jugend- und Auszubildendenvertretung** (JAV) geben, sofern in der Regel mindestens **fünf** Arbeitnehmer beschäftigt werden,

- die **unter 18 Jahre** alt sind (jugendliche Arbeitnehmer) **oder**
- die zu ihrer Ausbildung beschäftigt werden **und** das 25. Lebensjahr noch nicht vollendet haben.

Wahlberechtigt sind alle jugendlichen Arbeitnehmer unter 18 Jahren sowie Auszubildende und Studierende an den dualen Hochschulen unter 25 Jahren. Alle Arbeitnehmer unter 25 Jahren, die nicht Mitglied des Betriebsrates sind, sind wählbar. Gewählt wird geheim und unmittelbar. Die Amtszeit beträgt zwei Jahre. Die Zusammensetzung der JAV ist abhängig von der Anzahl der jugendlichen Arbeitnehmer und Auszubildenden und soll Vertreter aus unterschiedlichen Abteilungen und Berufen beinhalten. BetrVG §§ 62, 63

Die Aufgaben einer JAV umfassen alle Angelegenheiten, die die jugendlichen Arbeitnehmer und Auszubildenden im Betrieb betreffen. Hierzu gehören u. a.: BetrVG § 70

- Die Vertretung der Jugendinteressen im Betriebsrat.
- Die Beantragung der Gleichstellung von jugendlichen Frauen und Männern beim Betriebsrat.
- Die Überwachung der Einhaltung der für die jugendlichen Arbeitnehmer und Auszubildenden geltenden Gesetze, Verordnungen, Unfallverhütungsvorschriften etc.
- Die Weitergabe von Anregungen, speziell in Fragen der Berufsbildung, an den Betriebsrat.

3.5.3 Personalrat

In den Verwaltungen und Behörden des öffentlichen Dienstes repräsentiert der Personalrat die Beschäftigten und übernimmt die kollektive Vertretung der Interessen gegenüber den Dienststellen. Die wichtigsten Bestimmungen finden sich in den Personalvertretungsgesetzen von Bund (BPersVG) und Ländern (LPVG), wie z. B. im **Landespersonalvertretungsgesetz Baden-Württemberg** (LPVG BW)[15].

LPVG BW § 10

Gründungsmodalitäten: Wahl, Amtszeit und Zusammensetzung

In allen Dienststellen, die in der Regel mindestens fünf Wahlberechtigte beschäftigen, von denen drei Beschäftigte wählbar sind, soll ein Personalrat gebildet werden (Initiativrecht). Die Größe eines Personalrates bestimmt sich nach der Anzahl der Beschäftigten, die er vertritt. Die Anzahl ist auf 27 Mitglieder bei mehr als 10.001 Beschäftigen beschränkt.

LPVG BW §§ 8, 9

LPVG BW §§ 13, 22

Wahlberechtigt sind grundsätzlich alle Beschäftigten, unabhängig von Alter, Nationalität oder Dauer der Dienststellenzugehörigkeit. Wählbar sind nur Wahlberechtigte, die am Wahltag mindestens 18 Jahre alt sind, seit zwei Monaten der Dienststelle angehören und Beschäftigte i. S. d. Gesetztes sind, also keine leitende Funktion ausüben.

Der Personalrat wird in geheimer und unmittelbarer Wahl gewählt. Im Vorfeld ist der Wahlvorstand zu wählen. Die regelmäßige Amtsdauer beträgt fünf Jahre und endet spätestens am 31. Juli des Jahres, in dem die regelmäßigen Personalratswahlen stattfinden. Diese finden alle fünf Jahre in der Zeit vom 1. April bis 31. Juli statt.

LPVG BW §§ 13, 35

Beamte und Arbeitnehmer haben einen gemeinsamen Personalrat. Die Mitglieder (Vertreter) werden entsprechend ihrer Stärke (Beschäftigtenanzahl) getrennt gewählt, es sei denn, die einzelnen Gruppen entschließen sich zu einer gemeinsamen Wahl. Diese Gruppentrennung setzt sich auch in der täglichen Personalratsarbeit fort. Angelegenheiten der einzelnen Gruppen können nicht ohne Mitwirkung von deren Vertretern im Personalrat beschlossen werden. Die einzelnen Gruppen im Personalrat haben Antrags- und Einspruchsrechte. Im Personalrat sowie innerhalb der Gruppen sollen Frauen und Männer entsprechend ihrem Anteil an den Beschäftigten der Dienststelle beschäftigt sein.

LPVG BW §§ 41 ff.

Die Mitglieder des Personalrats üben ihre Tätigkeit unentgeltlich aus und genießen für die Dauer ihrer Mitgliedschaft im Personalrat einen besonderen Schutz, insbesondere vor Versetzung oder Kündigung. Sie dürfen in ihrer Arbeit nicht behindert oder wegen ihrer Personalratstätigkeit nicht bevorzugt oder benachteiligt werden.

LPVG BW §§ 70 ff.

Allgemeine Aufgaben

Personalrat und Dienststelle arbeiten zum Wohle der Beschäftigten und zur Erfüllung der öffentlichen Aufgaben, die der Dienststelle übertragen sind, partnerschaftlich zusammen. Der Personalrat

- wacht darüber, dass die Dienststelle die Beschäftigten rechtmäßig und gerecht behandelt.

15 Aus Vereinfachungsgründen basieren die Ausführungen zum Personalrat auf der Rechtsgrundlage des LPVG BW.

- kann Maßnahmen beantragen, die den innerdienstlichen sozialen oder persönlichen Belangen der Beschäftigten oder im Rahmen der Aufgabenerfüllung der Dienststelle der Förderung des Gemeinwohls dienen.
- überwacht die Einhaltung der Gesetze, Verordnungen, Tarifverträge, Dienstvereinbarungen, Verwaltungsanordnungen, Unfallverhütungs- und sonstigen Arbeitsschutzvorschriften, die zugunsten der Beschäftigten bestehen, und achtet auf die Verhütung von Unfall- und Gesundheitsgefahren.
- greift Anregungen der Beschäftigten auf und vertritt deren Beschwerden gegenüber der Dienststelle.
- unterstützt und fördert besonders schutzbedürftige Beschäftigte und arbeitet dabei besonders mit der Schwerbehindertenvertretung, der Beauftragten für Chancengleichheit oder der Jugend- und Auszubildendenvertretung zusammen.

Beteiligungsrechte

LPVG BW §§ 73 ff.

Der Personalrat ist zur Durchführung der oben genannten Aufgaben rechtzeitig und umfassend zu informieren. Aufbauend auf diesem **Informationsrecht**, sind weitere Beteiligungsrechte in personellen, sozialen, und innerdienstlich organisatorischen Angelegenheiten der Beschäftigten gegeben. Diese unterschiedlichen Beteiligungsrechte und deren Strukturierung nach betrieblichen Bereichen und nach Einflusskraft sind in der nachstehenden Tabelle zusammengeführt.

Anhörungsrechte

Anhörung zur Maßnahme mit der Möglichkeit zur Stellungnahme.

über u. a.
- Personalbedarfplanungen
- geplante Betriebsänderungen

z. B.
- Rationalisierungen
- Arbeitsgestaltung

Mitwirkungsrechte

Gemeinsame Erörterung der beabsichtigten Maßnahme.

über u. a.
- Personalverwaltungsanordnungen
- Auflösung der Zusammenlegung von Dienststellen
- Privatsicherungsvorhaben

Mitbestimmungsrechte

Maßnahmen können nur mit Zustimmung des Personalrats umgesetzt werden.

über u. a.
- Personalangelegenheiten (individuell)
  z. B.
  - Einstellung
  - Kurzarbeit
  - Beförderung, etc.
- organisatorische Angelegenheiten (kollektiv)
  z. B.
  - Arbeitszeit
  - Urlaubsplan
- Maßnahmen des Gesundheitsmanagements

In welchen Angelegenheiten welche der genannten Beteiligungsrechte greift, ist gesetzlich festgelegt. Eine abweichende Besonderheit stellen Dienstvereinbarungen dar. Bestimmte Angelegenheiten, die ebenfalls gesetzlich bestimmt sind, werden mit der Dienststelle im Voraus einvernehmlich ausgehandelt.

3.5.4 Betriebs- bzw. Dienstvereinbarungen

BetrVG § 77

LPerVG BW § 85

Die **Betriebs- bzw. Dienstvereinbarung** ist das erstrangige Instrument zur Wahrnehmung der **betrieblichen Mitbestimmung**. Sie gilt als Ausdruck einer **innerbetrieblichen Einigung** und stellt einen im Konsens zwischen Arbeitgeber und Personalrat (öffentlich-rechtlich) oder Betriebsrat (privatrechtlich) geschlossenen Vertrag dar. Die Inhalte sind sogenannte Rechtnormen, die unmittelbar auf die Arbeitsverhältnisse der Arbeitnehmer einwirken.

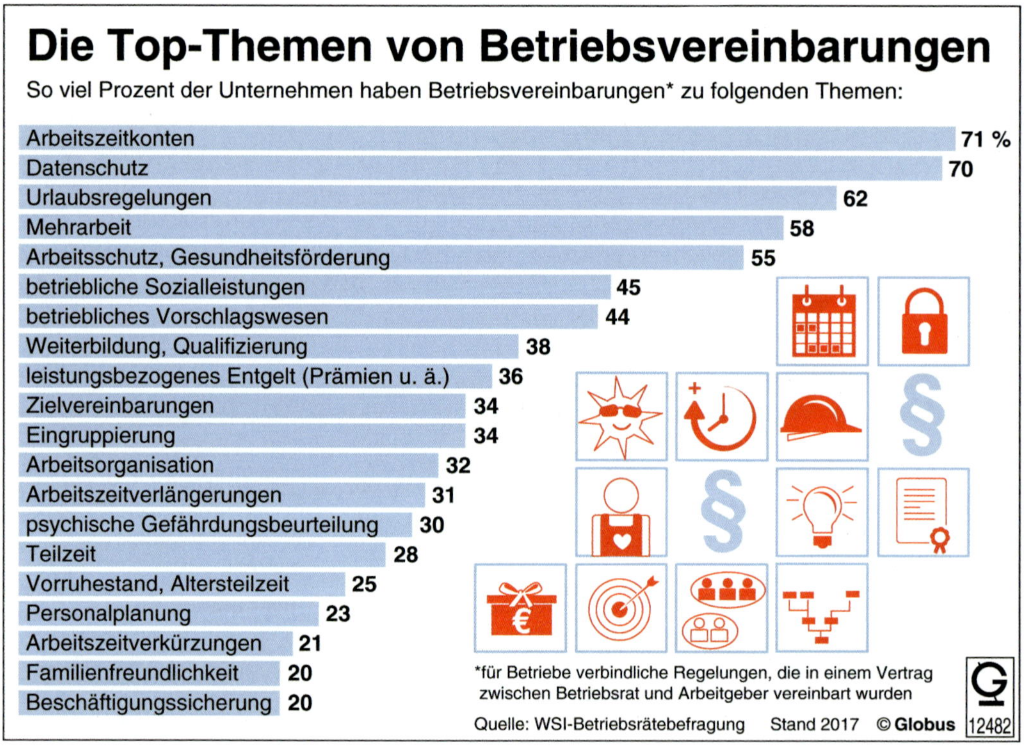

Eine Betriebs- bzw. Dienstvereinbarung enthält insbesondere Gesetzmäßigkeiten, die Angelegenheiten für den Betrieb verbindlich regeln. Durch Betriebsvereinbarungen können z.B. geregelt werden:

- zusätzliche Maßnahmen zur Verhütung von Arbeitsunfällen und Gesundheitsschädigungen,
- Maßnahmen des betrieblichen Umweltschutzes;
- die Errichtung von Sozialeinrichtungen, deren Wirkungsbereich auf den Betrieb, das Unternehmen oder den Konzern beschränkt ist,
- Maßnahmen zur Förderung der Vermögensbildung,

- Maßnahmen zur Integration ausländischer Arbeitnehmer sowie zur Bekämpfung von Rassismus und Fremdenfeindlichkeit im Betrieb.

Sie gelten stets **unmittelbar und zwingend** und haben **Vorrang vor Individualarbeitsverträgen**. Der Verzicht eines Arbeitnehmers auf die Mindestansprüche aus einer Betriebsvereinbarung ist nicht möglich (Gültigkeitsprinzip). BetrVG § 88

In Betrieben, die keinen **Betriebs- bzw. Personalrat** organisiert haben, kann es folgerichtig auch **keine Betriebs- oder Dienstvereinbarung** geben. In diesem Fall ist es einem Arbeitgeber jedoch möglich, allgemeine Regelungen für Arbeitnehmer u. a. über die Form der **Betriebsordnung** zu bewirken. Sie steht in ihrer Konsequenz der Betriebsvereinbarung jedoch nicht gleich.

> Die Betriebs- oder Dienstvereinbarung ist das maßgebliche Instrument zur Ausübung der betrieblichen Mitbestimmung. Sie wird zwischen Arbeitgeber und Betriebsrat geschlossen und wirkt unmittelbar auf die Arbeitsverhältnisse der Arbeitnehmer ein.

3.5.5 Überblick über die innerbetriebliche Mitbestimmung im Rahmen des BetrVG und BPersVG bzw. LPVG BW

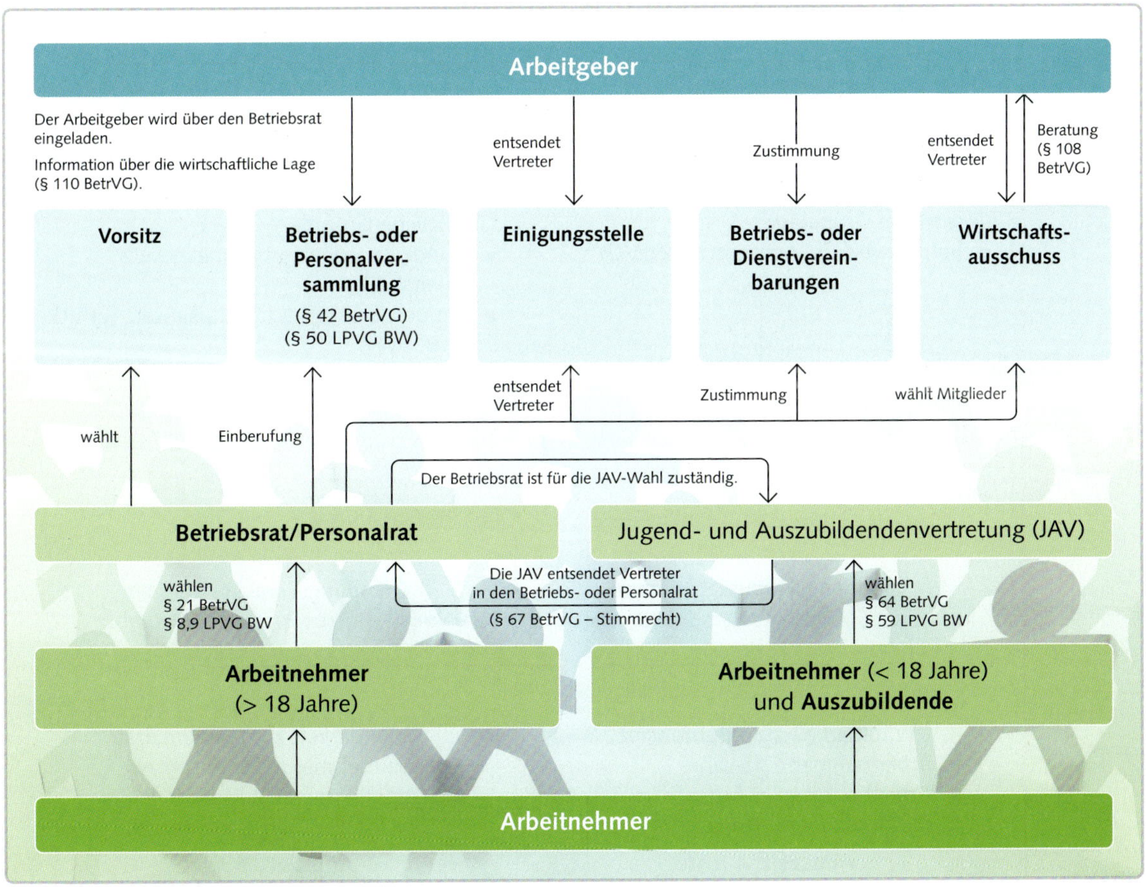

Zusammenfassung und Lernkontrolle

Zusammenfassung

Kollektives Arbeitsrecht

Sozialpartnerschaft
(**homogene** Interessen zwischen Arbeitsgeber und Arbeitnehmer)

↔

Konfliktpotenzial
(**konträre** Interessen zwischen Arbeitsgeber und Arbeitnehmer)

Lösungsansatz

Mitbestimmung
Mitbestimmung als Chance der Realisierung der Sozialpartnerschaft (Mitentscheidung bzw. Durchsetzung von Kollektivinteressen der Arbeitnehmer an betrieblichen Prozessen) und zum Erreichen eines Interessenausgleichs bei Konflikten. Bei schwierigem Konfliktfall: **Einigungsstelle**.

Mitbestimmung auf betrieblicher Ebene erfolgt durch den **Betriebsrat** und die **Jugend- und Auszubildendenvertretung (JAV)**

Gesetzliche Grundlage:
- Betriebsverfassungsgesetz (BetrVG)

Mitbestimmung auf betrieblicher Ebene erfolgt durch den **Personalrat** und die **Jugend- und Auszubildendenvertretung (JAV)**

Gesetzliche Grundlage:
- Bundespersonalvertretungsgesetz (BPersVG)
- Landespersonalvertretungsgesetz (LPVG (z. B. BW))

Betriebsrat

Personalrat

JAV

Gründungsvoraussetzungen:
- mind. 5 Arbeitnehmer > 18 Jahre

Gründungsvoraussetzungen:
- mind. 5 Arbeitnehmer > 18 Jahre

Wählbarkeit zum Betriebsrat:
- Arbeitnehmer ≥ 18 Jahre
- Arbeitnehmer > 6 Monate im Betrieb (Betriebszugehörigkeit)

Amtszeit: 4 Jahre

Wählbarkeit zum Personalrat:
- Arbeitnehmer ≥ 18 Jahre
- Arbeitnehmer > 2 Monate in der Dienststelle (Dienststellenzugehörigkeit)

Amtszeit: 5 Jahre

Gründungsvoraussetzungen:
- beistehender Betriebsrat
- mind. 5 Arbeitnehmer < 18 Jahre bzw. Auszubildende < 25 Jahre

Wählbarkeit zur JAV (passives Wahlrecht)
- Arbeitnehmer < 18 Jahre
- Auszubildende < 25 Jahre

Amtszeit: 2 Jahre

Gründungsvoraussetzungen:
- beistehender Personalrat
- mind. 5 Arbeitnehmer < 18 Jahre bzw. Auszubildende (ohne Altersgrenze)

Wählbarkeit zur JAV (passives Wahlrecht)
- Arbeitnehmer < 26 Jahre
- Auszubildende (ohne Altersgrenze)

Amtszeit: 2,5 Jahre

Kollektivrechte

- Informationsrechte
- Beratungsrechte
- Mitwirkunsrechte
- Mitbestimmungsrechte

gering — **Einflusskraft der Rechte** — hoch

Lernkontrolle

Aufgabe 1

Das Arbeitsrecht unterscheidet zwischen Individualarbeitsrecht und Kollektivarbeitsrecht. Grenzen Sie beide Formen inhaltlich voneinander ab.

Aufgabe 2

Nach ihrer Ausbildung zur Verwaltungsfachangestellten beginnen Sie ein Arbeitsverhältnis bei der EUROPA-Bank in Stuttgart. Kurz nach ihrer Einstellung möchten die Mitarbeiter die Möglichkeit zur Gründung eines Betriebsrats prüfen. Die aktuelle Belegschaft setzt sich wie folgt zusammen:

- 22 Arbeitnehmer (darunter zehn Auszubildende) unter 18 Jahren,
- 38 Arbeitnehmer (einschließlich vier Auszubildende) 18–25 Jahren,
- 40 Arbeitnehmer 25 Jahre und älter.

Von diesen Mitarbeitern wurden innerhalb der letzten sechs Monate eingestellt:

- 4 Auszubildende unter 18 Jahren,
- 9 Arbeitnehmer (einschließlich zwei Auszubildende) 18–25 Jahre,
- 6 Arbeitnehmer 26 Jahre und älter.

1. Weisen Sie nach, ob die Voraussetzungen zur Gründung eines Betriebsrats erfüllt sind.

2. Stellen Sie fest, wer nach dem BetrVG als Arbeitnehmer gilt und prüfen Sie,
   a) wie viele Mitarbeiter insgesamt wahlberechtigt sind (aktives Wahlrecht).
   b) wie viele Belegschaftsmitglieder sich zur Wahl des Betriebsrats aufstellen lassen können (passives Wahlrecht).
   c) wie viele Mitglieder bei der anstehenden Wahl insgesamt zu wählen sind.
3. Erläutern Sie die geltenden Wahlvorschriften und bestimmen Sie die regelmäßige Amtszeit eines Betriebsratsmitgliedes.
4. Als ehemalige Mitarbeiterin der Stadt Stuttgart sind Ihnen bislang nur die Bestimmungen zur Wahl eines Personalrats bekannt gewesen. Erläutern Sie die Unterschiede in einer Tabelle.

Aufgabe 3

Begründen Sie, welche Rechte der Betriebsrat bei den nachfolgenden Fällen geltend machen kann.

1. Änderung der Arbeitszeiten.
2. Der Chef plant, im nächsten Jahr 50 Arbeitnehmer einzustellen.
3. Ein Betriebsteil soll stillgelegt werden.
4. Herr Schnecke ist die Faulheit in Person. Ihm wird fristgerecht gekündigt, ohne den Betriebsrat zu informieren.
5. Für die Buchhaltung wurde eine neue Software angeschafft, von den 3 Angestellten (zwei 30-jährige Junggesellen und ein 50-Jähriger Familienvater mit 4 Töchtern) wird einer überflüssig. Den Familienvater trifft nach vorheriger Anhörung des Betriebsrates die Kündigung, da er das höchste Gehalt bezieht.
6. Die Unternehmensleitung informiert den Betriebsrat darüber, dass ein neuer Personalfragebogen eingeführt wird.

Aufgabe 4

Julia Müller, Verwaltungsfachangestellte bei der Stadt Stuttgart, wird auf folgende interne Mitteilung aufmerksam.

> **Mitteilung**
>
> Aufgrund zunehmender Digitalisierungstendenzen in der öffentlichen Verwaltung, wird es folgende Änderungen geben.
>
> - Neue und effektivere Arbeitsabläufe im Service.
> - Schließung des Servicebüros in Stuttgart-Stammheim.
> - Personalabbau von ca. 10 %.
> - Einführung von Samstagsarbeit im Servicebereich.

Frau Müller (Personalrätin) ist in Stammheim angestellt und zweifelt die Rechtmäßigkeit dieser Maßnahmen an.

1. Stellen Sie die Fallproblematik heraus, indem Sie die Interessenlagen von Arbeitgeber und Arbeitnehmer gegenüberstellen.
2. Bestimmen Sie die allgemeinen Rechte des Personalrats und beurteilen Sie anhand der Einflusskraft der Rechte, ob die Maßnahmen „einfach" durchgesetzt werden können. Fertigen Sie hierzu eine Tabelle nach folgendem Muster an.

	Rechte des Personalrats	§	Einflusskraft
1			
2			
3			
4			

3. Die Maßnahmen werden zum Teil durch den Personalrat verhindert. Beurteilen Sie in diesem Zusammenhang die Funktion des Personalrats für die Mitarbeiter und die Stadt Stuttgart, indem Sie für jede Partei jeweils Vor- und Nachteile aufführen.

4 Mitarbeiterführung

4.1 Grundlagen

Die Führung von Mitarbeitern bedeutet mehr, als sie nur organisatorisch zu leiten. Eine professionelle Mitarbeiterführung setzt neben der organisatorischen Steuerung, auch und besonders eine effektive Planung und Delegation der Mitarbeiter voraus. Sie fördert die interne Kommunikation, motiviert und erzeugt damit eine produktive Arbeitsatmosphäre und -umgebung.

Die Mitarbeitermotivation ist folgerichtig ein zentraler Bestandteil und das Ergebnis guter Mitarbeiterführung. Die Qualität der Ergebnisse innerhalb einer Abteilung/Dienststelle oder des Unternehmens hängt unmittelbar mit der Motivation zusammen. Nur motivierte und gute Mitarbeiter werden überdurchschnittliche Leistungen erbringen und zur Erreichung der Unternehmensziele beitragen.

Die Führungskraft muss sich folglich mit den Bedürfnissen der Mitarbeiter auseinandersetzen und in die Entwicklung der Mitarbeiter (sog. Personalentwicklung) investieren. Über geeignete Maßnahmen muss die notwendige Motivation und die berufliche Fähigkeit stetig gesteigert werden. Hierzu bedarf es einer klaren und perspektivischen Zielvereinbarung mit den Mitarbeitern. Diese muss sowohl die Interessen der Mitarbeiter, als auch die Interessen des Betriebs (Unternehmens) berücksichtigen. Insbesondere in Zeiten des stetigen Wandels und Fortschritts, steigen die beruflichen Anforderungen und ein neuer Qualifizierungsbedarf in der Zukunft entsteht.

Die Führungskraft muss dabei stets die Interessen der Mitarbeiter und die des Unternehmens berücksichtigen. Diese müssen über geeignete Maßnahmen wie **Aus- und Weiterbildung** miteinander vereinbart werden.

4.2 Aus- und Weiterbildung

Das übergeordnete Ziel der Aus- und Weiterbildung von Mitarbeitern ist die Erhaltung und Verbesserung der beruflichen Kompetenzen. Damit verbunden soll die Motivation durch die Möglichkeit des beruflichen Aufstiegs gefördert werden.

Ausbildung

Die Ausbildung gilt als berufliche Erstausbildung. In dieser ersten Phase sollen die originären beruflichen Kenntnisse, Fertigkeiten und Fähigkeiten erlernt werden. Im Vordergrund steht die Vermittlung von Grundlagenwissen als Fundament für höhere Tätigkeiten. Im Rahmen des dualen Systems wird diese standardisierte Ausbildungsphase mit einer staatlichen Prüfung abgeschlossen.

Weiterbildung

Im Rahmen der Weiterbildung unterscheidet man zwischen beruflicher und allgemeiner Art. Die berufliche Weiterbildung lässt sich dabei in die Bereiche Fortbildung, Umschulung und Lernen im Prozess der Arbeit untergliedern (Grafik: Weiterbildung im Überblick).

Weiterbildung im Überblick

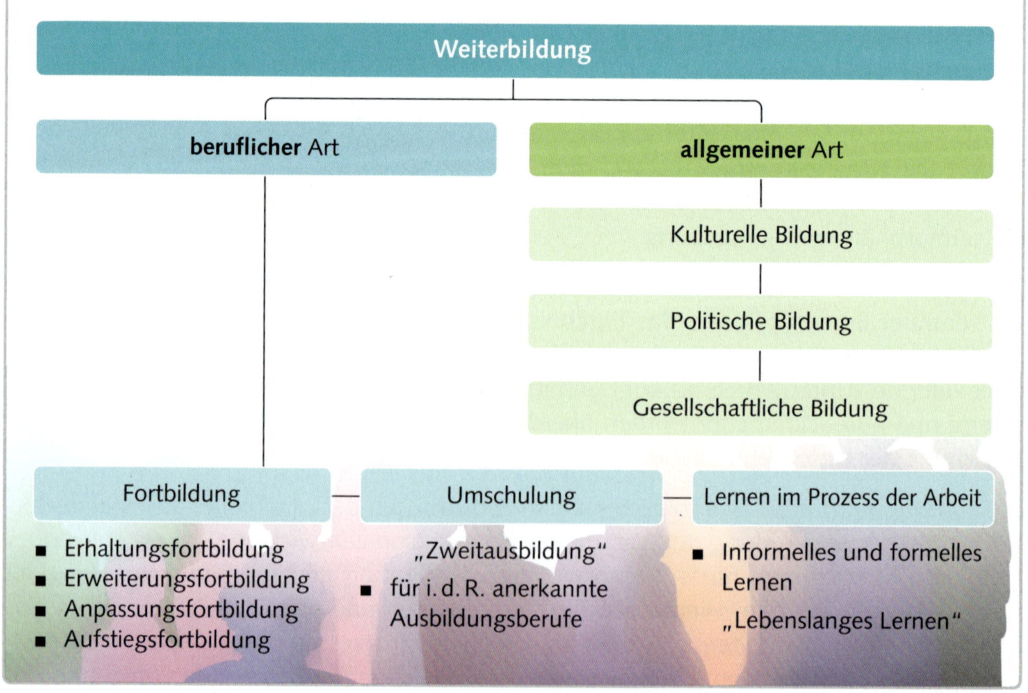

Unbestritten ist, dass es in unserer modernen und von Fortschritt geprägten Zeit für jeden Mitarbeiter notwendig ist, kontinuierlich Neues zu lernen. Diese Tatsache ist als Prozess zu verstehen und kann informell oder formell erfolgen. Im Grundsatz handelt es sich um „**Lebenslanges Lernen**".

Fortbildung

Bei einer Fortbildung geht es allgemein darum, dass die in der Erstausbildung erworbenen Kompetenzen erweitert bzw. an neue betriebliche Erfordernisse angepasst werden. Fortbildungen können intern, extern oder digital (E-Learning) angeboten werden.

Inhaltlich werden Fortbildungen in nachfolgende Bereiche unterschieden:

Erhaltung-fortbildungen	Renaissance von früher erworbenen Kompetenzen
	Beispiel: Ein Mitarbeiter der Stadtverwaltung Stuttgart kommt nach längerer Krankheit zurück in das Berufsleben. Für einen vollwertigen Einsatz muss dieser die in der Vergangenheit erworbenen Fähigkeiten und Fertigkeiten wiederholen.
Erweiterungs-fortbildungen	Erwerb zusätzlicher Kompetenzen, die für die aktuelle berufliche Situation erforderlich sind.
	Beispiel: **Ein neues Verwaltungsnetz wird eingeführt. Die Tätigkeit bleibt unter Anwendung einer neuen Software gleich. Die betroffenen Mitarbeiter müssen sich für die Ausübung ihrer Tätigkeit zusätzlich spezifische Kenntnisse aneignen.**
Anpassungs-fortbildung	Erwerb von weiterführenden (neuen) Kompetenzen, die für die Anpassung der Fähigkeiten und Fertigkeiten für die zukünftige berufliche Situation erforderlich sind.
	Beispiel: **Ein Urteil verändert bestimmte Verfahrensweisen im Umgang mit personenbezogenen Daten. Diese neue Situation erfordert eine Anpassung von Verfahren und Dokumenten. Die erforderlichen Prozessänderungen müssen den Mitarbeitern über ein gezieltes Fortbildungsangebot weitergegeben (bzw. angeboten) werden.**
Aufstiegs-fortbildung	Förderung von Kompetenzen, die Mitarbeiter für künftige Führungsaufgaben qualifizieren soll.
	Beispiel: **Ein Mitarbeiter qualifiziert über Fortbildungen für den Einstieg in die Laufbahnplanung mit dem strategischen Ziel der Karriereplanung.**

Umschulung

Die Umschulung verfolgt das Ziel, den Mitarbeiter für einen abweichenden (geeigneten) Tätigkeitsbereich zu qualifizieren. Anders als bei einer Fortbildung im ausgeübten Berufsfeld, ist eine Umschulung daher als Zweitausbildung definiert. Sie gilt i. d. R. als berufliche Rehabilitation, falls in Folge persönlicher Ereignisse (Unfall oder Krankheit) die ursprüngliche Tätigkeit nicht mehr ausgeübt werden kann. Mit der Umschulung soll, über einen qualifizierten Berufsabschluss, die Erwerbstätigkeit, bestenfalls im ursprünglichen Betrieb, erhalten bleiben.

4.3 Gesprächsführung

4.3.1 Grundlagen

Im beruflichen Alltag ist eine gelungene Konversation der Schlüssel zum Erfolg. Die Gesprächsführung ist damit eine der wichtigsten Komponenten, um mit seinem Vorgesetzten oder mit Kunden erfolgreich interagieren zu können. Dabei ist es notwendig den Gesprächspartner ernst zu nehmen, ihm auf Augenhöhe zu begegnen. Dies wird besonders bei Mitarbeiter- oder Personalgesprächen deutlich. Die Verantwortung für einen erfolgreichen Gesprächsverlauf wird hier von beiden Seiten beeinflusst. Die Gesprächspartner treten in einen persönlichen Dialog, der ehrlich und offen für die Sichtweise des Gegenübers sein muss. Ebenso sind Gespräche mit Kunden und Mandanten nach festgelegten Standards zu gestalten. Es ist wichtig ein harmonisches Gespräch zu führen, um zu erfahren, welche Interessen, Bedürfnisse und Beweggründe vorliegen und polarisieren. Bei jedem Gespräch ist das aktive Zuhören von enormer Bedeutung.

4.3.2 Kommunikation und Kommunikationsmodelle

Eine gute Gesprächsführung beginnt mit der Kommunikation. Aber Kommunikation muss man lernen. Kommunikationsmodelle sollen die Beziehung zwischen den Beteiligten, dem Sender und Empfänger vereinfacht darstellen.

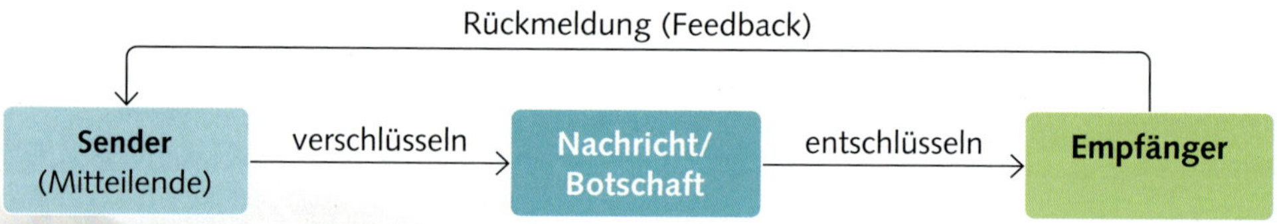

- Der Mitteilende sendet eine verschlüsselte Nachricht.
- Für die Übermittlung wählt der Sender einen bestimmten Kanal.
- Der Empfänger erhält, entschlüsselt und bewertet die Nachricht mit oder ohne Feedback.

Dieses einfache Kommunikationsmodell beschreibt einerseits den Mitteilenden (Sender), der eine bestimmte Nachricht (Botschaft) über einen Kanal an den Empfänger weitergibt, der die gesendete Botschaft entschlüsselt. Ist die Botschaft nicht nur sachbezogen, liegt das i. d. R. an der Art des gewählten Kanals (z. B. Duktus (Wortwahl oder Betonung der Sprache), Mimik oder Körperhaltung), der bewusst oder unbewusst eine zusätzliche Reaktion beim Empfänger auslöst. Diese Reaktion liegt in der menschlichen Empathie begründet. In der Kommunikation sind Objektivität und Neutralität i. d. R. nicht gegeben. Als Empfänger einer Botschaft verbinden wir Sachinhalte vielmehr mit Erinnerungen, Gefühlen, Werten und Erfahrungen. Jede Kommunikation hat einen Inhalts- und einen Beziehungsaspekt.

Diese interpretative Wahrnehmung kann zu kommunikativen Störungen (z. B. Missverständnisse) führen, die durch bestimmte Persönlichkeitsmerkmale verstärkt werden können (z. B. hohe Sensibilität des Empfängers). Um interpretative Kommunikationsprobleme zwischen Sender und Empfänger zu verringern bzw. zu verhindern, sind vier unterschiedlichen Seiten einer Nachricht zu beachten.

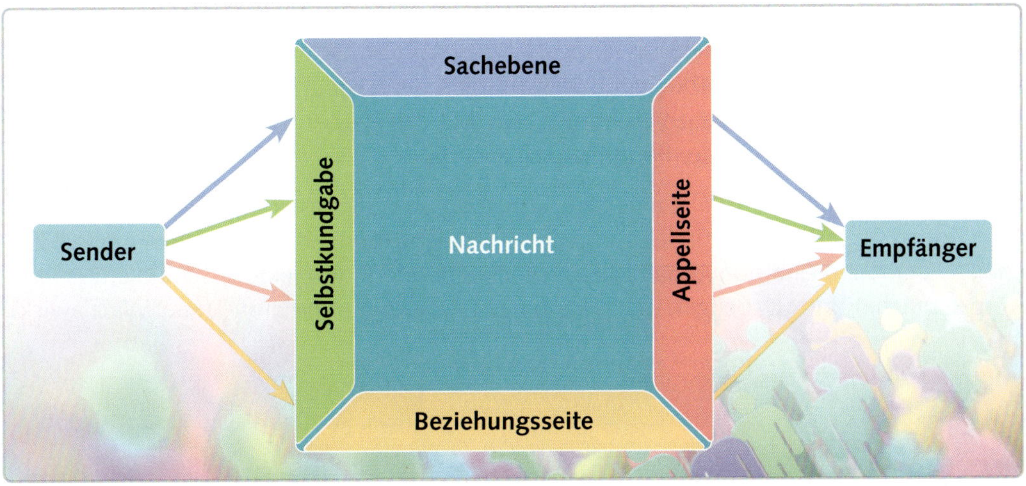

Quelle: **nach Schulz von Thun**

Vier Aspekte einer Nachricht

Sachebene
Ebene der formalen, sachlichen Information (Inhalt der Nachricht)

Beziehungsseite
Inhalte der Information, die zusätzlich durch die Beziehung zwischen Sender und Empfänger entstehen (z. B. Wertschätzung)

Selbstkundgabe (Selbstoffenbarung)
Aussage über die Ziele und Motive des Senders (z. B. Entschlossenheit, Unschlüssigkeit)

Appellseite
Aufforderungsaspekt, um Einfluss auszuüben etwas zu tun oder zu unterlassen.

Die Kommunikation ist dabei ein Prozess, der unterschiedliche Schritte erfordert.

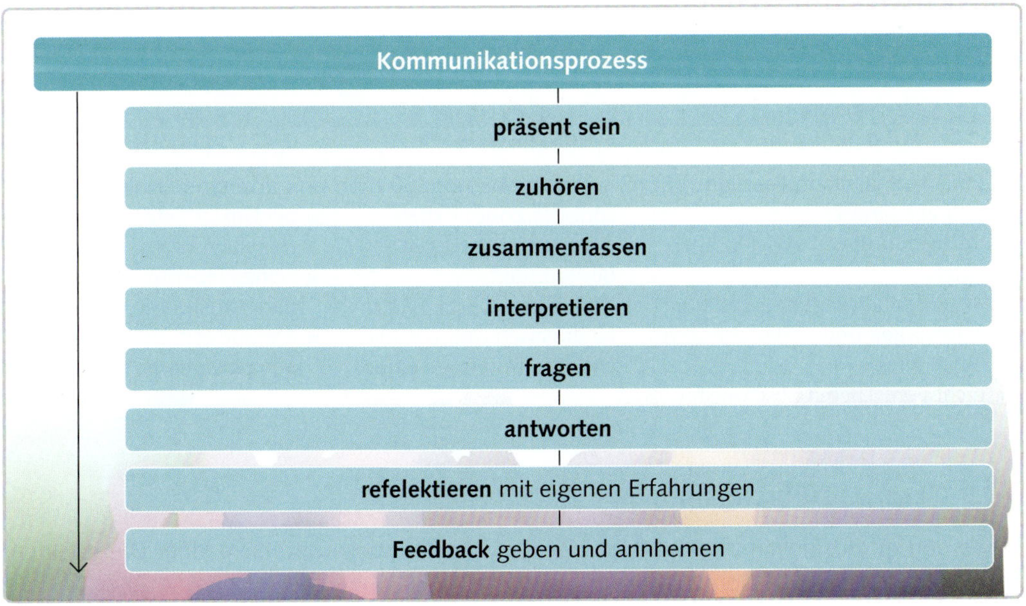

Für den Kommunikationsprozess ist eine konstruktive Rückmeldung über die Wahrnehmung der Kommunikation wichtig. Dieser Rückmeldeprozess wird als Feedback bezeichnet. Er besteht aus Feedback geben (Empfänger) und Feedback annehmen (Sender). Damit konstruktives (kritisches) Feedback leichter abgegeben und angenommen wird, sind verschiedene Aspekte der Formulierung wichtig.

Persönliche Kommunikation ist einerseits abhängig von der Distanz (Abstand oder Zone) zum Gesprächspartner und findet stets **verbal** „sprachgebunden" (Worte – mündlich, Zeichen – schriftlich) und **nonverbal** „nicht sprachgebunden" (Objekte – Symbole, Person – Körpersprache) statt. Dabei gilt, „man kann nicht nichtkommunizieren" (Paul Watzlawick).

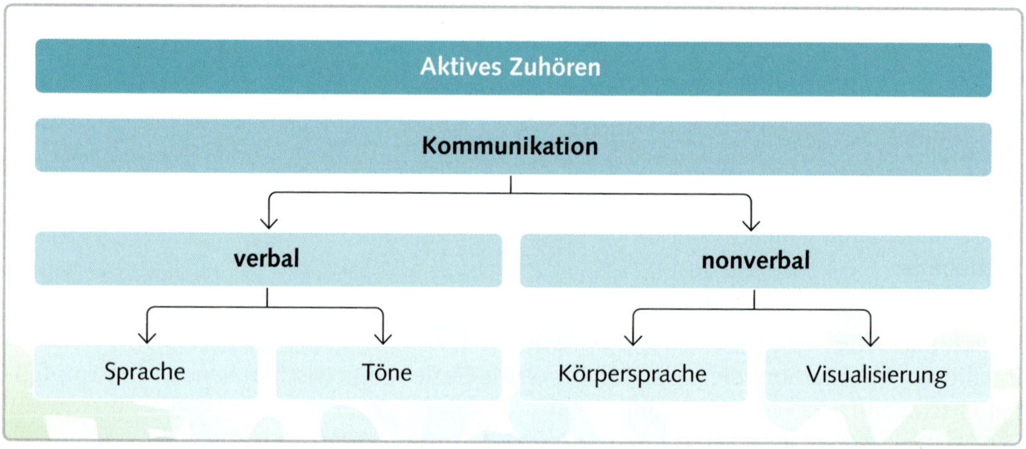

Dem aktiven Zuhören kommt bei der Kommunikation eine Kernaufgabe zu. Das Zuhören meint nicht einfaches hören. Während hören ein passiver Vorgang ist (Aufnahme von Schall), ist das aktive Zuhören eine bewusste Handlung. Sie fördert die Kommunikation immer dann, wenn sie positiv, beobachtend und wertfrei ist. Nachfolgend sind die Grundlagen professioneller Kommunikation zusammengefasst.

Grundregeln professioneller Kommunikation		
verbale Kommunikation	**nonverbale Kommunikation**	**aktives Zuhören**
▪ Sprache muss laut, deutlich und verständlich sein ▪ Verwendung von vollständigen Sätze ▪ Argumentation genau und kurz ▪ Meinungen und Behauptungen begründen ▪ nicht vom Thema abschweifen	▪ räumliche Distanz (persönliche Zone) halten ▪ offener und freundlicher Blickkontakt ▪ Mimik und Gestik nicht zu drastisch (auf natürliche Ausstrahlung achten)	▪ konzentriert zuhören ▪ bei Unklarheiten nachfragen ▪ keine Nebentätigkeiten dabei ausführen ▪ Meinungen und Einstellungen akzeptieren

4.3.3 Gesprächsführungsformen

Es werden grundsätzlich zwei Formen der Gesprächsführung unterschieden. Die direktive und die nondirektive Gesprächsführung.

Bei der **direktiven Gesprächsführung** leitet eine Person aktiv nachbestimmten Kriterien das Gespräch. Die aktive Person spricht wie in einem Monolog und stellt gezielte Fragen, um konkrete Informationen zu erhalten. Die Kommunikation des Gesprächsführenden ist klar und direkt. Die Formulierungen sind konkret und lassen wenig Interpretationsspielraum. Häufig werden im Sinne der Klarheit und dem gewünschten Ergebnis nur vorformulierte und geschlossene Fragen verwendet.

Die **nondirektive Gesprächsführung** ist offener gegenüber dem Verlauf und dem Ergebnis des Gesprächs. Die gesprächsführende Person ist zurückhaltend, geht in den Dialog und ermuntert den Gegenüber offen zu antworten. Es findet eine gezielt Aktivierung statt, um die Vorstellungen, Gedanken und Gefühle der anderen Person zu integrieren. In der Regel werden offene Fragen verwendet.

In der Praxis setzt sich die nondirektive Gesprächsführung i. d. R. durch. Sie lässt mehr Spielraum für beide Seiten und fördert durch ein positives Verhalten der Führungskraft den Gesprächsverlauf, im Besonderen bei Konfliktsituationen.

4.3.4 Gesprächsablauf

Ein gutes Gespräch hängt nicht zuletzt von den gegebenen Rahmenbedingungen ab. Neben einer angenehmen räumlichen Atmosphäre, sollten frühzeitig konkrete Absprachen über Inhalte und beteiligte Personen getroffen werden. Für Gespräche sollte stets genügend Zeit eingeplant werden. Nur durch eine gute Vorbereitung kann das Gespräch gelingen. Der eigentliche Gesprächsablauf besteht aus einer Einleitung, einem Hauptteil und einem Abschluss.

Einleitung
Das Gespräch wird durch eine formelle Kontaktaufnahme eingeleitet (sog. Eröffnungsphase). Hierzu gehören die direkte (verbale) Ansprache mit Blickkontakt, die förmliche Begrüßung, die Vorstellung der Gesprächspartner und die Zuweisung der Sitzordnung. Ferner dient die Eröffnungsphase der Wahrnehmung einer sog. Grundstimmung des Gesprächs. Bei Personal- oder Dienstgesprächen sind die Hierarchien und Perspektiven im Vorfeld bestimmt (z. B. Gehaltsverhandlungen).
Hauptteil
Im Hauptteil des Gespräches ist der Fokus primär inhaltlich ausgerichtet (sog. Inhaltsphase). Vorab festgelegte oder sich spontan ergebende Gesprächs oder Diskussionsthemen werden behandelt und weitergeführt. Während sich in Privatgesprächen häufig ein Thema aus dem anderen ergibt, werden im geschäftlichen Kontext geplante Inhalte behandelt und nur zielführend ergänzt. Der in dieser Phase stattfindende Informationsaustausch wird häufig mit eindeutigen Entscheidungen und/oder Kompromissen beendet.
Abschluss
Nach der Inhaltsphase, bei der auf der Sachebene Argumente ausgetauscht wurden, rückt die Beziehungsebene in der Abschlussphase wieder in den Vordergrund. Damit erfolgt nach abschließender Klärung der Sachebene im Gesprächsausklang eine soziale Komponente. Verabschiedungen werden durch persönliche Riten wie der Absprache von Folgeterminen, Smalltalk, dem Austausch von Grüßen und i. d. R. einem Händedruck begleitet.

Zusammenfassung und Lernkontrolle

Zusammenfassung

Mitarbeiterführung

Kommunikation, Förderung von Motivation und Anreizsetzung

Kommunikation und Gesprächsführung

Motivation und Anreizsetzung

Berufliche Aus- und Weiterbildung

Weiterbildung | Ausbildung

beruflicher Art

Fortbildung
- Erhaltungsfortbildung
- Erweiterungsfortbildung
- Anpassungsfortbildung
- Aufstiegsfortbildung

Umschulung
„Zweitausbildung“
- für i. d. R. anerkannte Ausbildungsberufe

Lernen im Prozess der Arbeit
- Informelles und formelles Lernen
„Lebenslanges Lernen“

Kommunikationsmodell und -prozess

Sender | Empfänger

präsent sein

zuhören

zusammenfassen

interpretieren

fragen

antworten

reflektieren
mit eigenen Erfahrungen

Feedback
geben und annehmen

Störungen

aufgrund der Wahrnehmung von Nachrichten möglich

Ebenen

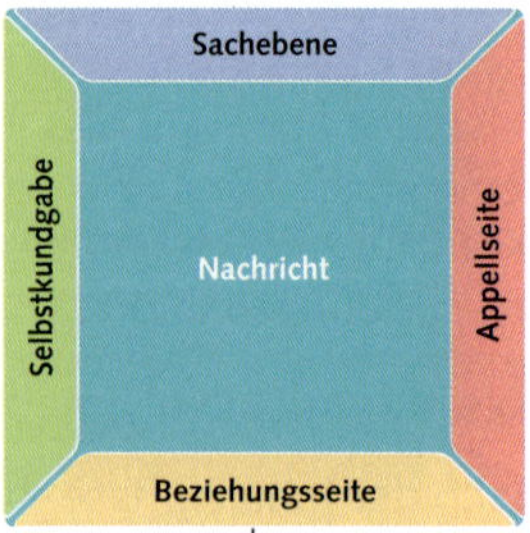

Feedback

(Nachricht und Rückkopplung (Feedback) nach Kommunikationsformen)

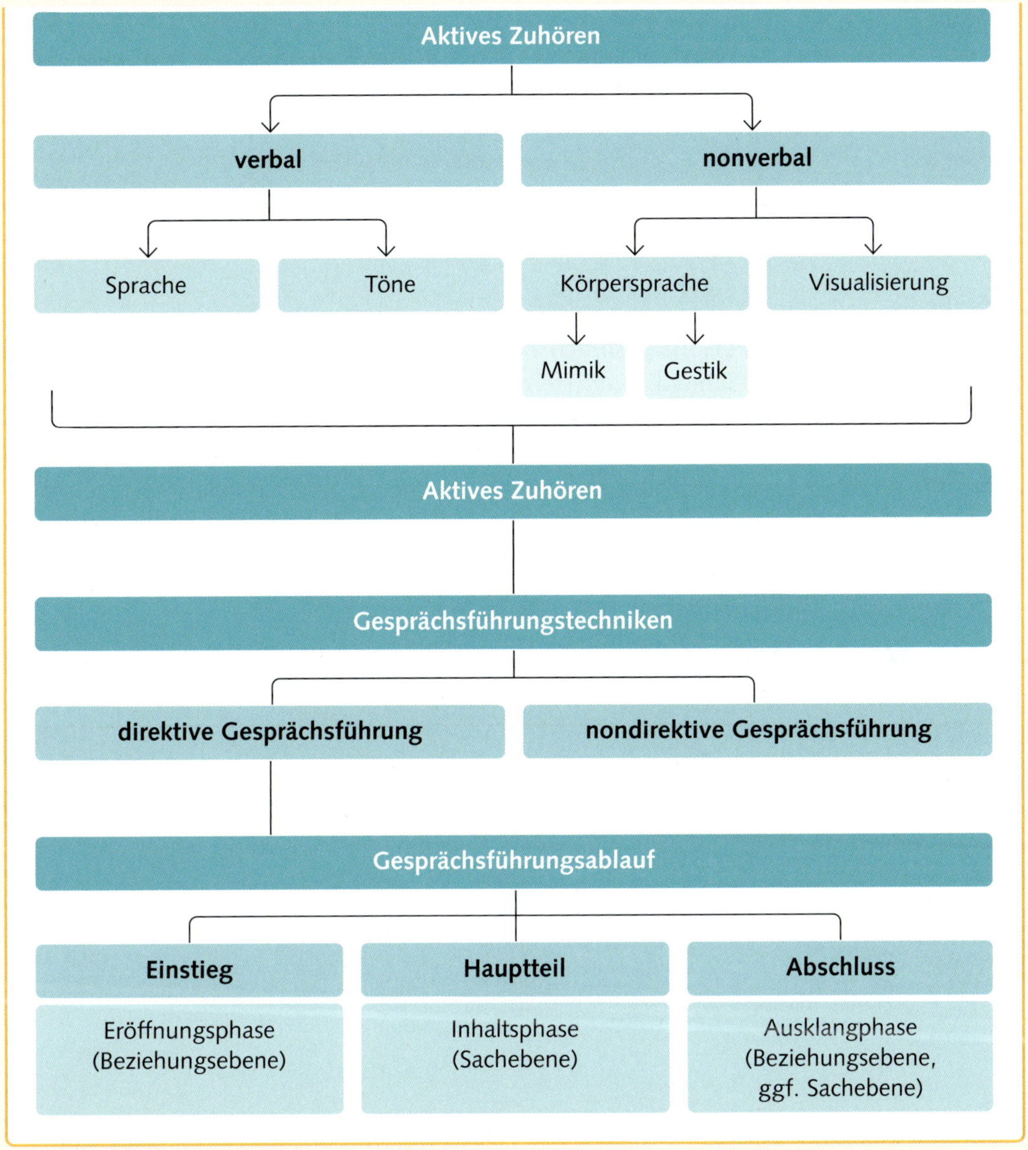

Lernkontrolle

Aufgabe 1

Erläutern Sie, welche Kompetenzen eine Führungskraft Ihres Erachtens nach mitbringen muss, um professionell agieren zu können.

Aufgabe 2

Stellen Sie den Zusammenhang zwischen Kommunikation, Motivation und Anreizsetzung für die Mitarbeiter und für den betrieblichen Erfolg eines Unternehmens heraus.

Aufgabe 3

Erklären Sie den Unterschied zwischen Ausbildung und Weiterbildung im betrieblichen Zusammenhang.

Aufgabe 4

Erkundigen Sie sich auf der Homepage Ihres Ausbildungsbetriebes, welche Weiterbildungsmöglichkeiten es gibt.

Aufgabe 5

Bereiten Sie ein fiktives Personalgespräch zwischen einer Führungskraft (Frau Meier) und ihrem Mitarbeiter (Herr Schmidt) vor. Herr Schmidt arbeitet seit 3 Jahren in der Personalabteilung und möchte als angestellter Mitarbeiter über mögliche Karrierechancen und Aufstiegsfortbildungen mit Frau Meier sprechen. Orientieren Sie sich an nachfolgenden Aspekten.

1. Inhalte (Weiterbildungsmöglichkeiten)
2. Kommunikationsmodell (4-Ohren-Modell)
3. Kommunikationsformen (verbal, nonverbal und aktives Zuhören)
4. Aufbau (Einstieg, Hauptteil, Abschluss)

Lernfeld 6: Rechtsgrundlagen zur Ermittlung von Einkommen im öffentlichen Dienst anwenden und Arbeitsentgelte berechnen

D

1 Tarifvertragsrecht

1.1 Gesetzliche Grundlage und Koalitionsfreiheit

TVG

GG Art. 9 (3)

Das Tarifvertragsgesetz (TVG) ist Bestandteil des kollektiven Arbeitsrechts. Es basiert auf dem Grundrecht der Arbeitnehmer Koalitionen bzw. Vereinigungen zu bilden, die zur Wahrung und Förderung der Arbeitsbedingungen beitragen. Diese Koalitionsfreiheit bildet die Grundlage für die Existenz von Tarifvertragsparteien, den sog. Sozialpartnern.

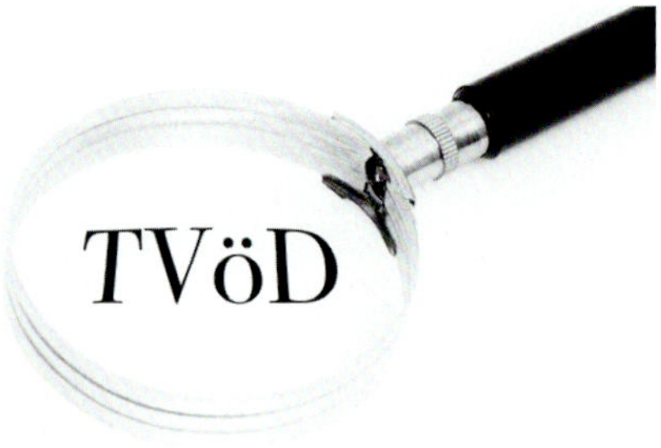

1.2 Tarifvertragsparteien

Mit dem Tarifvertragsrecht erklären sich die Vereinigungen der Arbeitnehmer (Gewerkschaften) und die der Arbeitgeber (Arbeitgeberverbände) als Parteien zur Aushandlung von Tarifverträgen.

Tarifvertragsparteien

Arbeitgeberverbände	Gewerkschaften
Dachverband: Bundesvereinigung der Deutschen Arbeitgeberverbände (BDA)	Dachverband: Deutscher Gewerkschaftsbund (DBG) Deutscher Beamtenbund (DBB)
z. B. ▪ Bundesministerium des Innern (BMI) ▪ Vereinigung kommunaler Arbeitgeberverbände (VKA) ▪ Deutscher Bühnenverein Bundesverband der Theater und Orchester ▪ Tarifgemeinschaft öffentlicher Banken	z. B. ▪ Vereinte Dienstleistungsgewerkschaft (ver.di) ▪ Gewerkschaft Erziehung und Wissenschaft (GEW) ▪ komba – Gewerkschaft für den Kommunal- und Landesdienst

1.3 Tariffähigkeit

TVG § 2

Die Dachverbände der Arbeitgeber und Gewerkschaften führen keine Tarifverhandlungen. Sie sind Ansprechpartner gegenüber politischen Entscheidungsträgern und Verbänden auf Bundes-, Landes-, und kommunaler Ebene und nicht tariffähig.

Tariffähigkeit besitzen hingegen die regionalen Fachverbände (z. B. der kommunale Arbeitgeberverband Baden-Württemberg – AKVBW) bzw. die Einzelgewerkschaften (z. B. ver.di) für den öffentlichen Dienst. In Ausnahmen verhandeln Gewerkschaften direkt mit einzelnen, großen und tariffähigen Arbeitgebern (z. B. die Volkswagen AG).

1.4 Tarifautonomie

Die Tarifautonomie umfasst das Grundrecht eigenständige (autonome) Regelungen der Arbeits- und Wirtschaftsbedingungen durch Tarifverträge festzuhalten. Die Sozialpartner finden ohne staatliche Mitwirkung, das heißt in eigener Verantwortung zu einer Übereinkunft. Diese Autonomie ist ein Recht der Sozialpartner, welches unter anderem ihre Betätigungsfreiheit, Vereinbarungsbefugnis und ihr Recht auf Arbeitskampf (Streik und Aussperrung) garantiert.

GG Art. 9 (3) Art. 19 (2)

1.5 Tarifvertragsarten

Die Tarifverträge sind schriftlich zu vereinbaren. Sie lassen sich nach Vertragspartnern, ihren Rechtswirkungen, nach Geltungsbereichen und nach Inhalten unterscheiden.

TVG §§ 1, 3

Vertragspartner

Tarifverträge werden zwischen den Sozialpartnern (Verbandstarifverträge) oder zwischen Gewerkschaften und einzelnen Arbeitgebern (Firmen- oder Haustarifverträge) geschlossen. Ein geschlossener Tarifvertrag gilt für alle Gewerkschaftsmitglieder, solange der Arbeitgeber dem betreffenden Arbeitgeberverband angehört (Tarifgebundenheit).

Rechtswirkung

Tarifverträge haben zwei Wirkungsbereiche. Den gebundenen (obligatorischen) und den verpflichtenden (normativen) Teil.

Obligatorischer Teil	Normativer Teil
Im obligatorischen Teil sind Pflichten vereinbart, die ausschließlich für die betreffenden Sozialpartner gelten. Die Arbeitgeber verpflichten sich zur Durchführung der Tarifinhalte, die Arbeitnehmer zur Friedenspflicht während der Laufzeit des Tarifvertrages.	Im normativen Teil sind tarifvertragliche Wirkungen festgelegt, die direkt auf das einzelne Arbeitsverhältnis einwirken und entgegenstehende Vereinbarungen außer Kraft setzen (z. B.: Probezeit, Kündigungsfrist oder Gehaltshöhe).

Geltungsbereich

Der Geltungsbereich eines Tarifvertrags unterteilt sich in vier Unterbereiche.

Bereich	Anmerkungen
fachlich	Definition der tarifspezifischen **Branche**. Diese kann relativ gleichartig (z. B. öffentlicher Bankensektor) oder sehr unterschiedlich (z. B. Industriesektor für Metall) sein.
persönlich	Definition der vom Tarifvertrag betroffenen **Arbeitnehmer**. Unterschieden wird zwischen Angestellten, Arbeitern und Auszubildenden. In der öffentlichen Verwaltung wird in der Regel zwischen Angestellten, Beamten und Auszubildenden unterschieden. Damit besteht kein einheitliches Tarifwerk.

räumlich	Definition der territorialen Abgrenzung des Gültigkeitsbereichs eines Tarifvertrages, sog. **Tarifgebiet**. Zu unterscheiden sind: ▪ **bundesweit** (gilt für das gesamte Bundesgebiet), ▪ **landesweit** (gilt für ein bestimmtes Bundesland, z. B. Baden-Württemberg), ▪ **regional** oder **örtlich** (gilt für einen bestimmten Tarifbezirk) geltende Tarifverträge. Gilt ein Tarifvertrag für mehrere Orte oder Bundesländer bzw. für das gesamte Staatsgebiet der Bundesrepublik Deutschland als verbindlich, so bezeichnet man diesen als **Flächentarifvertrag**. Bezieht er sich im Einzelfall nur auf ein bestimmtes Unternehmen oder eine öffentliche Stelle, werden diese als **Firmen-** oder **Haustarifverträge** bezeichnet.
zeitlich	Definition der vereinbarten **Tarifvertragslaufzeit**. Die Zeit eines Tarifvertrages variiert zwischen einem Jahr (12 Monate) für einen **Entgelttarifvertrag** oder drei Jahren für einen **Manteltarifvertrag**.

Tarifvertragsinhalte

TVG § 4 Ein Tarifvertrag regelt die Mindestinhalte für Arbeitsverhältnisse. Es wird dabei zwischen Vergütungs- und Manteltarifverträgen unterschieden.

Die Tarifverträge im öffentlichen Dienst unterscheiden sich für Beamte und Angestellte, sowie für Bund, Länder und Kommunen.

1.6 Tarifbindung

Tarifverträge gelten für die tarifschließenden Parteien. Diese Parteien sind tarifgebunden, das heißt der Tarifvertrag gilt für sie zwingend und unmittelbar (**Grundsatz der Unabdingbarkeit**). Die Tarifbindung endet mit Ablauf oder Kündigung des Tarifvertrages. Die Tarifbedingungen gelten bis zum Abschluss eines neuen Tarifvertrages unverändert weiter (**tarifliche Nachwirkungszeit**). Ausnahmen zur Tarifbindung gewährt das Tarifvertragsrecht über das Günstigkeitsprinzip und die Öffnungsklausel.

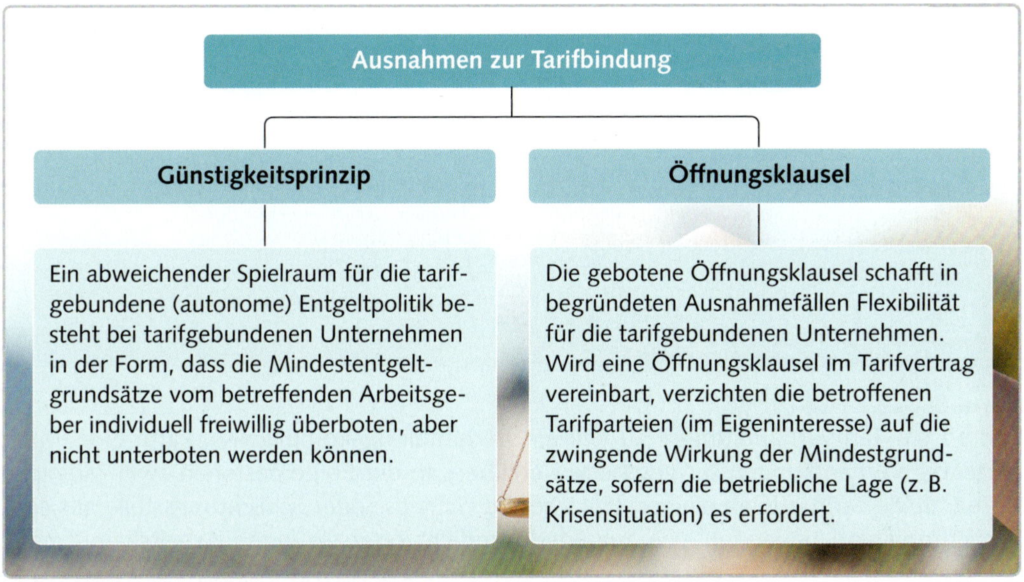

BEISPIELE

Günstigkeitsprinzip:
Die Mitarbeiterin Anika R. vereinbart mit der Stadt Stuttgart ein monatliches Entgelt in Höhe von 3.500,00 €. Der geltende Entgelttarifvertrag sieht ein geringeres Monatsentgelt für eine gleichwertige Position vor. In der Rechtsrangfolge steht der Tarifvertrag über dem Arbeitsvertrag, der in diesem Fall für Anika R. jedoch günstiger ist. Die Mindestbedingungen wurden überschritten. Der Vertrag ist gültig.

Öffnungsklausel:
Befindet sich die Stadt Stuttgart in einer finanziellen Krise, bietet ihr die Öffnungsklausel die Möglichkeit, ihre Arbeitnehmer untertariflich zu bezahlen, um auf betriebsbedingte Kündigungen verzichten zu können. Die Öffnungsklausel erweitert so den betrieblichen Gestaltungsspielraum.

Eine weitere Ausnahme bildet die **Allgemeinverbindlichkeitserklärung** für Tarifverträge. Mit dieser Erklärung wird die Tarifautonomie durchbrochen, indem der Bundesminister für Arbeit und Soziales in einer Kooperation zwischen Staat und Tarifparteien die Tarifnormen auf alle Arbeitsverhältnisse einer Branche erstreckt, ohne Rücksicht auf die Tarifbindung.

1.7 Tarifverhandlung

Die Tarifverhandlungen sind autonom geführte Verhandlungen zwischen den Tarifvertragsparteien. Zu Verhandlungsbeginn werden die Positionen strategisch weit auseinanderliegen. Für die notwendige Kompromissfindung werden sich diese Positionen im Verlaufe der Verhandlungen annähern.

Positionenvergleich der Tarifvertragsparteien

Arbeitnehmer	Arbeitgeber
▪ Lohnerhöhungen als Inflationsausgleich ▪ Beteiligung an Unternehmensgewinnen ▪ Ausgleich für zunehmenden Erfolgs- bzw. Leistungsdruck	▪ Wettbewerbsfähigkeit und Innovationskraft werden durch zu hohe Personalkosten gefährdet ▪ Lohnerhöhungen führen ggf. zu Arbeitsplatzverlust

Führen die Tarifverhandlungen zu keinem Verhandlungskompromiss, kann eine Tarifpartei die Verhandlungen für gescheitert erklären. In der Folge bestehen zwei Möglichkeiten. Beide Tarifparteien einigen sich über die Schieds- oder Schlichtungsstelle auf eine Schlichtung und bekennen sich zur Friedenspflicht oder sie leiten Arbeitskampfmaßnahmen ein.

1.8 Arbeitskampfmaßnahmen

TVG § 2

Die wichtigste „Kampfmaßnahme" der Arbeitnehmerseite ist der **Streik**. Die Reaktion der Arbeitgeberseite ist die **Aussperrung**.

Prinzipien für den Streik und die Aussperrung

Die Arbeitnehmervertreter rufen für einen **Streik** zur gemeinsamen Arbeitsniederlegung der organisierten Arbeitnehmer auf. Die Rechtmäßigkeit eines Streiks ist an bestimmte Prinzipien geknüpft (siehe unten stehende Grafik). Für einen Streik ist ein Mehrheitsbeschluss (75 %) der betroffenen gewerkschaftlich organisierten Arbeitnehmer über eine sogenannte Urabstimmung erforderlich. Wird diese Mehrheit erreicht, ruft die Gewerkschaft zur Arbeitsniederlegung auf.

Die Gegenmaßnahme zur Arbeitsniederlegung ist die **Aussperrung**. Die Arbeitgeberseite reagiert damit auf den bestehenden Streik und lässt sämtliche Arbeitsverhältnisse bis zum Streikende ruhen. Die Aussperrung ist eine zeitweilige Suspendierung der streikenden und arbeitswilligen Arbeitnehmer. Die Lohnzahlungspflicht des Arbeitgebers entfällt. Die Gewerkschaftsmitglieder erhalten aus der gewerkschaftlichen „Streikkasse" Streikgelder, deren Höhe abhängig ist von der jeweiligen Gewerkschaft, der Zugehörigkeitsdauer und der Gehaltshöhe. Auch in der Phase des Arbeitskampfes gehen die Tarifverhandlungen weiter. Führen die Verhandlungen zu einem Ergebnis, wird der Streik über eine neuerliche Urabstimmung (25 %-Zustimmung) der betroffenen Gewerkschaftsmitglieder beendet. Ein neuer Tarifvertrag schließt damit die Kompromissfindung und die Tarifverhandlungen ab.

Rechtswidriger Streik

Wird ein Streik ohne Urabstimmung vollzogen, spricht der Gesetzgeber von einem „wilden Streik", der rechtswidrig ist. Rechtswidrig ist ein Streik auch, wenn er kein tarifkonformes, sondern ein politisches Ziel verfolgt.

Schlichtungsstelle

Ein Arbeitskampf kann mithilfe einer neutralen **Schlichtungsstelle** im Voraus vermieden oder bei anfangs gescheiterten Tarifverhandlungen im Nachhinein durch Schiedsspruch mit einem Einigungsergebnis beendet werden.

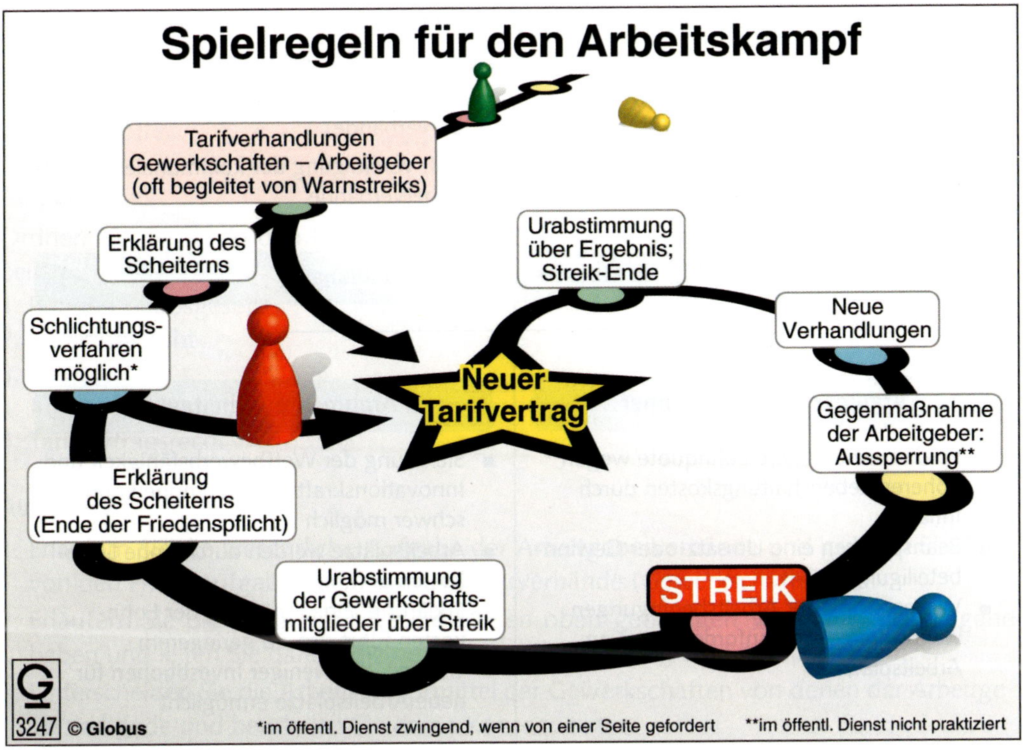

Verhältnismäßigkeitsprinzip

Aus Gründen der volkswirtschaftlichen Interessenlage (z.B. Arbeitsplatz- und Wettbewerbsverluste, außenpolitische Reputation), gilt für die genannten Arbeitskampfmittel in Deutschland das Prinzip der Verhältnismäßigkeit zwischen Aktion und Resultat.

Aufgabe 4

Marcel Lampert ist Verwaltungsfachangestellter in Stuttgart. Er wird am 01.04. dieses Jahres von der Stadt Heilbronn, 120 Angestellte, als Leiter des IT-Supports in Heilbronn angestellt. Beim Einstellungsgespräch wird ihm ein Bruttogehalt von 3.800,00 € und 28 Tage Urlaub angeboten. Für ihn ist jedoch ein höheres Bruttogehalt wichtiger, als ein längerer Urlaub. Marcel L. macht daraufhin den Vorschlag, das Bruttogehalt zu erhöhen und den Urlaub zu kürzen. Im Arbeitsvertrag wird folglich ein Bruttogehalt von 4.000,00 € festgelegt, der Urlaub wird auf 26 Tage reduziert. Die Stadt Stuttgart ist Mitglied beim Arbeitgeberverband.

1. Vom Personalratsvorsitzenden, der ihn als Gewerkschaftsmitglied anwerben will, erfährt Herr Lampert, dass ihm nach dem gültigen Lohntarifvertrag ein Bruttogehalt von 4.100,00 € zustehen würde. Nach der Urlaubsregelung im Manteltarifvertrag hätte er allerdings nur Anspruch auf 24 Urlaubstage. Herr Lampert überlegt, ob er in die Gewerkschaft ver.di eintreten soll. Prüfen Sie, ob die Mindestregelungen des Tarifvertrags für die Stadt für Herrn Lampert auch dann Gültigkeit haben, wenn er kein Gewerkschaftsmitglied ist.
2. Marcel Lampert ist in die Gewerkschaft ver.di eingetreten. Beurteilen Sie, ob er einerseits unter Berufung auf den Tarifvertrag vom Arbeitgeber 4.100,00 € Bruttolohn verlangen und andererseits unter Berufung auf den Einzelarbeitsvertrag weiterhin 26 Tage Urlaub beanspruchen kann.
3. Der Tarifvertrag von ver.di wurde für allgemeinverbindlich erklärt. Herr Lampert echauffiert sich, weil in der Konsequenz alle Arbeitnehmer, d. h. auch keine Gewerkschaftsmitglieder (Herr Lampert bezeichnet diese als Trittbrettfahrer) in den Genuss der tarifrechtlichen Mindestregelungen kommen. Er fügt an, ver.di solle bei den nächsten Tarifverhandlungen darauf hinwirken, dass die nachstehende Anmerkung in den Tarifvertrag aufgenommen wird: *„Die Arbeitgeber verpflichten sich, die tarifvertraglichen Regelungen nur Gewerkschaftsmitgliedern zugutekommen zu lassen."*
   Beurteilen Sie diesen Vorschlag.

2 Entlohnung für Arbeitszeit

2.1 Entlohnung

BGB § 611

Die **Entlohnung** ist das auf der Grundlage eines Dienstverhältnisses vertraglich geschuldete Arbeitsentgelt, das der Arbeitgeber für die Arbeitsleistung der Arbeitnehmer vergüten muss.

©

EStG § 19

Zum Arbeitsentgelt zählen alle Einnahmen. Diese umfassen die laufenden oder einmaligen Geldbezüge und Sachbezüge. Die Sachbezüge (Güter) bestehen in Geldeswert. Im Steuerrecht werden die Sachbezüge als geldwerte Vorteile bezeichnet. Hierzu zählen z. B. freie Verpflegung oder die kostenlose oder verbilligte Nutzung einer Wohnung des Arbeitgebers.

Die Grundlage der Entlohnung ist damit das **Entgelt** (Angestellte und Arbeiter[1]) oder die **Besoldung** (Beamte und Anwärter). Für beide Arbeitnehmergruppen sind dies steuerpflichtige **Einnahmen,** die im Steuerrecht in der Einkunftsart 4 „Einkünfte aus nichtselbstständiger Arbeit" erfasst werden.

Was bei Angestellten und Arbeitern Gehalt oder Lohn genannt wird, bezeichnet man bei den Beamten als Besoldung.

2.2 Entgelt für Angestellte

Die Höhe des Entgelts für Angestellte ergibt sich aus arbeitsvertraglicher Vereinbarung (im Sinne der Vertragsfreiheit), die mindestens den gesetzlichen oder tariflichen Bestimmungen entsprechen muss. Liegt die vertragliche Vereinbarung unter diesen Mindestsätzen, gilt nach dem Günstigkeitsprinzip abweichend der gültige Tarifvertrag oder der gesetzliche Mindestlohn.

Der Berechnung des Entgeltes liegen zwei Systeme zugrunde.

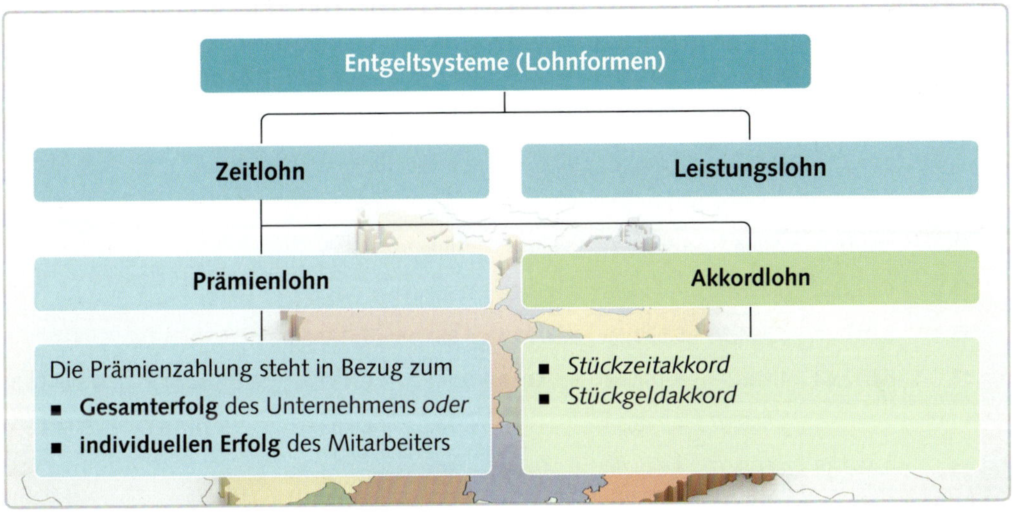

Zeitlohn

Beim reinen Zeitlohn erfolgt die Entlohnung nach der Dauer der Arbeitszeit. Sie ist unabhängig von der erbrachten Leistung.

Die Höhe des Zeitlohns bestimmt sich über Zeiteinheiten (z. B. Stunden, Tage, Wochen oder Monate), für die ein konstanter Lohnsatz gezahlt wird, deren Höhe in Abhängigkeit zu Ausbildungsgrad und Berufserfahrung steht. Der Zeitlohn (z. B. Monatsentgelt) ist folglich das Ergebnis aus Zeiteinheit und Lohnsatz.

1 Die Begriffe Arbeitsentgelt und Arbeitslohn werden häufig synonym verwendet. Der Arbeitslohn im engeren Sinne ist das Gehalt eines Angestellten und der Lohn eines Arbeiters.

Monatsentgelt = Zeiteinheiten x Lohnsatz je Zeiteinheit

Die Monatsentgelte der Angestellten in Baden-Württemberg richten sich überwiegend nach dem allgemeinen TV-L[2]. Es wird dabei zwischen Entgeltgruppe (Einstufung) und Entgeltstufen im Zeitverlauf unterschieden.

Die Einstufung in die Entgeltgruppen orientiert sich an folgenden Voraussetzungen:

Entgeltgruppen (EG)	Einstufungsvoraussetzung
Entgeltgruppen 13–15	**wissenschaftliches Hochschulstudium oder Master**
Entgeltgruppen 9b–12	**Fachhochschulstudium oder Bachelor**
Entgeltgruppen 5–9a	**mindestens dreijährige Berufsausbildung**
Entgeltgruppen 1–4	**An- und Ungelernte**

Jede Entgeltgruppe hat unterschiedliche Entgeltstufen, die in zwei Grund- und vier Entwicklungsstufen unterteilt sind. Die Verweildauer in der jeweiligen Stufe ist in der Regel genauso lange, wie das, was die Stufe angibt (z. B. ein Jahr in Stufe 1, zwei Jahre in Stufe 2, usw.). Die Zeiträume können je nach Leistung verkürzt, aber auch verlängert werden. Die Stufe 6 gilt in der Regel als Endstufe. Nachfolgende Tabelle gibt hierzu einen exemplarischen Überblick gemäß TV-L Baden-Württemberg[3].

Monatsentgelte (in Euro) (gültig ab 1. Dezember 2022)								
EG	**Stufe 1**	**Stufe 2**	**Stufe 3**	**Stufe 4**	**Stufe 5**	**Stufe 6**	**13 Ü Stufe 4 a**	**13 Ü Stufe 4 b**
15 Ü	6.122,63	6.795,90	7.434,88	7.853,95	7.957,04			
15	5.017,31	5.394,35	5.593,59	6.301,27	6.837,15	7.042,26		
14	4.542,64	4.885,93	5.167,63	5.593,59	6.246,27	6.433,67		
13 Ü		4.508,07	4.748,54		6.246,27	6.433,67	5.167,63	5.593,59
13	4.188,38	4.508,07	4.748,54	5.215,72	5.861,53	6.073,38		
12	3.774,86	4.040,88	4.604,26	5.098,93	5.737,87	5.910,00		
11	3.652,64	3.898,38	4.178,29	4.604,26	5.222,60	5.379,28		
10	3.523,62	3.764,77	4.040,88	4.322,55	4.858,48	5.004,24		
9b	3.136,59	3.369,08	3.520,54	3.939,07	4.295,09	4.423,96		
9a	3.136,59	3.369,08	3.419,58	3.520,54	3.939,07	4.055,96		
8	2.946,46	3.173,48	3.299,66	3.419,58	3.552,10	3.634,13		
7	2.772,35	2.994,05	3.160,84	3.287,05	3.388,03	3.476,36		

2 Tarifverträge unterscheiden sich auch nach Tätigkeitsfeld, z. B. für Lehrer im Beschäftigtenverhältnis (TV-L Lehrer).

3 Quelle: https://lbv.landbw.de/documents/20181/42056/4_2018_10+Tabellenentgelt.pdf/26c42cec-e33e-4477-96b3-7496868771de (Abruf: November 2018)

Monatsentgelte (in Euro) (gültig ab 1. Dezember 2022)						
EG	**Stufe 1**	**Stufe 2**	**Stufe 3**	**Stufe 4**	**Stufe 5**	**Stufe 6**
6	2.725,66	2.945,10	3.067,49	3.192,41	3.274,43	3.362,77
5	2.618,93	2.834,95	2.957,34	3.073,61	3.167,15	3.230,26
4	2.500,70	2.718,69	2.871,67	2.957,34	3.043,02	3.098,08
3	2.468,79	2.681,96	2.743,16	2.841,06	2.920,62	2.987,93
2 Ü	2.369,86	2.577,93	2.657,48	2.755,41	2.822,72	2.914,51
2	2.302,84	2.504,49	2.565,69	2.626,88	2.767,62	2.914,51
1		2.094,49	2.125,06	2.161,78	2.198,51	2.290,30

Das regelmäßige Monatsentgelt kann sich durch die Entgeltpolitik des Arbeitgebers bzw. nach tarifvertraglicher Ausgestaltung erhöhen. Klassische Erhöhungsmittel sind die vom Arbeitgeber finanzierten Teile der **vermögenswirksamen Leistungen** (VL – Stand 2018: 6,65 € pro Monat), die **Sondervergütungen**[4] (z. B. Gratifikationen für Urlaub oder Weihnachten) und die **Zeitzuschläge** (siehe Tabelle[5]).

Zeitzuschläge West (in Euro je Stunde) bei einer Wochenarbeitszeit von 39 Stunden 30 Minuten (Divisor 171,75) (gültig ab 1. Dezember 2022)									
EG	**Stufe 3 100 %**	**Überstunden**		**Nacht-arbeit**	**Sonntags-arbeit**	**Feiertagsarbeit**		**24. u. 31.12.**	**Samstags-arbeit****
		EG 1–9 30 %	**EG 10–15 15 %**	**20 %**	**25 %**	**ohne FA* 135 %**	**mit FA* 35 %**	**je ab 6 Uhr 35 %**	**13–21 Uhr 20 %**
15 Ü	43,29		6,49	8,66	10,82	58,44	15,15	15,15	8,66
15	32,57		4,89	6,51	8,14	43,97	11,40	11,40	6,51
14	30,09		4,51	6,02	7,52	40,62	10,53	10,53	6,02
13 Ü	27,65		4,15	5,53	6,91	37,33	9,68	9,68	5,53
13	27,65		4,15	5,53	6,91	37,33	9,68	9,68	5,53
12	26,81		4,02	5,36	6,70	36,19	9,38	9,38	5,36
11	2433		3,65	4,87	6,08	32,85	8,52	8,52	4,87
10	23,53		3,53	4,71	5,88	31,77	8,24	8,24	4,71
9b	20,50	6,15		4,10	5,13	27,68	7,18	7,18	4,10

4 Sondervergütungen, die beispielsweise bei der LBBW (Landesbank Baden-Württemberg), aber überwiegend in der Privatwirtschaft gezahlt werden, sind z. B.:
- Tantiemen (u. a. Gewinnbeteiligung)
- Provisionen (u. a. prozentualer Anteil zur Umsatzhöhe)
- Bonus (u. a. in Abhängigkeit zur individuellen Zielerreichung)

5 Quelle: https://lbv.landbw.de/-/zeitzuschlage-ab-01-01-2017-bei-einer-39-5-std-woche-neu (Abruf: November 2018)

Zeitzuschläge West (in Euro je Stunde)
bei einer Wochenarbeitszeit von 39 Stunden 30 Minuten (Divisor 171,75)
(gültig ab 1. Dezember 2022)

EG	Stufe 3 100 %	Überstunden		Nacht-arbeit	Sonntags-arbeit	Feiertagsarbeit		24. u. 31.12.	Samstags-arbeit**
		EG 1–9 30 %	EG 10–15 15 %	20 %	25 %	ohne FA* 135 %	mit FA* 35 %	je ab 6 Uhr 35 %	13–21 Uhr 20 %
9a	19,91	5,97		3,98	4,98	26,88	6,97	6,97	3,98
8	19,21	5,76		3,84	4,80	25,93	6,72	6,72	3,84
7	18,40	5,52		3,68	4,60	24,84	6,44	6,44	3,68
6	17,86	5,36		3,57	4,47	24,11	6,25	6,25	3,57
5	17,22	5,17		3,44	4,31	23,25	6,03	6,03	3,44
4	16,72	5,02		3,34	4,18	22,57	5,85	5,85	3,34
3	15,97	4,79		3,19	3,99	21,56	5,59	5,59	3,19
2 Ü	15,47	6,64		3,09	3,87	20,88	5,41	5,41	3,09
2	14,94	4,48		2,99	3,74	20,17	5,23	5,23	2,99
1	12,73	3,71		2,47	3,09	16,70	4,33	4,33	2,47

Der Zeitlohn hat für die Vergütung in der öffentlichen Verwaltung eine hohe Bedeutung. Er ist deshalb sinnvoll, weil die Tätigkeiten qualitativ hochwertig ausgeführt werden müssen. Genauigkeit und Präzision stehen vor Schnelligkeit und Menge (vgl. Leistungslohn).

BEISPIEL

Der Angestellte Marcel Lampert ist im Servicebereich eines wenig frequentierten Bürgerbüros in der Gemeinde Wüstenrot tätig. Herr Lampert erhält den vereinbarten Zeitlohn (Gehalt) pro Monat auch dann, wenn er lediglich anwesend ist und nur in bestimmten Situationen (z. B. Kundenkontakt) aktiv wird.

Leistungslohn

Der Leistungslohn untergliedert sich in die Bereiche Akkord[6]- und Prämienlohn. In Anlehnung an die Vergütungspraxis der öffentlichen Verwaltung, liegt der Fokus auf der Prämienentlohnung. Bei ihr geht es im Kern um einen Leistungsanreiz. Die Leistung wird in Form von mess- oder zählbaren Größen vereinbart und das Entgelt verändert sich in Relation zur erbrachten Leistung.

6 Der **Akkordlohn** ist von der Menge der tatsächlich gefertigten Werkstücke je Zeiteinheit, z. B. Stunde, Tag, Woche oder Monat abhängig. Voraussetzung für seinen Einsatz ist, dass der Arbeitnehmer seinen Output (z. B. Produktionsteile) selbst bestimmen kann. Das Arbeitsergebnis muss nachvollziehbar und messbar sein. Dieses leistungsabhängige Lohnanreizsystem findet seine Berechtigung u. a. in der produzierenden Industrie. In der öffentlichen Verwaltung findet es i. d. R. keine Anwendung und dient an dieser Stelle lediglich dem Zweck der Vollständigkeit.

Die Prämienentlohnung ist eine Entlohnungskombination, basierend auf einer Fixvergütung (im Sinne des Zeitlohns) und einer erfolgsabhängigen variablen Vergütung (im Sinne des Leistungslohns).

Die Höhe der Fixvergütung kann sich an der ausgeübten Funktion und deren Wertigkeit nach Tarifverträgen (z. B. stellenbezogene Aufgaben und Anforderungen), oder im außertariflichen Bereich nach den Marktgegebenheiten richten. Sie sichert die Erfolgsunabhängigkeit der Beschäftigung. Die variable Vergütung hingegen honoriert die besondere Leistung und die Ergebnisse eines Arbeitnehmers (i. d. R. im außertariflichen Bereich), die den nachhaltigen wirtschaftlichen Erfolg eines Unternehmens oder einer Organisation positiv beeinflussen. Er steht meistens in einem angemessenen Verhältnis zur Fixvergütung (z. B. 2/3 fix zu 1/3 variabel).

BEISPIEL

Der Vorsitzende der Landesbank Baden-Württemberg (LBBW) wird nach Prämienentlohnung vergütet. Nach der Zielvereinbarung ist zu seiner Fixvergütung ein erfolgsabhängiger Zielbonus möglich. Die Leistungsbeurteilung erfolgt anhand der getroffenen Leistungsfaktoren. Die Festlegung erfolgt i. d. R. in Absprache zwischen Führungskraft und übergeordneter Instanz (z. B. Kontrollausschuss). Im positiven Fall der Zielerreichung führt die besonders gute Leistung zu einem Bonus, der sein Fixum um den Bonusanteil erhöht.

Zielvereinbarung		**individuelle Leistungsfaktoren**	**Zielerreichung**	
Fixum	Zielbonus	Erfolg der LBBW z. B. ▪ Umsatzsteigerung ▪ Gewinnsteigerung	Fixum	**Bonus**

Grundgehalt fix — Gesamtgehalt (fix + variabel)

2.3 Entgelt für Beamte

Die Beamten stehen in einem **Beamtenverhältnis**. Dieses basiert nicht auf einem privatrechtlichen Arbeitsverhältnis, sondern auf einem **öffentlich-rechtlichen Dienst- und Treueverhältnis.** Aus diesem ergeht die **Fürsorgepflicht** des Dienstherrn gegenüber den Beamten. Die Fürsorge schützt die Beamten in der aktiven Phase und im Ruhestand. Die aus der Fürsorgepflicht ableitbaren Ansprüche sind insbesondere das Recht auf **Beamtenbesoldung** und **Beamtenversorgung**.

Art. 33 GG

Art. 33 (5) GG

§ 45 BeamtStG

Die **Beamtenbesoldung** (Bezahlung der Beamten) des Bundes richtet sich nach den Vorschriften der Besoldungsordnung (BBesO). Die Länder können hierzu ergänzende Regelungen durch Landesbesoldungsordnungen erlassen (z. B. das Landesbesoldungsgesetz in Baden-Württemberg (LBesGBW). Die **Besoldung** ist dabei kein sog. Entgelt für den geleisteten Dienst, sondern eine **Alimentation** für die Bereitstellung der gesamten Persönlichkeit für den öffentlichen Dienst als Lebensberuf.

2-Jahres-Rhythmus							
	9	**10**	**11**	**12**	**13**	**14**	**15**
C 1	4.621,97	4.746,78	4.871,57	4.996,39	5.121,22	5.246,00	
C 2	5.222,51	5.421,41	5.620,31	5.819,19	6.018,10	6.217,00	6.415,90
C 3	5.793,41	6.018,64	6.243,84	6.469,04	6.694,26	6.919,45	7.144,67
C 4	6.863,12	7.089,49	7.315,92	7.542,28	7.768,66	7.995,06	8.221,45

Richter erhalten ihre Dienstbezüge nach der Besoldungsordnung R mit den Besoldungsgruppen R1 bis R11 (R1 und R2 aufsteigende Gehälter, ab R3 feste Gehälter).

Landesbesoldungsordnung R (Gültig ab 1. Dezember 2022)

2-Jahres-Rhythmus						
	1	**2**	**3**	**4**	**5**	**6**
R 1	4.819,92	4.929,34	5.211,60	5.493,83	5.776,04	6.058,30
R 2			5.887,22	6.169,41	6.451,70	6.733,91

2-Jahres-Rhythmus					
	7	**8**	**9**	**10**	**11**
R 1	6.340,56	6.622,78	6.905,01	7.187,27	7.469,49
R 2	7.016,16	7.298,41	7.580,60	7.862,84	8.145,07

R 3	8.955,70	**R 4**	9.477,42	**R 5**	10.076,00	**R 6**	10.641,25	**R 7**	11.191,11	**R 8**	11.764,14

Für jede der Besoldungsordnungen gibt es – für jedes Bundesland sowie den Bund gesondert – eine aktuelle Besoldungstabelle, die das Grundgehalt der Beamten und Richter betragsmäßig ausweist.[9]

Das Grundgehalt gemäß der Besoldungsordnung kann durch weitere Bezüge ergänzt werden. Hierzu zählen der Familienzuschlag, Zulagen und andere Zuschläge.

Familienzuschlag

Der Familienzuschlag richtet sich einerseits nach den Familienverhältnissen (Ehebezogener Teil) und andererseits nach der Anzahl der zu berücksichtigenden Kinder (Kinderbezogener Teil) des jeweiligen Beamten.

9 Eine Übersicht bietet der Deutsche Beamtenbund unter: https://www.dbb.de/mitgliedschaft-service/besoldungstabellen.html (Stand: 2018 / Abruf: 01.2019)

Familienzuschlag (Baden-Württemberg)[10]

Familienzuschlag (Monatsbeträge in Euro)	Gültig ab 01.12.2022	
Ehebezogener Teil des Familienzuschlag (zur Hälfte)	158,80 (79,40)	**Eigenmittelgrenze** bei Aufnahme einer anderen Person in eigene Wohnung (§ 41 Abs. 1 Nr. 5) ab 01.12.2022 952,80
Kinderbezogener Teil des Familienzuschlags für das **erste und zweite** Kind jeweils für das **dritte und jedes weitere Kind** jeweils	 138,84 750,44	
Anrechnungsbetrag (nach § 40 Satz 3)	72,53	

Zulagen

Bei den Zulagen kann es sich um Amtszulagen, Strukturzulagen, Stellenzulagen oder sonstige Zulagen handeln.

Amts- und Strukturzulagen (Baden-Württemberg)

Amts- und Strukturzulagen (Monatsbeträge in Euro) Gültig ab 1. Juli 2018

Dem Grunde nach geregelt im **Landesbesoldungsgesetz/Landesbesoldungsordnungen**	Betrag in Euro
§ 44	234,39
§ 45 Absatz 1	354,49
Absatz 2	177,25
§ 46	
a) Beamte des mittleren Dienstes	
aa) in den BesGr. A 5 bis A 8	21,63
bb) in den BesGr. A 9 bis A 11	84,62
b) Beamte des gehobenen Dienstes nach § 24 Nr. 2 und 3	94,02
c) Beamte des höheren Dienstes in der BesGr. A 13 und der BesGr. C 1 kw	94,02

Sonstige Zulagen (Baden-Württemberg)

Zulage für Dienst zu ungünstigen Zeiten, je Stunde in Euro	Gültig ab 1. Juli 2018
Sonn- und Feiertagsdienst; Dienst an den Samstagen vor Ostern und Pfingsten nach 12 Uhr sowie am 24. und 31. Dezember jeden Jahres nach 12 Uhr	143,04

10 Vergleiche „Deutscher Beamtenbund (dbb)“ unter: https://www.dbb.de/mitgliedschaft-service/besoldungstabellen.html (Abruf: 01.2019)

Leistungszulagen (Baden-Württemberg)

Mehrarbeitsvergütung (Stundensätze in Euro) Gültig ab 1. Juli 2018

Besoldungsgruppen	
A 5 bis A 8	14,91
A 9 bis A 12	20,47
A 13 bis A 16	28,23
Mehrarbeit im Schuldienst	
Beamte des gehobenen Dienstes, deren Eingangsamt unterhalb der Besoldungsgruppe A 12 liegt	19,05
Beamte des gehobenen Dienstes mit Eingangsamt A 12	23,58
Beamte des gehobenen Dienstes mit Eingangsamt A 13	28,01
Beamte des höheren Dienstes	32,73

Andere Zuschläge

Zu den genannten Zulagen können Sonderzahlungen, wie Weihnachtsgeld und Vergütungen für Reise- und Umzugskosten kommen. Das Grundgehalt erhöhen zusätzlich vom Arbeitgeber finanzierte vermögenswirksame Leistungen (VL).

Exkurs: **Beamtenanwärter (Baden-Württemberg)**

Anwärtergrundbetrag (Monatsbeträge in Euro) Gültig ab 1. Juli 2018

Eingangsamt, in das der Anwärter nach Abschluss des Vorbereitungsdienstes unmittelbar eintritt	Grundbetrag
A 5 bis A 8	1.192,89
A 9 bis A 11	1.248,78
A 12	1.393,53
A 13	1.426,46
A 13 mit Strukturzulage	1.462,62

2.4 Gesetzlicher Lohnabzug

Der Arbeitgeber (oder Dienstherr) ist gesetzlich dazu verpflichtet, den Steuer- und Sozialversicherungsanteil des monatlichen Arbeitsentgelts direkt an die zuständigen Stellen abzuführen.

Ein Arbeitnehmer erhält nicht das volle steuerpflichtige **Bruttoentgelt**, sondern das um den gesetzlichen Lohnabzug verringerte **Nettoentgelt**.

Gesetzlicher Lohnabzug

Steueranteil

- **Lohnsteuer**
  Die Lohnsteuer (LSt) ist abhängig von der Höhe des Bruttoeinkommens in Verbindung mit dem Einkommensteuertarif.
- **Solidaritätszuschlag**
  Der Solidaritätszuschlag (Soli) beträgt 5,5 % vom Betrag der Lohnsteuer.
- **Kirchensteuer**
  Die Kirchensteuer (KiSt) beträgt ausschließlich in Baden-Württemberg und Bayern 8 % vom Betrag der Lohnsteuer. In den übrigen Bundesländern 9 %

Arbeitnehmer-Anteil
zur gesetzlichen Sozialversicherung (Stand 2019)

- Rentenversicherung
  Beitragssatz: 9,3 %
- Arbeitslosenversicherung
  Beitragssatz: 1,25 %
- Krankenversicherung
  Beitragssatz: 7,3 %
  + ggf. Zusatzbeitrag 0,45 % *
- Pflegeversicherung
  Beitragssatz: 1,525 %
  + ggf. Zusatzbeitrag 0,25 % **

Anmerkung:
* Krankenkassen haben die Möglichkeit einen Zusatzbeitrag zu erheben. Dieser beträgt in den meisten Fällen 0,9 % und wird paritätisch von Arbeitnehmer und Arbeitgeber gemeinsam getragen. Der paritätisch abzuführende Gesamtbeitrag zur gesetzlichen Krankenversicherung beträgt damit i. d. R. 15,5 %.
** Der Pflegeversicherungsbeitrag erhöht sich bei Kinderlosen ab 23 Jahren um einen Kinderlosenzuschlag in Höhe von 0,25 % auf insgesamt 1,65 %

Bei Beamten entfällt im Rahmen der Fürsorgepflicht des Dienstherrn die arbeitnehmerseitige Abgabe zur gesetzlichen Sozialversicherung.

Lohnsteuer

Die Höhe der einbehaltenen Lohnsteuer ist einerseits von der Höhe des Bruttoentgelts und andererseits von der Steuerklasse oder den Kinderfreibeträgen des Arbeitnehmers abhängig.

Steuerklassen

Die Steuerklassen (StK) berücksichtigen steuerliche Besonderheiten, wie z. B.:

- **Grundfreibetrag** in Höhe 9.168,00 € pro Jahr (Stand: 2019) als steuerfreies Existenzminimum in den Steuerklassen I bis IV.
- **Arbeitnehmerpauschbetrag** in Höhe 1.000,00 € pro Jahr (Stand: 2019) als Werbungskosten-Pauschbetrag in den Steuerklassen I bis V.
- **Sonderausgabenpauschbetrag** in 36,00 €/72,00 € pro Jahr (Stand: 2019) in den Steuerklassen I bis V.

Lohnsteuerklassen	
Steuerklasse I	ledige, geschiedene, verwitwete oder in einer eingetragenen Lebenspartnerschaft lebende Arbeitsnehmer, die nicht in die Klasse II oder III fallen
Steuerklasse II	ledige, geschiedene und verwitwete Arbeitnehmer, die mindestens ein Kind haben, das in ihrem Haushalt lebt sowie Verwitwete, die nicht in die Steuerklasse III fallen
Steuerklasse III	verheiratete bzw. verpartnerte Arbeitnehmer, wenn der Ehegatte/Lebenspartner nicht Arbeitnehmer ist oder wenn der Ehegatte/Lebenspartner die Steuerklasse V gewählt hat sowie verwitwete Arbeitnehmer für das auf den Todesfall des Ehegatten folgende Jahr
Steuerklasse IV	verheiratete bzw. verpartnerte Arbeitnehmer, wenn die Ehegatten/Lebenspartner beide Arbeitslohn beziehen und nicht die Kombination der Klassen III und V gewählt haben (Kombination IV und IV)
Steuerklasse V	verheiratete bzw. verpartnerte Arbeitnehmer, wenn der andere Ehegatte/ Lebenspartner die Steuerklasse III gewählt hat (Kombination III und V)
Steuerklasse VI	zweite oder weitere steuerpflichtige Arbeitsverhältnisse

Die endgültige Einkommensteuerbelastung der Arbeitnehmer ist jedoch nicht von der Wahl der Steuerklassen abhängig. Wird zu viel Lohnsteuer bezahlt, wird diese im Rahmen der Einkommensteuererklärung (Veranlagung) zurückerstattet.

Kinderfreibetrag

Mit dem Kinderfreibetrag unterstützt der Staat in Deutschland lebende Eltern pro Kind mit bis zu 7.620,00 € pro Jahr (Stand: 2019). Es handelt sich hierbei nicht um einen absoluten Betrag wie beim Kindergeld, sondern um eine Steuerbegünstigung. Allerdings müssen die Eltern zwischen Kindergeld und Kinderfreibetrag wählen. Die Entscheidung fällt in Abhängigkeit zur Höhe des zu versteuernden Einkommens. Liegt die Einkommenshöhe von Eheleuten über 60.000,00 € lohnt sich in der Regel der Kinderfreibetrag. In den meisten Fällen stellt das Kindergeld allerdings die günstigere Option dar.

Entscheiden sich die Eltern aufgrund der Günstigerprüfung für den Kinderfreibetrag, erhalten sie für jedes Kind einen vollen Kinderfreibetrag, den sie nach dem Halbteilungsprinzip untereinander aufteilen. Bei verheirateten Paaren, die beide die Steuerklasse IV (4) haben, wird der gleiche Kinderfreibetrag angerechnet. Hier wird bei einem Kind der Zähler 1,0 und bei zwei Kindern entsprechend der Zähler 2,0 für jedes Elternteil angerechnet. Bei Eheleuten mit den Steuerklassen III (3) und V (5) hingegen wird der gesamte Kinderfreibetrag komplett bei dem Partner mit der Steuerklasse III (3) berücksichtigt. Für unverheiratete Paare mit der Steuerklasse I (1) oder II (2) gilt pro Kind der Zähler 0,5.

Lohnsteuerhöhe (Beispiel 1)

Auszug aus der Monats-Lohsteuertabelle 2019 mit 8 % Kirchensteuer und **gesetzlicher Krankenversicherung** (i. d. R. Angestellte und Beamte)

Kinderfreibetrag			0		0,5		1		1,5		2		2,5		3		3,5		4	
ab €	StK	Steuer	SolZ	KiStr	SolZ	KiStr	SolZ	KiStr	SolZ	KiStr	SolZ	KiStr	SolZ	KiStr	SolZ	KiStr	SolZ	KiStr	SolZ	KiStr
2.973,00	1	339,08	–	27,12	–	18,87	–	11,13	–	4,04	–	–	–	–	–	–	–	–	–	–
	2	246,41	–	–	–	11,92	–	4,70	–	–	–	–	–	–	–	–	–	–	–	–
	3	84,66	–	6,77	–	1,49	–	–	–	–	–	–	–	–	–	–	–	–	–	–
	4	339,08	–	27,12	–	22,94	–	18,87	–	14,94	–	11,13	–	7,46	–	4,04	–	1,26	–	–
	5	661,33	–	52,90	–	–	–	–	–	–	–	–	–	–	–	–	–	–	–	–
	6	702,16	–	56,17	–	–	–	–	–	–	–	–	–	–	–	–	–	–	–	–
2.976,00	1	339,83	–	21,18	–	18,92	–	11,18	–	4,08	–	–	–	–	–	–	–	–	–	–
	2	247,08	–	–	–	11,96	–	4,75	–	–	–	–	–	–	–	–	–	–	–	–
	3	85,16	–	6,81	–	1,53	–	–	–	–	–	–	–	–	–	–	–	–	–	–
	4	339,83	–	27,18	–	22,99	–	18,92	–	14,99	–	11,18	–	7,50	–	4,08	–	1,29	–	–
	5	662,33	–	52,98	–	–	–	–	–	–	–	–	–	–	–	–	–	–	–	–
	6	703,16	–	56,25	–	–	–	–	–	–	–	–	–	–	–	–	–	–	–	–
2.979,00	1	340,50	–	27,24	–	18,89	–	11,32	–	4,12	–	–	–	–	–	–	–	–	–	–
	2	247,75	–	–	–	12,02	–	4,79	–	–	–	–	–	–	–	–	–	–	–	–
	3	85,66	–	6,85	–	1,56	–	–	–	–	–	–	–	–	–	–	–	–	–	–
	4	340,50	–	27,24	–	23,04	–	18,98	–	15,04	–	11,23	–	7,55	–	4,12	–	1,32	–	–
	5	663,33	–	53,06	–	–	–	–	–	–	–	–	–	–	–	–	–	–	–	–
	6	704,33	–	56,34	–	–	–	–	–	–	–	–	–	–	–	–	–	–	–	–
2.982,00	1	341,25	–	27,30	–	19,03	–	11,28	–	4,16	–	–	–	–	–	–	–	–	–	–
	2	248,41	–	–	–	12,06	–	4,84	–	–	–	–	–	–	–	–	–	–	–	–
	3	86,16	–	6,89	–	1,58	–	–	–	–	–	–	–	–	–	–	–	–	–	–
	4	341,25	–	27,30	–	23,10	–	19,03	–	15,09	–	11,28	–	7,60	–	4,16	–	1,36	–	–
	5	664,16	–	53,13	–	–	–	–	–	–	–	–	–	–	–	–	–	–	–	–
	6	705,16	–	56,41	–	–	–	–	–	–	–	–	–	–	–	–	–	–	–	–
2.985,00	1	341,91	–	27,35	–	19,08	–	11,33	–	4,20	–	–	–	–	–	–	–	–	–	–
	2	249,08	–	–	–	12,12	–	4,88	–	–	–	–	–	–	–	–	–	–	–	–
	3	86,66	–	6,93	–	1,62	–	–	–	–	–	–	–	–	–	–	–	–	–	–
	4	341,91	–	27,35	–	23,15	–	19,08	–	15,14	–	11,33	–	7,64	–	4,20	–	1,39	–	–
	5	665,16	–	53,21	–	–	–	–	–	–	–	–	–	–	–	–	–	–	–	–
	6	706,16	–	56,49	–	–	–	–	–	–	–	–	–	–	–	–	–	–	–	–

Quelle: www.imacc.de

Lohnsteuerhöhe (Beispiel 2)

Auszug aus der Monats-Lohsteuertabelle 2019 mit 8 % Kirchensteuer und **privater Krankenversicherung ohne Nachweis** (ggf. Beamte)

Kinderfreibetrag			0		0,5		1		1,5		2		2,5		3		3,5		4	
ab €	StK	Steuer	SolZ	KiStr	SolZ	KiStr	SolZ	KiStr	SolZ	KiStr	SolZ	KiStr	SolZ	KiStr	SolZ	KiStr	SolZ	KiStr	SolZ	KiStr
2.973,00	1	373,41	–	29,87	–	21,46	–	13,55	–	6,16	–	0,42	–	–	–	–	–	–	–	–
	2	278,91	–	–	–	14,35	–	6,91	–	0,90	–	–	–	–	–	–	–	–	–	–
	3	90,16	–	7,21	–	1,84	–	–	–	–	–	–	–	–	–	–	–	–	–	–
	4	373,41	–	29,87	–	25,60	–	21,46	–	17,44	–	13,55	–	9,79	–	6,16	–	2,96	–	0,42
	5	708,83	–	56,70	–	–	–	–	–	–	–	–	–	–	–	–	–	–	–	–
	6	750,83	–	60,06	–	–	–	–	–	–	–	–	–	–	–	–	–	–	–	–
2.976,00	1	374,25	–	29,94	–	21,52	–	13,60	–	6,21	–	0,45	–	–	–	–	–	–	–	–
	2	279,66	–	–	–	14,41	–	6,96	–	0,93	–	–	–	–	–	–	–	–	–	–
	3	90,83	–	7,26	–	1,88	–	–	–	–	–	–	–	–	–	–	–	–	–	–
	4	374,25	–	29,94	–	25,66	–	21,52	–	17,50	–	13,60	–	9,84	–	6,21	–	3,00	–	0,45
	5	710,00	–	56,80	–	–	–	–	–	–	–	–	–	–	–	–	–	–	–	–
	6	751,83	–	60,14	–	–	–	–	–	–	–	–	–	–	–	–	–	–	–	–
2.979,00	1	375,08	–	30,00	–	21,58	–	13,66	–	6,26	–	0,48	–	–	–	–	–	–	–	–
	2	280,41	–	–	–	14,46	–	7,02	–	0,96	–	–	–	–	–	–	–	–	–	–
	3	91,33	–	7,30	–	1,90	–	–	–	–	–	–	–	–	–	–	–	–	–	–
	4	375,08	–	30,00	–	25,72	–	21,58	–	17,55	–	13,66	–	9,90	–	6,26	–	3,05	–	0,48
	5	711,00	–	56,88	–	–	–	–	–	–	–	–	–	–	–	–	–	–	–	–
	6	753,16	–	60,25	–	–	–	–	–	–	–	–	–	–	–	–	–	–	–	–

Zusammenfassung und Lernkontrolle

Zusammenfassung

Entlohnungsformen

- **Zeitlohn**
  Entlohnung nach der Dauer der abgeleisteten Arbeit (z. B. Stundenlohn, Gehalt)
- **Leistungslohn**
  Entlohnung nach der Leistung (z. B. Entlohnung nach Stückzahl)
- **Prämienlohn**
  Kombination aus Zeit- und Leistungslohn (z. B. Fixum + Prämie)

Abzüge bei der Entgeltabrechnung

- **Steuern**
  - Lohnsteuer (LSt)
  - Solidaritätszuschlag 5,5 % von der LSt
  - Kirchensteuer (KiSt) 8 % von der LSt (BaWü)
- **Sozialabgaben**
  - Rentenversicherung
  - Pflegeversicherung
  - Krankenversicherung
  - Arbeitslosenversicherung

Berechnungsschema zur Entgeltabrechnung

	Grundlohn
+	Zulagen (Orts-, Alters- und Kinderzulagen)
+	Zuschläge (Mehrarbeit regelmäßig, Überstunden temporär, Sonntags-, Nachtarbeit, etc.)
+	Prämien, Umsatzprovisionen
+	AG-Anteil von vermögenswirksamen Leistungen (VL)
=	**Bruttolohn**
–	Lohnsteuer
–	Solidaritätszuschlag
–	Kirchensteuer
–	Sozialversicherungsbeiträge (Arbeitnehmeranteile)
=	**Nettolohn**
–	(gesamte) vermögenswirksame Leistungen des AN
–	sonstige Abzüge (z. B. Abschlagszahlungen, Pfändungen)
=	**Auszahlungsbetrag (Kontogutschrift)**

Lernkontrolle

Aufgabe 1

Unterscheiden Sie den Zeit- vom Leistungslohn und finden Sie je zwei Vor- und Nachteile für Arbeitnehmer und Arbeitgeber.

Aufgabe 2

Charakterisieren Sie den Prämienlohn und finden Sie einen Aufgabenbereich in Ihrem Ausbildungsbetrieb, bei welchem sich diese Entlohnungsform eignen würde.

Aufgabe 3

Definieren Sie den Begriff des Arbeitnehmerentgelts.

Aufgabe 4

Erstellen Sie unter Berücksichtigung der angegebenen Lohnsteuer für die nachfolgenden Sachverhalte eine vollständige Entgeltabrechnung für den Monat September auf der Basis der zurzeit geltenden Sozialversicherungsbeitragssätze. Beachten Sie hierzu ferner die geltenden Beitragsbemessungsgrenzen.

1. Das tarifliche Entgelt einer Sozialversicherungsfachangestellten beträgt 4.050,00 €. Die Lohnsteuer bei Lohnsteuerklasse I beträgt laut Lohnsteuertabelle 702,25 €. Die katholische Angestellte ist 22 Jahre alt, ledig und wohnt in Stuttgart. Die Stadt als Arbeitgeber leistet einen Zuschuss zu den vermögenswirksamen Leistungen in Höhe von 15,00 €. Die monatliche VL-Sparrate der Mitarbeiterin beträgt 40,00 €.
2. Ein verheirateter 23-jähriger Angestellter mit Wohnsitz in Heilbronn erhält ein Entgelt in Höhe von 2.993,00 €. Die Lohnsteuer lt. Lohnsteuertabelle beträgt 422,66 €. Er erhält zusätzlich eine VL-Arbeitgeber-Zulage in Höhe von 40,00 €. Beide Ehepartner sind evangelisch. Für beide Ehepartner gilt die Steuerklasse IV. Der eigene VL-Sparbetrag beträgt 40,00 €.
3. Das Entgelt einer 45-jährigen Angestellten beträgt 7.200,00 €. Die Lohnsteuer lt. Lohnsteuertabelle beträgt 1.912,41 €. Sie ist konfessionslos, ledig und hat keine Kinder. In der gesetzlichen Krankenversicherung ist sie freiwillig versichert. Die Angestellte hat aus dem Vormonat einen Gehaltsvorschuss in Höhe von 550,00 € zu verrechnen.

3 Einkommensteuer – zu versteuerndes Einkommen

3.1 Grundlagen der Einkommensteuer

3.1.1 Einkommensteuerpflicht

EStG § 1

Der Einkommensteuerpflicht unterliegen nur natürliche Personen. Je nach Wohnsitz oder gewöhnlichem Aufenthalt sind die natürlichen Personen mit ihrem Welteinkommen **(unbeschränkte Steuerpflicht)** oder ihrem inländischen Einkommen **(beschränkte Steuerpflicht)** in Deutschland einkommensteuerpflichtig.

AO §§ 8 u. 9

Als **Wohnsitz** definiert die Abgabenordnung (AO) den Ort, an dem man eine Wohnung (Küche, Schlafmöglichkeit, WC usw.) unter Umständen hat, die darauf schließen lassen, dass die Wohnung beibehalten und genutzt wird. Seinen **gewöhnlichen Aufenthalt** begründet jemand im Inland, wenn er sich in Deutschland unter Umständen aufhält, die erkennen lassen, dass er an dem Ort nur vorübergehend verweilt (z. B. Hotelzimmer). Wenn sich eine natürliche Person länger als sechs Monate in der Bundesrepublik aufhält, wird sie unbeschränkt steuerpflichtig.

Da die Einkommensteuerpflicht zu einer Steuerpflicht in zwei Ländern führen kann, hat die Bundesrepublik Deutschland mit vielen Ländern ein Doppelbesteuerungsabkommen geschlossen. Diese Abkommen verhindern oder vermindern die Folgen einer doppelten Besteuerung in zwei Ländern.

3.1.2 Steuererhebung

Die Einkommensteuer wird im Wege der Veranlagung erhoben. Der Veranlagungszeitraum ist das Kalenderjahr. Eine Ausnahme gibt es bei den Gewinneinkünften (z. B. Einkünfte aus Land- und Forstwirtschaft), hier kann ein abweichendes Wirtschaftsjahr gewählt werden. Der Steuerpflichtige muss seine Einkünfte durch eine Steuererklärung dem Finanzamt gegenüber darlegen. Er erhält daraufhin einen Steuerbescheid, der neben der Steuerberechnung auch die Höhe der Nachzahlung bzw. Rückerstattung sowie die Höhe der künftigen Steuervorauszahlungen enthält.

Vereinfachungen gibt es im Rahmen der Einkünfte aus Kapitalvermögen. Diese Einkünfte müssen nicht in der Steuererklärung angegeben werden. Die Steuerpflicht ist für diese Einkunftsart durch die Einbehaltung der Kapitalertragsteuer (Abgeltungsteuer) erfüllt. Die Kapitalertragsteuer wird von der Zahlstelle (z. B. Kreditinstitut, Versicherung, Bausparkasse) einbehalten und an das Finanzamt abgeführt.

Auch Arbeitnehmer müssen, falls sie nur Einkünfte aus nichtselbstständiger Arbeit haben, keine Steuererklärung abgeben. Die Steuerpflicht ist hier durch die vom Arbeitgeber einbehaltene und an das Finanzamt abgeführte Lohnsteuer erfüllt.

Steuerpflichtig ist jede natürliche Person einzeln. Für Ehepaare gibt es aber die Möglichkeit, sich auch gemeinsam veranlagen zu lassen. Sie haben die Wahl zwischen

- Einzelveranlagung und
- Zusammenveranlagung.

3.2 Ermittlung des zu versteuernden Einkommens

3.2.1 Berechnungsschema und Grundlagen der Einkommensermittlung

Die Quellen der Steuerberechnung bilden sieben Einkunftsarten **(sachliche Steuerpflicht)**. Die Summe der Einkünfte wird insbesondere um Freibeträge, Sonderausgaben und um außergewöhnliche Belastungen gekürzt. Das am Ende des Berechnungsschemas errechnete zu versteuernde Einkommen ist die Größe, aus der sich die Steuerschuld errechnet.

Verkürztes Berechnungsschema des zu versteuernden Einkommens:	
+ Einkünfte aus Land- und Forstwirtschaft + Einkünfte aus Gewerbebetrieb + Einkünfte aus selbstständiger Arbeit + Einkünfte aus nichtselbstständiger Arbeit + Einkünfte aus Kapitalvermögen + Einkünfte aus Vermietung und Verpachtung + Sonstige Einkünfte	§§ 13 ff. EStG §§ 15 ff. EStG § 18 EStG §§ 19 f. EStG § 20 EStG § 21 EStG § 22 EStG
= **Summe der Einkünfte**	
– Altersentlastungsbetrag – Freibetrag für Land- und Forstwirtschaft	§ 24a EStG § 13 Abs. 3 EStG
= **Gesamtbetrag der Einkünfte**	
– Sonderausgaben – außergewöhnliche Belastungen – Verlustvortrag	§§ 10, 10a, 10b, 10c EStG §§ 33 ff. EStG § 10d EStG
= **Einkommen**	§ 2 Abs. 4 EStG
– Freibetrag für Kinder – Entlastungsfreibetrag für Alleinerziehende	§ 32 Abs. 6 EStG § 32 Abs. 7 EStG
= **zu versteuerndes Einkommen**	§ 2 Abs. 5 EStG

Einkünfte

Die Einkunftsarten lassen sich in **Gewinn- und Überschusseinkünfte** einteilen. Die Einnahmen stellen immer die Bruttoeinnahmen dar, von denen dann die Betriebsausgaben bzw. Werbungskosten (vgl. unten) abgezogen werden müssen, um die Einkünfte zu ermitteln.

Sachliche Steuerpflicht

Gewinneinkunftsarten

- Einkünfte aus Land- und Forstwirtschaft
- Einkünfte aus Gewerbebetrieb
- Einkünfte aus selbstständiger Arbeit

Ermittlung der Einkünfte

- **ohne Buchführungspflicht**
  Betriebseinnahmen
  – Betriebsausgaben
  = Einkünfte
- **bei Buchführungspflicht**
  Betriebsvermögen Jahresende
  – Betriebsvermögen Jahresanfang
  + Privatentnahmen
  – Privateinlagen
  = Gewinn (Einkünfte)

Überschusseinkunftsarten

- Einkünfte aus Vermietung und Verpachtung
- Einkünfte aus nichtselbstständiger Arbeit
- Einkünfte aus Kapitalvermögen
- Sonstige Einkünfte

Ermittlung der Einkünfte

Einnahmen
– Werbungskosten
= Einkünfte

Einnahmen

EStG § 3 Das Einkommensteuergesetz versteht unter Einnahmen Zuflüsse in Geld oder Geldeswert, die ein Steuerpflichtiger erzielt. Einnahmen, die nicht im Rahmen einer der sieben Einkunftsarten zufließen, sind nicht steuerbar. Sie unterliegen nicht der Steuerpflicht. Steuerfreie Einnahmen sind Einnahmen, die prinzipiell steuerbar wären, auf deren Besteuerung jedoch verzichtet wird. Diese Einnahmen sind einzeln im EStG aufgeführt.

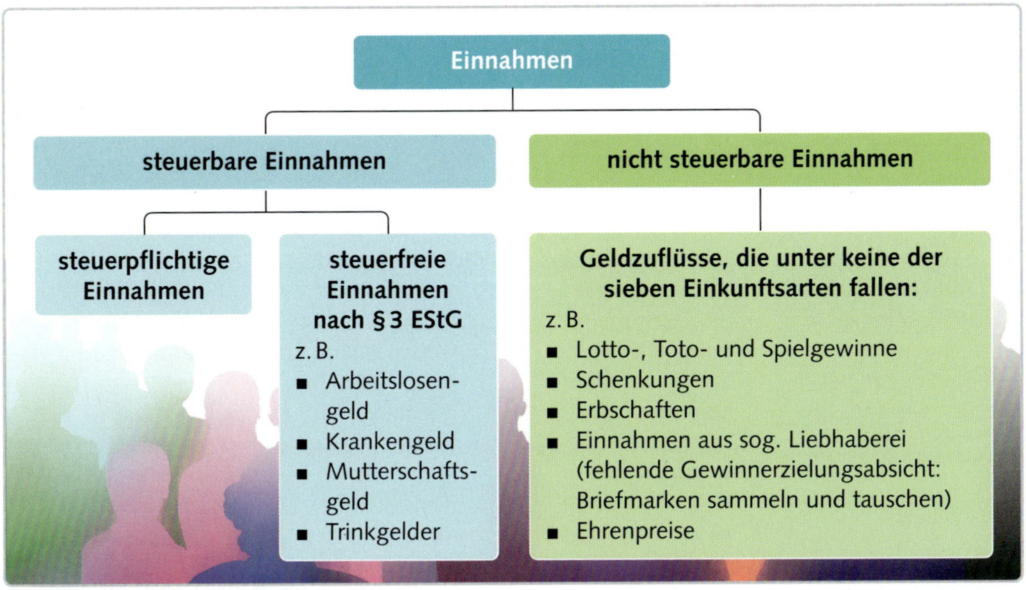

Steuerpflichtige Einnahmen sind grundsätzlich zu versteuern, es sei denn für die Einnahme gilt ein Steuerfreibetrag oder eine Freigrenze.

Ein **Freibetrag** wird abgezogen, dieser Betrag bleibt immer steuerfrei (z. B. Grundfreibetrag: Keine Steuer wird für den Grundfreibetrag in Höhe von 10.908,00 € im Jahr 2023 und im Jahr 2024 11.604,00 €, erhoben).

Eine **Freigrenze** bedeutet, dass bis zu diesem Betrag keine Steuer erhoben wird. Wird die Grenze überschritten, erfolgt die Besteuerung des Gesamtbetrages (z. B. Gewinne aus privaten Veräußerungsgeschäften bleiben unter 600,00 € steuerfrei).

Nicht steuerbare Einnahmen fallen nicht unter das Einkommensteuergesetz.

Ausgaben

Zur Ermittlung der Einkünfte dürfen von den Einnahmen die Ausgaben abgezogen werden. EStG
Die Ausgaben müssen aber im Zusammenhang mit den Einnahmen stehen und nicht privat § 3
veranlasst sein. Je nach Einkunftsart handelt es sich bei den abzugsfähigen Ausgaben um Betriebsausgaben oder um Werbungskosten. Während **Betriebsausgaben** immer abzugsfähige Ausgaben sind, ist der Begriff der **Werbungskosten** stark eingeschränkt. Werbungskosten sind nur Aufwendungen, die zum Erwerb, zur Sicherung oder zum Erhalt der Einnahmen notwendig sind. Die Notwendigkeit ist bei Betriebsausgaben nicht nachzuweisen. Einige privat veranlasste Ausgaben können bei der Einkommensteuer an anderer Stelle als Sonderausgaben oder außergewöhnliche Belastung steuermindernd abgezogen werden.

Bezüglich der Höhe der Abzugsfähigkeit gibt es bei einigen Betriebsausgaben (z. B. Geschenke an Mitarbeiter) und bei Werbungskosten (z. B. Abzugsfähigkeit der Aufwendungen für ein Arbeitszimmer) Grenzen.

Manche Werbungskosten muss der Steuerpflichtige nicht einzeln nachweisen, sondern sie werden auch ohne Nachweis pauschal angerechnet. Es gibt z. B. für alle Arbeitnehmer einen **Arbeitnehmer-Pauschbetrag** in Höhe von 1.230,00 € (Stand 2024). Dieser Betrag wird von Amts wegen als Werbungskosten-Pauschale abgezogen. Wenn ein Steuerpflichtiger höhere Werbungskosten geltend machen will, muss er alle Werbungskosten dem Finanzamt gegenüber erklären.

Die kalendermäßige Zuordnung der Einnahmen und Ausgaben richtet sich nach dem **Zahlungsprinzip**. Einnahmen müssen daher in dem Jahr, in dem sie vereinnahmt wurden, versteuert werden. Ausgaben können nur in dem Jahr abgezogen werden, in dem sie geleistet wurden. Eine Ausnahme gibt es für regelmäßig wiederkehrende Zahlungen. Diese können, wenn sie zehn Tage vor dem 31.12. bzw. zehn Tage nach dem 31.12. geleistet wurden, nach der wirtschaftlichen Zugehörigkeit den Kalenderjahren zugerechnet werden. Wenn z. B. die Dezember-Miete erst am 5. Januar eingeht, stellt sie eine Einnahme bei den Einkünften aus Vermietung und Verpachtung im alten Kalenderjahr dar.

Einkunftsarten

Die folgende Tabelle zeigt Beispiele für die Zuordnung der Einnahmen zu den einzelnen Einkunftsarten.

EStG § 13

Einkunftsart	Beispiele	
Einkünfte aus Land- und Forstwirtschaft	▪ Land- und Forstwirtschaft ▪ Weinbau	▪ Gartenbau, Obstbau ▪ Tierzucht

Einkunftsart	Beispiele	
Einkünfte aus Gewerbebetrieb	▪ Einkünfte aus gewerblichen Unternehmen (Gewinne als Einzelunternehmer) ▪ Gewinnanteile der Gesellschafter von Personenhandelsgesellschaften	EStG § 15
Einkünfte aus selbstständiger Arbeit	▪ Einkünfte aus freiberuflicher Tätigkeit, z. B. als selbstständiger Rechtsanwalt, Steuerberater, Arzt	EStG § 18
Einkünfte aus nichtselbstständiger Arbeit	▪ Löhne und Gehälter ▪ Gratifikationen ▪ Beamtenpensionen	EStG § 19
Einkünfte aus Kapitalvermögen	▪ Dividenden aus Aktien ▪ Zinsen ▪ GmbH-Gewinnanteile ▪ Gewinne aus Veräußerungsgeschäften mit Wertpapieren	EStG § 20
Einkünfte aus Vermietung und Verpachtung	▪ aus unbeweglichen Vermögen ▪ aus beweglichen Betriebsvermögen (Sachinbegriffen)	EStG § 21
Sonstige Einkünfte	▪ Wiederkehrende Leistungen, z. B. Renten aus der gesetzlichen Rentenversicherung ▪ aus Unterhaltsleistungen (z. B. empfangene Unterhaltsleistungen bei Geschiedenen) ▪ aus privaten Veräußerungsgeschäften innerhalb bestimmter Fristen (keine Wertpapiere) ▪ aus Leistungen, z. B. Vermietung beweglicher Gegenstände	EStG § 22

Sonderausgaben

> Sonderausgaben sind Ausgaben, die privat veranlasst sind, also keine Werbungskosten darstellen.
>
> Der Gesetzgeber lässt den steuerlichen Abzug allerdings aufgrund der sozial- oder wirtschaftspolitischen Bedeutung dieser Aufwendungen zu.

Im Rahmen der Geld- und Vermögensanlage spielen insbesondere die Vorsorgeaufwendungen (z. B. Beiträge zur gesetzlichen und privaten Rentenversicherung, zur Kranken- und Pflegeversicherung) eine wichtige Rolle. EStG § 10–10c

Außergewöhnliche Belastungen

Das Einkommensteuerrecht erlaubt den Abzug von Aufwendungen, die einem Steuerpflichtigen zwangsläufig in größerer Höhe entstehen als anderen Bürgern.

> Bei außergewöhnlichen Belastungen handelt es sich um Ausgaben, denen sich der Steuerpflichtige aus rechtlichen, tatsächlichen oder sittlichen Gründen nicht entziehen kann.

Beispiele hierfür sind: Krankheitskosten, Aufwendungen aufgrund einer Behinderung und Unterhaltszahlungen an Kinder ohne Kindergeldanspruch (z. B. Studenten über 25 Jahre).

3.2.2 Steuerschuld

Das zu versteuernde Einkommen ist die Bemessungsgrundlage für die Einkommensteuerschuld. Die Höhe der Einkommensteuer richtet sich nach dem Steuertarif. Steuerfrei bleibt der Grundfreibetrag (Stand 2023: 11.604,00 €). Danach steigt der Grenzsteuersatz beginnend mit 14 % in Stufen an. Die höchste Grenzsteuerbelastung beträgt 42 und bei hohen Einkommen 45 %.

Der **Grenzsteuersatz** gibt an, um wie viel Prozent das zusätzliche Einkommen belastet wird. Ein Grenzsteuersatz von 14 % bedeutet, dass von den nächsten 100,00 € Einkommen 14,00 € Einkommensteuer einbehalten wird. Der **Durchschnittssteuersatz** gibt an, wie viel Prozent die Einkommensteuer in Bezug auf das zu versteuernde Einkommen beträgt.

BEISPIEL

Bei einem zu versteuernden Einkommen ich Höhe von 23.000,00 € beträgt die Einkommensteuerschuld 2.739,000 €.
Der Durchschnittsteuersatz beträgt damit (2.739,00 € x 100,00 €) / 23.000,00 € = 11,91 %
Bei einem zu versteuernden Einkommen von 100,00 € mehr, also von 23.100,00 € beträgt die Einkommensteuerschuld 2.765,00 €.
Differenz der Einkommensteuer bei einer Zunahme von 100,00 € beträgt 26,00 €.
Der Grenzsteuersatz beträgt also (26,00 € x 100,00 €) / 100,00 € = 26 %

Grenz- und Durschnittsteuersatz 2019

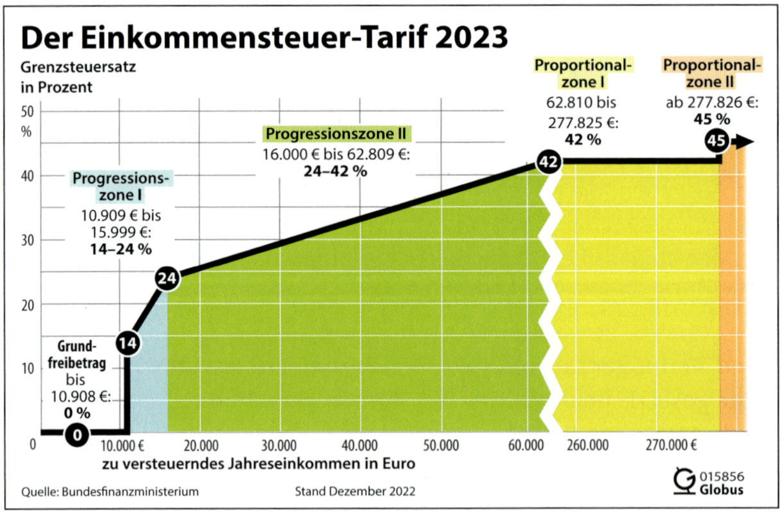

Die aus dem zu versteuernden Einkommen berechnete Steuerschuld verkürzt sich um geleistete Vorauszahlungen, die der Steuerpflichtige regelmäßig leisten muss oder die durch eine andere Erhebungsform (z. B. Lohnsteuer) bereits einbehalten wurde.

zu versteuerndes Einkommen x Steuersatz
= tarifliche Einkommensteuer
./. Vorauszahlung (z. B. Lohnsteuer)
= noch zu zahlende Einkommensteuer

3.2.3 Besteuerung der Einkünfte aus nichtselbstständiger Arbeit

Zu den Einkünften aus nichtselbstständiger Arbeit gehören alle Vergütungen in Geld (z. B. Gehälter, Provisionen, Tantiemen) und in Geldwert (z. B. Dienstwagen, Mitarbeiterrabatt), die aus dem derzeitigen oder einem früheren Arbeitsverhältnis (Beamtenpensionen) resultieren.

Von den Einnahmen werden die Werbungskosten abgezogen. Ohne Nachweis wird ein Pauschbetrag in Höhe von 1.230,00 € pro Jahr gewährt (Stand 2024).

Bruttoeinnahmen
– Werbungskosten (mindestens Pauschbetrag 1.230,00 €)
= Einkünfte aus nichtselbstständiger Arbeit

Typische Werbungskosten bei dieser Einkunftsart sind u. a.:

- Entfernungspauschale (einfache Fahrt zwischen Wohnung und Arbeitsstätte; 0,30 € pro km, ab dem 21. Entfernungskilometer 0,38 € pro km).
- Fachliteratur
- Gewerkschaftsbeitrag
- beruflich bedingte Reisekosten
- beruflich bedingte Umzugskosten

Die Besonderheit dieser Einkunftsart besteht in der Steuererhebung. Jeder Arbeitgeber ist verpflichtet, vom Arbeitslohn Lohnsteuer einzubehalten und diese direkt an das Finanzamt abzuführen. Sollte ein Arbeitnehmer keine weiteren Einkünfte, keine höheren Werbungskosten als den Pauschbetrag, keine besonderen Aufwendungen im Bereich der Sonderausgaben und außergewöhnlichen Belastungen haben, so entspricht die einbehaltene Lohnsteuer seiner Einkommensteuerschuld. Er muss dann keine Einkommensteuererklärung abgeben. Wird eine Einkommensteuererklärung abgegeben, so gilt die Lohnsteuer als Vorauszahlung auf die Einkommensteuer.

3.2.4 Besteuerung der Einkünfte aus Kapitalvermögen

Zu den Einkünften aus Kapitalvermögen gehören insbesondere:

- Dividenden und sonstige Gewinnausschüttungen von juristischen Personen,
- Zinsen und zinsähnliche Erträge,
- Kursgewinne bei der Veräußerung von Wertpapieren.

Anders als bei anderen Überschusseinkünften können keine Werbungskosten berücksichtigt werden. Allerdings wird von den Einnahmen ein Sparerfreibetrag in Höhe von 1.000,00 € bei Alleinstehenden bzw. von 2.000,00 € bei Verheirateten abgezogen. EStG § 26 Abs. 4

Bruttoeinnahmen
– Sparerpauschbetrag (1.000,00 €/2.000,00 €)
= Einkünfte aus Kapitalvermögen

Die Einkommensteuer wird bei dieser Einkunftsart in Form der Kapitalertragsteuer als Abgeltungsteuer direkt bei der Auszahlung der Einnahmen durch die Zahlstelle (z. B. Kreditinstitut) einbehalten und an das Finanzamt abgeführt. Abgeltungsteuer bedeutet, dass durch den Einbehalt dieser Steuer keine weitere Steuerpflicht mehr besteht. Die Abgeltungsteuer beträgt grundsätzlich 25 %. Zusätzlich wird auf die Kapitalertragsteuer noch 5,5 % Solidaritätszuschlag erhoben. Die Kirchensteuer muss bei dieser Berechnung eventuell noch berücksichtigt werden (Beträge Kirchensteuer und Solidaritätszuschlag immer auf volle Cent abrunden). Der Steuerpflichtige kann aber die Einkünfte aus Kapitalvermögen in der Einkommensteuererklärung angeben. In diesem Fall wird die bezahlte Kapitalertragsteuer (Abgeltungsteuer) als Vorauszahlung auf die Einkommensteuerschuld angerechnet. Dies ist dann sinnvoll, wenn der Steuerpflichtige einen niedrigeren persönlichen Steuersatz hat oder wenn er keinen oder keinen hinreichenden Freistellungsauftrag erteilt hat.

Freistellungsauftrag

Die Stelle, die die Kapitalerträge auszahlt (z. B. Kreditinstitut) muss die Abzüge (Kapitalertragsteuer, Kirchensteuer, Solidaritätszuschlag) einbehalten. Bei der Einbehaltung muss die Zahlstelle beachten, ob der Kunde einen Freistellungsauftrag oder eine Nichtveranlagungsbescheinigung (NV-Bescheinigung) vorgelegt hat.

Da jedem Steuerpflichtigen der Sparerpauschbetrag zusteht, hat er die Möglichkeit zu verhindern, dass für Einnahmen bis zu dieser Höhe Kapitalertrag-, Kirchensteuer und Solidaritätszuschlag von der Zahlstelle einbehalten werden. Hierfür kann ein alleinstehender Steuerpflichtiger bei seinem Kreditinstitut einen Freistellungsauftag in Höhe von maximal 1.000,00 € stellen. Für Verheiratete gilt die Höchstgrenze 2.000,00 €. Jeder Steuerpflichtige kann mehreren Zahlstellen (z. B. Kreditinstitute, Bausparkassen, Fondsgesellschaften) einen Freistellungsauftrag erteilen. Die Summe der freigestellten Beträge darf den Höchstbetrag nicht übersteigen. Durch den Freistellungsauftrag werden die Kapitaleinnahmen des Kunden bis zur Höhe des Freistellungsbetrages brutto ausbezahlt. Die Zahlstelle behält also keine Steuern ein. Überschreiten die Einnahmen das Freistellungsvolumen, wird der übersteigende Teil unter Abzug der Kapitalertragsteuer in Höhe von 25 % zuzüglich des Solidaritätszuschlags und ggf. der Kirchensteuer netto ausgezahlt.

Berücksichtigung der Kirchensteuer

EStG § 10 Abs. 4

Die Kirchensteuer wird als Zuschlag auf die Einkommensteuer und somit auch auf die Kapitalertragsteuer erhoben. Wie die Arbeitgeber bei der Einbehaltung der Lohnsteuer, müssen auch die Zahlstellen Kirchensteuer auf die Abgeltungsteuer einbehalten.

Da die Kirchensteuer unbeschränkt bei den Sonderausgaben abzugsfähig ist, wird dies bei der Berechnung der Kapitalertragsteuer berücksichtigt. Der Abgeltungsteuersatz verringert sich.

$$\text{Abgeltungsteuer} = \frac{\text{Kapitalertrag}}{(4 + 1/100 \times \text{Kirchensteuersatz})}$$

BEISPIEL

Bei einem Kapitalertrag von 100,00 € entsteht bei einem Kirchensteuersatz von 8 % ein Kapitalertragsteuerabzug in Höhe von 24,51 €.
Abgeltungsteuer = 100,00 € / 4,08 € = 24,51 € bzw. 24,51 %

Bei einem Kirchensteuersatz von 9 % fallen 24,45 € Abgeltungsteuer an.
Abgeltungsteuer = 100,00 € / 4,09 € = 24,51 € bzw. 24,45 %

Nichtveranlagungsbescheinigung

Wer ein zu versteuerndes Einkommen unter dem Grundfreibetrag (2023: 11.604,00 € bzw. 23.208,00 € bei Verheirateten) hat (z. B. Kinder), braucht keine Einkommensteuer zu entrichten. Dieser Personenkreis kann sich bei seinem Wohnsitzfinanzamt bestätigen lassen, dass er nicht veranlagt wird. Diese Nichtveranlagungsbescheinigung (NV-Bescheinigung) kann er der Zahlstelle vorlegen, was zur Folge hat, dass alle seine Kapitalerträge ohne Steuerabzug brutto ausgezahlt werden.

3.2.5 Einkünfte aus Vermietung und Verpachtung

Zu den Einnahmen aus Vermietung und Verpachtung zählen alle Mieteinnahmen und Umlagen (z. B. Strom, Heizung) aus vermieteten Objekten, wenn diese zum Privatvermögen des Vermieters gehören. Von den Einnahmen werden die Werbungskosten abgezogen, um zu den Einkünften zu gelangen. EStG § 21

Typische Werbungskosten bei dieser Einkunftsart sind:

- Absetzung für Abnutzung (AfA)
  2 % jährlich der Anschaffungs- oder Herstellungskosten eines Gebäudes (monatsgenau verrechnet, pro rata temporis)
- Zinsen und Geldbeschaffungskosten
  abzugsfähig, wenn sie für den Kauf, Bau, die Renovierung oder Umschuldung notwendig sind EStG § 7
- verschiedene Hausaufwendungen wie Instandhaltung, Reparatur, Gebäudeversicherung, Schornsteinfeger oder Müllabfuhr

Negative Einkünfte dieser Einkommensart dürfen mit allen anderen Einkunftsarten verrechnet werden (vertikaler Verlustausgleich).

BEISPIEL

Der Kunde Robert Müller hat eine 3-Zimmer-Wohnung im März gekauft. Die Anschaffungskosten ohne Grundstückskosten betrugen 150.000,00 €. Er hat die Wohnung seit März für monatlich 600,00 € vermietet. Für den Kauf hat er ein Grundschulddarlehen aufgenommen. Hierfür zahlte er 5.000,00 € Zinsen im Kalenderjahr. Die sonstigen Kosten für diese Wohnung betrugen 2.000,00 €.

Einkünfte aus Vermietung und Verpachtung		
Einnahmen Miete 10 x 600,00 €		6.000,00 €
– Werbungskosten		
AfA 2 % von 150.000,00 € x 10/12	2.500,00 €	
Zinsen	5.000,00 €	
sonstige Kosten	2.000,00 €	– 9.500.00,00 €
= Einkünfte Vermietung und Verpachtung (Verlust)		– 3.500.00,00 €

3.2.6 Sonstige Einkünfte

Zu den sonstigen Einkünften gehören drei verschiedene Einkunftsarten

- Einkünfte aus wiederkehrenden Bezügen,
- Einkünfte aus privaten Veräußerungsgeschäften und
- Einkünfte aus gelegentlichen Leistungen.

Alle drei Einkunftsarten sind als eigenständige Einkunftsart zu sehen.

Einkünfte aus wiederkehrenden Bezügen

Zu den wiederkehrenden Bezügen gehören insbesondere die Rentenbezüge aus der gesetzlichen Rentenversicherung. Sie werden seit 2005 mit einem jährlich steigenden Prozentsatz versteuert. Entscheidend ist hier das Jahr des Rentenbeginns. Im ersten Jahr mit vollständigem Rentenbezug wird der steuerfreie Teil der Rente berechnet. Dieser Teil bleibt dann für immer unverändert steuerfrei. Von den Einnahmen werden noch Werbungskosten abgezogen. Der Pauschbetrag beträgt 102,00 €.

Jahr des Rentenbeginns	Besteuerungsanteil in %
2005 und früher	50
2006	52
...	
2020	80
2021	81
2022	82
2023	83
2024	84
...	
2040	100

Bruttorente
– steuerfreier Rentenanteil
– Werbungskostenpauschale 102,00 €
= Einkünfte

BEISPIEL

Bernd Bieber bezieht seit Januar 2021 Rente aus der gesetzlichen Rentenversicherung. Die Rentenhöhe betrug zunächst 1.700,00 €. Im Jahr 2022 wurde die Rente zum 1.7. auf eine Rentenzahlung von monatlich 1.800,00 € erhöht. Im Jahr 2023 erfolgte eine Rentenerhöhung zum 1.7. auf 1.850,00 €.

steuerpflichtiger Rentenanteil: 81 % (Renteneintritt 2021)
Bruttorente 12 x 1.700,00 € = 20.400,00 €
davon 81 % (Jahr 2021) steuerpflichtiger Anteil: 16.524,00 €
steuerfreier Anteil (wird im Jahr 2021 festgelegt und gilt für alle weiteren Jahre)
Bruttorente – steuerpflichtiger Rentenanteil: 20.400,00 € – 16.524,00 € = 3.876,00 €

Einkünfte aus wiederkehrenden Leistungen im Jahr 2022

Einnahmen (Rente)	6 x 1.700,00 €	
	+ 6 x 1.800,00 €	21.000,00 €
– steuerfreier Rentenanteil		– 3.876,00 €
– Werbungskostenpauschale		– 102,00 €
= Einkünfte aus wiederkehrenden Bezügen		17.022,00 €

Einkünfte aus wiederkehrenden Leistungen im Jahr 2023

Einnahmen (Rente)	6 x 1.800,00 €	
	+ 6 x 1.850,00 €	21.900,00 €
– steuerfreier Rentenanteil		– 3.876,00 €
– Werbungskostenpauschale		– 102,00 €
= Einkünfte aus wiederkehrenden Bezügen		17.920,00 €

Einkünfte aus privaten Veräußerungsgeschäften

Zu diesen Einkünften gehören Erträge aus privaten Veräußerungsgeschäften von Grundstücken und Immobilien, die nicht vom Steuerpflichtigen selbst genutzt wurden sowie aus Veräußerungsgeschäften mit anderen beweglichen Gegenständen (z. B. Edelmetalle, Kunstgegenstände und Antiquitäten). Zu beachten sind dabei folgende Regeln:

- Ein Veräußerungsgeschäft bei Immobilien liegt vor, wenn zwischen Anschaffung und Verkauf (Verpflichtungsgeschäft) weniger als 10 Jahre liegen.
- Bei Veräußerungsgeschäften mit Grundstücken und Immobilien muss in Anspruch genommene AfA noch zum Gewinn hinzugezählt werden.
- Veräußerungsgeschäfte mit anderen beweglichen Gegenständen liegen nur vor, wenn zwischen Kauf und Verkauf weniger als ein Jahr liegt.
- Für alle privaten Veräußerungsgeschäfte gibt es eine Freigrenze von 600,00 €.
- Veräußerungsgeschäfte mit Wertpapieren gehören zu den Einkünften aus Kapitalvermögen.

Einkünfte aus gelegentlichen Leistungen

Nach § 22 Nr. 3 EStG gehören zu den sonstigen Einkünften auch noch bestimmte Leistungen, soweit sie weder zu den Einkunftsarten 1 bis 6 noch zu den anderen sonstigen Einkunftsarten gehören. Eine Leistung im Sinne des EStG ist jedes Tun, Dulden oder Unterlassen, das Gegenstand eines entgeltlichen Vertrages sein kann und das um des Entgelts Willen erbracht wird. Hierzu gehören unter anderem gelegentliche Vermittlungen (z. B. von Versicherungsverträgen) und Vermietung beweglicher Gegenstände (z. B. von Maschinen). Die Einkünfte werden als Überschuss der Einnahmen über die Werbungskosten ermittelt. Sie sind nur dann nicht steuerpflichtig, wenn sie im Jahr unter 256,00 € betragen (Freigrenze 255,99 €).

3.2.7 Vorsorgeaufwendungen als Sonderausgaben

Das Einkommensteuerberechnungsschema sieht auch den Abzug von Sonderausgaben vor. Es handelt sich hierbei um Aufwendungen, die weder Betriebsausgaben noch Werbungskosten sind. Sie stehen in keinem Zusammenhang mit der Erzielung von Einkünften. Für die Anlageberatung sind hierbei insbesondere die abzugsfähigen Versicherungsbeiträge zur Altersvorsorge bedeutend.

Die Altersvorsorgeaufwendungen sind ab dem Jahr 2023 komplett als Sonderausgaben absetzbar, maximal bis zum Höchstbetrag von 26.428 Euro (Verheiratete 53.056). Der Prozentsatz steigt jährlich um 2 % an und beträgt im Jahr 2025 dann 100 %. Der Arbeitgeberanteil wird bei Arbeitnehmern auf den Höchstbetrag angerechnet.

Sonstige Vorsorgeaufwendungen können Arbeitnehmer, Beamte und Rentner bis zur Höchstgrenze von 1.900,00 € abziehen. Für Selbstständige gilt ein Höchstbetrag von 2.800,00 €. Bei der Krankenversicherung ist zu beachten, dass lediglich die Basisversorgung ohne Komfortleistungen angesetzt werden kann. Die für die (Basis-)Kranken- und (Basis-)Pflegeversicherung gezahlten Beiträge sind in vollem Umfang steuerlich abziehbar. Sie dürfen bei den sonstigen Vorsorgeaufwendungen mindestens abgezogen werden, auch wenn dadurch die Höchstbeträge von 1.900,00 € bzw. 2.800,00 € überschritten werden. Ergibt sich aber aus der Krankenversicherung ein Anspruch auf Krankengeld oder vergleichbare Leistungen, ist der tatsächlich gezahlte Betrag um 4 % zu kürzen.

BEISPIEL

Die alleinstehende Martina Moll, Arbeitnehmerin, hat im Jahr 2023 folgende Altersvorsorgeaufwendungen getätigt.

Arbeitgeber und -nehmerbeiträge zur gesetzlichen Rentenversicherung je	3.780,00 €
Beiträge zur Krankenversicherung (Basisversorgung)	3.280,00 €
Beiträge zur Pflegeversicherung (Basisversorgung)	390,00 €
Beiträge zur Arbeitslosenversicherung	600,00 €
Beiträge zur Lebensversicherung (Abschluss vor 2005)	1.600,00 €

Berechnung der Vorsorgeaufwendungen

1.	abziehbare Altersvorsorgeaufwendungen	
	abzugsfähiger Aufwand (Rentenversicherungsbeiträge)	7.560,00 €
	Höchstbetrag	26.528,00 €
	abzugsfähig	7.560,00 €
	abzüglich steuerfreier Arbeitgeberanteil	3.780,00 €
	abzugsfähige Altersvorsorgeaufwendungen	**3.780,00 €**
2.	Berechnung der sonstigen abziehbaren Vorsorgeaufwendungen	
	Krankenversicherung (3.280,00 € abzgl. 4 %)	3.148,80 €
+	Pflegeversicherung	390,00 €
=	Mindestabzug (Kranken- u. Pflegeversicherung)	3.538,80 €
	Aufwendungen insgesamt (3.538,00 € + 600,00 € + 1.600,00 €)	5.738,80 €
	davon nur abzugsfähig (alleinstehende Arbeitnehmerin)	1.900,00 €
	aber mindestens Kranken- und Pflegeversicherung	**3.538,00 €**
3.	Summe der abzugsfähigen Vorsorgeaufwendungen	
	abzugsfähige Altersvorsorgeaufwendungen	3.780,00 €
	abzugsfähige sonstige Vorsorgeaufwendungen	3.538,00 €
	Sonderausgabenabzug insgesamt	**7.318,00 €**

Zusammenfassung und Lernkontrolle

Zusammenfassung

Einkommensteuer
steuerpflichtig sind natürliche Personen je nach Wohnort oder gewöhnlichem Aufenthalt

unbeschränkt steuerpflichtig mit **Welteinkommen**

beschränkt steuerpflichtig mit **inländischem** Einkommen

Summe aus 7 Einkunftsarten
– Sonderausgaben
– Außergewöhnliche Belastungen
= zu versteuerndes Einkommen

Wichtige Einkunftsarten

Einkünfte aus nichtselbstständiger Arbeit	
Bruttoarbeitslohn – Werbungskosten = Einkünfte	Werbungskosten, z. B. ■ Entfernungspauschale ■ Fachliteratur ■ Reisekosten

Einkünfte aus Kapitalvermögen (Zinsen – Dividenden – Investmenterträgen – Veräußerungsgewinnen aus Wertpapierverkäufen)

Bruttoeinnahmen
– Sparerpauschalbetrag 1.000,00 €/2.000,00 €
= Einkünfte

wird pauschal besteuert bei Auszahlung, danach besteht keine Steuerpflicht mehr

Einkünfte aus Vermietung und Verpachtung (Privatbereich)	
Bruttomiete oder -pacht – Werbungskosten = Einkünfte	Werbungskosten, z. B. ■ Abschreibung (AfA) ■ Zinsen ■ Hausaufwendungen

Sonstige Einkünfte

- aus wiederkehrenden Bezügen: insbesondere Renten
- aus privaten Veräußerungsgeschäften
- aus gelegentlichen Leistungen

Lernkontrolle

Aufgabe 1

Erklären Sie, wie in den nachfolgenden Fällen die Besteuerung im Rahmen der Einkommensteuer (Einkunftsart, steuerliche Behandlung) erfolgt?

1. Gewinn aus dem Verkauf von Bezugsrechten
2. Mietertrag aus der privaten Vermietung einer Wohnung
3. Rente aus einer privaten Rentenversicherung mit Rentengarantie zu Lebzeiten
4. Veräußerungsgewinn aus dem privaten Verkauf einer vermieteten Immobilie
5. Veräußerungsgewinn aus dem Verkauf einer selbstgenutzten Immobilie
6. Zuteilung von Gratisaktien aus einer Kapitalerhöhung aus Gesellschaftsmitteln
7. Gewinn aus dem privaten Verkauf von Münzen

Aufgabe 2

Der ledige Franz Unser hat im letzten Kalenderjahr während des ganzen Jahres als Angestellter im Verkauf einer Möbelfabrik gearbeitet. Seine Lohnbescheinigung weist u. a. folgende Daten auf:

- Bruttoarbeitslohn 28.500,00 €
- einbehaltende Lohnsteuer 3.709,90 €
- Kirchensteuer ev. 296,79 €
- Arbeitnehmeranteil zur Rentenversicherung 2.736,00 €
- Arbeitgeberanteil zur Rentenversicherung 2.736,00 €
- Arbeitnehmeranteil zur Kranken-, Pflege- und Arbeitslosenversicherung 3.420,00 €

Herr Unser ist im Kalenderjahr an 220 Tagen von seiner Wohnung zu seiner 32 km entfernten Arbeitsstätte gefahren.

Er legt folgende Belege vor:

- Fachliteratur 90,00 €
- Fortbildung (MS Excel) 170,00 €
- Gewerkschaftsbeitrag 150,00 €
- Kauf eines Laptops 630,00 €
- Spende Rotes Kreuz 120,00 €
- Kfz-Haftpflichtversicherung 310,00 €

Berechnen Sie die Einkünfte aus nichtselbstständiger Arbeit für Herrn Unser.

Aufgabe 3

Das Ehepaar Lang kauft am 01.04. eine Eigentumswohnung, die vermietet ist. Das Objekt kostet 150.000,00 €. Der Mieter bezahlt monatlich 450,00 € Miete. Beim Kauf fallen 5 % Grunderwerbsteuer und 1.850,00 € Beurkundungskosten an. Familie Lang finanziert den Kauf komplett über ein Grundschulddarlehen mit einem Zinssatz von 4 % p. a. Kosten für die Wohnung (Hausmeister u. a.) in Höhe von 80,00 € monatlich werden dem Mieter nicht gesondert in Rechnung gestellt. Berechnen Sie die Höhe der Einkünfte aus Vermietung und Verpachtung des Ehepaares Lang im Jahr des Kaufs.

Lernfeld 8: Verwaltungsleistungen wirtschaftlich erstellen und kundenorientiert anbieten

1 Güter

1.1 Bedürfnisdeckung

Die Antriebsfeder des wirtschaftlichen Handelns stellen die **Bedürfnisse** dar. Bedürfnisse sind Wünsche (Mangelerscheinungen), die der Mensch befriedigen möchte. Die Menge und die Vielfalt menschlicher Bedürfnisse sind unbegrenzt. In einzelnen Bereichen kann eine Sättigung erreicht werden, aber es gibt immer unbefriedigte Wünsche.

Ein **Bedürfnis** ist das Gefühl eines Mangels, mit dem Streben, diesen Mangel zu beseitigen.

Werden Bedürfnisse in Beziehung zu Einkommen und Güterpreisen gesetzt, bleibt eine geringere Menge an Bedürfnissen übrig. Die Wünsche sind größer als die Möglichkeit, diese befriedigen zu können. Nur wenn auch Bedarf für ein Gut besteht, sind Unternehmen oder der Staat bereit, dieses Gut anzubieten.

Ein Bedürfnis, das mit Kaufkraft (Geld) verbunden ist, nennt man **Bedarf**.

BEISPIEL

Eine Gemeinde wird ein Jugendhaus nur dann errichten und betreiben, wenn ein Bedarf für diese Einrichtung besteht.
Bedürfnis: Freizeitbedürfnisse der jungen Bürger
Bedarf: Summe der subjektiven Empfindungen dieses Bedürfnis zu befriedigen

Zur Befriedigung der Bedürfnisse dienen **Güter**. Wer ein Gut erwirbt, tut das mit der Erwartung, dass es ihm einen Nutzen verschafft. Aus diesem Grund ist man auch grundsätzlich bereit, einen bestimmten Preis dafür zu bezahlen.

Güter sind Mittel zur Befriedigung von Bedürfnissen.

1.2 Güterarten

Manche Güter stehen in unbegrenzter Menge zur Verfügung und für ihre Gewinnung ist keine wirtschaftliche Anstrengung notwendig. Diese **freien Güter** sind jedoch sehr selten. Eventuell könnte man noch die Luft als ein freies Gut bezeichnen. Ein Merkmal der freien Güter ist, dass sie keinen Preis haben. Alle anderen Güter werden als **wirtschaftliche Güter** bezeichnet. Sie sind nicht in unbegrenzter Menge vorhanden und haben einen Preis (knappe Güter).

Zu den Gütern gehören neben den **materiellen Gütern** (Sachgüter, Waren) auch die **immateriellen Güter** (Dienstleistungen), die z. B. ein Rechtsanwalt, ein Steuerberater oder das Einwohnermeldeamt einer Gemeinde anbietet.

Güter, die in den Haushalten verbraucht werden, bezeichnet man als **Konsumgüter**. Güter, die in Unternehmen zur Erzeugung anderer Güter eingesetzt werden, nennt man **Produktionsgüter**. Die Unterscheidung bezieht sich auf den Ort, an dem das Gut verwendet wird (Haushalt oder Unternehmen).

BEISPIEL

Ein Kühlschrank in einem Haushalt stellt ein Konsumgut dar, da er nicht zur Produktion dient.
Ein Kühlschrank in einem Getränkemarkt oder in einem anderen Betrieb stellt ein Produktionsgut dar. Er dient zur Erbringung einer Dienstleistung oder zur Erstellung eines Produkts.

Güter, die nur einmal verwendet werden können, weil sie bei der Verwendung untergehen, werden als **Verbrauchsgüter** bezeichnet. Können Güter wiederholt verwendet werden, sind es **Gebrauchsgüter.**

BEISPIEL

Verbrauchsgüter: Lebensmittel, Wandfarben, Strom
Gebrauchsgüter: PC, Telefon, Auto

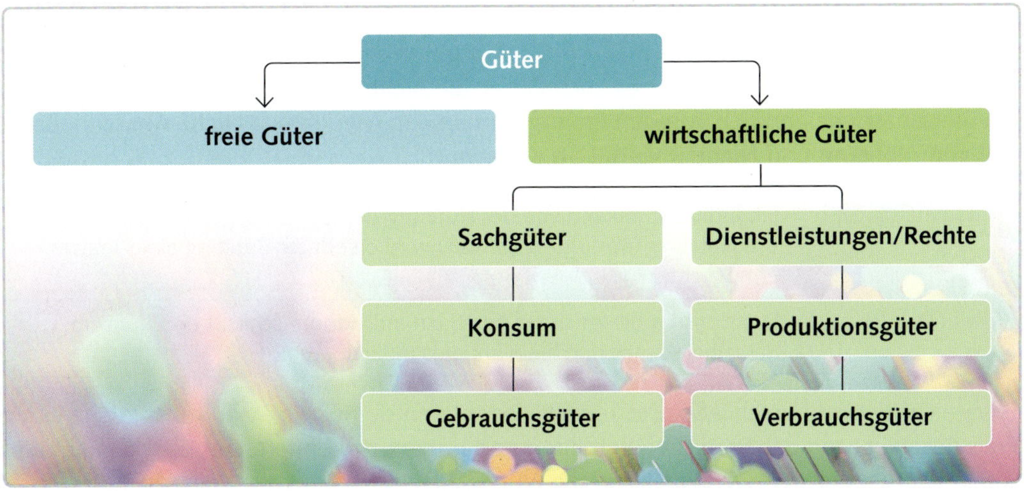

Wenn man Güter nach dem Grad ihrer Verfügbarkeit unterscheidet, ergibt sich die grundsätzliche Unterscheidung in private Güter und Kollektivgüter.

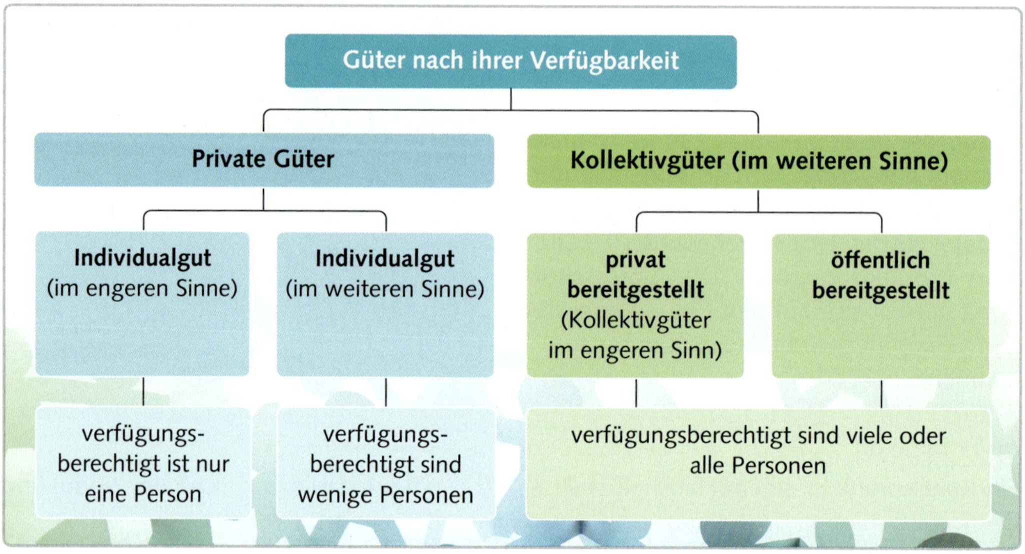

Individualgüter stehen als **private Güter** ausschließlich einer Person oder einer begrenzten Zahl von Personen zur Verfügung (Beispiel: Eintrittskarte für eine Theatervorstellung). Eine gleichzeitige Nutzung durch weitere Personen ist nicht möglich.

Kollektivgüter können dagegen von einer großen oder sogar unbegrenzten Zahl gleichzeitig in Anspruch genommen werden. Öffentliche Güter sind Kollektivgüter, die von der öffentlichen Hand bereitgestellt werden (Beispiele: Straßen, Parks, Spielplätze).

Wenige Kollektivgüter werden privat zur Verfügung gestellt (Beispiel: ein Unternehmer stellt seine Bildersammlung der Öffentlichkeit in einem privaten Museum zur Verfügung).

1.3 Private und öffentliche Güter

Privateigentum ist durch das Grundgesetz garantiert und ein wichtiges Merkmal der Leistungsgesellschaft. Allerdings gibt es auch Güter, die nicht privatisierbar sind. Diese Kollektivgüter unterscheiden sich von den Privatgütern in den Merkmalen **Nicht-Ausschließbarkeit vom Konsum** und **Nicht-Rivalität im Konsum**.

Ausschließbarkeit	Ein Individuum kann von der Nutzung des Gutes ausgeschlossen werden. Die Nutzung (Verfügungsgewalt) wird erst durch Zahlung eines Preises ermöglicht.
Rivalität	Der Konsum dieses Gutes durch ein Individuum schließt den Konsum desselben Gutes durch ein anderes Individuum aus.

Private Güter sind ausschließbar, d. h. nicht jeder kann sie nutzen. Man muss zuerst einen Preis bezahlen, um das Produkt zu erhalten und nutzen zu können. Der Eigentümer eines Gutes kann somit anderen Personen die Nutzung seines Gutes verweigern. Öffentliche

Güter hingegen verfügen über die Eigenschaft der Nicht-Ausschließbarkeit. Keine Person hat die Möglichkeit Eigentumsrechte an dem Gut durchzusetzen.

Bei privaten Gütern gilt, dass wenn ein Gut von einem Konsumenten gekauft wurde, genau dieses Gut von keinem anderen Konsumenten mehr erworben werden kann. Diese Güter sind marktfähig, da es Konsumenten gibt, die dazu bereit sind einen Preis für diese Güter zu zahlen. Bei öffentlichen Gütern sind die Konsumenten nicht dazu bereit für die Nutzung zu zahlen. Darum sind öffentliche Güter nicht marktfähig, was eine Rivalität ausschließt.

Sind die beiden Kriterien Ausschließbarkeit vom Konsum und Rivalität beim Konsum nicht erfüllt, handelt es sich um ein öffentliches Gut (z. B. Landesverteidigung). Öffentliche Güter können nicht vom Markt angeboten werden (Marktversagen). Hier muss der Staat in den Markt eingreifen.

Güterarten nach Ausschließbarkeit und Rivalität		
	Nicht-Rivalität	**Rivalität**
Nicht-Ausschließbarkeit	**Öffentliches Gut** (z. B. öffentliche Straßen ohne Stau)	**Allmendegut** (z. B. öffentliche Straße mit Stau)
Ausschließlichkeit	**Klubgut** (z. B. Privatfernsehen)	**Privates Gut** (z. B. Fahrrad)

Öffentliche Güter gibt es aus verschiedenen Gründen. Es kann auch vorkommen, dass bei Gütern die private Nachfrage hinter dem gesellschaftlich gewünschten Ausmaß zurückbleibt. Diese Güter könnten privat angeboten werden, was aber in der Regel unterbleibt, weil keine Wertvorstellung für diese Güter eine Nachfrage nach sich zieht. Solche Güter werden als **meritorische Güter** bezeichnet. Meritorische Güter entstehen als Ergebnis eines politischen Willensbildungsprozesses. Aus wirtschaftswissenschaftlicher Sicht wird dieser Prozess häufig durch einen oder mehrere der Zusammenhänge beeinflusst, wie z. B. irrationale Entscheidungen oder unvollständige Informationen.

BEISPIELE

- Hauseigentümer wissen oft nicht, welche Ersparnis und ökologische Effekte sich durch Maßnahmen zur Wärmedämmung erzielen lassen.
- Viele Menschen hatten lange ihrer späteren Pflegebedürftigkeit geringe Bedeutung beigemessen, daher hat der Staat die gesetzliche Pflegeversicherung eingeführt.
- Denkmalgeschütze Fassaden werden vom Staat unterstützt, da ein Hauseigentümer den Nutzen der Fassade anders bewertet als die übrigen Bewohner und Besucher der Stadt.

Dagegen sind demeritorische Güter, Güter die privat angeboten werden, deren Angebot jedoch vom Staat verteuert oder verboten wird, wie z. B. Tabakwaren, Alkohol, Benzin oder Rauschgift.

Zusammenfassung und Lernkontrolle

Zusammenfassung

- Mangelempfinden werden zu Bedürfnissen, die zu einem allgemeinen Bedarf zusammengefasst werden können.
- Zur Befriedigung der Bedürfnisse dienen Güter.

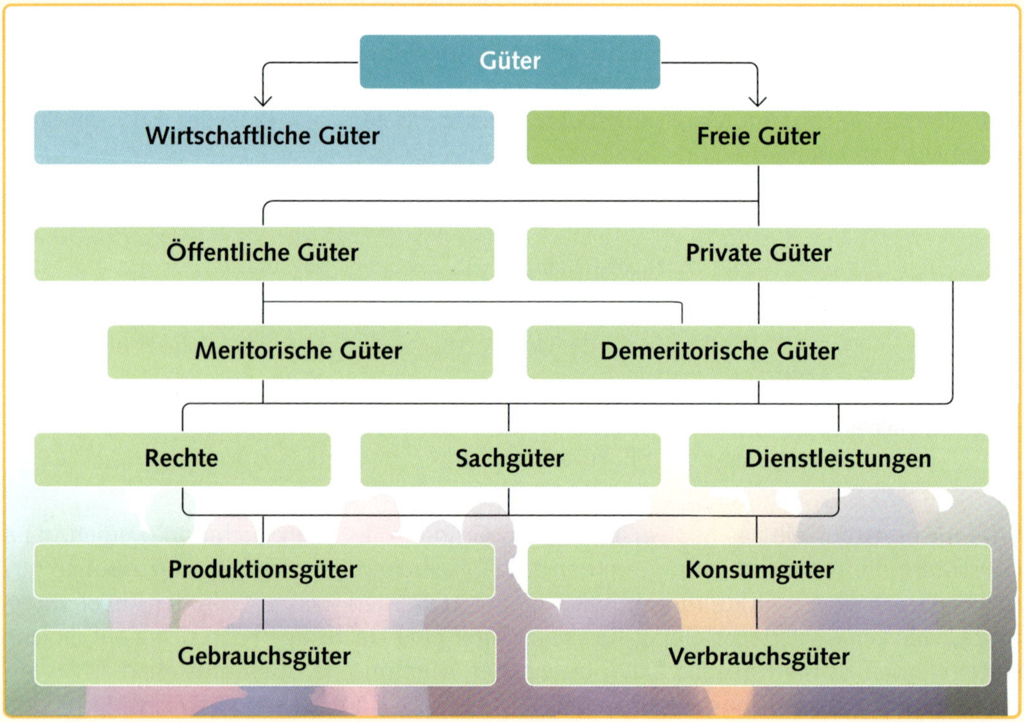

Lernkontrolle

Aufgabe 1

Erläutern Sie den Unterschied zwischen freien und knappen Gütern.

Aufgabe 2

Nennen Sie Beispiele für freie Güter.

Aufgabe 3

Wann ist Wasser ein freies und wann ein knappes Gut?

Aufgabe 4

Ordnen Sie die Güter a) bis h) den folgenden Güterbegriffen zu:

- freies/knappes Gut
- Konsumgut/Produktionsgut
- Sachgut/Dienstleistung
- Gebrauchsgut/Verbrauchsgut

a) Auto eines Außendienstmitarbeiters

b) privat genutzter PC

c) DV-System in der Gemeindeverwaltung

d) Geschirrspülautomat im Restaurant

e) Leitungswasser

f) Benzin für einen privaten PKW

g) Anlageberatung durch ein Kreditinstitut

h) DVD-Player in einer Schule

Aufgabe 5

Bestimmen Sie, ob folgende öffentliche Leistungen Sachgüter, Rechte oder Dienstleistungen sind.

a) Die Gemeinde Maulbronn stattet die Schule mit neuen PCs aus.

b) Die Stadt Berlin unterhält ein neues Freibad.

c) Die Behörde erteilt eine Fahrerlaubnis.

d) Die Stadt Hannover unterhält ein Bürgerbüro.

2 Ziele – Funktionen – Aufgaben

2.1 Ziele der öffentlichen Verwaltung

2.1.1 Zielbegriff

Wie auch die Wirtschaftsunternehmen, muss sich die Verwaltung Ziele setzen, um eine klare Struktur für die Arbeit zu erhalten und die aufgetragenen Leistungen zu erbringen. Ziele sind also immer Vorstellungen, deren Erfüllung man anstrebt.

Ziele sind Vorstellungen über einen erstrebenswerten künftigen Zustand. Dieser soll durch Handlungen erreicht werden.

Die überwiegende Anzahl der Ziele der öffentlichen Verwaltung sind durch Vorschriften, Beschlüsse und Gesetze vorgegeben. Intern müssen diese Ziele noch in Zielvorgaben für die zuständigen Abteilungen und Verantwortlichen konkretisiert werden und in Arbeitsanweisungen vorgegeben werden.

Moderne Verwaltungen setzen sich Ziele im Bereich der Dienstleistungen, Marketing und der Qualität.

Beispiele	
Dienstleistungsziele	wirtschaftliche Aufgabenerledigung
Marketingziele	Wettbewerbsfähigkeit
Qualitätsziele	Kundenzufriedenheit

Grundsätzlich lassen sich Ziele in **Sachziele** und **Formalziele** unterscheiden. Wobei Sachziele inhaltlich beschreiben, was erreicht werden soll. Formalziele dagegen geben an, unter welchen Rahmenbedingungen die Sachziele erreicht werden sollen.

Sachziele **Was** ist zu tun?	**Formalziele** **Wie** ist es zu tun?
Beispiel	**Beispiel**
Bürgerzufriedenheit erhöhen	Senkung der Bearbeitungszeit von Eingaben

2.1.2 Operationalisierung von Zielen

Die Formulierung der Ziele und die Auswahl der sich zur Zielerreichung ergebenden Handlungsalternativen sind zentrale Führungsaufgaben der Verwaltungsspitze.

Das Setzen von Zielen dient auch zur Steuerung der Arbeitsabläufe. Dabei ist die Messbarkeit der Zielerreichung Voraussetzung. Ziele müssen operationalisiert werden. Dabei sind mindestens Antworten auf die Fragen Wer, Was, Wieviel und Wann vorzugeben.

Beispiel			
Ziel: Herabsetzung der Neuverschuldung			
Frage	**Zieldimensionen**	**Konkretisierung**	**Beispiel**
Wer?	Zielgruppe	Wer soll das Ziel erreichen?	Gemeinde Wald (Kämmerei)
Was?	Zielinhalt	Welches Ziel soll erreicht werden?	Neuverschuldung senken
Wieviel?	Zielausmaß (Quantität, Qualität)	Welche Größe soll erreicht werden?	um 1 Mio. €
Wann?	Zielzeitpunkt	Wann soll das Ziel erreicht werden?	im Jahr 20xx

Nur bei operationalisierten Zielen kann die Zielerreichung gemessen werden. Durch Überwachung der Zielerreichung kann steuernd eingegriffen werden.

2.2 Prozess der politischen Willensbildung

© XtravaganT – stock.adobe.com

Die Zielsetzungen der Verwaltung müssen mit den Zielen der Bürger in Einklang stehen. Die Demokratie hat hierzu das Instrument der Wahl geschaffen. Über Wahlen werden Parlamente sowie Gemeinde- und Stadträte gebildet. Ihre Aufgabe ist es, die von ihren Wählern erwarteten Ziele umsetzen zu lassen. Somit tragen die gewählten Personen, Parteien und Vereinigungen den Willen der Bevölkerung in die Zielsetzungen der Verwaltung. Sie entscheiden über Gesetze, Verordnungen und Beschlüsse über die Umsetzung der Bürgerziele. Die Verwaltung selbst stellt für die Entscheidungsträger die notwendigen Sachinformationen bereit und setzt die Beschlüsse um.

2.3 Erfüllung öffentlicher Aufgaben

© romul014 – stock.adobe.com

Bei der Aufgabenerfüllung durch die öffentliche Verwaltung gelten neben Einzelgesetzen, die Vorgaben durch das Grundgesetz der Bundesrepublik Deutschland.

GG Art. 20 Abs. 2 und 3 Art. 28

Das Grundgesetz verlangt, dass die öffentliche Verwaltung sich an Recht und Gesetz zu halten hat. Das Rechtsstaatsprinzip ist Teil eines der Staatsprinzipien, also eines von den als unantastbar geltenden Grundsätzen der verfassungsrechtlichen Ordnung. Die Verwaltung ist jedoch nicht nur an die Gesetze gebunden, sondern gem. Art. 1 Absatz 3 GG auch an die Grundrechte. Diese Bindung erweitert somit den **Grundsatz der Gesetzmäßigkeit** der Verwaltung zum **Grundsatz der Verfassungsmäßigkeit** der Verwaltung.

Das Grundgesetz sowie das Haushaltsgrundsatzgesetz schreiben zudem den **Grundsatz der Sparsamkeit und Wirtschaftlichkeit** bei der Aufgabenerfüllung vor. Da die Verwaltung die Aufgabenerfüllung mit Steuern, Gebühren und Beiträgen finanziert, muss mit dem Geld der Bürger ökonomisch umgegangen werden. GG Art. 114 HGrG § 6

Grundgesetzlich vorgeschrieben ist auch, dass bei der Aufgabenerfüllung der Schutz der natürlichen Lebensgrundlagen und der Tiere in Verantwortung für die künftigen Generationen zu beachten ist **(Grundsatz der Umweltgerechtigkeit)**. GG Art. 20a

Die öffentliche Verwaltung muss ihre Aufgaben auch sozial verantwortlich wahrnehmen (**Grundsatz der Sozialstaatlichkeit**). GG Art. 20 Abs. 1

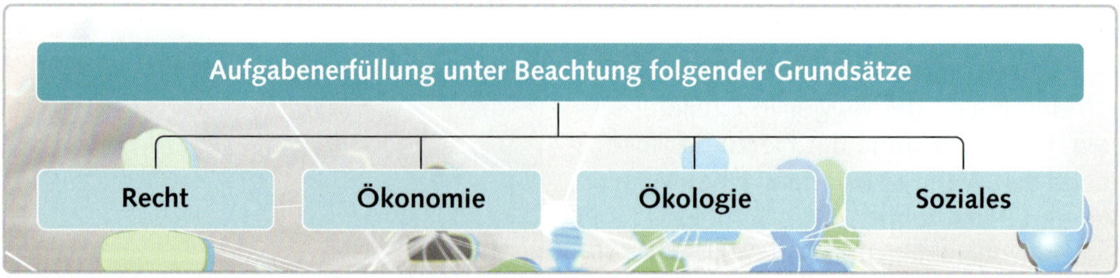

Da die Grundsätze sich oft konfliktär zueinander verhalten, kann in diesen Fällen nur eine Schnittmenge aus den Grundsätzen bei der Aufgabenerfüllung erfüllt werden. Es müssen Kompromisse gesucht werden.

BEISPIEL

Eine Gemeinde will ein neues Baugebiet erschließen. Recht, Ökonomie und Soziales kann in Einklang gebracht werden, aber ein Baugebiet ist auch ein Eingriff in die Ökologie. Ein Kompromiss wäre die Begrenzung der überbaubaren Flächen oder die Schaffung von ökologischen Ausgleichsflächen durch Renaturierung.

Bei der Aufgabenerfüllung ist zu beachten ob es sich um **Pflichtaufgaben** oder **freiwillige Aufgaben** der Verwaltung handelt. Bei Pflichtaufgaben besteht kein oder nur ein eingeschränkter Handlungsspielraum bei der Aufgabenerfüllung. Bei freiwilligen Aufgaben kann die Verwaltung pflichtgemäß entscheiden, ob und in welchem Umfang die Aufgaben wahrgenommen werden.

Die Pflichtaufgaben der öffentlichen Verwaltung werden in einem **Aufgabengliederungsplan** (für Gemeinden und Kreise) bzw. in einem **Funktionenplan** (für Bund und Länder) systematisch festgelegt.

Ziel der Aufgabengliederung ist die systematische und übersichtliche Dokumentation der in einer Organisationseinheit (Stelle, Arbeitsplatz) anfallenden Aufgaben. Dabei wird auch die inhaltliche Verknüpfung der einzelnen Teilaufgaben zur Erfüllung der Gesamtaufgabe abgebildet. Die Aufgaben werden dabei in Haupt-, Teil- und Unteraufgaben (Tätigkeiten) zerlegt und gegliedert.

Beispiel Auszug aus einem Aufgabengliederungsplan einer Stadt	
Aufgabenhauptgruppen	**Aufgliederung der Aufgabenuntergruppe 50**
Aufgabenhauptgruppe 1: Allgemeine Verwaltung Aufgabenhauptgruppe 2: Finanzen Aufgabenhauptgruppe 3: Recht, Sicherheit, und Ordnung	Aufgabengruppe 50: Soziales 1. Sozialplanung 2. Aufgaben nach dem Sozialgesetzbuch, Allgemeiner Teil 3. Zusammenarbeit mit Trägern freier Wohlfahrtspflege und anderen Stellen; Förderung der Träger freier Wohlfahrtspflege; Bildung von Arbeitsgemeinschaften

Beispiel Auszug aus einem Aufgabengliederungsplan einer Stadt	
Aufgabenhauptgruppen	**Aufgliederung der Aufgabenuntergruppe 50**
Aufgabenhauptgruppe 4: Schule und Kultur Aufgabenhauptgruppe 5: Soziales, Jugend und Gesundheit Aufgabenhauptgruppe 6: Bauwesen Aufgabenhauptgruppe 7: Öffentliche Einrichtungen Aufgabenhauptgruppe 8: Wirtschaft und Verkehr Aufgabengruppe 50: Soziales	4. Befreiung von der Rundfunkgebührenpflicht 5. 6. Aufgaben nach dem Unterhaltssicherungsgesetz 7. Obdachlosenangelegenheiten, insbesondere 7.1 Unterbringung und Betreuung von Obdachlosen 8. Überwachung von Altenheimen, Altenwohn- und -pflegeheimen und sonstigen Einrichtungen der Sozialhilfe in der Trägerschaft von Verbänden der freien Wohlfahrtspflege und in privater Trägerschaft

Zusammenfassung und Lernkontrolle

Zusammenfassung

- Die öffentliche Verwaltung setzt sich nur wenige eigene Ziel, sondern hilft die Ziele der Bevölkerung zu erfüllen.
- Ziele sind Vorstellungen über einen erstrebenswerten Zustand, der erreicht werden soll.
- Ziele der Verwaltung sind neben den Dienstleistungszielen auch Marketing- und Qualitätsziele.
- Die Zielerreichung kann nur gemessen werden, wenn die Ziele operationalisiert formuliert sind.
- Die Willensbildung der Bevölkerung und damit die Formulierung von Zielen für die öffentliche Verwaltung erfolgt in einer Demokratie über Wahlen. Die wahlberechtigte Bevölkerung entsendet Vertreter in die Parlamente bzw. die Gemeinde- oder Stadträte.
- Die gewählten Vertreter der Bevölkerung setzen die Ziele der öffentlichen Verwaltung in Form von Gesetzen und Beschlüssen um.
- Die öffentliche Verwaltung verfolgt überwiegend die Erfüllung von Pflichtaufgaben. Sie übernimmt aber auch freiwillige Aufgaben.
- Pflichtaufgaben werden in Funktionen- bzw. Aufgabenerfüllungsplänen systematisiert und dokumentiert.

Lernkontrolle

Aufgabe 1

Beschreiben Sie die Zielsetzungen einer Gemeinde, die bei der Errichtung einer Parkanlage mit Sportmöglichkeiten verfolgt werden.

Aufgabe 2

Warum werden Ziele der öffentlichen Verwaltung überwiegend nicht von der Verwaltung festgelegt?

Aufgabe 3

Beschreiben Sie eine Aufgabenstellung der Verwaltung bei der die Grundsätze Recht, Ökologie, Ökonomie nicht gleichzeitig uneingeschränkt beachtet werden können.

3 Organisationsformen öffentlicher Verwaltungen

3.1 Rechtsträger der öffentlichen Verwaltung

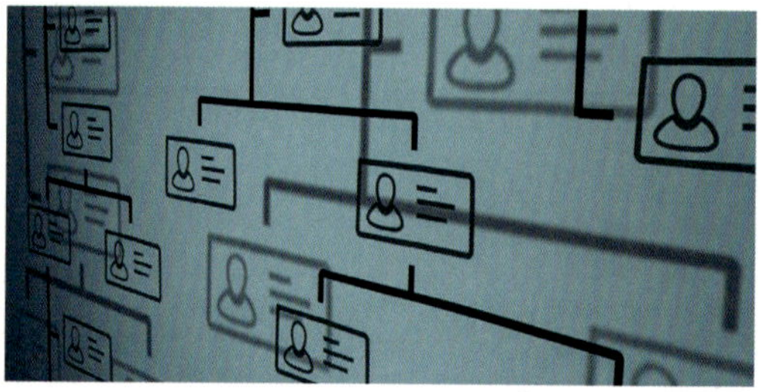

© lucadp – stock.adobe.com

Die Rechtsträger der öffentlichen Verwaltung sind juristische Personen des öffentlichen Rechts. Diese juristischen Personen erhalten, anders als natürliche Personen mit Geburt, per Rechtsordnung (Gesetz) sowohl im privatrechtlichen, als auch im öffentlichen rechtlichen Rechtsgebiet die Rechtsfähigkeit. Die konkrete rechtliche Handlungsfähigkeit nach Außen erhalten die juristischen Personen des öffentlichen Rechts durch ihre Organe (einzelne Personen oder Behörden).

> Die öffentliche Verwaltung ist als juristische Person per Gesetz rechtsfähig. Sie kann Rechtsgeschäfte rechtsgültig eingehen, als Kläger oder Beklagter auftreten und für die Handlungen ihrer Organe (Vertreter) in Haftung genommen werden.

Die juristischen Personen des öffentlichen Rechts[1] unterteilen sich in

- **Körperschaften**,
- **Anstalten** und
- **Stiftungen** des öffentlichen Rechts.

---

1 Zu den juristischen Personen des öffentlichen Rechts gehören auch sog. **„beliehene Unternehmer“**. Sie sind natürliche oder juristische Personen des Privatrechts, denen durch oder aufgrund von Gesetz die Wahrnehmung bestimmte hoheitlicher Aufgaben, unter staatlicher Aufsicht, übertragen wird (z. B. Sachverständige des Technischen Überwachungsvereins – TÜV).

Zu den **Körperschaften** des öffentlichen Rechts gehören organisierte Verwaltungseinheiten, die rechtsfähig sind und hoheitliche Aufgaben der öffentlichen Verwaltung erfüllen. Folgende Arten sind zu unterscheiden.

Zu den **Anstalten** des öffentlichen Rechts gehören sowohl rechtsfähige öffentlich-rechtliche Verwaltungseinrichtungen, die unter staatlicher Aufsicht bestimmte Aufgaben der öffentlichen Verwaltung erfüllen, als auch nicht rechtsfähige Anstalten (sog. Organisationseinheiten).

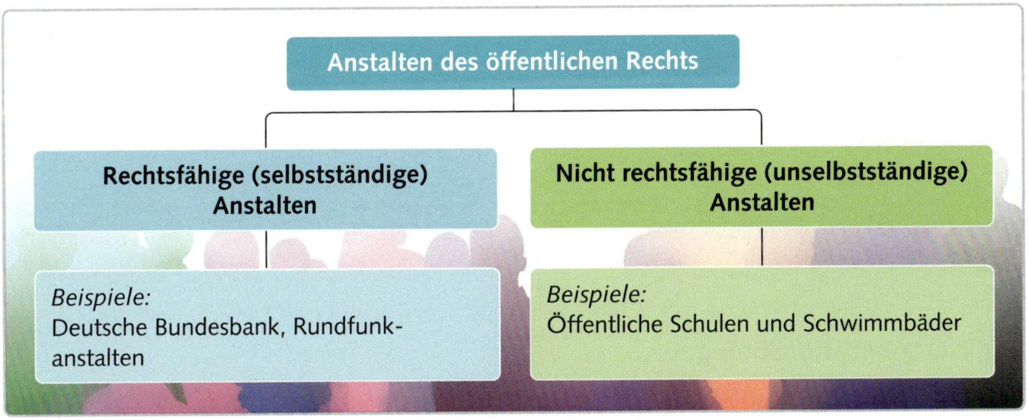

Zu den **Stiftungen** des öffentlichen Rechts gehören rechtsfähige Verwaltungseinheiten, die in der Regel aufgrund eines Gesetzes entstehen und über eine Satzung ihre hoheitliche Aufgabe zugewiesen bekommen (z. B. Stiftungshochschulen in den Bundesländern oder die Friedrich-Naumann-Stiftung für die Freiheiten auf Bundesebene).

3.2 Organisationseinheiten in der öffentlichen Verwaltung

Für die innere und äußere Handlungsfähigkeit des Verwaltungsträgers sind Organisationseinheiten notwendig.

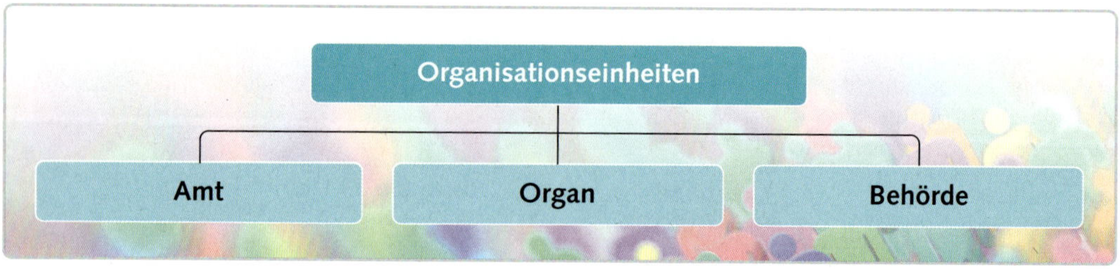

Das **Amt**[2] ist die kleinste Organisationseinheit und hat einen institutionalisierten Aufgabenbereich. Dieser ist personenbezogen in innerorganisatorischen Bereichen. Die Personen, die ein Amt besetzen, werden als sogenannte **Amtswalter** bezeichnet und üben ihren Dienst innerhalb der öffentlichen Verwaltung (z. B. die Tätigkeit als Sachbearbeiter für Personalplanung) aus. Das Amt hat keine Außenzuständigkeit, beispielsweise im direkten Verhältnis zu Bürgerinnen und Bürgern.

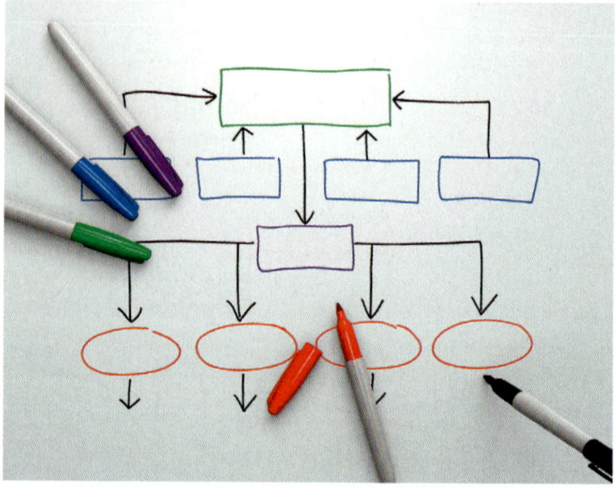

Das **Organ** garantiert die Handlungsfähigkeit der Einrichtung eines bestimmten Verwaltungsträgers (z. B. Bundespräsident). Damit agiert das Organ für den Verwaltungsträger und besitzt selbst keine eigene Rechtsfähigkeit. Organe können einerseits interne Aufgaben erfüllen (z. B. der Deutsche Bundestag als beschlussfassendes Organ), andererseits als personenbezogene **Organwalter** externen öffentlichen Aufgaben dienen (z. B. der Bürgermeister als ausführendes Organ der Gemeinde).

Die **Behörde** ist das Organ der Verwaltung. Sie ist damit für den Träger der öffentlichen Verwaltung nach Außen handlungsfähig und nimmt hoheitliche Aufgaben wahr (z. B. Finanzamt).

> Behörden sind immer Verwaltungsorgane, aber nicht jedes Verwaltungsorgan ist eine Behörde.

3.2.1 Organisationsbefugnis

Die Organisationsbefugnis ist das Recht der Verwaltungsträger (z. B. Bund, Länder, Gemeinden), Behörden (z. B. Landes- oder Bundesbehörden) gemäß einer gesetzlichen Grundlage (z. B. Landesverfassung) einzurichten (auch innerorganisatorisch mit Personal und Sachmitteln) oder aufzulösen.

2 Der Begriff „Amt" wird im weiteren Sinne als Untergliederung innerhalb einer Behörde (z. B. Bauamt) oder die Behörde selbst (z. B. Finanzamt) verwendet.

3.2.2 Verwaltungsorganisation

Innerhalb der öffentlichen Verwaltung gibt es verschiedene Formen der Verwaltungsorganisation.

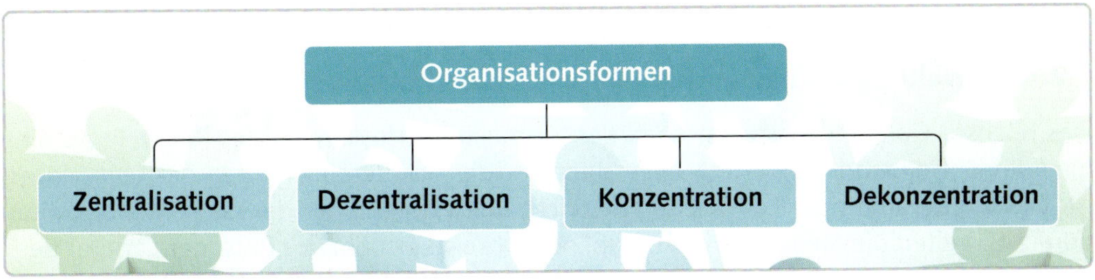

Eine **Zentralisation** der Verwaltungsorganisation ist in der Bundesrepublik Deutschland dann gegeben, wenn die Verwaltungsaufgaben durch eine unmittelbare Staatsverwaltung (z. B. eine Behörde der oberen Verwaltungsebene) durchgeführt werden (z. B. Ministerien, Landeskriminalämter). Die **Dezentralisation** liegt hingegen vor, wenn die Verwaltungsaufgaben von einer mittelbaren (rechtlich selbstständigen) Staatsverwaltung wahrgenommen werden (z. B. Gemeinde- und Kreisverwaltungen). Eine **Konzentration** fasst die in einem Verwaltungsbezirk anfallenden Verwaltungsaufgaben bei einer (Kompetenz-)Behörde zusammen (z. B: Regierungspräsidien). Von einer **Dekonzentration** spricht man, wenn für unterschiedliche Fachaufgaben innerhalb eines Verwaltungsbezirks jeweils eine eigene „Sonderbehörde“ besteht (z. B. Finanzämter).

Eine weitere Unterscheidung ist innerhalb des Verwaltungsaufbaus gegeben.

Ein **Kollegialsystem** ist eine Form der Organisation, bei der eine Behörde aus mehreren kompetenzgleichgestellten Kollegialinstanzen (Amtsträgern) besteht und als Führungsgremium mit Mehrheitsbeschluss nach Außen als Einheit agiert (z. B. Kreisausschüsse). Beim **Einmannsystem** ist die Behörde ausschließlich durch den Behördenleiter, als verantwortliches Vollzugsorgan, vertreten (z. B. Bundesministerien, Landesministerien).

3.2.3 Verwaltungsaufbau in den Bundesländern

In den Bundesländern wird zwischen **unmittelbarer** und **mittelbarer Landesverwaltung** unterschieden. Die **unmittelbare Landesverwaltung** umfasst alle Landesbehörden, die einen zwei- oder dreistufigen Verwaltungsaufbau mit einer **oberen**- (z. B. Landesministerien), (teilweise) **mittleren**- (z. B. Regierungspräsidien) und **unteren**- (z. B. Landratsämter) **Verwaltungsebene** besitzen. Die **mittelbare Landesverwaltung** dient der Aufsicht der Bundesländer über rechtsfähige Anstalten und Stiftungen des öffentlichen Rechts ohne eigenen Verwaltungsunterbau (z. B. Rundfunkanstalten, Universitäten) oder mit zum Teil eingerichtetem Verwaltungsunterbau (z. B. Industrie- und Handelskammern).

3.2.4 Verwaltungsaufbau in den Gemeinden und Landkreisen

Das höchste Gemeindeorgan ist nach den Gemeindeverfassungen der **Rat** (z. B. als Gemeinderat, Gemeindevertretung oder Stadtrat), der das Beschlussorgan der Verwaltung ist. Die Organisation der Landkreise entspricht überwiegend der der Gemeindeorganisation (z. B. gelten die Stellung und Aufgaben des Kreistags dem des Rats, der Landrat dem des Bürgermeisters und der Kreisausschuss dem des Gemeindevorstands).

3.3 Aufgaben und Leistungsbereiche in der öffentlichen Verwaltung

Für die Funktionalität eines modernen Staates ist die öffentliche Verwaltung die zentrale Schnitt- bzw. Schaltstelle. Sie ist für eine Vielzahl von Aufgaben verantwortlich. Hierzu zählen zum Beispiel die Bildung und das Polizei- oder das Rechtswesen (Exekutive und Judikative). Die Vielfältigkeit der unterschiedlichen Aufgabenbereiche wird durch nachstehende Übersicht deutlich, die sowohl die Verwaltungsinstanzen, als auch die Verbindungen der einzelnen (fünf) Verwaltungszweige (Ordnungsverwaltung, Leistungsverwaltung, politische Verwaltung, Wirtschaftsverwaltung und Organisationsverwaltung) darstellt.

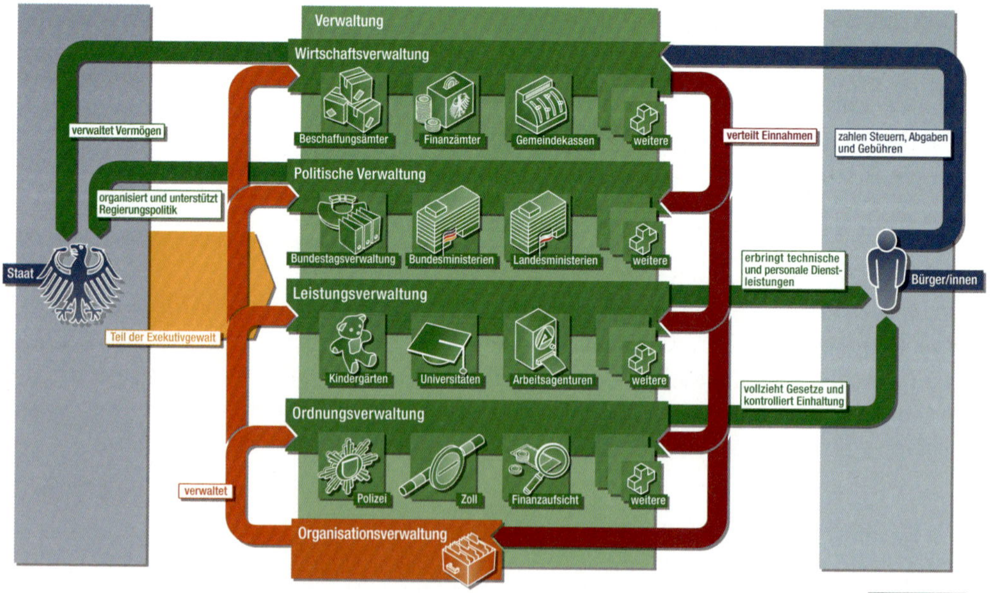

Bundeszentrale für politische Bildung, 2009, www.bpb.de Lizenz: Creative Commons by-nc-nd/3.0/de (cc) BY - NC - ND

Quelle: http://www.bpb.de/politik/grundfragen/24-deutschland/40469/oeffentlicher-dienst-und-verwaltung

Wirtschaftsverwaltung

Die Wirtschaftsverwaltung umfasst die Beschaffung und Verwaltung von Geldmitteln (Einnahmen und Vermögen), die unter anderem durch Steuern über die Finanzbehörden eingenommen bzw. erhoben werden.

Politische Verwaltung

In der politischen Verwaltung liegt die Kernaufgabe darin, die Regierung (Mandatsträger) bei politischen Entscheidungen zu unterstützen. Diese Unterstützung erfolgt auf Bundes- und Landesebene durch Ministerien, die in Recherche und Aufbereitung von aktuellen politischen Themen, in der Planung und auch Gestaltung von Politik involviert sind.

Leistungsverwaltung

Die Leistungsverwaltung umfasst Verwaltungsinstanzen, die Dienstleistungen für die Bürgerinnen und Bürger bereitstellen. Diese Leistungen dienen der Funktionalität des öffentlichen (und privaten) Raums (z. B. Müllbeseitigung, Wasserversorgung und öffentlicher Nahverkehr). Des Weiteren umfasst er die Organisation des schulischen und beruflichen Lebens durch Bildungsangebote (z. B. Schulen und Universitäten) oder Unterstützungseinrichtungen (z. B. Arbeitsagenturen).

Ordnungsverwaltung

Die in der Ordnungsverwaltung dargestellten Verwaltungsinstanzen, wie die Polizei, der Zoll und die Finanzaufsicht, zeigen die ursprünglichen Aufgabenbereiche eines Staates. Die Ordnungsverwaltung dient damit dem Schutz der Bürgerinnen und Bürger durch Wahrung und Kontrolle der Gesetze.

Organisationsverwaltung

Die Organisationsverwaltung bildet den Rahmen um die Verwaltungszweige. Sie agiert als übergreifendes Verwaltungsorgan, das die Funktionalität durch Entscheidungen über beispielsweise Personal und Entlohnung gewährleistet.

Bei bestimmten Verwaltungsinstanzen ist eine Aufgabenüberschneidung zwischen den genannten Verwaltungszweigen möglich (sog. Mischforminstanzen). Das Finanzamt tritt beispielsweise sowohl in der Wirtschaftsverwaltung (Aufforderung zur Steuerzahlung) als auch in der Ordnungsverwaltung (Kontrolle der Steuerzahlung) als Verwaltungsinstanz auf.

3.4 Qualitätsmanagement in der öffentlichen Verwaltung

Die dargestellten Organisationsformen zur Aufgabenwahrnehmung in der öffentlichen Verwaltung sind durch festgelegte Kompetenzen geprägt. Hinzu kommen Funktionen wie das Hierarchieprinzip und eine an Gesetze gebundene Bürokratie. Diese

Strukturen schaffen zwar einerseits Stabilität durch Rechtssicherheit, andererseits kann eine Überregulierung der öffentlichen Verwaltung auch zu Ineffizienz und damit zu hohen Verwaltungskosten führen.

Betrachtet man die Strukturen der öffentlichen Verwaltung unter den Veränderungen unserer Zeit, wie etwa der demografischen und technologischen Entwicklung, der Digitalisierung und Globalisierung sowie der stetig steigenden Anforderungen von Bürgerinnen und Bürgern, werden die künftigen Herausforderungen an ein anderes Qualitätsbewusstsein deutlich.

> Ein effizienter Verwaltungsapparat muss sich künftig an finanziellen und personellen Ressourcen orientieren und die Kompetenz und Kundenorientierung der Behörden und der Beschäftigten der öffentlichen Verwaltung in den Mittelpunkt stellen. Die öffentliche Verwaltung sollte sich dabei als Dienstleistungsunternehmen verstehen, das ein Qualitätsmanagement als unverzichtbar betrachtet.

Ein Bewusstsein für Qualität und Effizienz sollte bei jeglichen Prozessen innerhalb der öffentlichen Verwaltung vorhanden sein. Um diese Qualität und Effektivität in der Organisation zu verbinden und zu erhalten, sind unter anderem nachfolgende Aspekte denkbar.

- Mehr Selbstverantwortung der Mitarbeiter durch flache Hierarchien führt zu einer erhöhten Bereitschaft auch Verantwortung für Entscheidungen zu übernehmen. Damit könnte die Motivation gefördert werden (Mitarbeiterorientierung).
- Eine konkrete Auswahl und damit eine Reduktion von Aufgabenbereichen je Mitarbeiter führt zu einem effizienten und professionellen Arbeiten, weil die Kernkompetenz der Mitarbeiter gefördert und fokussiert wird.
- Forcierung kurzer Informationswege innerhalb der Verwaltung (Bürokratieabbau). Durch die damit verbundene Verschlankung von Prozessen können sogenannte Organisationsbrüche durch unterschiedliche Entscheidungsinstanzen vermindert werden, wodurch die Leistungserstellung optimiert wird.
- Stärkere Orientierung an den Bürgerinnen und Bürgern (Kundenorientierung) durch z. B.
  - transparente Vorgangsbearbeitung,
  - Dezentralisierung von Entscheidung und Verantwortung für bestimmte Leistungen,
  - Anpassung von Öffnungszeiten (Tage und Uhrzeit),
  - Verkürzung der Wartezeiten durch kundenorientiertes Terminmanagement,
  - Digitalisierung von Prozessen.

Zusammenfassung und Lernkontrolle

Zusammenfassung

Körperschaften des öffentlichen Rechts

Gebietskörperschaften

Frage:
Wo hat die juristische Person ihren Sitz?

Beispiel:
Bund, Länder, Gemeinden, Gemeindeverbände

Verbandskörperschaften

Frage:
Welchen öffentlichen Zweck verfolgt die Körperschaft

Beispiel:
kommunale Zweckverbände

Personalkörperschaften

Frage:
Welche Berufsgruppe ist betroffen?

Beispiel:
Hochschulen, Ärztekammern

Realkörperschaften

Frage:
Bezieht sich die Körperschaft direkt auf Eigentum oder wirtschaftlichen Besitz?

Beispiel:
Wasser- und Bodenverbände

Anstalten des öffentlichen Rechts

Rechtsfähige (selbstständige) Anstalten

Beispiele:
Deutsche Bundesbank, Rundfunkanstalten

Nicht rechtsfähige (unselbstständige) Anstalten

Beispiele:
Öffentliche Schulen und Schwimmbäder

Organisationseinheiten

Amt

Das **Amt** ist die kleinste Organisationseinheit und hat einen institutionalisierten Aufgabenbereich.

Organ

Das **Organ** garantiert die Handlungsfähigkeit der Einrichung eines bestimmten Verwaltungsträgers.

Behörde

Die **Behörde** ist das Organ der Verwaltung.

Lernkontrolle

Aufgabe 1

Erklären Sie den Unterschied zwischen Körperschaften und Anstalten im öffentlichen Recht.

Aufgabe 2

In welchem Zusammenhang stehen die Organisationseinheiten (Amt, Organ und Behörde) in der öffentlichen Verwaltung?

Aufgabe 3

Skizzieren Sie den Zusammenhang zwischen den verschiedenen Leistungsbereichen in der öffentlichen Verwaltung und diskutieren Sie die Abhängigkeiten.

Aufgabe 4

Erklären Sie drei Maßnahmen zur Optimierung der Abläufe innerhalb der öffentlichen Verwaltung.

4 Marketing

4.1 Begriff

Unter Marketing versteht man im weiteren Sinne die Ausrichtung der betrieblichen Aktivitäten auf den Markt. Enger gefasst geht es um die optimale Gestaltung des Absatzbereichs, somit könnte man den Begriff Marketing mit dem Begriff Absatz gleichsetzen.

© dizain – shutterstock.com

Der Trend hat sich weg von der reinen produktorientierten Ausrichtung des Unternehmens hin zu einer marktorientierten Unternehmenspolitik entwickelt. Ausgangspunkt für die produktorientierte Unternehmenspolitik ist die Entwicklung eines Produktes, ohne besondere Berücksichtigung der Bedürfnisse der Kunden, welches dann versucht wird auf dem Markt zu verkaufen. Die marktorientierte Unternehmenspolitik setzt am Kunden an und versucht diesen zu verstehen, um das passende Produkt zu entwickeln und zu vermarkten. Dabei geht es um die Vorbereitung, Durchführung und Sicherung des Absatzes in den entsprechenden Märkten.

4.2 Marketing in Verwaltungsbetrieben

Für das Marketing in Verwaltungsbetrieben ergeben sich einige Besonderheiten im Vergleich zum Marketing in der privaten Wirtschaft:

- Das Marketing in der öffentlichen Verwaltung ist in der Regel nicht produktbezogen, sondern vielmehr dienstleistungsbezogen und richtet sich nach den aktuellen und potenziellen Bedürfnissen der Bürger oder auf ihren tatsächlichen Bedarf.
- Viele Leistungen der öffentlichen Verwaltung werden unentgeltlich abgegeben, sind somit keine marktfähigen Leistungen und unterliegen damit in der Regel keinem Wettbewerb.
- Der Bürger als Kunde hat in vielen Fällen keine Alternative zur öffentlichen Verwaltung. So muss er angebotene Leistungen, wie die Müllabfuhr, annehmen und bezahlen.

- Kundennutzen und entsprechend die Kundenzufriedenheit sind oft nicht das wesentliche Ziel, sondern die Erbringung eines darüber hinausgehenden Nutzens für das Gemeinwohl.
- Die strategischen Entscheidungen einer öffentlichen Verwaltung sind oftmals von politischen Entscheidungsprozessen gesteuert.

Trotz dieser Besonderheiten ist es sinnvoll, dass sich auch Verwaltungsbetriebe mit den Instrumenten des Marketings beschäftigen. In vielen Bereichen stehen die Verwaltungsbetriebe schon in Konkurrenz mit den Angeboten der privaten Unternehmen. Außerdem wird es immer wichtiger, dass sich Verwaltungsbetriebe zukunfts- und bürgerorientiert präsentieren.

4.3 Marketingstrategie

4.3.1 Begriff

© Michail Petrov –

Die Marketingstrategie stellt einen komplexen Prozess dar, der unterschiedliche Phasen aufweist. Grundlage ist die gegebene Marktsituation mit den unterschiedlichsten Bedürfnissen und Wünschen der Nachfrager, sowie die bestehenden Anbieter und deren Produkte. Gibt es Wünsche der Nachfrager, zu denen noch keine Produkte vorhanden sind, so kann man mit einer Produktinnovation neue Märkte erschließen. Auch kann man durch Produktveränderungen Anbieter aus dem bestehenden Markt drängen. Bei gleichen oder ähnlichen Produkten ist eine Marktführerschaft über den Preis möglich. All diese Strategien haben eine gemeinsame Struktur:

Marktanalyse/Marktforschung	Interne Untersuchung der Stärken und Schwächen/Externe Untersuchung und Beobachtung des relevanten Marktes.
↓	↓
Marketingziele	Ableitung der Marketingziele aus den Unternehmenszielen (z. B. Umsatz, Kundenzufriedenheit, ...)
↓	↓
Festlegung der Marketinginstrumente	Festlegung des optimalen Marketing-Mix aus Produkt-, Preis-, Distributions- und Kommunikationspolitik zur bestmöglichen Erreichung der Marketingzeile.
↓	↓
Marketingkontrolle	Systematische Überprüfung bzw. Erfassung der Soll-Werte (Marketingziele) und Vergleich mit dem Marketing Ist-Wert inklusive Auswertung der Vergleichsergebnisse.

4.3.2 Marktforschung

Durch Marktforschung erhält man Informationen über den relevanten Absatzmarkt bzw. die relevanten Absatzmärkte eines Unternehmens, um damit die Marketingstrategien festlegen zu können. Die Informationen werden dafür systematisch und meist nach wissenschaftlichen Methoden ermittelt. Die Informationsbeschaffung und Auswertung kann im eigenen Betrieb erfolgen oder durch externe Marktforschungsinstitute durchgeführt werden.

© dizain – stock.adobe.com

Durch Marktforschung können frühzeitig Trends, Chancen und Risiken auf den relevanten Märkten erkannt werden. Das Risiko einer Fehlentscheidung kann dadurch minimiert werden.

Eine effektive Marktforschung ist eine wichtige Voraussetzung, um eine erfolgreiche Absatzstrategie für ein Unternehmen zu entwickeln und so Umsatz bzw. Gewinn des Unternehmens zu erhöhen.

Zur Informationsbeschaffung stehen einem Unternehmen die Marktanalyse oder die Marktbeobachtung zur Verfügung:

Die **Marktanalyse** wird einmalig zu einem bestimmten Zeitpunkt durchgeführt. Mit ihrer Hilfe kann die Stellung eines Unternehmens auf dem Markt in Form von Marktanteilen, Bekanntheitsgrad, Anzahl der Kunden oder Umsatz dargestellt werden.

© dizain – stock.adobe.com

Die **Marktbeobachtung** ist nicht zeitpunktbezogen, sondern wird über einen längeren Zeitraum durchgeführt. Auch dadurch lässt sich die Stellung eines Unternehmens auf dem Markt darstellen. Dabei erhält man Informationen zur Entwicklung der Marktanteile, der Anzahl der Kunden oder des Umsatzes im Laufe der Zeit. Auch lassen sich dadurch Trends und Veränderungen im Kundenverhalten erkennen.

Bei der Marktforschung kann auf zwei unterschiedliche Methoden, die Primär- und die Sekundärforschung zurückgegriffen werden.

Bei der **Primärforschung** werden neue, bisher noch nicht bekannte Informationen für einen bestimmten Marketingzweck erhoben. Die Informationen können im Rahmen einer **Vollerhebung** oder einer **Teilerhebung** gewonnen werden. Bei der Vollerhebung werden alle für die Untersuchung relevanten Personen mit einbezogen. Dies ist jedoch aus wirtschaftlichen und zeitlichen Gründen beinahe unmöglich. Deshalb wird in der Praxis auf die

Betriebsinterne Daten	Betriebsexterne Daten
■ Umsatzstatistiken ■ Lager- und Kundenstatistiken ■ Kostenrechnung ■ Reklamationsstatistik ■ Berichte von Außendienstmitarbeitern ■ Frühere Primärstatistiken ■ ...	■ Studien ■ Internet ■ Amtliche Statistiken ■ Veröffentlichungen ■ Kataloge, Prospekte der Konkurrenz ■ Fachzeitschriften

4.3.3 Marketingziele

Marketingziele lassen sich aus den allgemeinen Unternehmenszielen ableiten und bestimmen den angestrebten Zustand, der durch den Einsatz der absatzpolitischen Instrumente (Marketing-Mix) erreicht werden soll. Marketingziele können auch aufgrund der durchgeführten Marktforschung festgelegt werden.

Bei Marketingzielen kann man zwischen quantitativen und qualitativen Zielen unterscheiden.

Quantitative Marketingziele:

- Umsatzziele
- Gewinnziele
- Marktanteilsziele
- Wachstumsziele

Qualitative Marketingziele:

- Qualität
- Image
- Bekanntheitsgrad
- Vertrauen

4.3.4 Marketinginstrumente

4.3.4.1 Begriff

Unter einem Marketingmix wird der Einsatz der verschiedenen Marketinginstrumente verstanden. Nach der American Marketing Association ist das der Mix aus den verschiedenen Bereichen des Marketings, die sogenannten „vier Ps“.

- Product (Produkt- und Sortimentspolitik)
- Price (Preispolitik)
- Placement (Vertriebspolitik)
- Promotion (Kommunikationspolitik/Werbung)

4.3.4.2 Produkt- und Sortimentspolitik

Bei der Produktpolitik geht es um die Gestaltung eines optimalen Produkts für die entsprechende Zielgruppe, so dass ein Mehrwert beim Kunden entsteht. Dabei geht es um die Produktentwicklung, Produktgestaltung und die Zusammenstellung des Produktprogramms.

Informationen zur **Produktentwicklung** erhält man über die Marktforschung. Ziel ist es, durch neue Produkte oder durch Verbesserung bestehender Produkte auf bestehenden oder neuen Märkten zu wachsen. Bei der Produktentwicklung können auch zusätzliche Produktvarianten eines Produktes entwickelt werden, um das Produktprogramm zu erweitern.

Die Marktforschung liefert auch Daten zur **Produktgestaltung**. Bei der Produktgestaltung wird die Erscheinungsform eines Produktes, deren Qualität, die Verpackung sowie die Markierung (Markenprodukte) festgelegt. Die Produktgestaltung muss sich den wandelnden Trends anpassen. Durch die Produktgestaltung kann nicht nur der Absatz verbessert, sondern auch die Produktion rationalisiert werden. Durch die Anwendung von Normungen oder Typungen, kann eine Verminderung der Produktionskosten erreicht werden.

Der Erfolg eines Produktes am Markt wird durch viele unterschiedliche Faktoren beeinflusst. Neben der Produktgestaltung spielen auch weitere Faktoren wie der Kundendienst mit den produktbegleitenden Serviceleistungen, die Lebensdauer, das Image, die Verfügbarkeit, die Umweltverträglichkeit und der Preis eine wichtige Rolle.

Jedes Produkt hat seine eigene „Lebensdauer", die abhängig ist von technischen und modischen Entwicklungen, vom Konkurrenzverhalten und von den eigenen absatzpolitischen Maßnahmen. Das Produkt muss im Verlauf seiner Lebensdauer an die unterschiedlichen Anforderungen und Wünsche der Kunden angepasst werden. Man unterscheidet grundsätzlich fünf Phasen, die ein Produkt von der Markteinführung bis zum Marktaustritt durchläuft.

Die **Markteinführungsphase** ist die erste Phase des Produktlebenszyklus. Ab diesem Zeitpunkt kann das Produkt am Markt erworben werden. Während dieser Phase muss das Produkt die Aufmerksamkeit der potenziellen Kunden erreichen. Erklärungsbedürftige Produkte müssen den Kunden näher erläutert werden.

Während der Markteinführungsphase entstehen hohe Kosten, da zuerst viel Geld in Marketingmaßnahmen investiert werden muss und die Einnahmen durch das neue Produkt noch nicht so hoch sind. Anfangsverluste kennzeichnen diese Phase. Durch den sich steigernden Bekanntheitsgrad eines Produktes steigt im Idealfall jedoch auch der Umsatz. Das Ende der Markteinführungsphase zeigt sich durch die Erreichung des Break-Even-Points. An diesem Punkt sind die Verkaufserlöse und die Kosten der Produktion gleich hoch. Nicht jedes eingeführte Produkt erreicht diese Phase und scheitert somit direkt bei der Markteinführung.

In der **Wachstumsphase** steigt der Bekanntheitsgrad und immer mehr Kunden entscheiden sich für den Kauf dieses Produktes. Dadurch steigt der Umsatz immer weiter und der Gewinn ist in dieser Phase am höchsten. Der Umsatztrend muss durch intensive Marketingmaßnahmen unterstützt werden. In dieser Phase wird auch oft die Konkurrenz auf das Produkt aufmerksam und Preiskämpfe oder Imitationen können die Folge sein.

Bei der **Reifephase** klingen die Wachstumsraten langsam ab und der Umsatz erreicht seinen Höchststand. In dieser Zeit sind die Produkte meist am profitabelsten, da Marketingmaßnahmen weniger intensiv eingesetzt werden müssen und Marktanteile bereits in der Wachstumsphase gewonnen werden konnten. Diese Phase ist gekennzeichnet durch einen aufkommenden Verdrängungswettbewerb. Immer mehr Konkurrenten drängen in den Markt und Wachstum kann nur durch Abwerbung von Konkurrenzprodukten erreicht werden. Die Produkte müssen zunehmend an die veränderten Kundenwünsche angepasst oder Produktvarianten eingeführt werden. Der Gewinn ist geringer als in der Wachstumsphase.

Die **Sättigungsphase** ist geprägt durch einen Rückgang von Umsatz und Gewinn, aufgrund der angewachsenen Konkurrenz. Marktwachstum existiert in dieser Phase nicht mehr. Der Preiskampf ist nicht zu vermeiden. Wird die Kostenführerschaft durch das Unternehmen erlangt, kann die Sättigungsphase noch erfolgreich ausgenutzt werden.

Schlussendlich gelangt das Produkt in die **Rückgangsphase**. In dieser Phase gehen die Umsätze und somit der Gewinn stark zurück. Auch durch Marketingmaßnahmen lässt sich dieser Rückgang nicht mehr vermeiden. Der Schwerpunkt liegt in dieser Phase auf der Weiterentwicklung des Produkts bzw. der Einführung des Nachfolgemodells. Das eigentliche Produkt tritt aus dem Markt aus.

In der Sättigungsphase oder in der Rückgangsphase kann ein **Relaunch** durchgeführt werden. Beim Relaunch wird versucht, das Produkt durch Überarbeitung ohne besondere Verbesserung wieder zu beleben, um den Produktlebenszyklus zu verlängern.

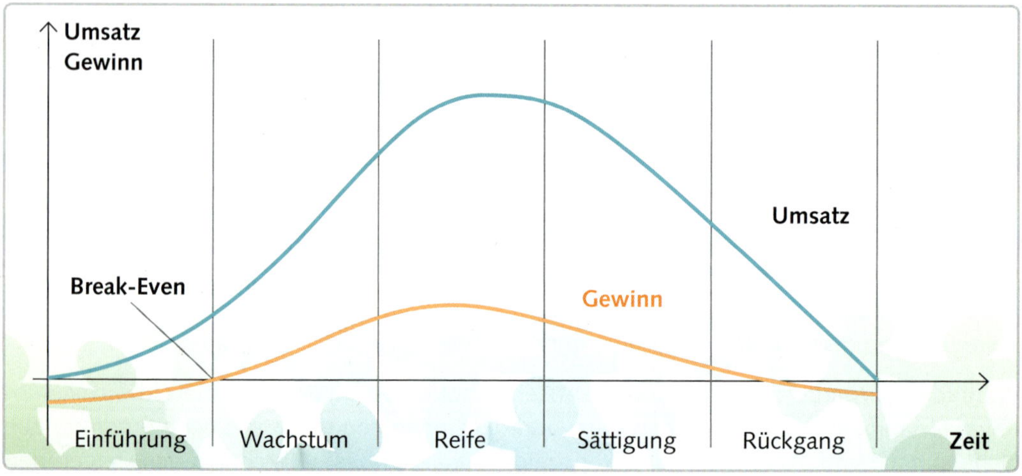

https://www.christianziemann.de/produktmanagement/produktlebenszyklus/

Portfolio-Analyse

Ausgehend vom Modell des Produktlebenszyklus hat die Boston Consulting Group die sogenannte BCG-Matrix entwickelt. Diese Portfolio-Analyse dient zur Erkennung von strategischen Potenzialen innerhalb des gesamten Produktportfolios eines Unternehmens. Dadurch sollen die Anstrengungen und Mittel eines Unternehmens in die Geschäftsfelder gelenkt werden, in denen die Marktaussichten besonders gut erscheinen.

Ausgangspunkt ist die Einteilung der Produkte in vier verschiedene Entwicklungsfelder (Question-Marks, Stars, Cash-Cows, Poor Dogs). Gemessen wird dies an den Größen Marktwachstum und relativer Marktanteil (Verhältnis des eigenen Marktanteils zu dem des größten Konkurrenten).

Question Marks (Fragezeichen)

Bei Question Marks handelt es sich um neue Produkte mit einem noch niedrigen relativen Marktanteil bei gleichzeitig hohem Marktwachstum. Sie entsprechen somit der Markteinführungsphase des Produktlebenszyklus. Sie verursachen noch hohe Kosten und bringen wenig Gewinn. Durch die Investition in Marketingmaßnahmen soll der relative Marktanteil erhöht werden.

Stars (Sterne)

Stars sind Produkte mit einem hohen relativen Marktanteil und hohem Marktwachstum. Diese Produkte sollten gefördert werden und es lohnt sich noch in sie zu investieren, bevor sie zu Cash-Cows werden.

Cash-Cows (Melkkühe)

Wenn das Marktwachstum zurückgeht und der relative Marktanteil weiterhin hoch ist, spricht man von Cash-Cows. Durch die gesunkenen Kosten erwirtschaften sie weiterhin noch genügend Gewinn. In diese Produkte wird nicht mehr investiert, sie sollen nur noch „gemolken" werden. Cash-Cows stellen die profitabelsten Produkte im Portfolio dar und können zur Finanzierung anderer oder neuer Geschäftsfelder im Unternehmen genutzt werden.

Poor Dogs (Arme Hunde)

Poor Dogs sind Produkte die schon länger am Markt sind und weder Marktwachstum noch einen hohen relativen Marktanteil haben. Sie stellen die Problemprodukte eines Unternehmens dar und erwirtschaften zunehmend Verluste. In dieser Phase muss der Marktaustritt oder ein Relaunch vorbereitet werden.

Durch die Anwendung der Portfolio-Analyse soll gesichert werden, dass immer ausreichend neue aber auch profitable Produkte mit einer hohen Rendite im unternehmerischen Produktportfolio vorhanden sind. Der Verlauf und auch die Länge eines Produktlebenszyklus verhalten sich von Produkt zu Produkt unterschiedlich.

Durch den Einsatz von unterschiedlichen Marketingmaßnahmen (Marketing-Mix), wie Preisfestsetzungen oder Kommunikationsmaßnahmen können die Unternehmen die einzelnen Phasen steuern. Aber auch externe Faktoren, wie die Veränderung von politisch-rechtlichen oder wirtschaftlichen Rahmenbedingungen können die Länge der einzelnen Phasen beeinflussen.

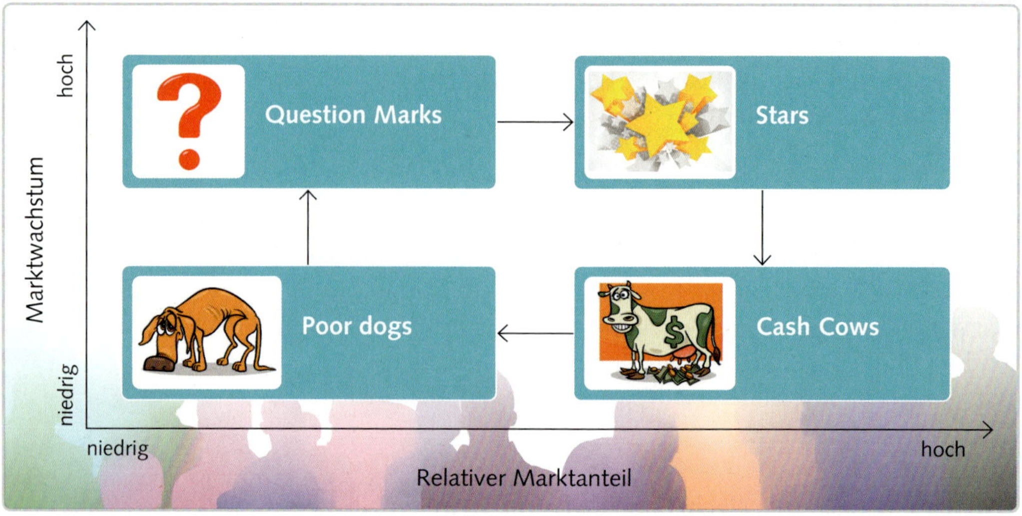

Unter dem Produktportfolio (auch Sortiment oder Produktprogramm genannt) versteht man alle Produkte, die ein Unternehmen führt. Das Produktportfolio lässt sich durch die Produktbreite und die Produkttiefe beschreiben.

Die Programmbreite gibt die Anzahl der nebeneinander bestehenden Produktgruppen eines Unternehmens an. Hat ein Unternehmen ein breites Produktprogramm so bietet es viele verschiedene Produktgruppen an. Bei einem schmalen Produktprogramm werden nur wenige Produktgruppen angeboten.

Die Produkttiefe gibt die Anzahl der unterschiedlichen Modelle innerhalb einer Produktgruppe an. Von einem tiefen Sortiment spricht man, wenn viele verschiedene Modelle einer Produktgruppe in einem Unternehmen angeboten werden. Bei einem flachen Sortiment hat das Unternehmen nicht so viel Auswahl; das Unternehmen hat nur wenige Modelle einer Produktgruppe.

Wenn sich die Wünsche der Kunden verändern, muss das Produktprogramm angepasst werden. Das ist auf vier Arten möglich:

Produktvariation	Produkteigenschaften, wie Design, Technik oder Material werden bei einem Produkt verändert.
Produktdifferenzierung	Zu einer bestehenden Produktgruppe werden neue Varianten eingeführt.
Produktdiversifikation	Erweiterung des Produktprogramms sowohl auf Ebene der Programmtiefe als auch bei der Programmbreite.
Produktelimination	Ein Produkt wird vom Markt genommen.

4.3.4.3 Preispolitik

Unter die Preispolitik fallen alle Entscheidungen des Unternehmens, die sich auf die Preisgestaltung für ein Produkt auswirken. Gewinn kann nur erzielt werden, wenn die

© Dragonimages – stock.adobe.com

Kosten eines Produktes niedriger sind als die erzielten Preise für das Produkt oder die Dienstleistung. Das Ziel eines jeden Unternehmens ist es Gewinn zu erzielen, um das Fortbestehen des Unternehmens zu sichern.

Die Preisfestsetzung ist eine wichtige Aufgabe innerhalb des Unternehmens. Ein hoher Preis ist zwar förderlich für einen möglichst hohen Gewinn, allerdings senkt er üblicherweise auch gleichzeitig die Nachfrage. Ein niedriger Preis dagegen fördert zwar den Absatz, bringt aber vielleicht keinen Gewinn. Ziel ist es, den richtigen Preis zu finden, der zugleich den angestrebten Umsatz realisiert und dabei ausreichend Gewinn einbringt.

Die Preise können abhängig von den eigenen Kosten, den Preisen der Mitbewerber oder der Kaufkraft der Nachfrager festgelegt werden.

Kostenorientierte Preispolitik

Die Preisuntergrenze für ein Produkt ergibt sich aus den Daten des Rechnungswesens und der Buchhaltung. Langfristig gesehen müssen alle Kosten für das Produkt gedeckt sein, damit ein Fortbestehen des Unternehmens gesichert ist. Auf kurze Sicht muss der Preis eines Produktes zumindest den variablen Kosten entsprechen. Ein Produkt, das preislich etwas über den variablen Kosten liegt, sollte kurzfristig nicht vom Markt genommen werden, da das Produkt immerhin noch dazu beiträgt die fixen Kosten zu reduzieren und somit den gesamten Verlust minimieren kann.

Mit der kostenorientierten Preispolitik wird weniger die Höhe des Verkaufspreises festgelegt, sondern vielmehr grundsätzlich entschieden, ob sich eine Produktion (noch) lohnt.

Marktorientierte Preispolitik

Diese Methode zur Preisfindung orientiert sich sowohl an den Preisen der Konkurrenz als auch am Verhalten der Nachfrager.

Bei großer Konkurrenz und relativ gleichartigen Produkten besteht nur eine geringe Möglichkeit für das Unternehmen ihre Preise selbstständig festzulegen. Man muss sich an den branchenüblichen Preisen orientieren. Allerdings muss der Preis von den Nachfragern bezahlbar sein. Generell gilt, dass ein niedriger Preis zu einer höheren Nachfrage führt. Unter bestimmten Umständen sind Nachfrager aber auch gewillt einen höheren Preis zu akzeptieren. Dies ist z. B. der Fall, wenn der Verbraucher von einer bestimmten Marke überzeugt ist oder nach Ansicht des Verbrauchers das „Preis-Leistungs-Verhältnis" stimmt.

Preisdifferenzierung

Bei sonst gleichbleibenden Kosten wird entweder der Preis eines Produktes erhöht oder gesenkt. Dadurch wird versucht, Produkte gleicher Art zu verschiedenen Preisen abzusetzen. Dies ist möglich durch die unterschiedliche Bereitschaft der Kunden einen Preis zu bezahlen. Die Preisdifferenzierung orientiert sich dabei an unterschiedlichen Dingen.

Räumliche Preisdifferenzierung	Die Produkte oder Leistungen werden innerhalb eines Landes in verschiedenen Regionen, oder von Land zu Land preislich unterschiedlich, verkauft.
Zeitliche Preisdifferenzierung	Die Preise sind abhängig vom Kauf- bzw. Nutzungszeitpunkt. Der Preis wird in bestimmten Zeiträumen verändert. Dadurch gibt es z. B. tageszeitabhängige oder jahreszeitabhängige Preisgestaltungen.
Mengenmäßige Preisdifferenzierung	Abhängig von der abgenommenen Menge werden unterschiedliche Preise verlangt. Große Mengen werden zu einem günstigeren Preis angeboten.
Personelle Preisdifferenzierung	Die Preisgestaltung ist abhängig vom Käufer selbst. Je nach Zugehörigkeit einer Gruppe werden unterschiedliche Preise verlangt.

Preisstrategien

Mit der Einführung eines Produktes auf dem Markt muss bereits eine Preisstrategie festgelegt sein. Dabei kann der Preis über die Dauer des Produktes gleich bleiben, oder gezielt verändert werden.

Bei einem gleichbleibenden Preis spricht man von einer Festpreisstrategie. Die Festpreisstrategie kann hochpreisig, mittelpreisig oder niedrigpreisig sein. Eine Hochpreisstrategie ist meist verbunden mit dem Anbieten von qualitativ hochwertigen Produkten oder mit einer bestimmten Marken-Strategie. Durch eine Niedrigpreisstrategie soll die Kostenführerschaft angestrebt werden. Hierbei wird versucht sich durch geringe Kosten und dadurch günstige Preise von der Konkurrenz abzuheben.

Werden die Preise gezielt im Laufe der Zeit verändert, handelt es sich um eine Abschöpfungs- bzw. Penetrationsstrategie. Bei der Abschöpfungsstrategie werden zu Beginn bei Markteinführung hohe Preise verlangt, welche im Laufe der Zeit gesenkt werden. Bei dieser Strategie sollen kurzfristig hohe Gewinne erzielt werden. Bei der Penetrationsstrategie beginnt man mit einem niedrigeren Preis, um möglichst viel Marktanteil zu erhalten. Mit der Zeit wird der Preis erhöht.

4.3.4.4 Distributionspolitik

In der Distributionspolitik geht es darum, wie ein Produkt zum Kunden kommt. Es gibt viele verschiedene Arten von Vertriebswegen. Diese müssen allerdings an die Zielgruppe und an die Produktart angepasst werden. Die Frage ist, welche Abnehmer ein Unternehmen über welche Zwischenstufen beliefern will, oder ob er sein Produkt direkt verkaufen möchte. Meist erfolgt der Verkauf nicht über einen bestimmten Absatzweg, sondern es werden mehrere verschiedene Absatzwege genutzt.

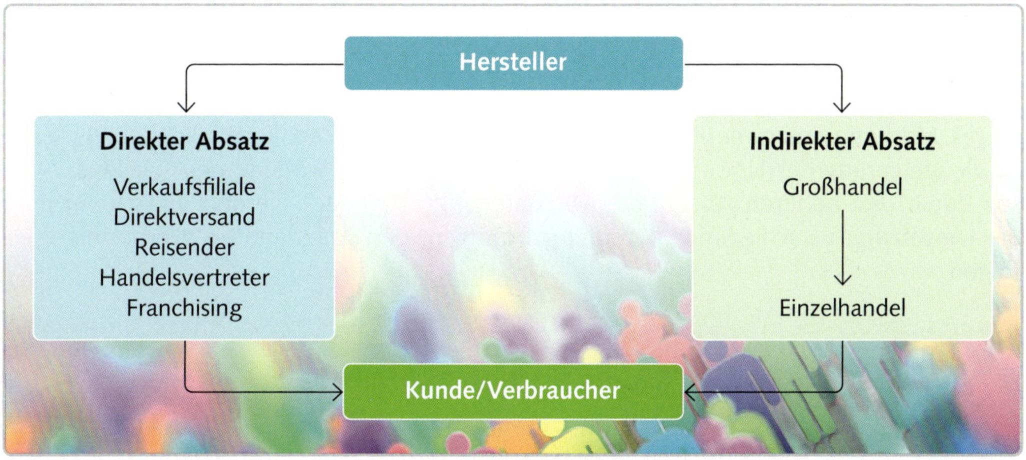

Direkter Absatzweg

Das Unternehmen verkauft seine Produkte direkt an den Verbraucher. Dies kann durch unternehmenseigene Einrichtungen, wie Verkaufsfilialen oder über den Direktversand geschehen. Ein Unternehmen kann sich auch im direkten Absatz sogenannte Absatzhelfer zur Hilfe nehmen.

Reisender	Handelsvertreter
Reisende sind festangestellte Mitarbeiter/-innen des Unternehmens und arbeiten im Namen und auf Rechnung des Arbeitgebers. Reisende erhalten ein festes Grundgehalt und zusätzlich eine Provision. In der Regel haben sie sehr gute Produktkenntnisse.	Handelsvertreter sind rechtlich selbstständige Gewerbetreibende und handeln nicht im Namen und auf Rechnung des Unternehmens. Handelsvertreter werden auf Provisionsbasis bezahlt ohne ein Grundgehalt. Sie verfügen meist über sehr gute Kundenkontakte, da sie verschiedene Produkte vertreiben.

Indirekter Absatzmarkt

Beim indirekten Absatz schaltet das Unternehmen mindestens einen Absatzmittler, wie z. B. Einzelhändler, Großhändler oder Exporteur, in den Absatzweg zwischen Hersteller und Endverbraucher ein. Die Produkte werden von den Absatzmittlern erworben und auf eigenes Risiko weiterverkauft. Dies ist sinnvoll, wenn das Produkt in das vollständige Sortiment eines Handelsbetriebes eingeordnet werden kann bzw. muss oder wenn der Handelsbetrieb über besondere Verkaufserfahrung oder Marktmacht verfügt.

4.3.4.5 Kommunikationspolitik

© Rafal Olechowski – shutterstock.com

Bevor ein Produkt verkauft werden kann, muss der Kunde von der Existenz des Produktes und dessen Mehrwert erfahren. Die Kommunikationspolitik beschäftigt sich genau mit diesem Thema und ist das in der Öffentlichkeit am stärksten wahrgenommene Marketinginstrument. Die Kommunikationspolitik umfasst die Bereiche Absatzwerbung, Verkaufsförderung und Öffentlichkeitsarbeit.

Oft wird die Kommunikationspolitik mit dem Begriff Werbung gleichgesetzt. Dabei hat dieses Marketinginstrument vielfältige Aufgaben zu erfüllen. Eine wichtige Aufgabe ist die Steigerung des Umsatzes und damit verbunden die Erhöhung des Gewinns. Auch soll durch den höheren Absatz die Marktstellung ausgebaut werden. Dies kann über die Umsetzung verschiedener Marketingstrategien, den sogenannten Werbezielen, erfolgen.

Absatzwerbung

Bei der Absatzwerbung wird versucht, den Verkauf der Produkte oder Dienstleistungen bei Neukunden oder Stammkunden durch gezielte Werbemaßnahmen zu erhöhen. Dies kann als Einzelwerbung durch einen Werbebrief oder bei einem persönlichen Verkaufsgespräch geschehen. Um viele Menschen zu erreichen bietet sich die Massenwerbung über Zeitung, Fernsehen, Internet oder Rundfunk an.

Damit die Werbung auch ihr angestrebtes Ziel erreicht, sind bestimmte Grundsätze zu beachten.

Wahrheit	Die Aussagen über das Produkt oder die Dienstleistung in der Werbung müssen wahr sein. Wahrheit schafft Vertrauen und bringt zufriedene Kunden.
Klarheit	Wenn die Werbung in ihrer Aussage klar, deutlich und leicht verständlich ist, ist sie auch überzeugend.
Wirksamkeit	Damit Werbung wirkt, muss sie originell, ideenreich und einprägsam sein. Eine häufige Wiederholung trägt ebenso zur Wirksamkeit bei.
Wirtschaftlichkeit	Der Werbeaufwand muss in einem angemessenen Verhältnis zum Erfolg der Werbemaßnahme stehen.

Die Wirkung der Werbung lässt sich durch ein Modell, dem sogenannten AIDA-Modell darstellen:

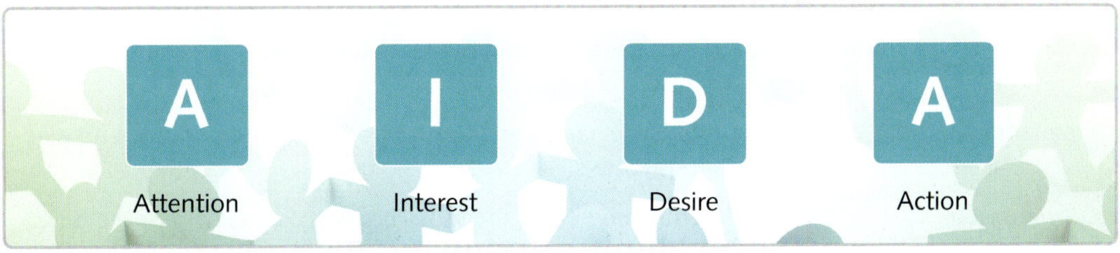

Attention	Zunächst soll die Werbemaßnahme Aufmerksamkeit erregen.
Interest	Das Interesse des Kunden für ein Produkt bzw. für eine Dienstleistung wird geweckt.
Desire	Beim Kunden wächst der Wunsch, das Produkt bzw. die Dienstleistung zu erwerben.
Action	Der Kunde entscheidet sich für den Kauf des Produktes bzw. der Dienstleistung.

Bei der Planung der Werbung muss beachtet werden:

- an welche Zielgruppe sich die Werbung richten soll (Streukreis)
- zu welchem Zeitpunkt bzw. in welchem Zeitraum die Werbemaßnahme durchgeführt werden soll (Streuzeit)
- welche Werbeträger (Zeitschriften, Fernsehen, Internet, ...) genutzt werden sollen (Streuweg)

Die Werbebotschaft wird durch das Werbemittel (z. B. Werbespot im Fernsehen) verpackt und über den Werbeträger (z. B. Fernseher) verbreitet. Alles was den Kunden zum Kaufen animiert kann als Werbemittel bezeichnet werden.

Werbeträger	Werbemittel
Zeitung Zeitschriften Prospekt Litfaßsäule Fernsehen Internet Fahrzeuge ...	Anzeige Plakat Werbebrief Katalog Werbespot Warenproben Werbegeschenke ...

Verkaufsförderung

Bei der Verkaufsförderung, auch Sales Promotion genannt, handelt es sich meist um zeitlich begrenzte Aktionen, die das Ziel verfolgen auf nachgelagerten Vertriebsstufen und/ oder beim Endabnehmer einen zusätzlichen Kaufanreiz zu fördern. Die Art der Ausrichtung ist immer abhängig von der Zielgruppe, die angesprochen werden soll.

Maßnahme	Erklärung
Verkäuferschulungen	Verkäufer erhalten spezielle Informationen über die Produkte von den Herstellern. In Fortbildungen oder Workshops erlernen Verkäufer neue Argumente für die Produkte oder es werden neue Verkaufstechniken einstudiert.
Prämiensysteme	Groß- und Einzelhandel aber auch Kunden erhalten Prämien für eine langjährige Treue.
Gewinnspiele	Das Unternehmen bietet Preisausschreiben oder Gewinnspiele für ihre Kunden an.
Sonderangebote	Unternehmen bieten ihre Produkte zu besonders günstigen Preisen an.
Warenproben	Kunden erhalten zusätzlich zu ihrem Einkauf noch Warenproben mit nach Hause.

Öffentlichkeitsarbeit

Die Öffentlichkeitsarbeit (Public Relations) beschränkt sich nicht auf den Verkauf eines bestimmten Produktes, sondern hat das ganze Unternehmen im Fokus. Durch das Öffnen nach außen, durch verschiedene Maßnahmen, soll beim Kunden Vertrauen gewonnen und Verständnis ausgebaut werden. Dieses dadurch entstehende positive Bild von einem Unternehmen soll sich mit der Zeit auf die Produkte übertragen und dadurch indirekt den Absatz fördern.

Es gibt viele verschiedene Maßnahmen im Bereich der Öffentlichkeitsarbeit:

- Pressearbeit
- Social Media
- Website
- Newsletter
- Imagebroschüren
- Sponsoring
- Tag der offenen Tür
- Events
- ...

4.3.5 Marketing-Controlling

Nach einer durchgeführten Marketing-Maßnahme möchte man auch wissen, ob sie erfolgreich war, d. h. ob sie mehr eingebracht hat, als sie Kosten verursacht hat. Die Kosten lassen sich dabei relativ einfach und schnell aufzeigen, die Wirkung der Maßnahme ist dagegen nicht einfach zu ermitteln. Durch die Ermittlung der Abweichung der Ist-Werte zu den Soll-Werten

© Artram – shutterstock.com

versucht das Marketing-Controlling den Erfolg einer Maßnahme sichtbar und messbar zu machen. Der Erfolg zeigt sich nicht nur in steigenden Absatzzahlen, sondern auch durch andere Erfolgsgrößen, wie einem Imagezuwachs.

Das Marketing-Controlling kann zum einen die Wirkung einzelner Maßnahmen auf die festgelegten Marketing-Ziele ermitteln. Es wird anhand von Kennzahlen analysiert, wie beispielsweise eine Marketing-Maßnahme auf die Verkäufe, Kundenzufriedenheit, Image oder Mitarbeiterloyalität wirkt. Zum anderen wird durch das Marketing-Controlling der Beitrag des Marketings zum gesamten Unternehmenserfolg untersucht. Es wird geschaut, wie das Marketing im Unternehmen den Umsatz oder Gewinn beeinflusst. Die Messung der Kennzahlen dient nicht nur dazu, zu zeigen, wie erfolgreich eine Maßnahme war, sondern auch zur Steuerung der Maßnahmen. Maßnahmen mit nur mäßigem Erfolg sollen zurückgefahren werden, erfolgreiche Maßnahmen sollen dagegen weiter verbessert und häufiger durchgeführt werden.

Zusammenfassung und Lernkontrolle

Zusammenfassung

- Für Verwaltungsbetriebe ergeben sich im Vergleich zu privaten Betrieben einige Besonderheiten für das Marketing. Trotzdem ist es auch für Verwaltungsbetriebe sehr wichtig, sich mit Marketing zu befassen bzw. entsprechende Marketing-Maßnahmen durchzuführen.

Lernkontrolle

Aufgabe 1

Nennen Sie die Besonderheiten für das Marketing in Verwaltungsbetrieben im Vergleich zum Marketing in privaten Betrieben.

Aufgabe 2

Zeigen Sie die Struktur auf, die bei allen Marketingstrategien gleich ist.

Aufgabe 3

Erläutern sie den Begriff „Marktforschung". Welches Ziel soll mit der Marktforschung verfolgt werden?

Aufgabe 4

Stellen Sie den Unterschied zwischen der Marktanalyse und der Marktbeobachtung dar.

Aufgabe 5

Erklären Sie die beiden Methoden, auf die bei der Marktforschung zurückgegriffen werden kann.

Aufgabe 6

Welche Vorteile bringt die mündliche Befragung im Vergleich zur schriftlichen Befragung?

Aufgabe 7

Was versteht man unter einem Panel? Wofür wird dieses eingesetzt?

Aufgabe 8

Wodurch unterscheiden sich quantitative und qualitative Marketingziele?

Aufgabe 9

Was versteht man unter einem Marketing-Mix?

Aufgabe 10

Erklären Sie den Verlauf eines klassischen Produktzyklus anhand eines von Ihnen selbst gewählten Beispiels!

Aufgabe 11

Erläutern Sie, welche Maßnahmen des Marketing-Mix Sie in den einzelnen Phasen des Produktlebenszyklus einsetzen würden. Gehen Sie hierfür von Ihrem selbstgewählten Beispiel aus Aufgabe 10 aus.

Aufgabe 12

Ordnen Sie den folgenden Beispielen die korrekte Produktprogrammanpassung zu.

a) Ein Hersteller von Elektrogeräten stellt die Produktion seiner Videorecorder ein.

b) Ein Verkäufer für Camping-Artikel nimmt nun auch Outdoor-Bekleidung in sein Sortiment mit auf.

c) Ein Hersteller für Papier nimmt auch buntes Tonpapier in sein Produktprogramm auf.

d) Ein Supermarkt produziert selbst Käse.

Aufgabe 13

Erläutern Sie den Unterschied zwischen der kostenorientierten und der marktorientierten Preispolitik.

Aufgabe 14

Welche Arten der Preisdifferenzierung gibt es? Nennen Sie je ein konkretes Beispiel.

Aufgabe 15

Sie haben die Aufgabe, ein neues Produkt am Markt einzuführen! Für welche Preisstrategie würden Sie sich entscheiden? Begründen Sie Ihre Wahl.

Aufgabe 16

Stellen Sie den direkten Absatz dem indirekten Absatz gegenüber und geben Sie Beispiele für beide Bereiche.

Aufgabe 17

Nennen Sie die Grundsätze der Werbung.

Aufgabe 18

Erklären Sie das AIDA-Modell.

Aufgabe 19

Welche Maßnahmen der Verkaufsförderung gibt es? Nennen Sie zu jeder Maßnahme ein konkretes Beispiel.

Aufgabe 20

Weshalb sollte ein Verwaltungsbetrieb auf die Öffentlichkeitsarbeit Wert legen? Welche Maßnahmen können innerhalb der Öffentlichkeitsarbeit für einen Verwaltungsbetrieb sinnvoll sein?

Aufgabe 21

Welchen Nutzen hat das Marketing-Controlling?

Lernfeld 12: Öffentliche Leistungen in alternativen rechtlichen Formen erbringen

F

1 Handelsrechtliche Grundlagen für Unternehmen

1.1 Handelsrecht

HGB § 1 siehe 1.2.2

Die wichtigste Rechtsquelle im Unternehmensrecht stellt das Handelsgesetzbuch (HGB) dar. Hier werden die wesentlichen Regelungen getroffen, die für alle privatrechtlichen Unternehmen gelten. Daneben gilt wie für alle Bürger das Bürgerliche Gesetzbuch (BGB). Wenn für Unternehmen kein Spezialrecht existiert, gilt immer das BGB. Das HGB enthält Rechtnormen, die nur für Kaufleute gelten.

Das HGB enthält Sonderregelungen für Kaufleute, die vom BGB-Recht abweichen. Es enthält Regelungen für Rechtsbeziehungen der Kaufleute untereinander und gegenüber Dritten.

Das Handelsrecht regelt in zahlreichen weiteren Gesetzen bestimmte Rechtsformen von Unternehmen und weitere Spezialnormen.

BEISPIELE

Beispiele für handelsrechtliche Vorschriften		
▪ Aktiengesetz (AktG) ▪ Gesetz betreffend die Gesellschaft mit beschränkter Haftung (GmbHG) ▪ Gesetz betreffend die Erwerbs- und Wirtschaftsgenossenschaften (GenG)	▪ Geldwäschegesetz (GwG) ▪ Scheckgesetz ▪ Tarifvertragsgesetz (TVG) ▪ Steuerberatungsgesetz (StBerG) ▪ Handelsgesetzbuch	▪ Insolvenzordnung (InsO) ▪ Gesetz gegen Wettbewerbsbeschränkungen (GBW) ▪ Publizitätsgesetz (PublG) ▪ Mitbestimmungsgesetz (MitbestG)

1.2 Gründung privatrechtlicher Unternehmung

1.2.1 Gründungstufen

Bei der Gründung eines Unternehmens müssen wichtige Grundentscheidungen getroffen werden, die sich langfristig auf den Erfolg des Unternehmens auswirken.

Wahl des Geschäftszweiges

Die Gründer sollten im gewählten Geschäftszweig über Fachkenntnisse, Erfahrungen und Beziehungen verfügen. Zudem muss ein Betätigungsfeld gewählt werden, bei dem hinreichend Nachfrage oder noch latente Bedürfnisse bestehen. Mit dem Einsatz von Marktforschungsinstrumenten können die für die Entscheidung notwendigen Daten beschafft werden. Wichtig für ein langfristiges Bestehen des Unternehmens sind die Gewinnchancen, die das jeweilige Geschäftsmodell bietet. Die Gründer müssen eine möglichst exakte Rentabilitätsprüfung durchführen.

Wahl der Betriebsgröße

Von der Wahl der Betriebsgröße hängt insbesondere die Höhe des benötigten Kapitals ab.

Wahl des Standorts

Eine in der Regel langfristig wirkende Entscheidung ist die Standortentscheidung. Der Standort hat meist großen Einfluss auf die Umsatzhöhe, die Kosten der Leistungserstellung (z. B. Arbeitslöhne, Transportkosten, Steuerhöhe) und damit auf den Gewinn. Unternehmen sind grundsätzlich bei der Standortwahl frei, aber sachliche Zwänge engen die Wahl oft ein.

BEISPIELE

- Bergwerke sind an die Rohstoffvorkommen gebunden.
- Ein Internethandelsunternehmen wählt seinen Standort für Auslieferungslager nach der Verkehrsanbindung (z. B. Autobahnnähe).
- Ein Zulieferbetrieb für die Automobilindustrie sucht die Nähe zu Automobilfabriken.
- Lohnintensive Unternehmen wählen einen Standort in einem Niedriglohnland.
- Betriebe suchen Standorte in strukturschwachen Regionen, um Steueranreize oder Subventionen zu erhalten.

Grundsätzlich sollte der Standort so gewählt werden, dass die standortbedingten Vorteile die standortbedingten Nachteile übertreffen.

Kapitalbedarf

Die Höhe des benötigten und zu beschaffenden Kapitals wird durch folgende Faktoren bestimmt:

- den Wirtschaftszweig,
- die Unternehmensgröße,
- den technischen Standard,
- die erwartete Umschlagshäufigkeit des Warenlagers und
- die den Kunden gewährten Zahlungsziele bzw. die von den Lieferern gewährten Zahlungsziele.

Kapitalverwendung

Jeder Wirtschaftszweig verlangt eine andere Art der Kapitalverwendung. Dadurch wird der Vermögensaufbau bestimmt. Industrieunternehmen benötigen häufig einen hohen

Bestand an Anlagevermögen (technische Anlagen, Maschinen). Der Handel muss über hohes Umlaufvermögen (Warenbestand) verfügen. Dienstleistungsunternehmen (z. B. Kreditinstitute) benötigen nur ein geringes Anlagevermögen.

Abwicklungsschritte

Entscheiden → **Planen** → **Durchführen (Gründung)**

Bei der Gründung sind neben den betriebswirtschaftlichen Grundentscheidungen auch die rechtlichen Rahmenbedingungen zu beachten. Folgende Schritte müssen durchgeführt werden:

1. **Genehmigung und Erlaubnis einholen**
   Je nach Geschäftszweig kann es sein, dass Genehmigunen und Zulassungen beantragt werden müssen oder bestimmte Qualifikationen für die Unternehmungsgründung nachzuweisen sind.
2. **Wahl der Unternehmensform**
   Außer bei der Wahl der Rechtsform der Einzelunternehmung ist ein Gesellschaftsvertrag erforderlich, der eventuell notariell zu beurkunden ist.
3. **Anmeldung des Unternehmens**
   Das neue Gewerbe muss bei verschiedenen Behörden und Organisationen angemeldet werden (z. B. Gewerbeamt, IHK, Handwerkskammer, Handelsregister und Finanzamt).

Rechtliche Rahmenbedingungen

Unternehmer müssen zahlreiche Vorschriften des deutschen und europäischen Rechts beachten und sich hierüber vor Unternehmensgründung informieren. Beispiele hierfür sind:

- Handelsrecht (Kaufmannseigenschaften, Firma, Rechtsformen, Vollmachten, Vertragswesen u. a.)
- Sozialversicherungsrecht (z. B. Kranken- und Rentenversicherung, Mutterschutz, Elternzeit)
- Arbeitsrecht (z. B. Mitbestimmung, Arbeitsschutz, Kündigungsschutz)
- Zivilrecht (z. B. Rechts- und Geschäftsfähigkeit).

1.2.2 Kaufmannseigenschaft

Die allgemeinen juristischen Grundlagen zur Regelung von Rechtsbeziehungen sind im Bürgerlichen Gesetzbuch (BGB) verankert. Für Kaufleute gilt daneben das spezielle Recht des Handelsgesetzbuchs (HGB).

Kaufmann im Sinne des HGB ist, wer ein Handelsgewerbe betreibt oder aus anderen Rechtsgründen in das Handelsregister als Kaufmann eingetragen wird. HGB § 1 u. §§ 2 ff.

Ein **Gewerbe** ist eine planmäßige, auf Dauer angelegte, selbstständige und auf Gewinnerzielung ausgerichtete Tätigkeit.

Kein Gewerbe üben aus:

- Freiberufler (z. B. Architekten, Steuerberater, Rechtsanwälte, Ärzte u. a.)
- Vereinigungen mit nur ideellen Zwecken ohne Gewinnerzielungsabsicht
- Personen und Gesellschaften, die nur eigenes Vermögen verwalten
- Land- und Forstwirte
- Personen, die künstlerisch oder wissenschaftlich tätig sind

Als **Handelsgewerbe** gilt jeder Gewerbebetrieb, der „nach Art und Umfang einen in kaufmännischer Weise eingerichteten Geschäftsbetrieb" erfordert. Es kann sich dabei also nicht um einen Kleinbetrieb handeln. HGB § 1 Abs. 2 ff.

Allein die Erfordernis eines in kaufmännischer Weise eingerichteten Geschäftsbetriebs ist maßgebend, nicht das tatsächliche Vorhandensein.

Bei Gewerbetreibenden wird zunächst immer vermutet, dass ein Handelsgewerbe vorliegt. Ein Kleingewerbetreibender muss nachweisen, dass er keinen in kaufmännischer Weise eingerichteten Geschäftsbetrieb benötigt. Als Kriterien für die Unterscheidung zwischen Handelsgewerbe und Kleingewerbe gelten z. B. die Höhe des eingesetzten Kapitals, die Größe der Gewerberäume, die Zahl der Betriebsstätten, die Umsatzhöhe, die Mitarbeiterzahl oder die Zahl der Erzeugnisse.

Alle Betreiber eines Handelsgewerbes sind Kaufleute ab dem Zeitpunkt ihrer Geschäftsaufnahme, spätestens jedoch ab der Eintragung in das Handelsregister **(Istkaufmann)**. Sie müssen sich ins Handelsregister eintragen lassen. Die Kaufmannseigenschaft besteht allerdings auch ohne Registereintragung. Bei Geschäftsaufnahme vor Eintragung in das Handelsregister hat der Eintrag nur rechtsbezeugende **(deklaratorische)** Wirkung.

Jeder Kleingewerbetreibende und jeder Land- und Forstwirt kann sich freiwillig ins Handelsregister eintragen lassen und erlangt ebenfalls die Kaufmannseigenschaft **(Kannkaufmann)**. Der Registereintrag erzeugt in diesem Fall die Kaufmannseigenschaft. Die Eintragung hat rechtserzeugende **(konstitutive)** Wirkung. Für die Teilnahme am Wirtschaftsverkehr kann es von Vorteil sein, sich den strengeren Regeln des Handelsgesetzbuchs zu unterwerfen. HGB §§ 2 u. 3

Kapitalgesellschaften (AG, GmbH, Genossenschaften) erlangen die Kaufmannseigenschaft kraft Rechtsform **(Formkaufmann)**. Voraussetzung für die Erlangung ihrer Rechtsform ist der Eintrag in das jeweilige Unternehmensregister (Handelsregister, Genossenschaftsregister). Da dieser Eintrag rechtserzeugende Wirkung hat, wird die Kaufmannseigenschaft erst durch Eintragung erlangt **(konstitutiv)**. HGB § 6 Abs. 2

BGB § 242

Personengesellschaften, die ein Handelsgewerbe betreiben, sind **Istkaufleute** (z. B. OHG, KG). Daneben können auch Kleinbetriebe als Personengesellschaften in Form einer OHG oder KG oder in der Rechtsform einer Kapitalgesellschaft (z. B. GmbH) betrieben werden. In diesem Fall handelt es sich bei den Kleinbetrieben ebenfalls um Kaufleute.[1]

Wer im Geschäftsverkehr den Eindruck erweckt, er sei Kaufmann, muss aufgrund der Rechtsprechung die ihn belastenden Folgen der Kaufmannseigenschaft gegen sich gelten lassen. Er ist dann zwar kein eingetragener Kaufmann, haftet jedoch gegenüber gutgläubigen Dritten wie ein solcher. Es gilt der Grundsatz von Treu und Glauben.

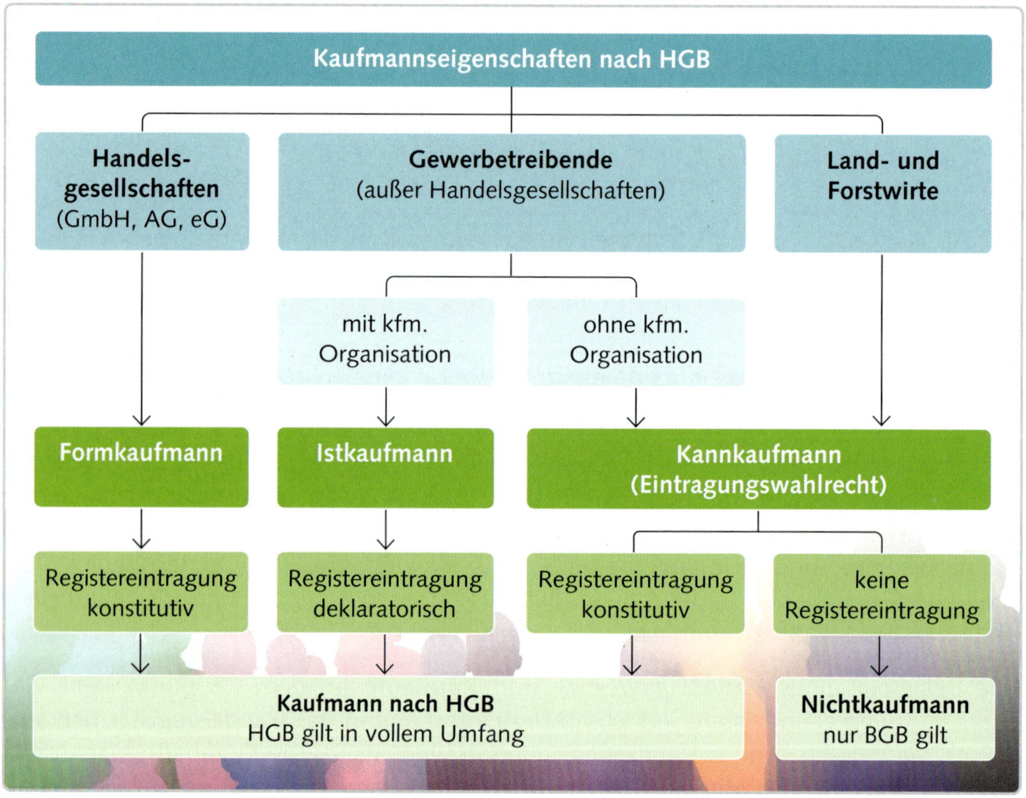

Die Kaufmannseigenschaft führt dazu, dass vorrangig die gegenüber dem BGB strengeren HGB-Vorschriften für den Kaufmann verbindlich sind.

	Kaufmann nach HGB	Nichtkaufmann
Firma	■ kann eine Firma führen ■ Firmenname kann auch nach dem Tod des Inhabers und bei Kauf/Verkauf des Unternehmens weiter bestehen	■ darf keine Firma führen und muss seine Geschäfte unter bürgerlichem Namen durchführen

1 Ob eine Kleingewerbe betreibende OHG oder KG Kaufmann kraft Rechtsform (Formkaufmann gem. § 6 HGB) oder Kaufmann gem. § 2 HGB ist, wird in der juristischen Literatur unterschiedlich beurteilt. Die Frage, ob es sich bei diesen Gesellschaften um Form- oder Kannkaufleute handelt, ist aber rechtlich bedeutungslos.

	Kaufmann nach HGB	Nichtkaufmann
Buchführung	▪ volle Buchführungspflicht (Inventar, Bilanzen, Handelsbücher)	▪ vereinfachte Aufzeichnungspflicht
Bürgschaftserklärung	▪ auch mündlich im Rahmen eines Handelsgeschäfts möglich	▪ nur schriftlich möglich
Handlungsvollmacht und Prokura[2]	▪ kann erteilt werden	▪ darf nicht erteilt werden
Prüf- und Rügepflicht bei Warenlieferungen aus Kaufverträgen	▪ unverzüglich	▪ keine Prüfpflicht ▪ Rüge innerhalb von zwei Jahren

1.2.3 Firmierung

Im Gegensatz zum Nichtkaufmann kann ein Kaufmann seine Geschäfte unter einem weitgehend frei wählbaren Namen betreiben.

Company Name

© beermedia – stock.adobe.com

Eine **Firma** im Sinne des HGB ist der Name, unter dem ein Kaufmann seine Geschäfte betreibt, seine Unterschriften leistet und unter dem er klagen und verklagt werden kann.

Nichtkaufleute dürfen nur unter ihrem bürgerlichen Namen am Geschäftsverkehr teilnehmen. Sie können eine anderslautende **Geschäftsbezeichnung** führen.

Die **Firma** eines Kaufmanns muss ins Handelsregister eingetragen werden. In Geschäftsbriefen muss neben anderen Pflichtangaben die Firma in genauer Übereinstimmung mit dem Registereintrag angegeben werden.

Die Firma besteht aus zwei Teilen.

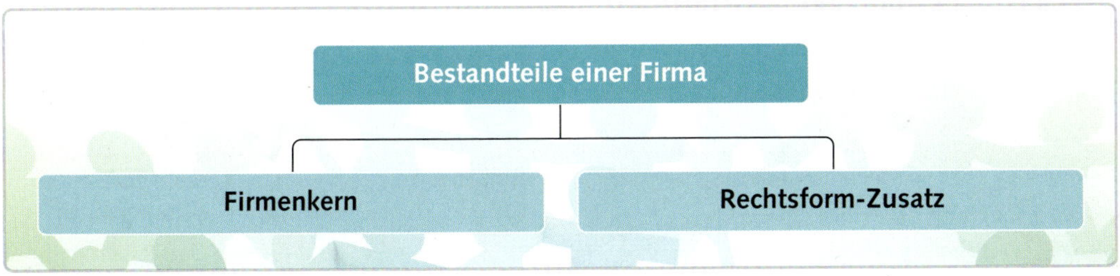

2 Prokura: Sehr umfangreiche Vollmacht (Vertretungsmacht) für Mitarbeiter eines Unternehmens. Bis auf wenige Ausnahmen berechtigt sie zum Abschluss fast aller Rechtsgeschäfte für das Unternehmen. Vgl. Kapitel 1.5.3

Firmenkern

Der Firmenkern kann frei gewählt und gebildet werden als

- **Personenfirma:** Als Firma gibt ein Einzelkaufmann seinen Vor- und Nachnamen oder eine Gesellschaft den Namen eines oder mehrerer Gesellschafter an, z. B. Robert Bosch GmbH (Gründer Robert Bosch).
- **Sachfirma:** Als Firma wird die Tätigkeit des Unternehmens sachlich beschrieben, z. B. Volkswagen AG.
- **Fantasiefirma:** Als Firma wird ein Fantasieausdruck gewählt, z. B. Infineon Technologies AG.
- **Mischfirma:** Als Firma wird eine Kombination aus Personen-, Fantasie- oder Sachfirma gewählt, z. B. Schreinerei Mayer GmbH.

Insbesondere die Verwendung von Kunstbegriffen ermöglicht es, eine international einsetzbare Firmierung zu verwenden. Dies bietet u. a. die Vorteile, dass sie in vielen Sprachen aussprechbar ist, weitestgehend unbesetzt ist und in vielen Sprachen Assoziationen weckt. Zudem ist die Firma Teil des Corporate Identity von großen Unternehmen.

Rechtsformzusatz

HGB § 17

Das HGB und Einzelgesetze für juristische Personen schreiben vor, dass die Rechtsform des Unternehmens aus der Firma ersichtlich ist. Hierzu kann auch eine entsprechende Abkürzung verwendet werden.

Rechtsformzusatz bzw. Kaufmannszusätze

Rechtsformen siehe 1.4

Abkürzung	vollständige Bezeichnung
e. K.	eingetragener Kaufmann oder eingetragene Kauffrau
e. Kfm.	eingetragener Kaufmann
e. Kfr.	eingetragene Kauffrau
OHG	Offene Handelsgesellschaft
KG	Kommanditgesellschaft
GmbH	Gesellschaft mit beschränkter Haftung
gGmbH	Gemeinnützige GmbH
UG	Unternehmergesellschaft
AG	Aktiengesellschaft

Abkürzung	vollständige Bezeichnung
SE	Europäische Gesellschaft Societas Europaea
VVaG	Versicherungsverein auf Gegenseitigkeit
eG	eingetragene Genossenschaft
SCE	Europäische Genossenschaft
KGaA	Kommanditgesellschaft auf Aktien
GmbH & Co. KG	Kommanditgesellschaft mit einer GmbH als Komplementärin
AG & Co. KG	Kommanditgesellschaft mit einer AG als Komplementärin
GmbH & Co. KGaA	Kommanditgesellschaft auf Aktien mit einer GmbH als Komplementärin
AG & Co. KGaA	Kommanditgesellschaft auf Aktien mit einer AG als Komplementärin

Neben dem formalen Aufbau der Firma sind bei der Firmierung noch weitere Grundsätze zu beachten.

- **Firmenzusatz:** Die Rechtsform muss wie oben in der Tabelle angegeben werden.
- **Firmenklarheit:** Die Firmenbezeichnung muss zur Kennzeichnung geeignet sein (Namensfunktion). Das heißt, die grafische Gestaltung des Schriftbildes muss auch lateinische Buchstaben enthalten und darf nicht lediglich aus Bildzeichen bestehen. Die Firma muss zudem Unterscheidungskraft besitzen.
- **Firmenwahrheit:** Die Firma darf nicht irreführend sein, also nicht über die Art und den Umfang des Geschäfts oder die Verhältnisse des Geschäftsinhabers täuschen.
- **Firmenausschließlichkeit:** Jede Firma muss sich von anderen Firmen unterscheiden, die bereits im Handelsregister eingetragen sind und sich in derselben Gemeinde befinden. HGB § 30 Abs. 1
- **Firmenbeständigkeit:** Auch nach einer Namensänderung des Inhabers, z. B. durch Heirat, einer Übertragung des Unternehmens durch Kauf oder Erbschaft, darf die bisherige Firma beibehalten werden. Hierzu muss das Einverständnis des Voreigentümers vorliegen. HGB § 21
- **Firmenöffentlichkeit:** Jeder Kaufmann muss seine Firma in das Handelsregister eintragen lassen. Die vollständige und genaue Firma muss in jedem Geschäftsbrief genannt werden. HGB § 29
- **Firmeneinheit:** Für ein- und dasselbe Unternehmen darf der Kaufmann nur eine Firma führen.

Firmenschutz

Wenn eine Firma unzulässig verwendet wird, kann das Registergericht von Amts wegen die Weiterverwendung verbieten und gegebenenfalls auch ein Ordnungsgeld verhängen. Der in seinen Rechten Verletzte hat zudem die Möglichkeit, privatrechtliche Unterlassungsansprüche geltend zu machen und auch Schadenersatz zu verlangen. HGB § 8

Handelsregister und weitere Register

Das **Handelsregister** ist das amtliche Verzeichnis der Kaufleute eines oder mehrerer Amtsgerichtsbezirke. Das Register wird beim zuständigen Registergericht elektronisch geführt.

Inhalt und Aufbau

Je nach Rechtsform werden die Kaufleute in verschiedenen Abteilungen eingetragen.

HGB §§ 8, 10 u. 12

Abteilung A	Abteilung B
▪ Einzelkaufleute ▪ Personengesellschaften (z. B. OHG, KG)	▪ Kapitalgesellschaften (z. B. GmbH, AG)

Handelsregister B des Amtsgerichts Stuttgart	Abteilung B Wiedergabe des aktuellen Registerinhalts Abruf vom 22.01.20..	Nummer der Firma HRB 8856
– Ausdruck –	**Seite 1 von 1**	

1. Anzahl der bisherigen Eintragungen: 3

1. a) Firma
   Frantz Druckguss GmbH
   b) Sitz der Niederlassung, Zweigniederlassung Heilbronn
   c) Gegenstand des Unternehmens: Herstellung und Vertrieb von Aluminiumdruckgussteilen

1. Grund- und Stammkapital: 50.000,00 €

1. a) Allgemeine Vertretungsregelung
   Die Gesellschaft hat zwei Geschäftsführer.
   Die Gesellschaft wird durch die zwei Geschäftsführer oder durch einen Geschäftsführer gemeinschaftlich mit einem Prokuristen vertreten.
   b) Vorstand, Leitungsorgane, geschäftsführende Direktoren, persönlich haftende Gesellschafter; Geschäftsführer, Vertretungsberechtigte und besondere Vertretungsbefugte:
   Geschäftsführer Frantz, Günther, Heilbronn, *26.09.1962; Geschäftsführer: Lauser, Björn, Neckarsulm, *03.03.1965

1. Prokura
   Gesamtprokura gemeinsam mit einem Geschäftsführer oder einem anderen Prokuristen:
   Waller, Martin, Schwaigern, *13.04.1968; Künzel, Barbara, Ludwigsburg, *30.07.1972

1. a) Rechtsform, Beginn, Satzung oder Gesellschaftsvertrag:
   Gesellschaftsvertrag vom 20.07.1997 mit Nachtrag vom 14.04.2009
   b) Sonstige Rechtsverhältnisse

1. Tag der letzten Eintragung: 17.06.20..

Insbesondere folgende Inhalte werden in das Handelsregister aufgenommen:

- Fima
- Sitz der Niederlassung bzw. der Gesellschaft
- Gegenstand des Unternehmens
- Grund- oder Stammkapital bei Kapitalgesellschaften
- Geschäftsinhaber, persönlich haftende Gesellschafter, Vorstand
- Vertretungsregelung für die Leitungsorgane
- Prokura
- Rechtsverhältnisse (Rechtsform, Satzung/Gesellschaftsvertrag).

Anträge zur Eintragung in das Handelsregister sind elektronisch in öffentlich beglaubigter Form einzureichen. Die Beglaubigung geschieht mit elektronischer Signatur. Mit Aufnahme in den Datenspeicher ist die Eintragung wirksam.

Löschung von Eintragungen

Die Löschung von Handelsregistereintragungen erfolgt durch rotes Unterstreichen. Dadurch bleiben alte Eintragungen weiterhin lesbar. Alte Rechtsverhältnisse bleiben dadurch nachvollziehbar.

Eintragung oder Löschung

auf Antrag

- durch
  - den Kaufmann bei Einzelunternehmen
  - alle vollhaftenden Gesellschafter bei der OHG und KG
  - den Vorstand einer AG bzw. durch die Geschäftsführer einer GmbH
- elektronisch, in öffentlich-beglaubigter Form

von Amts wegen

- durch das Registergericht bei Eröffnung des Insolvenzverfahrens

Wirkung der Eintragungen

Die Eintragungen können konstitutive oder deklaratorische Wirkung haben.

konstruktive Wirkung (rechtserzeugend)	deklaratorische Wirkung (rechtsbezeugend)
Rechtszustand wird erst mit Eintragung in das Register erzeugt.	**Rechtszustand wird durch den Registereintrag lediglich beurkundet. Der Rechtszustand ist auch ohne Eintragung gültig.**
Beispiele: ▪ Kaufmannseigenschaft bei Kannkaufleuten ▪ Erlangen der Rechtsfähigkeit bei einer AG oder GmbH	Beispiele: ▪ Kaufmannseigenschaft eines Istkaufmanns ▪ Erteilung und Widerruf einer Prokura

Einsicht in das Handelsregister

Handelsregistereinträge, -änderungen und -löschungen werden öffentlich bekannt gemacht. HGB
Die elektronische Bekanntmachung kann im Internet **(www.unternehmensregister.de, www.handelsregister.de, www.bundesanzeiger.de)** abgerufen werden. Die Einsichtnahme ist zu jedem Informationszweck gestattet. §§ 9 f.

Öffentlicher Glaube

Das Handelsregister soll auch den gutgläubigen Rechtsverkehr schützen. Alle Auskunftssuchenden müssen auf die Richtigkeit der Eintragungen vertrauen können. HGB § 15

öffentlicher Glaube als Registereintragung

positive Publizität	**negative Publizität**
Eingetragene und bekannt gemachte Tatsachen muss ein Dritter gegen sich gelten lassen. Ausgenommen sind Rechtshandlungen, die innerhalb von 15 Tagen nach Bekanntmachung vorgenommen werden, falls der Dritte beweisen kann, dass er die Tatsache nicht kannte oder sie kennen musste. *Z. B.: Die Firma wurde geändert, ein Lieferant reicht Klage unter der alten Firma ein.*	Wenn einzutragende Tatsachen nicht eingetragen und bekannt gemacht wurden, können sie einem Dritten gegenüber nicht entgegengebracht werden. Ein Dritter kann sich auf unrichtig eingetragene Tatsachen berufen, wenn er gutgläubig war, also die Unrichtigkeit nicht kannte. *Z. B.: Einem Prokuristen wurde die Prokura entzogen. Er schließt vor Veröffentlichung der Löschung einen Vertrag ab.*

Genossenschafts- und Partnerschaftsregister

Für Genossenschaften und Partnerschaftsgesellschaften gibt es selbstständige elektronische Register. Sie enthalten analog zum Handelsregister wesentliche Angaben zu diesen Unternehmen.

Gesellschaftsregister

Für rechtsfähige Gesellschaften des bürgerlichen Rechts besteht das Gesellschaftsregister. Der Eintrag ist freiwillig, aber zur Vornahme bestimmter Rechtsgeschäfte (z. B. Eintrag ins Grundbuch) zwingend notwendig (eGbR).

Unternehmensregister

Über das Unternehmensregister **(www.unternehmensregister.de)** werden alle wichtigen Unternehmensdaten online zur Verfügung gestellt. Es fasst die Einzelregister zusammen.

1.3 Ziele privatrechtlicher Unternehmen

1.3.1 Zielbegriff

Wirtschaftliches Handeln einer Unternehmung ist immer zielgerichtetes Handeln. Wirtschaften muss sich an Zielen orientieren.

Ziele sind Vorstellungen über einen erstrebenswerten künftigen Zustand. Dieser soll durch Handlungen erreicht werden. Die Formulierung der Ziele und die Auswahl der sich zur Zielerreichung ergebenden Handlungsalternativen sind zentrale Führungsaufgaben der Unternehmensleitung.

Häufig wird die Gewinnmaximierung als einziges Ziel eines Unternehmens unterstellt. In der Realität wird die Zielsetzung vom internen und externen Umfeld beeinflusst, so dass am Ende des Zielbildungsprozesses kein Monoziel, sondern ein Zielbündel steht.

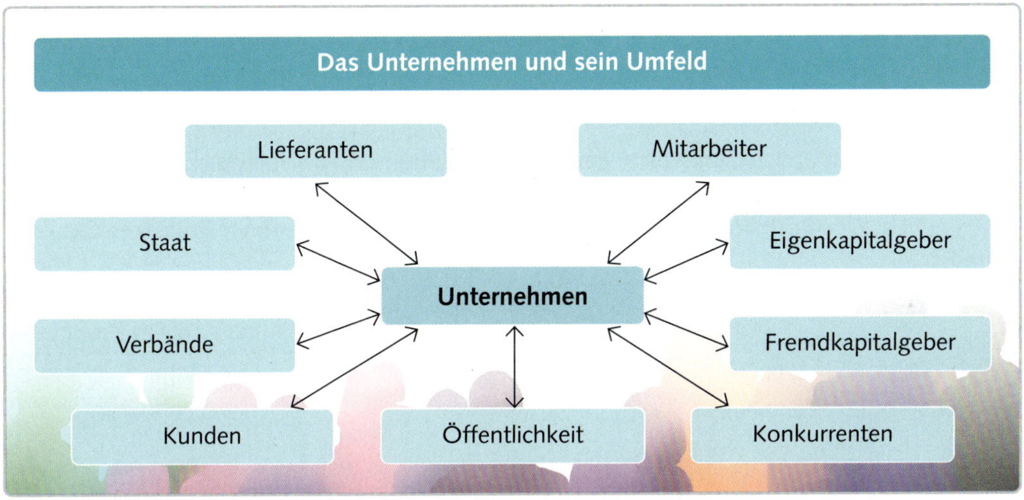

Das gesamte unternehmerische Umfeld hat Einfluss auf die Zielbildung, weil jede Interessengruppe Erwartungen und Ansprüche an das Unternehmen stellt. Die Zielbildung findet in diesem Spannungsfeld statt. Darüber hinaus gibt es natürlich Ziele, die sich aus der Grundaufgabe des Unternehmens ergeben.

1.3.2 Aufgaben von Zielen

Ziele stellen ein zentrales Element zur aktiven Führung und Steuerung eines Unternehmens dar. Durch klare Vorgaben darüber, was mit der Tätigkeit erreicht werden soll, kann das Unternehmen gesteuert werden. Die Leistungen werden messbar. Es können damit Soll-Ist-Vergleiche durchgeführt werden. Bei Abweichungen können im nächsten Schritt die Ursachen gesucht werden und entsprechende Maßnahmen zur Verbesserung eingeleitet werden. Die Beurteilung der Leistung der Mitarbeiter ist durch die Messbarkeit der Zielerreichung möglich. Sind die Ziele realistisch gesetzt und mit den Mitarbeitern vereinbart, können Ziele auch motivierend wirken.

1.3.3 Zielarten

Eine Unterscheidung der Zielarten ist auf vielfältige Weise möglich.

- wirtschaftliche, soziale und ökologische Ziele,
- kurz-, mittel- und langfristige Ziele,
- monetäre und nichtmonetäre Ziele,
- Ober- und Unterziele

Wirtschaftliche, soziale und ökologische Ziele

Ziele können aus verschiedenen Zielbereichen stammen. Man unterscheidet nach dem Verhalten gegenüber internen und externen Interessengruppen, wie z. B. Mitarbeiter oder Öffentlichkeit, in wirtschaftliche (ökonomische), soziale (Humanziele) und ökologische (Umweltziele) Ziele.

wirtschaftliche Ziele	soziale Ziele	ökologische Ziele
z. B. ■ zufriedenstellender Gewinn ■ Marktanteil	z. B. ■ Erhaltung der Arbeitsplätze ■ flexible Arbeitszeiten	z. B. ■ Minimierung des Abfalls ■ Energieeinsparung

Kurz-, mittel- und langfristige Ziele

Ziele können sich auf verschiedene Zeiträume beziehen (Wann soll das Ziel erreicht werden?). Die Definition der Planungszeiträume ist von Unternehmen zu Unternehmen unterschiedlich. Der Präzisionsgrad der Zielformulierung ist i. d. R. höher je kürzer der Zeitraum ist.

Zeiträume für die Zielerreichung		
kurzfristige Ziele ein Geschäftsjahr oder weniger	**mittelfristige Ziele** etwa 1–3 Jahre	**langfristige Ziele** etwa 3–5 Jahre
z. B. ■ Gewinnsteigerung im nächsten Quartal	z. B. ■ Ausbau der Produktpalette	z. B. ■ Marktführerschaft erreichen

Monetäre und nicht monetäre Ziele

Das Ausmaß vieler Ziele kann in Geld ausgedrückt werden. Manche Ziele müssen in anderen Einheiten gemessen werden. Wenn man Ziele in Geldeinheiten messen kann, sind es monetäre Ziele.

monetäre Ziele	nicht monetäre Ziele
z. B. ■ Gewinnsteigerung ■ Kostensenkung	z. B. ■ Vergrößerung des Marktanteils ■ Steigerung der Kundenzufriedenheit

Ober- und Unterziele

Um eine Zielerreichung möglich zu machen, müssen die Ziele aufeinander abgestimmt sein. Hierbei ist eine vertikale Abstimmung der Ziele hilfreich (Zielhierarchie). Ausgehend vom obersten Ziel des Kreditinstituts (Gewinnmaximierung) werden konkretere Unterziele definiert. Dabei stellen die Unterziele jeweils Mittel zur Erreichung des zugehörigen Oberziels dar. Gleichzeitig sind sie wiederum Oberziele für weitere Unterziele (Mittel-Zweck-Beziehung). Ziele sind entweder Mittel zum Zweck, um das Gewinnziel zu erreichen, oder bilden eine Nebenbedingung, unter denen das Gewinnziel angestrebt wird.

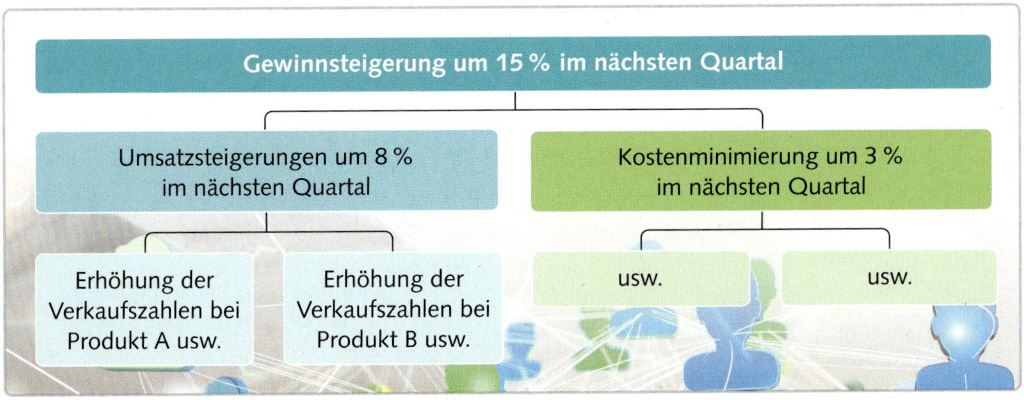

Die Ziele werden nach unten zunehmend konkreter. Auch die Ziele sollten Verantwortungsbereichen im Unternehmen zugeordnet sein, um über die Zielsetzung das Unternehmen steuern zu können. Die Unternehmensführung muss ein geschlossenes Zielsystem für das Unternehmen definieren.

1.3.4 Zielbeziehungen

Aufgrund des Einflusses verschiedener Gruppen auf die Zielsetzung eines Unternehmens versucht jedes Unternehmen stets gleichzeitig mehrere, zum Teil sehr heterogene Ziele zu realisieren. Inwiefern dies gelingt, hängt davon ab, in welcher Beziehung die Ziele zueinander stehen.

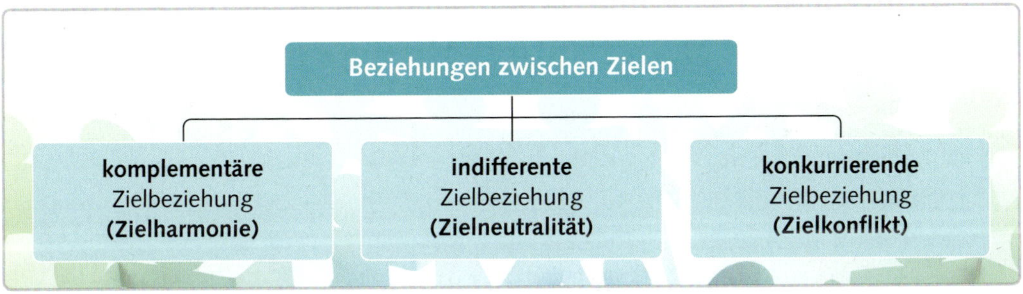

Komplementäre Ziele

Wenn die Erreichung eines Ziels gleichzeitig zur Erreichung eines anderen Ziels beiträgt, stehen diese in einer komplementären Beziehung.

Indifferente Ziele

Wenn die Zielerreichung eines Ziels keinerlei Auswirkungen auf die Erreichung eines anderen Ziels hat, verhalten sich die Ziele indifferent zueinander. Sie sind unabhängig voneinander erreichbar.

Konkurrierende Ziele

Während indifferente und komplementäre Ziele in der Zielverfolgung unproblematisch sind, verhalten sich konkurrierende Ziele so, dass sie sich gegenseitig behindern.

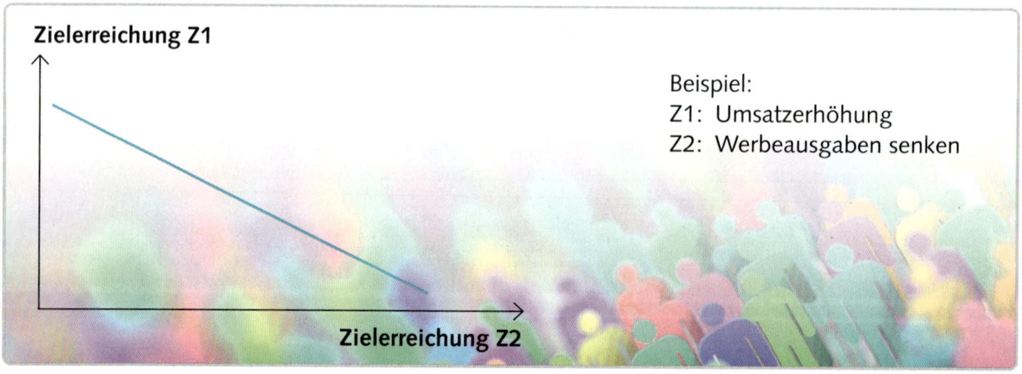

Bei Zielkonflikten muss eine Lösung bei der Zielverfolgung gesucht werden. Es ist Aufgabe des Managements zu entscheiden, ob bei einem Zielkonflikt ein konkurrierendes Ziel gestrichen wird oder ob ein Ziel eine Prioritätenrolle (Hauptziel) erhält und das andere Ziel nur als Nebenziel verfolgt wird.

Haupt- und Nebenziele

Ziele mit höherer Priorität werden als Hauptziele, Ziele mit niedrigerer Priorität als Nebenziele bezeichnet. Alle Ziele befinden sich dabei im Gegensatz zu Ober- und Unterzielen auf der gleichen hierarchisch-horizontalen Stufe. Ein Nebenziel wird nur in dem Rahmen verfolgt, in dem es das Hauptziel nicht gefährdet. So müssen sich häufig soziale oder ökologische Ziele den wirtschaftlichen Zielen von der Priorität her unterordnen.

1.3.5 Formulierung operationalisierter Ziele

Damit Ziele verfolgt und gewichtet werden können, müssen sie messbar sein. Nur dann kann man den Grad der Zielerreichung messen und entsprechende Managementinstrumente einsetzen. Operationalisiert sind Ziele, wenn sie mindestens drei Zieldimensionen beinhalten.

- Die Ziele müssen inhaltlich definiert sein (Was soll erreicht werden?).
- Es muss festgelegt sein, in welchem Zeitraum das Ziel erreicht werden soll (Wann soll das Ziel erreicht werden?) und
- in welchem Ausmaß dies geschehen soll (Wie viel soll erreicht werden?).

Beispiele für Ziele mit den drei Dimensionen		
Zielinhalt	**Zielbezug**	**Zielausmaß**
Der Gewinn	soll im nächten Wirtschaftsjahr	um 15 % gesteigert werden.
Der Umsatz	sol im nächsten Quartal	um 4 % steigen.
Die Personalkosten	sollen in den nächsten drei Jahren	nicht steigen.

Über weitere Dimensionen wie Personenbezug (Wer soll das Ziel erreichen?) oder Raumbezug (Wo soll das Ziel erreicht werden?) lassen sich die Ziele noch weiter operationalisieren.

Zusammenfassung und Lernkontrolle

Zusammenfassung

- Das Handelsrecht betrifft nur Kaufleute.
- Kaufleute betreiben ein Handelsgewerbe oder sind aufgrund einer anderen Rechtsvorschrift in das Handelsregister eingetragen.
- Firma ist der Name unter dem der Kaufmann seine Geschäfte betreibt. Die Firma besteht aus dem Firmenkern und dem Rechtsformzusatz.
- Das Handelsregister ist ein öffentliches Register aller Kaufleute eines Amtsgerichtsbezirks.
- Wirtschaftsunternehmen verfolgen wirtschaftliche, soziale und ökologische Ziele. Das Verfolgen eines Zieles kann das Erreichen eines anderen Zieles unterstützen (komplementäre Ziele, Zielharmonie), oder das Erreichen eines anderen Zieles verhindern (konkurrierende Ziele, Zielkonflikt). Ziele können auch neutral zueinander stehen (indifferente Ziele, Zielneutralität).

Lernkontrolle

Aufgabe 1

Kleingewerbetreibende können sich freiwillig in das Handelsregister eintragen lassen. Welche Vor- und Nachteile bringt die Registereintragung?

Aufgabe 2

Welche Kaufmannseigenschaft liegt in den folgenden Fällen vor?

1. Firma Frank KG, Druckguss, 70 Beschäftigte
2. Rechtsanwaltskanzlei Dr. Pleiss
3. Imbissbude Müller, Hafenmarktstraße, Heilbronn
4. Alibaba Im- und Export GmbH, keine Angestellten
5. Landwirtschaftsbetrieb Hofbauer
6. Bankkaufmann Jens Baumann

Aufgabe 3

Elena Breitenbach, Inhaberin des Modegeschäfts „Modegeschäft Elena Breitenbach e. Kfr." will ihr Geschäft verkaufen. Die Erwerberin möchte den guten Firmennamen behalten. Unter welchen Voraussetzungen ist dies möglich?

Aufgabe 4

Erklären Sie den Begriff „öffentlicher Glaube" im Zusammenhang mit dem Handelsregister.

1.4 Rechtsformen privatrechtlicher Unternehmen

1.4.1 Überblick

Neben den privatrechtlich organisierten Unternehmen gibt es öffentlich-rechtliche Unternehmen in den Unternehmensformen:

- öffentlich-rechtliche Körperschaft
- öffentlich-rechtliche Anstalt
- Stiftung des öffentlichen Rechts

Während für die öffentlich-rechtlichen Unternehmen spezielles öffentliches Recht gilt, ist für privatrechtliche Unternehmen das Privatrecht maßgebend.

Rechtsformen privatrechtlicher Unternehmen

- **Einzelunternehmung**
  - eingetragener Kaufmann
- **Gesellschaften (Personenvereinigungen)**
  - **Personengesellschaften**
    - Gesellschaft bürgerlichen Rechts (GbR)
    - Offene Handelsgesellschaft (OHG)
    - Kommanditgesellschaft (KG)
    - rechtsfähige Gesellschaft bürgerlichen Rechts (GbR oder eGbR)
  - **Kapitalgesellschaften**
    - Aktiengesellschaft (AG)
    - Gesellschaft mit beschränkter Haftung (GmbH)
  - **sonstige Gesellschaften**
    - eingetragene Genossenschaft (eG)

1.4.2 Entscheidungskriterien für die Wahl der Rechtsform

Die Wahl der Rechtsform eines Unternehmens führt zu zahlreichen Konsequenzen. Die gewählte Rechtsform entscheidet darüber wer das Unternehmen leitet und wer berechtigt ist, rechtsverbindliche Willenserklärungen für das Unternehmen abzugeben. Auch inwiefern ein Unternehmer mit seinem Privatvermögen haftet ist von der Rechtsform abhängig. Weiterhin ist auch die Möglichkeit der Kapitalbeschaffung durch die Rechtsform bestimmt. Die Rechtsform entscheidet auch darüber, unter welcher Steuerart die Gewinne versteuert werden (Einkommen- oder Körperschaftsteuer).

Um die für das Unternehmen richtige Rechtsform zu finden muss zwischen verschiedenen Grundformen unterschieden werden.

<table>
<tr><th>Einzelunternehmen</th><th colspan="2">Gesellschaften</th></tr>
<tr><td rowspan="2">in Einzelunternehmen bringt der Unternehmer das Eigenkapital allein auf. Er führt sein Unternehmen und haftet für alle Verbindlichkeiten.</td><td colspan="2">Gesellschaftsunternehmen sind Vereinigungen von Personen, die einen gemeinsamen Zweck verfolgen.</td></tr>
<tr><td>Personengesellschaften
▪ enge persönliche Bindung der Gesellschafter zum Unternehmen
▪ persönliche und gesamtschuldnerische Haftung der Gesellschafter
▪ Geschäftsführung durch die Gesellschafter</td><td>Kapitalgesellschaften
▪ meist keine persönliche Bindung der Gesellschafter zum Unternehmen
▪ Kapitalbindung steht im Vordergrund
▪ keine Haftung der Gesellschafter
▪ keine Pflicht zur Mitarbeit der Gesellschafter im Unternehmen</td></tr>
</table>

Grundsätzliche Unterschiede zwischen Personen- und Kapitalgesellschaften	
Personengesellschaften	**Kapitalgesellschaften**
▪ eingeschränkte Rechtsfähigkeit ▪ mindestens ein Gesellschafter haftet auch mit seinem Privatvermögen ▪ Handlungsorgane sind die Gesellschafter selbst (Selbstorganschaft) ▪ Gesellschaftsvermögen ist gemeinsames Eigentum aller Gesellschafter (Gesamthandsvermögen) ▪ kein vorgeschriebenes Mindestkapital ▪ Übertragbarkeit von Gesellschaftsanteilen nicht ohne Weiteres möglich ▪ Gesellschaftsvertrag ▪ im Normalfall – wie Einzelunternehmen – Erstellung eines einfachen Jahresabschlusses (Bilanz, Gewinn- und Verlustrechnung) ▪ im Normalfall keine Pflicht zur Veröffentlichung des Jahresabschlusses	▪ eigene Rechtspersönlichkeit (juristische Person) ▪ nur die Gesellschaft haftet ▪ Gesellschaft wird von Organen (z. B. Vorstand) geführt (Fremdorganschaft) ▪ Gesellschaft als juristische Person ist Eigentümerin des Gesellschaftsvermögens ▪ vorgeschriebenes Mindestkapital ▪ Möglichkeit der Übertragbarkeit von Gesellschaftsanteilen ▪ Satzung (Gesellschaftsvertrag) ▪ Erstellung eines ausführlichen Jahresabschlusses (Bilanz, Gewinn- und Verlustrechnung mit Anhang) sowie eventuell eines Lageberichts ▪ Pflicht zur Veröffentlichung des Jahresabschlusses

Starken Einfluss auf die Wahl der Rechtsform haben die Kriterien

- Haftung,
- Vertretung und
- Geschäftsführung.

Die **Haftungsvorschriften** für einzelne Rechtsformen regeln, ob ein Geldgläubiger des Unternehmens seinen Zahlungsanspruch nur gegenüber dem Unternehmen selbst oder auch gegenüber einzelnen am Unternehmen beteiligten Personen durchsetzen kann.

Vertretung: Wer das Recht oder die Pflicht zur Vertretung hat, kann im Namen des Unternehmens und für das Unternehmen rechtswirksame Verträge schließen und gegenüber Dritten (Außenverhältnis) im Namen des Unternehmens tätig werden.

Geschäftsführung: Die Geschäftsführungsbefugnis bezieht sich auf Regelungen und Vereinbarungen im Innenverhältnis (nicht gegenüber Dritten). Durch die Geschäftsführungsbefugnis wird festgelegt, welche Rechte einzelnen Gesellschaftern (z. B. bei OHG und KG), einem Geschäftsführer (z. B. bei der GmbH) oder einem Vorstand (z. B. bei der AG) zustehen.

Unterscheidung Innen- und Außenverhältnis	
Innenverhältnis	**Außenverhältnis**
Das Innenverhältnis stellt das Rechtsverhältnis der Gesellschafter zueinander dar und bezieht sich nicht auf Rechtshandlungen gegenüber Dritten. Die Regelungen im Innenverhältnis betreffen z. B. die Buchführung oder die Beaufsichtigung der Arbeitnehmer.	Das Außenverhältnis regelt die Rechtsbeziehungen der Gesellschaft bzw. der einzelnen Gesellschafter zu gesellschaftsfremden Dritten (Geschäftspartnern).

Weitere Kriterien für die Wahl der Rechtsform:

Kontrolle der Geschäftsführung

- Der Einzelunternehmer wird intern von keinem Dritten kontrolliert. Er trifft seine Entscheidungen allein und ist allein verantwortlich.
- Bei Personengesellschaften kontrollieren sich die Gesellschafter gegenseitig. Hierzu gibt es auch gesetzliche Regelungen.
- Für Kapitalgesellschaften sind meist Aufsichtsorgane gesetzlich vorgeschrieben (z. B. Aufsichtsrat bei einer AG). Ihre Aufgabe ist es, die Geschäftsführung (Leitungsorgane) zu kontrollieren.

Eigenkapitalbeschaffung

- Bei Einzelunternehmen stellt nur der Unternehmer Eigenkapital zur Verfügung. Die Möglichkeit bei Bedarf zusätzliches Eigenkapital zu beschaffen, ist von seinem Privatvermögen abhängig.
- Die Gesellschafter von Personengesellschaften können wie der Einzelunternehmer ihre Eigenkapitalanteile aus ihrem Privatvermögen erhöhen. Die Gesellschaft hat zudem noch die Möglichkeit neue Gesellschafter aufzunehmen.
- Bei Kapitalgesellschaften sind mit der finanziellen Beteiligung an der Gesellschaft keine persönliche Mitarbeit und keine persönliche Haftung verbunden. Dadurch ist die Aufnahme von zusätzlichem Eigenkapital leichter möglich. Aktiengesellschaften können sich über ihren Zugang zum Kapitalmarkt (über die Börse) hohe Kapitalmengen beschaffen.

Gewinn und Verlustverteilung

- Da einem Einzelunternehmer der Gewinn allein zusteht und er auch einen Verlust allein zu tragen hat, stellt sich das Verteilungsproblem nur bei Gesellschaften.
- Bei Personengesellschaften gibt es hierzu gesetzliche Regelungen, die aber durch Vereinbarungen im Gesellschaftsvertrag geändert werden können.
- Über die Gewinnausschüttung bei Kapitalgesellschaften entscheiden die Organe (Vorstand bzw. Geschäftsführer, Aufsichtsrat, Hauptversammlung/Gesellschafterversammlung).

Belastung mit Ertragsteuern

Die Erträge (Gewinne) von Unternehmen werden bei den Gesellschaftern und ggf. auch bei der Unternehmung besteuert.

- Einzelunternehmen und Personengesellschaften: Die erwirtschafteten Gewinne unterliegen der Einkommensteuer, die der Einzelunternehmer bzw. der Gesellschafter zu tragen hat.
- Kapitalgesellschaften unterliegen der Körperschaftsteuer. Diese Steuer muss noch vor Ausschüttung von Gewinnen abgeführt werden. Die Gewinnanteile der Gesellschafter (z. B. Dividenden bei Aktionären) werden der Einkommensteuer in Form der Abgeltungsteuer unterzogen. Die auszahlende Stelle behält die Steuer sofort ein und zahlt den Nettobetrag aus.
- Neben der Einkommen- und Körperschaftsteuer unterliegt der Gewinn (Gewerbeertrag) bei Gewerbebetrieben und Kapitalgesellschaften auch der Gewerbesteuer.

Rechnungslegung

Die Jahresabschlüsse der Unternehmen bestehen aus der Bilanz und der Gewinn- und Verlustrechnung. Bei Kapitalgesellschaften gehören zum Jahresabschluss zusätzlich noch Erläuterungen zum Abschluss und bei Aktiengesellschaften der Lagebericht dazu. Je nach Unternehmensgröße müssen der Jahresabschluss oder nur Teile davon der Öffentlichkeit zugänglich gemacht werden (Publizitätspflicht).

1.4.3 Einzelunternehmung

Der Unternehmer entscheidet über die Höhe des Kapitals und bringt das gesamte Kapital allein auf. Der Einzelunternehmer führt die Geschäfte unter seinem Namen beziehungsweise unter seiner Firma auf eigene Rechnung und eigenes Risiko. Er kann aber Dritte durch Erteilung einer Vollmacht zur Führung der Geschäfte ermächtigen. Dem Einzelunternehmer steht der gesamte Gewinn zur Verfügung, er trägt aber auch einen eventuellen Verlust und alle Risiken allein.

Ein Einzelunternehmen wird von einem Unternehmer allein gegründet und geführt.

Haftung

Der Einzelunternehmer haftet mit seinem gesamten Vermögen, also mit dem Betriebs- und dem Privatvermögen für die Verbindlichkeiten des Unternehmens.

Gründung

Jeder Gewerbetreibende muss beim zuständigen Gewerbeamt sein Gewerbe anmelden. Nach Eintragung des Gewerbes in das Gewerberegister kann im Normalfall die Tätigkeit des Unternehmens beginnen[3]. Das Gewerbeamt benachrichtigt – je nach Notwendigkeit – weitere Behörden. Wenn es sich nicht um ein Kleingewerbe, sondern um ein Handelsgewerbe im Sinne von § 1 HGB handelt, ist zudem die Eintragung in das Handelsregister notwendig. Die Firma muss den Rechtszusatz „eingetragener Kaufmann", „eingetragene Kauffrau" oder eine entsprechende Abkürzung dieser Bezeichnung enthalten.

Handelsrecht

Einzelunternehmer, die Kaufleute sind, müssen ihr Unternehmen in das Handelsregister eintragen lassen. Mit dem Eintrag in das Register gelten für das Einzelunternehmen die Vorschriften des HGB, also alle Rechte und Pflichten eines Kaufmanns.

Kleingewerbetreibende

Wenn die Voraussetzungen für die Kaufmannseigenschaft nicht vorliegen und der Einzelunternehmer nicht freiwillig einen Handelsregistereintrag beantragt (Kannkaufmann), kann er sein Einzelunternehmen auch als Kleingewerbe betreiben. Für Kleingewerbetreibende finden die Vorschriften des HGB keine Anwendung.

Vor- und Nachteile eines Einzelunternehmens gegenüber einem Gesellschaftsunternehmen

Vorteile

- alleiniges Entscheidungsrecht (Ausnahme: Einzelunternehmen hat so viele Mitarbeiter, dass Regelungen über Mitbestimmung der Arbeitnehmer beachtet werden müssen)
- Flexibilität bei Entscheidungen, da keine Abstimmung erforderlich
- alleiniger Gewinnanspruch
- kein Mindestkapital erforderlich
- hohe Motivation des Einzelunternehmers, da ihm der Gewinn alleine zusteht
- i. d. R. keine Gründungsvorschriften (außer: Anmeldung zum Handelsregister, Gewerbeanmeldung beim Gewerbeamt)

Nachteile

- alleiniges Entscheidungsrecht beeinträchtigt evtl. die Qualität der Entscheidungen, da keine Absprache erforderlich bzw. möglich
- hohes Risiko, da Einzelunternehmer allein und unbeschränkt haftet
- begrenzte Möglichkeiten zur Beschaffung von Eigen- und Fremdkapital
- Auflösung des Unternehmens bei Tod des Unternehmers

---

3 Freiberufler (z. B. Ärzte, Rechtsanwälte, Steuerberater, Architekten) gelten nicht als Gewerbetreibende. Sie müssen lediglich beim Finanzamt eine Steuernummer beantragen, um ihre Tätigkeit aufnehmen zu dürfen.

1.4.4 Personengesellschaften

1.4.4.1 Offene Handelsgesellschaft

Wesen und Firma

HGB § 105 Eine offene Handelsgesellschaft (OHG) ist ein Zusammenschluss von mindestens zwei Personen zu einer Gesellschaft, deren Zweck der Betrieb eines Handelsgewerbes unter gemeinschaftlicher Firma ist. Voraussetzung ist, dass alle Gesellschafter gegenüber den Gesellschaftsgläubigern unbeschränkt, also auch mit dem Privatvermögen, haften.

HGB § 107 Auch Kleingewerbetreibende und Gesellschaften, deren Zweck die gemeinsame Ausübung Freier Berufe durch ihre Gesellschafter ist, können die Rechtsform der OHG wählen, soweit das anwendbare Berufsrecht die Eintragung zulässt.

Die OHG ist keine juristische Person, verfügt aber über eine Rechtsfähigkeit. Dadurch kann sie unter ihrer Firma Rechte erwerben, Verbindlichkeiten eingehen, Eigentum und andere dingliche Rechte an Grundstücken erwerben und vor Gericht klagen bzw. verklagt werden. Die OHG muss die Bezeichnung „offene Handelsgesellschaft" oder ein entsprechendes Kürzel (OHG) in der Firma führen.

Gründung

Im **Innenverhältnis,** z. B. für Fragen der Geschäftsführung und Beschlussfassung, entsteht die OHG mit Abschluss des Gesellschaftsvertrages. Der Gesellschaftsvertrag kann grundsätzlich auch mündlich abgeschlossen werden. Aus Gründen der Rechtssicherheit wird meist die Schriftform gewählt. Sollte im Gesellschaftsvertrag geregelt sein, dass einzelne Gesellschafter Grundstücke in die OHG einbringen, muss der Vertrag in notariell beurkundeter Form abgeschlossen werden. Im Gesellschaftsvertrag verpflichten sich die Gesellschafter insbesondere zur Leistung der Kapitaleinlage. Die Einlage kann in Geld oder in Sachwerten, z. B. Grundstücken, erfolgen. Mit der Einlage geht die persönliche Verfügungsbefugnis über die Einlage verloren. Die eingelegten Sachen werden Eigentum zur gesamten Hand **(Gesamthandsvermögen)**, d. h. sie gehören allen. Jeder ist Miteigentümer der ganzen Sache.

HGB § 123 Abs. 2 Im **Außenverhältnis,** d. h. im Verhältnis zu Dritten, kommen zwei Entstehungszeitpunkte der OHG in Betracht. Die Gesellschaft entsteht spätestens mit Eintragung in das Handelsregister. Erfolgt die Geschäftsaufnahme früher als der Registereintrag, entsteht die OHG bereits ab diesem früheren Zeitpunkt, wenn sie ein Handelsgewerbe im Sinne des § 1 Abs. 1 HGB betreibt. Bei Istkaufleuten hat die Eintragung deklaratorische Wirkung. Nur wenn die Aufnahme der Geschäftstätigkeit erst nach der Handelsregistereintragung erfolgt oder es sich um einen Kleingewerbetreibenden bzw. eine vermögensverwaltende OHG handelt, hat die Eintragung in das Handelsregister konstitutive Wirkung. In diesen Fällen entsteht die OHG erst mit Eintragung in das Handelsregister.

Haftung

Die OHG-Gesellschafter haften für die Verbindlichkeiten der Gesellschaft HGB § 126

- **unmittelbar,**
- **unbeschränkt** und
- **gesamtschuldnerisch (solidarisch).**

Haftungsgrundsätze	
unmittelbar	Jeder Gläubiger kann sich statt an die OHG an irgendeinen Gesellschafter wenden, um seine Forderung geltend zu machen.
unbeschränkt	Haftung mit dem Geschäfts- und dem Privatvermögen
gesamtschuldnerisch	Jeder Gesellschafter haftet für die Gesamtschulden, unabhängig davon, wer die Schuld eingegangen ist und unabhängig von der Höhe seines Anteils an der Gesellschaft.

Neu in eine bereits bestehende Gesellschaft eintretende Gesellschafter übernehmen ebenfalls die Haftung für bereits bestehende Verbindlichkeiten der OHG. Wenn ein Gesellschafter aus der OHG ausscheidet, haftet er für bestehende Schulden noch fünf Jahre lang weiter. Ein Austritt aus einer OHG ist durch Kündigung des Gesellschaftsverhältnisses zum Geschäftsjahresschluss möglich. Die Kündigung muss sechs Monate vor Geschäftsjahresschluss erfolgen. HGB §§ 127, 132 u. 137

Beschränkungen der Haftung können im Gesellschaftsvertrag (Innenverhältnis) getroffen werden, sind jedoch gegenüber Dritten (Außenverhältnis) unwirksam. Wurde eine Beschränkung vereinbart, so haben die Gesellschafter untereinander einen Ausgleichsanspruch, falls sie aufgrund der gesamtschuldnerischen und unmittelbaren Haftung in Anspruch genommen wurden.

Geschäftsführung

Alle Gesellschafter der OHG sind grundsätzlich einzeln zur Führung der Geschäfte (Innenverhältnis) berechtigt **(Einzelgeschäftsführungsbefugnis)** und verpflichtet, es sei denn, im Gesellschaftsvertrag ist etwas anderes vereinbart. Im Gesellschaftsvertrag kann die Geschäftsführung auf einen oder mehrere Gesellschafter übertragen werden, wodurch dann einzelne Gesellschafter von der Geschäftsführung ausgeschlossen werden. Es kann eine Gesamtgeschäftsführung vereinbart werden, so dass die Geschäftsführungsbeschlüsse nur mit Zustimmung aller Gesellschafter herbeigeführt werden dürfen. Zudem kann die Geschäftsführungsbefugnis eines Gesellschafters auf bestimmte Aufgabenbereiche, z. B. Einkauf oder Produktion, beschränkt werden. HGB §§ 116 ff.

Die Geschäftsführungsbefugnis des einzelnen Gesellschafters erstreckt sich aber immer nur auf Geschäfte, die der **gewöhnliche Betrieb des Handelsgewerbes** mit sich bringt. Für **außergewöhnliche Geschäfte** müssen immer alle Gesellschafter (also auch von der Geschäftsführung möglicherweise ausgeschlossene Gesellschafter) zustimmen. Die von der Geschäftsführung vertraglich ausgeschlossenen Gesellschafter haben ein **Kontrollrecht.** Sie dürfen sich über die Geschäftslage informieren sowie die Handelsbücher und die Geschäftspapiere einsehen. HGB §§ 116–118

Sollte ein geschäftsführender Gesellschafter seine Pflichten grob verletzen oder unfähig zur ordnungsmäßigen Geschäftsführung sein, kann ihm die Befugnis zur Geschäftsführung entzogen werden. Dafür ist aber eine gerichtliche Entscheidung notwendig.

Vertretung

HGB § 124.

Das HGB sieht eine **Einzelvertretungsbefugnis** aller Gesellschafter vor. Jeder Gesellschafter kann Dritten gegenüber (Außenverhältnis) Willenserklärungen abgeben, durch welche die Unternehmung berechtigt oder verpflichtet wird.

Im Gesellschaftsvertrag können andere Regelungen getroffen werden:

- Einzelne Gesellschafter können ganz von der Vertretung ausgeschlossen werden.
- Statt Einzelvertretungsbefugnis kann eine Gesamtvertretungsbefugnis festgelegt werden.
- Es kann vereinbart werden, dass ein Gesellschafter nur zusammen mit einem Prokuristen die OHG vertreten kann.

Alle Abweichungen von der gesetzlichen Regelung müssen in das Handelsregister eingetragen werden. Im Außenverhältnis ist die Vertretungsmacht nicht beschränkbar. Gegenüber Dritten ist jeder vertretungsbefugte Gesellschafter unbeschränkt vertretungsbefugt. Der Dritte muss sich darauf verlassen können, dass der Vertretungsbefugte alle Vereinbarungen treffen kann. Wurde die Vertretungsbefugnis im Innenverhältnis eingeschränkt und wurde dennoch ein Rechtsgeschäft abgeschlossen, das über die Befugnis hinausgeht, ist der Gesellschafter gegebenenfalls gegenüber den anderen Gesellschaftern schadenersatzpflichtig.

Der Entzug der Vertretungsmacht ist durch Mehrheitsbeschluss oder durch Gerichtsbeschluss möglich. Dies muss in das Handelsregister eingetragen und den Geschäftspartnern mitgeteilt werden.

Wettbewerbsverbot

HGB § 117 f.

Die persönlich haftenden Gesellschafter der Offenen Handelsgesellschaft unterliegen einem gesetzlichen Wettbewerbsverbot. Ein Gesellschafter darf ohne die Einwilligung der anderen Gesellschafter weder in dem Handelszweig der Gesellschaft Geschäfte tätigen noch darf er sich als persönlich haftender Gesellschafter an Konkurrenzunternehmen beteiligen. Verletzt ein Gesellschafter das Wettbewerbsverbot, kann die Gesellschaft Schadensersatz fordern oder stattdessen von dem Gesellschafter verlangen, dass er die für eigene Rechnung gemachten Geschäfte als für Rechnung der Gesellschaft eingegangen gelten lasse und hierfür bezogene Vergütung an die OHG herausgeben muss.

Gewinn- und Verlustbeteiligung

BGB § 709

HGB § 120

Die Gewinn- und Verlustbeteiligung kann im Gesellschaftsvertrag geregelt werden. Gibt es im Gesellschaftsvertrag keine Regelung, so gelten die Vorschriften des HGB des § 709 BGB. Es gilt dann die Regelung, dass die Stimmkraft und die Ergebnisverteilung vorrangig nach den Beteiligungsverhältnissen zu bestimmen ist.

BEISPIEL

Die Gesellschafter Ackermann, Breuninger und Christophorus haben 200.000,00 €, 50.000,00 € und 350.000,00 € als Einlage in die OHG eingebracht. aus dem abgelaufenen Geschäftsjahr ist ein Gewinn von 720.000,00 € zu verteilen.

Gesellschafter	Anfangskapital	Gewinnanteile 20:5:35 bzw. 4:1:7
Ackermann	200.000,00	240.000,00
Breuninger	50.000,00	60.000,00
Christophorus	350.000,00	420.000,00
Summe	600.000,00	720.000,00

Bei einer Personengesellschaft sind die Tätigkeitsvergütungen für die geschäftsführenden Gesellschafter steuerlich nicht als Betriebsausgaben abzugsfähig. Sie sind bei der Gewinnverteilung dem jeweiligen Gesellschafter als Vorabvergütung zuzurechnen.

Auflösung der OHG

Verschiedene Anlässe können zur Auflösung der OHG führen: HGB § 138 f.

- Ablauf des Gesellschaftsvertrages
- Beschluss der Gesellschafter
- Eröffnung eines Insolvenzverfahrens über das Vermögen der Gesellschaft
- Entscheidung eines Gerichts

Ausscheiden eines Gesellschafters

Folgende Gründe führen zum Ausscheiden eines OHG-Gesellschafters sofern der Gesellschaftsvertrag nicht die Auflösung der Gesellschaft dafür vorsieht: HGB § 130

- Tod des Gesellschafters
- Eröffnung des Insolvenzverfahrens über sein Vermögen
- Kündigung des Gesellschafters
- Beschluss der Gesellschafterversammlung
- Eintritt der im Gesellschaftsvertrag vereinbarten Ausscheidungsgründe

1.4.4.2 Kommanditgesellschaft

Wesen und Firma

HGB § 161

Eine Kommanditgesellschaft (KG) ist eine Personengesellschaft, zu der sich zwei oder mehrere natürliche oder juristische Personen zusammengeschlossen haben, um unter einer gemeinsamen Firma ein Handelsgewerbe zu betreiben. Dabei muss mindestens ein Gesellschafter unbeschränkt für Verbindlichkeiten der Gesellschaft haften **(Komplementär)**. Mindestens ein weiterer Gesellschafter haftet nur beschränkt **(Kommanditist)**.

HGB § 19 Abs. 2

Die KG ist als Personenhandelsgesellschaft keine juristische Person, sie besitzt jedoch analog zur OHG die Teilrechtsfähigkeit. Die Firma der KG muss die Bezeichnung „Kommanditgesellschaft" oder „KG" enthalten.

Gründung und Einlage

Die Gründung der KG erfolgt im ersten Schritt zunächst im Innenverhältnis durch Abschluss eines Gesellschaftsvertrages. Es gibt keine gesetzlichen Bestimmungen über den Inhalt des Vertrages. Wesentliche Bestandteile des Vertrages sind jedoch die Firma, die Gesellschafter, ihre Haftung (Komplementär, Kommanditist), der Unternehmensgegenstand und die Gewinnverteilung. Die Höhe der Kommanditeinlage kann von den Gesellschaftern frei bestimmt und in Geld oder in Sachwerten geleistet werden.

Im Innenverhältnis entsteht die KG mit Abschluss des Gesellschaftsvertrags. Im Außenverhältnis entsteht sie mit Aufnahme der Geschäftstätigkeit, spätestens mit Eintrag in das Handelsregister. Die Höhe der Haftsumme (bedungenes Kapital) wird in das Handelsregister eingetragen. Die Haftsumme kann von der Kommanditeinlage abweichend im Gesellschaftsvertrag vereinbart und in das Handelsregister eingetragen werden. Die Höhe der Einlage des Kommanditisten wird nicht in das Handelsregister eingetragen.

Haftung

Für die Vollhafter (Komplementäre) gelten die gleichen Bestimmungen wie für die OHG-Gesellschafter. Der Kommanditist haftet gegenüber den Gläubigern der KG bis zur Höhe seiner Einlage (Haftsumme) unmittelbar. Die Haftung ist ausgeschlossen, soweit die Einlage geleistet ist. Er trägt dann lediglich das Risiko des Verlustes seiner Einlage.

HGB § 171

Die Haftungsbeschränkung des Kommanditisten gilt erst ab dem Zeitpunkt der Eintragung in das Handelsregister (konstitutive Wirkung). Vor der Eintragung in das Handelsregister haften Kommanditisten unbeschränkt und unmittelbar, falls sie dem Geschäftsbeginn vor Eintragung zugestimmt haben und der Gläubiger keine Kenntnis von der Haftungsbeschränkung hatte.

Geschäftsführung

Wenn im Gesellschaftsvertrag nichts anderes geregelt ist, übernehmen die Komplementäre die Geschäftsführung in Form der **Einzelgeschäftsführungsbefugnis.** Die Kommanditisten haben keine Geschäftsführungsbefugnis. Allerdings haben sie bei außergewöhnlichen Geschäften ein **Widerspruchsrecht**. Zudem stehen den Kommanditisten Kontrollrechte zu. Sie haben das Recht, eine Abschrift des Jahresabschlusses zu verlangen und diese zu prüfen. Hingegen haben von der Geschäftsführung ausgeschlossene Vollhafter ein jederzeitiges Kontrollrecht und ein Recht auf Unterrichtung. Sie dürfen alle Unterlagen einsehen. HGB §§ 164 u. 166

Vertretungsbefugnis

Nur die Komplementäre habe das Recht, die KG Dritten gegenüber zu vertreten. Es gilt **Einzelvertretungsbefugnis**. Die Kommanditisten sind von der Vertretung ausgeschlossen. Dies kann auch nicht durch den Gesellschaftsvertrag geändert werden. Allerdings könnte ein Kommanditist eine Bevollmächtigung in Form einer Prokura erhalten. HGB § 170

Gewinn- und Verlustbeteiligung

Die Ergebnisverteilung erfolgt nach den Vereinbarungen im Gesellschaftsvertrag. Ohne vertragliche Regelung gelten die Vorschriften des BGB und des HGB, analog zu der Ergebnisverteilung der OHG. BGB § 709 HGB § 120

Die Kommanditisten können keine Privatentnahmen tätigen. Die Gewinnanteile der Kommanditisten stehen zur Auszahlung bereit, wenn ihre Einlagen voll geleistet oder noch nicht fällig sind. Will der Kommanditist zur Auszahlung bereitstehende Gewinnanteile im Unternehmen belassen, stellen sie ein Darlehen (Fremdkapital) dar. Ist die fällige Einlage noch nicht aufgefüllt kann der Anspruch der KG auf Leistung der Einlage mit dem Auszahlungsanspruch des Kommanditisten aufgerechnet werden. Mit Zustimmung der Gesellschafter können Gewinnanteile der Kommanditisten auch zur Erhöhung ihrer Einlagen verwendet werden.

Auflösung

Auflösungsgründe können im Gesellschaftsvertrag vereinbart werden. Daneben gibt es auch gesetzlich vorgeschriebene Auflösungsgründe:

- Zeitablauf
- Beschluss der Gesellschafter
- Auflösungsklage
- Eröffnung des Insolvenzverfahrens
- Ausscheiden des letzten Komplementärs oder Kommanditisten

Ausscheiden eines Gesellschafters

Die Gründe für das Ausscheiden eines Gesellschafters entsprechen denen der OHG.

Vor- und Nachteile der KG gegenüber der OHG

Vorteile	Nachteile
■ erleichterte Kapitalbeschaffung durch Aufnahme von Kommanditisten ■ Risiko des Kommanditisten ist begrenzt auf übernommenen Kapitalanteil ■ Kommanditist hat keinen wesentlichen Einfluss auf die Geschäftsführung ■ Kommanditist ist nicht zur Mitarbeit verpflichtet	■ u. U. geringere Kreditwürdigkeit als OHG, da zumindest ein Gesellschafter kein Vollhafter ist

1.4.4.3 Gesellschaft des bürgerlichen Rechts[4]

BGB
§ 705

Die Gesellschaft bürgerlichen Rechts (GbR/BGB-Gesellschaft) ist eine vertragliche Vereinigung von mindestens zwei Gesellschaftern (natürliche Personen, juristische Personen oder rechtsfähige Personengesellschaften) zur Erreichung eines gemeinsamen Zwecks. Die Gesellschafter verpflichten sich durch den Gesellschaftsvertrag den Gesellschaftszweck zu fördern und insbesondere die vereinbarten Beiträge zu leisten. Die Gesellschaft des bürgerlichen Rechts ist eine Personengesellschaft.

Dabei kann die Gesellschaft entweder selbst Rechte erwerben und Verbindlichkeiten eingehen, wenn sie nach dem gemeinsamen Willen der Gesellschafter am Rechtsverkehr teilnehmen soll (rechtsfähige Gesellschaft), oder sie kann den Gesellschaftern zur Ausgestaltung ihres Rechtsverhältnisses untereinander als Innengesellschaft dienen (nicht rechtsfähige Gesellschaft).

Wenn die Gesellschaft unter einem gemeinsamen Namen ein Unternehmen betreibt, so wird vermutet, dass die Gesellschaft am Rechtsverkehr teilnimmt.

Geschäftsführung (Innenverhältnis)

BGB
§ 715

Zur Geschäftsführung sind alle Gesellschafter berechtigt und verpflichtet. Grundsätzlich steht die Geschäftsführung den Gesellschaftern gemeinschaftlich zu, d. h. für jede Anordnung ist die Zustimmung aller Gesellschafter erforderlich (Gesamtgeschäftsführung). Im Gesellschafts-

4 Stand 1.1.2024

vertrag kann aber auch bestimmt werden, dass bei der Geschäftsführung die Mehrheit der abgegebenen Stimmen entscheidet. Die Geschäftsführung kann auch einem bzw. mehreren Gesellschaftern übertragen werden. Die anderen Gesellschafter sind dann von der Geschäftsführung ausgeschlossen.

Vertretung (Außenverhältnis)

Wenn vertraglich keine andere Regelung getroffen wurde, wird die Gesellschaft von allen Gesellschaftern gemeinsam vertreten. Willenserklärungen gegenüber Dritten müssen dann von allen Gesellschaftern gemeinsam abgegeben werden **(Gesamtvertretungsbefugnis)**. Vertraglich kann die Vertretungsbefugnis auf einzelne Gesellschafter übertragen werden. BGB § 720

Haftung

Jeder Gesellschafter haftet wie ein Einzelunternehmer. Gegenüber Dritten, im Außenverhältnis, haftet jeder Gesellschafter **gesamtschuldnerisch**, d.h. für alle Schulden der GbR. Er haftet auch mit seinem Privatvermögen **(unbeschränkt)**. Im Innenverhältnis kann er einen Ausgleich von seinen Mitgesellschaftern verlangen. BGB § 721 u. 721a

Gewinn- und Verlustverteilung und Stimmrecht

Die Stimmkraft und der Anteil an Gewinn und Verlust richten sich vorrangig nach den vereinbarten Beteiligungsverhältnissen. Sind keine Vereinbarungen getroffen worden, richten sie sich nach dem Verhältnis der vereinbarten Anteile. Sind auch Werte der Beiträge nicht vereinbart worden, hat jeder Gesellschafter ohne Rücksicht auf den Wert seines Beitrags die gleiche Stimmkraft und einen gleichen Anteil am Gewinn und Verlust. BGB § 709

Die nicht rechtsfähige GbR

Im Wesentlichen beschränken sich die neuen gesetzlichen Regelungen über die nichtrechtsfähige GbR auf entsprechende Anwendung der Vorschriften über die rechtsfähige. Es liegt in der Natur der Sache, dass die Regelungen über das Außenverhältnis, insbesondere Haftung und Vertretung, der rechtsfähigen GbR gerade nicht gelten, weil diese den wesentlichen Unterschied ausmachen. BGB § 740 Abs. 2

Vertreten und verpflichtet werden können bei der nichtrechtsfähigen GbR nur die einzelnen Gesellschafter. Die nichtrechtsfähige GbR kann kein eigenes Vermögen bilden.

1.4.5 Kapitalgesellschaften

1.4.5.1 Gesellschaft mit beschränkter Haftung

GmbHG §§ 1, 4 u. 13

Wesen und Firma

Die Gesellschaft mit beschränkter Haftung (GmbH) ist eine Kapitalgesellschaft mit eigenständiger Rechtspersönlichkeit (juristische Person). Für die Verbindlichkeiten gegenüber den Gläubigern haftet nur die GmbH als juristische Person mit ihrem Gesellschaftsvermögen.

Die Rechtsgrundlagen für die GmbH sind im GmbH-Gesetz (GmbHG) verankert. Die Gesellschafter sind mit ihrer Stammeinlage am Stammkapital beteiligt. Eine GmbH kann zu jedem gesetzlich zulässigen Zweck errichtet werden. Die Firma der GmbH muss den Zusatz GmbH oder Gesellschaft mit beschränkter Haftung enthalten.

Wenn das Stammkapital voll einbezahlt wurde und keine Vereinbarungen zu eventuellen Nachschüssen getroffen wurden, können die Gesellschafter nicht persönliche in Anspruch genommen werden.

Gründung

GmbHG §§ 2, 3, 5, 8 u. 14

Eine GmbH kann von einer oder mehreren Personen gegründet werden. Die Gründer können natürliche oder juristische Personen sein. Zunächst muss ein Gesellschaftsvertrag vereinbart und notariell beurkundet werden. Das GmbH-Gesetz schreibt folgende Vertragsinhalte vor:

- die Firma und den Sitz der Gesellschaft,
- den Gegenstand des Unternehmens,
- den Betrag des Stammkapitals und
- die Zahl und die Nennbeträge der Gesellschaftsanteile, die jeder Gesellschafter gegen Einlage auf das Stammkapital übernimmt.

Das vereinbarte **Stammkapital** muss **mindestens 25.000,00 €** betragen und setzt sich aus der Summe der Geschäftsanteile der einzelnen Gesellschafter zusammen. Die Geschäftsanteile können unterschiedlich hoch sein und müssen auf volle Euro lauten. Ein Gesellschafter kann mehrere Geschäftsanteile übernehmen. Bereits vor Eintragung in das Handelsregister müssen die Gesellschafter eine **Mindesteinlage** in Höhe von mindestens einem Viertel ihrer Geschäftsanteile aufbringen. Insgesamt muss mindestens die Hälfte des Mindeststammkapitals, also **mindestens 12.500,00 €** aufgebracht werden. Die Einlagenpflicht kann je nach Vereinbarung in Geldform (Bargründung) oder in Form von Sacheinlagen (Sachgründung) erfüllt werden. Bei einer Sachgründung müssen die Einlagen (z. B. Gebäude, Patente) vollständig bei Gründung erbracht werden.

Als juristische Person entsteht die GmbH erst mit Eintragung in das Handelsregister (Formkaufmann). Der Registereintrag hat konstitutive Wirkung. Bereits mit dem Beschluss zur Gründung einer GmbH entsteht eine Vorgründungsgesellschaft (GmbH i. G.). In dieser Phase wird die Gründung vorbereitet und der Gesellschaftsvertrag ausgearbeitet. Diese Vorgründungsgesellschaft wird wie eine Gesellschaft des bürgerlichen Rechts oder wie eine OHG behandelt. Falls die Gesellschaft ihre unternehmerische Tätigkeit bereits in dieser Phase aufnimmt, haften die Gesellschafter wie in einer GbR bzw. OHG auch mit ihrem Privatvermögen.

Gründung einer haftungsbeschränkten Unternehmergesellschaft

GmbHG § 5a

Der Gründungsvorgang einer GmbH kann vereinfacht über die Gründung einer **Unternehmergesellschaft (UG haftungsbeschränkt)** erfolgen. Diese Sonderform der GmbH, die auch als **„Mini-GmbH“** bezeichnet wird, kann ohne Mindestkapital errichtet werden. Zur Gründung reicht also ein Kapital, das nach Abzug der Gründungskosten einen Euro beträgt, aus. Sacheinlagen sind bei dieser Unterform der GmbH nicht erlaubt. Die Gründung der UG darf mit maximal drei Gesellschaftern erfolgen. Der Gesellschaftsvertrag wird entsprechend dem Mustergesellschaftsvertrag des GmbHG vereinbart. Damit werden Kosten vermieden, weil der Notar nur die Unterschriften der Gesellschafter beglaubigt. Die Unternehmergesellschaft wird erst in das Handelsregister eingetragen, wenn das Stammkapital in voller Höhe eingezahlt wurde. Die Eintragung ist für die UG konstitutiv.

Trotzdem ist die Mini-GmbH eine juristische Person mit eigener Rechtspersönlichkeit. Damit ist die Haftung der Gesellschafter ausgeschlossen. Um mögliche Geschäftspartner über die beschränkte Haftung zu informieren, muss die UG mit dem Zusatz „Unternehmergesellschaft (haftungsbeschränkt)" oder „UG (haftungsbeschränkt)" firmieren. Die Gesellschaft ist verpflichtet, jährlich eine Rücklage in Höhe eines Viertels des erwirtschafteten Gewinns zu bilden. Auf diese Weise soll die Höhe des Stammkapitals der normalen GmbH (25.000,00 €) erreicht werden. Wenn die Mindesteinlage für eine GmbH erreicht ist, kann die Gesellschaft in eine GmbH umfirmieren.

Haftung

Um eine breitere Haftungsbasis zu erhalten, kann im Gesellschaftsvertrag eine **Nachschusspflicht** vereinbart werden. Hierbei handelt es sich um einen Betrag, für den der Gesellschafter zusätzlich zu den übernommenen Geschäftsanteilen in Anspruch genommen werden kann, wenn die Gesellschafterversammlung dies beschließt.

GmbHG §§ 26–28

Organe

Die GmbH verfügt als juristische Person über mindestens zwei Organe: Geschäftsführer und Gesellschafterversammlung. Die Bestellung eines Aufsichtsrates ist zulässig, aber nicht in jedem Fall notwendig.

GmbHG § 52
DrittelbG § 1 Nr. 3
MitbestG §§ 1 Abs. 1, 7 u. 31

Organe der GmbH

Leitung der GmbH	**Geschäftsführer**	eine oder mehrere natürliche Personen
Aufsicht über die Geschäftsführung	**Aufsichtsrat**	fakultativ nach GmbHG; vorgeschrieben ab 500 Arbeitnehmern
Beschlussfassung	**Gesellschafterversammlung**	

Die **Leitung** der GmbH erfolgt durch den oder die **Geschäftsführer**. Diese werden durch die Gesellschafterversammlung bestellt. Die Satzung kann vorsehen, dass die Bestellung durch den Aufsichtsrat erfolgt. Die Geschäftsführung und Vertretung erfolgt bei mehreren Geschäftsführern gemeinschaftlich. Andere Regelungen sind möglich. Eine Beschränkung

GmbHG §§ 6, 35–43

der Vertretungsmacht ist gegenüber Dritten unwirksam. Die Geschäftsführer unterliegen bei der Leitung des Unternehmens der Sorgfaltspflicht. Sie sind verpflichtet, Weisungen der Gesellschafter auszuführen. Als Geschäftsführer können Gesellschafter oder andere natürliche Personen berufen werden.

GmbHG § 52

Zur **Überwachung** der Geschäftsführung kann in der Satzung ein **Aufsichtsrat** vorgesehen werden. Das GmbHG schreibt dieses Organ jedoch nicht vor. Da in Deutschland verschiedene Mitbestimmungsmodelle der Arbeitnehmer die Bildung eines Aufsichtsrates unter Beteiligung von Arbeitnehmervertretern vorsehen, muss ein Aufsichtsrat ab 500 Arbeitnehmern bestellt werden. Die Mitglieder des Aufsichtsrates werden in diesem Fall durch die Gesellschafterversammlung und die Arbeitnehmer gewählt. Wenn ein Aufsichtsrat vorgesehen ist, erstreckt sich seine Überwachungsaufgabe auch auf die Prüfung des Jahresabschlusses und auf den Vorschlag zur Verwendung des Bilanzgewinns. Weitere Befugnisse können durch den Gesellschaftsvertrag vorgesehen werden. Bei einer GmbH mit einem durch das Mitbestimmungsgesetz vorgeschriebenen Aufsichtsrat (GmbH mit mehr als 2000 Arbeitsnehmern) erfolgt die Bestellung und Abberufung der Geschäftsführer durch den Aufsichtsrat.

GmbHG §§ 45–51a

Die **Gesellschafterversammlung** bildet das **Beschlussfassungsorgan.** Die Versammlung hat die Satzungs- und Grundlagenkompetenz. Weitere Befugnisse dieses Organs erstrecken sich auch auf den Bereich der laufenden Geschäftsführung und begründen eine weitgehende Weisungsgebundenheit der Geschäftsführer. Die Aufgaben der Gesellschafterversammlung bestimmen sich nach dem Gesellschaftsvertrag. Das GmbHG sieht folgende Aufgaben vor:

- Feststellung des Jahresabschlusses und Verwendung des Ergebnisses (Gewinn)
- Einforderung von Einlagen
- Rückzahlung von Nachschüssen
- Teilung, Zusammenlegung sowie Einziehung von Geschäftsanteilen
- Bestellung und Abberufung von Geschäftsführern und deren Entlastung
- Maßregeln zur Prüfung und Überwachung der Geschäftsführung
- Bestellung von Prokuristen und Handlungsbevollmächtigten

Die Stimmenzahl der Gesellschafter wird durch die Höhe ihrer Geschäftsanteile bestimmt. Der Gesellschafter hat je einem Euro Geschäftsanteil eine Stimme.

Publizität und Prüfung

Bezüglich der Prüfungs- und Veröffentlichungspflicht gelten für die Gesellschaft mit beschränkter Haftung die Vorschriften für die Kapitalgesellschaften (siehe Aktiengesellschaft).

Auflösung der GmbH

Die GmbH wird meist durch Gesellschafterbeschluss aufgelöst z. B. durch

GmbHG § 60

- Ablauf der vertraglich vereinbarten Zeit,
- Gerichtsbeschluss und
- Eröffnung des Insolvenzverfahrens.

Am Ende des Auflösungsvorganges steht die Löschung aus dem Handelsregister, wodurch die juristische Person aufgelöst wird.

1.4.5.2 Aktiengesellschaft

Wesen

Eine Aktiengesellschaft (AG) ist eine Gesellschaft mit eigener Rechtspersönlichkeit (juristische Person), die über ein in Aktien zerlegtes **Grundkapital** verfügt. Das **Mindestgrundkapital** beträgt **50.000,00 €**. Für die Verbindlichkeiten der Gesellschaft haftet den Gläubigern gegenüber nur das Gesellschaftsvermögen. Die Firma der Gesellschaft muss den Zusatz Aktiengesellschaft oder AG enthalten. Die AG übt unabhängig vom Geschäftszweig, in dem sie tätig ist, ein Handelsgewerbe aus und erhält ihre Kaufmannseigenschaft kraft Rechtsform (Formkaufmann).

© Stockwerk-Fotodesign – stock.adobe.com

AktG §§ 1–6

Die Aktiengesellschaft ist eine Kapitalgesellschaft, an der sich gegebenenfalls viele Aktionäre auch mit Kleinbeträgen als Eigenkapitalgeber beteiligen können. Im Gegensatz zu den Personengesellschaften besteht bei Kapitalgesellschaften kein Recht zur Geschäftsführung oder Vertretung für die Eigenkapitalgeber. Grundsätzlich können die Aktionäre ihre Beteiligungen in Form von Aktien jederzeit, meist über die Börse, verkaufen.

AktG §§ 7 f.

Gründung und Kapital der Aktiengesellschaft

Ein oder mehrere Gründer beschließen eine Satzung und bringen das Grundkapital der AG auf. Die Satzung muss notariell beurkundet sein und bestimmt die Höhe des Grundkapitals. Es wird auch festgelegt, wie dieses Grundkapital in Aktien zerlegt werden soll.

Eine **Aktie** ist ein vertretbares (untereinander austauschbares) Kapitalwertpapier, das ein Anteilsrecht an einer AG verbrieft (Teilhaberpapier).

Es gibt die Möglichkeit, die Aktien als **Nennbetragsaktien** (Nennwertaktien) mit feststehendem Euro-Wert oder als **Stückaktien** (nennwertlose Aktien) in die Satzung aufzunehmen. Dabei muss der vorgesehene oder der rechnerische Nennwert einer Aktie mindestens einen Euro betragen.

© sverker – stock.adobe.com

BEISPIEL

Eine AG legt in ihrer Satzung ein Grundkapital in Höhe von 100.000,00 € fest. Die Satzung bestimmt entweder die Ausgabe von Nennbetragsaktien oder Stückaktien.

	Nennbetragsaktien	Stückaktien
Satzung legt fest:	Grundkapital: 100.000,00 € Nennwert pro Aktie: z. B. 2,00 €	Grundkapital: 100.000,00 € Anzahl der Aktien: z. B. 50 000 Stück

	Nennbetragsaktien	Stückaktien
rechnerisch ermittelbar	Anzahl der auszugebenden Aktien: $\frac{\textit{Grundkapital}}{\textit{Nennwert je Aktie}}$ Im Beispiel: $\frac{100.000,00}{2} = 50\,000$ Stück	Rechnerischer Nennwert je Aktie: $\frac{\textit{Grundkapital}}{\textit{Aktienzahl}}$ Im Beispiel: $\frac{100.000,00}{50\,000} = 2,00$ €

AktG §§ 27–48 Nach dem Abschluss des Gesellschaftsvertrags (Satzung) sowie der Aktienübernahme durch den oder die Gründer, müssen die notwendigen Organe gewählt und die Einlagen erbracht werden. Danach erfolgt die Anmeldung in das Handelsregister, wodurch die AG als juristische Person entsteht (konstitutive Wirkung).

Aufbau und Organe

Juristische Personen benötigen zum Handeln Organe. Die Einrichtung eines Aufsichtsrats ist anders als bei der GmbH zwingend. Für die Zusammensetzung des Aufsichtsrats gelten – je nach Zahl der Mitarbeiter – verschiedene Mitbestimmungsvorschriften. Die Mitbestimmungsgesetze sehen eine Arbeitnehmerbeteiligung an der Wahl des Aufsichtsrats in unterschiedlicher Weise vor.

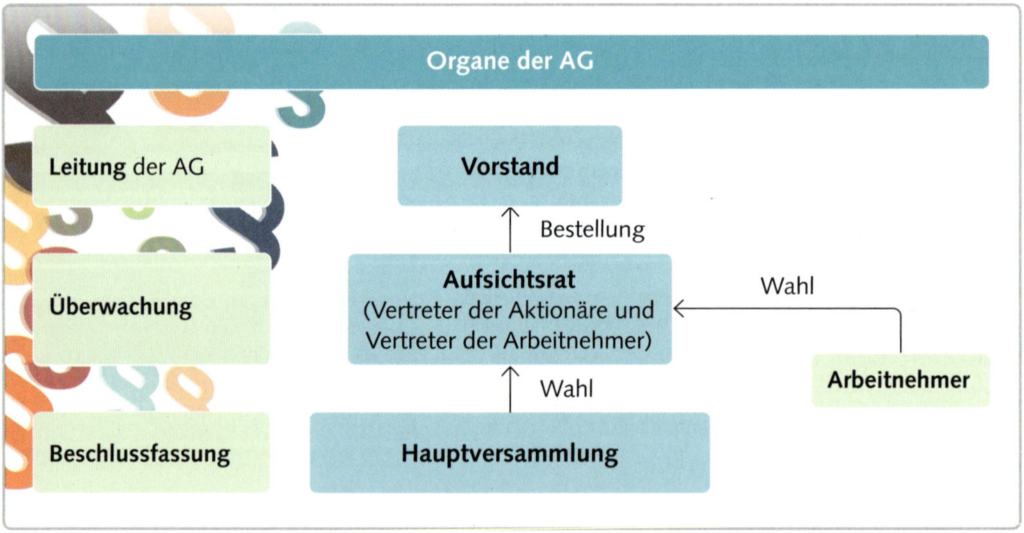

Eine Mitbestimmung durch Arbeitnehmervertreter im Aufsichtsrat ist nur bei Aktiengesellschaften mit mehr als 500 Arbeitnehmern vorgeschrieben.

Vorstand – leitendes Organ

AktG §§ 76 ff. Der Vorstand als geschäftsführendes Organ leitet die Gesellschaft in eigener Verantwortung. Er wird vom Aufsichtsrat für höchstens fünf Jahre bestellt, wobei eine wiederholte

Bestellung möglich ist. Das Leitungsorgan besteht aus einer oder mehreren Personen, die keine Aktionäre sein müssen. Vorstandsmitglieder dürfen nicht gleichzeitig Aufsichtsratsmitglieder dieser AG sein. Die Zahl der Vorstandsmitglieder wird durch die Satzung bestimmt. Bei Aktiengesellschaften mit mehr als 3 Millionen € Grundkapital sind mindestens zwei Personen vorgeschrieben.

Der Vorstand hat grundsätzlich Gesamtgeschäftsführungs- und Gesamtvertretungsbefugnis. Abweichungen müssen in der Satzung vereinbart und in das Handelsregister eingetragen werden. Der Vorstand ist verpflichtet, den Aufsichtsrat regelmäßig über den Stand und die Entwicklung der Unternehmung zu unterrichten. Er erstellt den Jahresabschluss (Bilanz, Gewinn- und Verlustrechnung, Anhang) und den Lagebericht. Den Abschluss muss der Vorstand vom Aufsichtsrat und von den Abschlussprüfern prüfen lassen.

Der Vorstand beruft die jährlich vorgeschriebene ordentliche Hauptversammlung ein. Er muss seine Aufgaben sorgfältig erfüllen und unterliegt einem Wettbewerbsverbot. Damit dürfen Vorstandsmitglieder ohne Einwilligung des Aufsichtsrats weder ein Handelsgewerbe betreiben, noch im Geschäftszweig der Gesellschaft für eigene oder fremde Rechnung Geschäfte machen. Außerdem dürfen sie ohne Einwilligung auch nicht Mitglied des Vorstands, Geschäftsführer oder persönlich haftender Gesellschafter einer anderen Handelsgesellschaft sein. Für ihre Tätigkeit erhalten die Vorstandmitglieder eine Vergütung.

Meist setzt sich die Vergütung aus Gehalt, Gewinnbeteiligung (Tantieme) und Aufwandsentschädigung zusammen.

Aufsichtsrat – überwachendes Organ

Die Zusammensetzung des Aufsichtsrats ist aufgrund verschiedener Mitbestimmungsvorschriften unterschiedlich geregelt.

DrittbG
MitbG

bis zu 500 Arbeitnehmer	mehr als 500 Arbeitnehmer (Drittelbeteiligungsgesetz)	mehr als 2 000 Arbeitnehmer (Mitbestimmungsgesetz)
Der Aufsichtsrat besteht nur aus Vertretern der Anteilseigner (Aktionäre). Die Arbeitnehmer haben kein Mitbestimmungsrecht im Aufsichtsrat.	Der Aufsichtsrat wird zu zwei Dritteln durch die Aktionäre gewählt. Ein Drittel der Mitglieder wählen die Arbeitnehmer auf Grundlage von Wahlvorschlägen der Betriebsräte.	Bei den Großunternehmen setzt sich der Aufsichtsrat paritätisch zusammen. Er besteht zu gleichen Teilen aus Vertretern der Anteilseigner und der Arbeitnehmer. Bei Stimmengleichheit hat der Vorsitzende (i. d. R. ein Vertreter der Aktionäre) eine zweite Stimme.
Besonderheit der Montanmitbestimmung		
Für Unternehmen im Bereich der Montanindustrie (Bergbau, eisen- und stahlerzeugende Industrie) mit mehr als 1 000 Arbeitnehmern wird der Aufsichtsrat durch paritätische Besetzung der Anteilseigner- und der Arbeitnehmerseite besetzt. Auf der Arbeitnehmerseite sind zwingend Gewerkschaftsvertreter vorgesehen. Anders als beim Mitbestimmungsgesetz ist hier der Vorsitzende eine neutrale Person.		

Montan-MitbestG

Der Aufsichtsrat wird für höchstens vier Jahre gewählt. Ein Aufsichtsratsmitglied darf nicht gleichzeitig Vorstand dieser AG sein. Allerdings kann er Vorstand einer anderen AG sein. Die Zahl der möglichen Aufsichtsratssitze für jede Person ist auf zehn Unternehmen beschränkt.

Die Aufgaben des Aufsichtsrats sind:

- Überwachung der Tätigkeit des Vorstands
- Prüfung des Jahresabschlusses und des Lageberichts
- Prüfung des Gewinnverwendungsvorschlags des Vorstands
- Einberufung einer außerordentlichen Hauptversammlung
- Bestellung und Abberufung des Vorstands

Hauptversammlung – beschließendes Organ

AktG §§ 118 ff.

Die Versammlung der Aktionäre findet in der Regel einmal jährlich statt. Die Hauptversammlung wird vom Vorstand innerhalb der ersten acht Monate des Geschäftsjahres einberufen. Hier üben die Aktionäre (Gesellschafter) ihr Stimmrecht aus. Die Beschlüsse börsennotierter Aktiengesellschaften müssen notariell beurkundet werden.

Wesentliche Rechte in der Hauptversammlung sind:

- Wahl der Aufsichtsratsmitglieder der Kapitaleigner
- Beschluss über die Verwendung des Bilanzgewinns
- Entlastung der Mitglieder des Vorstands und des Aufsichtsrats
- Bestellung der Abschlussprüfer
- Beschlüsse über Satzungsänderungen

AktG §§ 17, 103 u. 135

Jede mit Stimmrecht ausgestattete Aktie (Stammaktie) gewährt eine Stimme. Nur wenn Aktien mit unterschiedlichen Nennwerten ausgegeben wurden, richtet sich die Stimmenzahl nach dem jeweiligen Nennwert der Aktie. Die Beschlüsse in der Hauptversammlung können grundsätzlich mit einfacher Mehrheit des anwesenden Kapitals gefasst werden. Für Satzungsänderungen muss die Beschlussfassung mit einer **qualifizierten Mehrheit** von 75 % des vertretenen Kapitals erfolgen. Auch für die Abberufung von Aufsichtsratsmitgliedern wird die qualifizierte Mehrheit (¾-Mehrheit) benötigt. Das Stimmrecht kann übertragen werden.

Aus der Beteiligung an einer AG erwachsen dem Aktionär neben dem Stimmrecht in der Hauptversammlung folgenden Rechte:

- Auskunftsrecht in der Hauptversammlung
- Recht auf Gewinnanteil (Dividende)
- Recht auf Anteil am Liquidationserlös
- Bezugsrecht für junge Aktien

Eigenkapital der Aktiengesellschaft

HGB § 268 AktG §§ 150, 58 u. 9

Die Summe der Aktiennennwerte entspricht dem **Grundkapital**, das aufgrund der für den Jahresabschluss geltenden HGB-Vorschriften in der Bilanz als **gezeichnetes Kapital** bezeichnet wird. Das Grundkapital ist eine feste, satzungsmäßig festgelegte Größe. Der Wert des Grundkapitals ändert sich, wenn eine Kapitalerhöhung vollzogen wird.

Bei Gründung und bei jeder späteren Kapitalerhöhung kann beschlossen werden, dass die Aktien über dem Nennbetrag ausgegeben werden. Die Differenz zwischen dem (rechnerischen) Nennbetrag und dem Ausgabepreis **(Emissionskurs)** wird als Aufgeld oder **Agio** bezeichnet. Bilanztechnisch bildet die Summe der Nennwerte das Grundkapital, das Agio wird in eine Rücklage eingestellt. Aktien dürfen also zum Nennwert **(pari)** oder mit Aufgeld (über pari) ausgegeben werden. Eine Ausgabe unter dem Nennwert (unter pari) ist verboten. Da auch das Aufgeld von den Aktionären (Eigentümern der AG) aufgebracht wird, stellt es Eigenkapital dar.

Eigenkapital einer AG = Grundkapital (gezeichnetes Kapital) + Summe aller Rücklagen

Eine AG wird mit einem Grundkapital in Höhe von 100.000,00 € gegründet. Die Satzung legt die Zahl der Aktien (Stückaktien) auf 25.000,00 Stück fest. Es wird beschlossen, die Aktien mit einem Aufschlag von 50 % auszugeben.

rechnerischer Nennwert einer Aktie: $\frac{100.000,00}{25\,000} = 4,00$ €

Ausgabepreis je Aktie:	Nennwert	4,00 €
	+ Agio 50 %	2,00 €
	Emissionskurs	6,00 €

Zufluss an flüssigen Mitteln:	Grundkapital:	4,00 € x 25 000 Stück =	100.000,00 €
	Rücklagen:	2,00 € x 25 000 Stück =	50.000,00 €
	gesamtes Eigenkapital:		150.000,00 €

Aktiva	**Eröffnungsbilanz AG**		**Passiva**
Flüssige Mittel	150.000,00 €	Gezeichnetes Kapital (Grundkapital)	100.000,00 €
		Kapitalrücklage	50.000,00 €
	150.000,00 €		**150.000,00 €**

Die AG kann beantragen, dass die Aktien an der Börse gehandelt werden. Dadurch hat der Aktionär die Möglichkeit, Aktien jederzeit zu kaufen oder zu verkaufen. An der Börse bildet sich der Preis aufgrund von Angebot und Nachfrage. Der **Börsenkurs** einer Aktie weicht daher i. d. R. vom (rechnerischen) Nennbetrag der Aktie ab.

Gewinnverwendung

Die Hauptversammlung beschließt über die Verwendung des Bilanzgewinns. Der Bilanzgewinn ist nicht identisch mit dem Jahresüberschuss, der sich aus der Gewinn- und Verlustrechnung (Erträge minus Aufwand) ergibt. Der Jahresüberschuss wird um einen eventuell aus dem Vorjahr übertragenen Verlustvortrag vermindert. Zudem müssen gesetzliche oder laut Satzung festgelegte Gewinnrücklagen gebildet werden. Der Aufsichtsrat kann zusätzlich freiwillige Gewinnrücklagen bilden. Der danach übrigbleibende Bilanzgewinn kann auf Beschluss der Hauptversammlung

- zur Dividendenausschüttung,
- für weitere Rücklagen und
- eventuell für einen Gewinnvortrag verwendet werden.

Publizitäts- und Prüfungspflicht

Zum Schutz der Gesellschafter und Gläubiger der Aktiengesellschaft müssen der Jahresabschluss und der Lagebericht durch Abschlussprüfer geprüft werden. Darüber hinaus müssen folgende Unterlagen offengelegt werden:

- Jahresabschluss und Lagebericht
- Bericht des Aufsichtsrates
- Bestätigungsvermerk der Abschlussprüfer
- Vorschlag und Beschluss zur Gewinnverwendung

Die Offenlegung erfolgt nach Einreichung der Unterlagen im elektronischen Bundesanzeiger. Der Umfang der Offenlegung richtet sich nach der Unternehmensgröße.

1.4.5.3 Eingetragene Genossenschaft

Wesen

GenG § 1

Eingetragene Genossenschaften (eG) sind Gesellschaften von nicht geschlossener Mitgliederzahl. Durch einen gemeinschaftlichen Geschäftsbetrieb sollen der Erwerb oder die Wirtschaft oder die sozialen oder kulturellen Belange (ideelle Zwecke) der Genossenschaftsmitglieder gefördert werden. Die Gesellschaft wird in das Genossenschaftsregister eingetragen und wird dadurch zur juristischen Person. Die Firma muss den Zusatz „eingetragene Genossenschaft“ oder „eG“ enthalten. Die wesentlichen Vorschriften zur Genossenschaft sind im Genossenschaftsgesetz (GenG) geregelt.

Gründung

Um eine Genossenschaft zu gründen, muss durch mindestens drei Gründungsmitglieder eine Satzung aufgestellt sowie ein Vorstand und ein Aufsichtsrat gewählt werden. Nur Mitglieder der Genossenschaft können Vorstand oder Aufsichtsrat werden. Durch Eintrag in das Genossenschaftsregister wird die Genossenschaft zur juristischen Person des Privatrechts und erlangt die Kaufmannseigenschaft.

Mitgliedschaft

Nach Gründung der Genossenschaft ist die Aufnahme von Mitgliedern möglich. Hier zeigt sich ein wesentlicher Unterschied zu den Kapitalgesellschaften. Die Genossenschaft ist personenbezogen. Die Mitgliedschaft ist nicht auf Kapitaleinlagen aufgebaut, sondern auf Mitgliedschaft. Die Mitgliedschaft ist jederzeit kündbar und kann nicht verkauft werden. Der Mitgliederbestand ist nicht fest.

GenG § 2 Abs. 2

Die Satzung kann auch die Aufnahme investierender Mitglieder erlauben. Diese Mitglieder orientieren sich nicht am Förderzweck der Genossenschaft, sie sind lediglich an der Kapitalanlage interessiert. Investierende Mitglieder haben kein Stimmrecht in der Generalversammlung. Die Aufnahme solcher Mitglieder ist an besondere Voraussetzungen geknüpft.

Organe

Das Genossenschaftsgesetz sieht drei Pflichtorgane der Genossenschaft vor. Nur bei Genossenschaften mit nicht mehr als 20 Mitgliedern kann auf den Aufsichtsrat verzichtet werden, wenn es in der Satzung vereinbart wurde. Vorstands- und Aufsichtsratsmitglieder müssen auch Mitglieder der Genossenschaft (Genossen) sein.

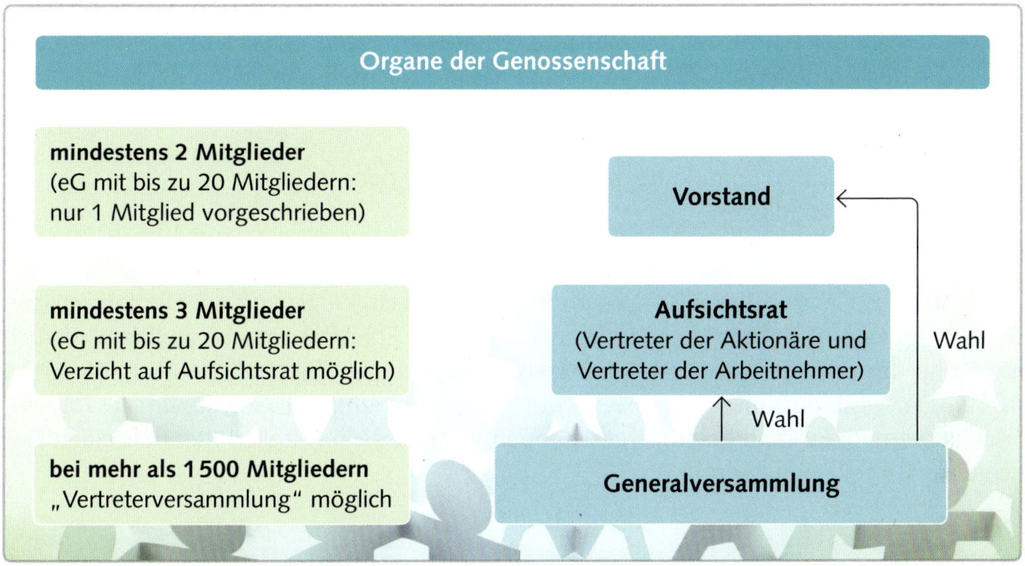

Der **Vorstand** übernimmt die Leitung und Vertretung der Genossenschaft und muss aus mindestens zwei Personen bestehen. Bei Genossenschaften mit weniger als 20 Mitgliedern reicht eine Person im Vorstand. Der Vorstand wird von der Generalversammlung gewählt, wenn die Satzung keine andere Regelung vorsieht.

GenG §§ 9, 24 u. 30

Der **Aufsichtsrat** ist das Kontrollorgan und besteht aus mindestens drei Mitgliedern. Die Aufsichtsratsmitglieder werden von der Generalversammlung gewählt. Die Regelungen für die Mitbestimmung der Arbeitnehmer im Aufsichtsrat gelten für Genossenschaften ebenfalls. Es ist nicht erlaubt, dass die Mitglieder des Aufsichtsrats gewinnabhängige Vergütungen erhalten.

GenG §§ 9 u. 36

Die **Generalversammlung** als beschlussfassendes Organ besteht aus allen Mitgliedern. Bei mehr als 1 500 Mitgliedern kann die Satzung bestimmen, dass die Generalversammlung aus Vertretern der Mitglieder besteht **(Vertreterversammlung)**. Jedes Mitglied hat das gleiche Stimmrecht. Wenn die Satzung keine andere Regelung vorsieht, wählt die Generalversammlung den Vorstand und den Aufsichtsrat. Die Generalversammlung trifft grundlegende Entscheidungen der Genossenschaft, z. B. die Feststellung des Jahresabschlusses oder die Gewinnverwendung.

GenG §§ 43 u. 43a

Geschäftsführung und Vertretung

Die Mitglieder des Vorstands vertreten die Genossenschaft gerichtlich und außergerichtlich. Sie haben, wenn die Satzung nichts Abweichendes regelt, Gesamtgeschäftsführungs- und Gesamtvertretungsbefugnis. Neben dem Vorstand können noch Geschäftsführer vorgesehen sein, die dann als Handlungsbevollmächtigte handeln.

GenG §§ 24 u. 26 f.

Kapital und Haftung

GenG §§ 6 f.

Für die Gründung einer Genossenschaft ist kein Mindestkapital vorgeschrieben. Es besteht aber die Möglichkeit, durch Regelung in der Satzung ein Mindestkapital festzusetzen. In diesem Fall darf das Mindestkapital nicht durch Auszahlung von Geschäftsanteilen an die Mitglieder unterschritten werden. Die Auszahlung ist auszusetzen bis eine entsprechende Deckung wieder gewährleistet ist. Die Satzung kann jedoch andere Regelungen vorsehen. Dritten gegenüber haftet nur das Genossenschaftsvermögen. Es ist zulässig im Falle der Insolvenz der Genossenschaft den Mitgliedern eine Nachschusspflicht aufzuerlegen. Die Satzung kann regeln, dass die Nachschusspflicht

- unbegrenzt,
- auf eine bestimmte Summe begrenzt **(Haftsumme)** oder
- gänzlich ausgeschlossen

ist.

GenG §§ 2 u. 7

Die Höhe des Geschäftsanteils muss in der Satzung festgelegt werden. Die tatsächliche Beteiligung eines Mitglieds kann jedoch niedriger sein. Ebenfalls satzungsmäßig wird auch die Höhe der zwingend zu leistenden Einzahlung geregelt (gesetzliche Mindesteinlage 10 %). Der Geschäftsanteil kann dann durch Zuschreibung der Gewinnanteile voll einbezahlt werden. Es kann auch festgeschrieben sein, dass ein Mitglied mehr als einen Geschäftsanteil zeichnen kann.

Prüfungsverbände

GenG §§ 53 f.

Genossenschaften sind verpflichtet, einem Prüfungsverband anzugehören. Aufgabe des Prüfungsverbandes ist es, die wirtschaftlichen Verhältnisse und die Ordnungsmäßigkeit der Geschäftsführung alle zwei Jahre festzustellen. Bei Genossenschaften, deren Bilanzsumme zwei Millionen Euro übersteigt, muss die Prüfung in jedem Geschäftsjahr stattfinden.

1.5 Vertretungen

1.5.1 Stellvertreter

Unter Stellvertretung versteht man das Recht, für einen anderen rechtskräftig Willenserklärungen in dessen Namen abzugeben oder zu empfangen. Die Willenserklärungen eines Stellvertreters, die im Namen des Vertretenen abgegeben werden, wirken unmittelbar für und gegen den Vertretenen.

Stellvertretungen können kraft Gesetz oder kraft Rechtsgeschäft entstehen.

Stellvertretung kraft Gesetz wird abgeleitet aus einem Gesetz	**Stellvertretung kraft Rechtsgeschäft** wird durch ein Rechtsgeschäft verliehen oder erteilt
Beispiele gesetzlicher Vertreter	**Beispiele vertraglicher Vertreter**
▪ Eltern oder Vormund für nicht voll geschäftsfähige Personen ▪ vollhaftende Gesellschafter einer Personengesellschaft (OHG oder KG) ▪ Geschäftsführer einer GmbH ▪ Vorstand einer AG	▪ Vollmachten nach BGB (§§ 161 ff) als – Einzelvollmacht – Artvollmacht – Generalvollmacht ▪ Vollmachten nach HGB (§§ 54 ff. u. 48 ff.) als – Handlungsvollmacht – Prokura

1.5.2 Vollmachten nach dem HGB

1.5.2.1 Überblick über die handelsrechtlichen Vollmachten

Kaufleute können Mitarbeiter bevollmächtigen, für das Unternehmen rechtsverbindliche Willenserklärungen abzugeben. Das Handelsrecht regelt zwei unterschiedliche Arten von Vollmachten.

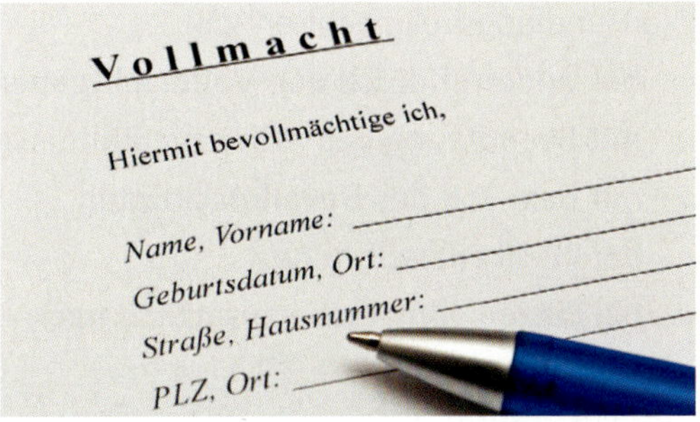

Vollmachten nach HGB

Handlungsvollmacht	Prokura
▪ allgemeine Handlungsvollmacht ▪ Artvollmacht ▪ Einzelvollmacht	▪ Einzelprokura ▪ Gesamtprokura ▪ Filialprokura

1.5.2 Handlungsvollmacht

Die Handlungsvollmacht kann ausdrücklich (schriftlich, mündlich) oder stillschweigend (Duldung) erteilt werden. Diese Vollmacht wird nicht in das Handelsregister eingetragen. Die allgemeine Handlungsvollmacht kann mit und ohne Sonderrechte, die im HGB geregelt sind, erteilt werden. Sonstige Beschränkungen sind im Außenverhältnis unwirksam, es sei denn Dritte, z. B. Kreditinstitute, kannten sie oder hätten sie kennen müssen. HGB §§ 54 ff.

Handlungsvollmacht ohne Sonderbefugnisse	Handlungsvollmacht mit Sonderbefugnissen
Berechtigung, alle gewöhnlichen Rechtshandlungen eines derartigen Handelsgewerbes durchzuführen	**Zusätzliche Berechtigung zur Vornahme der Ausnahmegeschäfte nach HGB 54 Abs. 2**
Rechtshandlungen im Geschäftsverkehr mit der Bank sind insbesondere: ▪ Verfügungen über Kontoguthaben ▪ Verfügungen über bewilligte Kredite ▪ Ankauf und Verkauf von Wertpapieren ▪ Vornahme von Kündigungen ▪ Anerkennung von Salden und Abrechnungen	zusätzliche Rechtsgeschäfte: ▪ Eingehen von Wechselverbindlichkeiten ▪ Aufnahme von Krediten und Darlehen ▪ Belastung oder Veräußerung von Grundstücken

Die **allgemeine Handlungsvollmacht** kann im Umfang und in der Anzahl der Rechtsgeschäfte durch die Art der Vollmacht beschränkt werden:

- **Einzelvollmacht:** Diese berechtigt zur Vornahme eines einzelnen Rechtsgeschäfts.
- **Artvollmacht:** Der Bevollmächtigte darf eine bestimmte Art von Rechtsgeschäften wiederholt durchführen. Der Handlungsbevollmächtigte unterzeichnet mit dem Zusatz „i. V.“ (in Vertretung) oder mit „i. A.“ (im Auftrag).

Die Handlungsvollmacht erlischt

- **bei Widerruf durch den Vollmachtgeber.**
- **mit Beendigung des Arbeitsverhältnisses.**
- **mit dem Tod des Bevollmächtigten.**
- **bei Insolvenzeröffnung.**
- **bei Einzelvollmachten zusätzlich nach Ausübung der Tätigkeiten.**

1.5.3 Prokura

Die Prokura stellt eine sehr weitreichende Vollmacht dar und ermächtigt zu allen Rechtsgeschäften, die der Betrieb irgendeines Handelsgewerbes mit sich bringt. Lediglich zur Belastung und Veräußerung von Grundstücken benötigt der Prokurist eine Sondervollmacht.

HGB §§ 48 ff.

Der Prokurist kann z. B. über Konten und Depots eines Unternehmens uneingeschränkt verfügen. Er kann alle Bankgeschäfte eingehen, insbesondere auch Kredite im Namen des Unternehmens aufnehmen. Er kann hierfür alle möglichen Sicherheiten stellen, aber er darf keine Grundpfandrechte bestellen. Im Geschäftsverkehr gibt es im Außenverhältnis keine Einschränkungen. Der Prokurist kann auch Geschäfte außerhalb des Geschäftszweiges des Unternehmens tätigen.

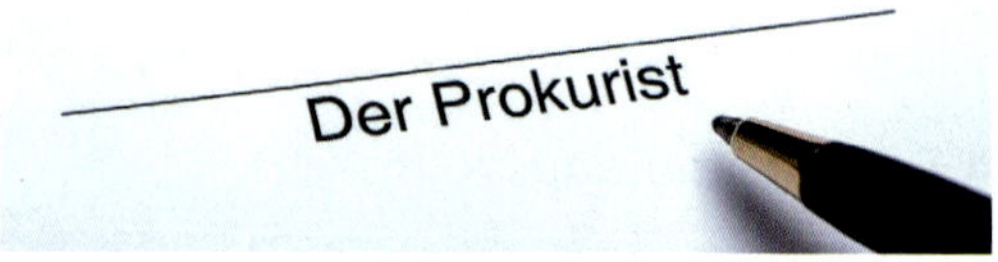

Prokura kann nur von Kaufleuten erteilt werden. Prokuristen können nur ausdrücklich ernannt werden. Die Eintragung in das Handelsregister erfolgt mit deklaratorischer (rechtsbezeugender) Wirkung.

Der Umfang der Prokura ist gesetzlich geregelt. Einschränkungen sind im Außenverhältnis unwirksam. Im Innenverhältnis kann die Prokura beschränkt werden. Verstößt der Prokurist gegen diese Beschränkungen aus dem Innenverhältnis, kann das Unternehmen Schadenersatzansprüche gegen ihn geltend machen. Der Prokurist unterschreibt mit dem Zusatz „ppa." – per Prokura.

Die Art der Vertretung wird ins Handelsregister eingetragen:

- **Einzelprokura**
  Bei der Einzelprokura ist der Prokurist allein vertretungsbefugt.
- **Gesamtprokura**
  Erfolgt die Erteilung der Prokura gemeinschaftlich an zwei oder mehrere Personen, so spricht man von einer Gesamtprokura. Gesamtprokuristen vertreten das Unternehmen gemeinsam.
- **Filialprokura**
  Die Vollmacht erstreckt sich auf alle Rechtsgeschäfte einer bestimmten Filiale oder Geschäftsstelle eines Unternehmens.

Die Prokura erlischt

- bei Widerruf durch den Vollmachtgeber.
- mit Beendigung des Arbeitsverhältnisses.
- mit dem Tod des Prokuristen.
- bei Insolvenzeröffnung.

Zusammenfassung und Lernkontrolle

Zusammenfassung

- **Unternehmensformen:**
  - Einzelunternehmen
  - Gesellschaften: Personengesellschaften, Kapitalgesellgesellschaften (Juristische Personen)
- **Entscheidungskriterien** für die Wahl der Unternehmensform:
  - Haftung
  - Vertretung und Geschäftsführung
  - Eigenkapitalbeschaffung
  - Gewinn- und Verlustverteilung
  - Belastung mit Ertragssteuern
  - Rechnungslegung
  - Mitbestimmung der Arbeitnehmer
- **Einzelunternehmen:** Der Unternehmer gründet und führt das Unternehmen allein.
- **Personengesellschaften:**
  - **OHG:** Die OHG ist ein Zusammenschluss von mindestens zwei Personen zu einer Gesellschaft. Jeder Gesellschafter ist Vollhafter und haftet für die Verbindlichkeiten der Gesellschaft unmittelbar, unbeschränkt und gesamtschuldnerisch.
  - **KG:** Die KG ist ein Zusammenschluss von mindestens zwei Personen zu einer Gesellschaft. Mindestens ein Gesellschafter (Vollhafter, Komplementär) haftet mit seinem Gesamtvermögen (siehe OHG) und mindestens ein Gesellschafter haftet nur mit seinem Geschäftsvermögen (Teilhafter, Kommanditist).
  - **GbR:** Die GbR ist ein Zusammenschluss von mindestens zwei Gesellschaftern zur Erreichung eines gemeinsamen Zwecks (nicht-kaufmännische Gesellschaft).
- **Kapitalgesellschaften**
  - **GmbH:** Die GmbH ist eine juristische Person. Für Verbindlichkeiten des Unternehmens haftet die juristische Person. Die Gesellschafter sind am Stammkapital beteiligt. Organe: Geschäftsführer (Leitung), Aufsichtsrat (Überwachung), Gesellschafterversammlung (Beschlussfassung)

- **AG:** Die AG ist eine juristische Person. Für Verbindlichkeiten des Unternehmens haftet die juristische Person. Die Gesellschafter sind mit Aktien (Anteilsscheinen) am Grundkapital beteiligt. Es besteht die Möglichkeit die Aktien über die Börse zu handeln.
  Organe: Geschäftsführer (Leitung), Aufsichtsrat (Überwachung), Gesellschafterversammlung (Beschlussfassung)
  Jede AG unterliegt einer Form der Mitbestimmung der Arbeitnehmer im Aufsichtsrat.

- **Sonstige Gesellschaften**
  - **eG:** Die eG ist eine juristische Person. Für Verbindlichkeiten des Unternehmens haftet die juristische Person. Die Gesellschafter sind mit Geschäftsanteilen am Kapital beteiligt. Die eG soll den Erwerb oder die Wirtschaft der Genossenschaftsmitglieder fördern.
    Organe: Geschäftsführer (Leitung), Aufsichtsrat (Überwachung), Gesellschafterversammlung (Beschlussfassung)
- **Vollmachten nach HGB:** Kaufleute können Mitarbeiter bevollmächtigen rechtskräftige Willenserklärungen für das Unternehmen abgeben zu können.
  - **Handlungsvollmacht:** Bevollmächtigter darf Willenserklärungen im Rahmen des Geschäftszweigs dieses Unternehmens einmalig (Einzelvollmacht) oder er darf Willenserklärungen beschränkt auf eine bestimmte Art von Geschäften (Artvollmacht) oder er darf allgemeine Willenserklärungen (allgemeine Handlungsvollmacht) im Namen des Unternehmens abgeben.
  - **Prokura:** Der Prokurist darf mit wenigen Ausnahmen Willenserklärungen für das Unternehmen, auch außerhalb des Geschäftszweigs des Unternehmens, abgeben. Er vertritt das Unternehmen gerichtlich und außergerichtlich.

Lernkontrolle

Aufgabe 1

Bei einem Auslandsaufenthalt verunglückt der Geschäftsführer der Heilbronner Teigwaren GmbH so schwer, dass er nicht mehr bei Bewusstsein ist. Der Prokurist Detlev Kühner, der bisher nicht zeichnungsberechtigt für das Firmenkonto ist, bittet Sie als Mitarbeiter der Bank deshalb, ihn sofort als zeichnungsberechtigt einzutragen, damit die Firmengeschäfte weitergeführt werden können.
Wie handeln Sie? Beurteilen Sie den Fall.

Aufgabe 2

Die bisherige Einzelunternehmung Walter Müller e. K. wird in eine OHG umgewandelt. Die OHG-Gesellschafter sind Walter Müller, Maik Bayer und Oliver Kuhn.

1. Darf die bisherige Firmenbezeichnung „Walter Müller e. K." beibehalten werden?
2. Darf die stattdessen gewählte Firmenbezeichnung „Müller und Bayer OHG" beibehalten werden, wenn Bayer ausscheidet?

Aufgabe 3

Unterscheiden Sie Haftung und Verlustbeteiligung.

Aufgabe 4

Sind folgende Vereinbarungen im Gesellschaftsvertrag einer OHG rechtswirksam? Begründen Sie Ihre Meinung.

1. Kapitaleinlage Teilhaber Albert 500.000,00 €, Teilhaber Brecht nur 1.000,00 €.
2. Der Reingewinn der Teilhaber soll nach Köpfen verteilt werden.
3. Die Haftung des Teilhabers Brecht wird auf seine Einlage beschränkt.

Aufgabe 5

Beurteilen Sie die Rechtslage im folgenden Fall:

Bei der „Mayer, Bayer und Kuhn OHG" gibt es im Gesellschaftsvertrag keine Regelungen über die Geschäftsführungs- und Vertretungsbefugnis. Mayer schließt nun einen Kaufvertrag über eine neue Roboterstraße in Höhe von mehreren Millionen Euro ab. Bayer und Kuhn sind nachträglich nicht einverstanden.

Aufgabe 6

Im Gesellschaftsvertrag der „Mayer, Bayer und Kuhn OHG" wurde vereinbart, dass Kaufverträge über den Betrag von 100.000,00 € nur gemeinsam abgeschlossen werden dürfen. Kuhn schließt einen Kaufvertrag über Rohstoffe im Wert von 120.000,00 € ohne Rücksprache mit Bayer und Mayer ab. Wie ist die Rechtslage?

Aufgabe 7

An der Schlosserei Maier KG sind die Komplementäre Tobias Maier und Timo Schulz sowie die Kommanditisten Bernd Halter und Maik Dussler beteiligt.

1. Maier kauft für die KG bei der Hausbank Aktien im Wert von 500.000,00 € ohne vorherige Absprache mit den anderen Gesellschaftern. Prüfen Sie die Rechtslage.
2. Im laufenden Geschäftsjahr tritt am 15. Juni Michael Mittler als Kommanditist in das Unternehmen ein. Die Eintragung in das Handelsregister erfolgt am 30. Juni. Erklären Sie, wie die Haftungsregelung für Mittler in der Zeit vom 15. Juni bis zum 30. Juni ist.
3. Für Mittler wurde eine Kommanditeinlage in Höhe von 150.000,00 € (Haftsumme) vertraglich vereinbart. Mittler hat seither 100.000,00 € eingezahlt. Ein Gläubiger der KG wendet sich mit einer Forderung in Höhe von 70.000,00 € direkt an Mittler. Muss Mittler zahlen?
4. Bernd Halter kauft für die KG Waren im Wert von 50.000,00 €. Ist die KG an den Kaufvertrag gebunden?
5. Maik Dussler möchte bezüglich seiner Geschäftsführungs- und Vertretungsrechte weitgehend mit den Komplementären gleichgestellt werden. Gibt es Möglichkeiten, dies vertraglich zu gestalten?

Aufgabe 8

Bauer und Dannemann planen die Gründung einer Unternehmung, um ihr neu entwickeltes Produkt vermarkten zu können. Folgende Überlegungen fließen in die Diskussion darüber ein, ob eine OHG oder eine KG gegründet werden soll:

1. Wann käme nur eine KG in Frage?

2. Wann käme nur eine OHG in Frage?
3. Wie beurteilt ein Kreditinstitut die Kreditwürdigkeit der beiden Unternehmensformen?
4. Welche Rechtsform würde eine spätere Eigenkapitalbeschaffung erleichtern (Begründung)?

Aufgabe 9

Braun entschließt sich, in eine bestehende KG als Kommanditist einzutreten. Bei der Anmeldung der Änderung zum Handelsregister erfährt er, dass zwar die Kommanditisten mit ihrer Einlage in das Handelsregister eingetragen werden, nicht aber das Kapital der Komplementäre. Begründen Sie, warum der Gesetzgeber eine Eintragung des Kapitals der Kommanditisten verlangt, jedoch nicht des Kapitals der Komplementäre.

Aufgabe 10

Büsch ist mit 25.000,00 €, Altmann mit 20.000,00 €, Binzle mit 20.000,00 €, und Caribaldi mit 15.000,00 € an der Robert Büsch GmbH beteiligt.

1. Wie viele Stimmen haben die Gesellschafter jeweils bei der Gesellschafterversammlung?
2. Kann Binzle Geschäftsführer werden? Begründen Sie Ihre Meinung.
3. Geschäftsführer Binzle kauft ohne Abstimmung mit Altmann und Caribaldi ein Fabrikgebäude für 300.000,00 €. Ist der Kauf rechtsgültig?
4. Geschäftsführer Binzle ernennt den Angestellten Daum zum Prokuristen. Altmann und Caribaldi hätten lieber den Angestellten Rehhagel ernannt. Wie ist die Rechtslage?
5. Altmann und Caribaldi wollen die Vertretungsbefugnis ändern. Caribaldi soll ebenfalls Geschäftsführer werden. Die Geschäftsführung soll dann als Gesamtgeschäftsführung in das Handelsregister eingetragen werden. Welche zwei Gründe könnten für eine solche Regelung sprechen?
6. In der Robert Büsch GmbH wird darüber diskutiert, die GmbH in eine KG umzuwandeln. Was spricht für und was gegen eine Umwandlung (jeweils 2 Gründe)?

Aufgabe 11

1. Bei den Überlegungen vor der Gründung einer AG wurde auch die Frage diskutiert, wann eine AG entsteht und welche Haftungsregelung vor der Handelsregistereintragung besteht. Nehmen Sie dazu Stellung.
2. Klären Sie die Gründer darüber auf, welche Organe der AG für folgende Vorgänge zuständig sind.
   (1) Wahl der Abschlussprüfer
   (2) Einberufung einer außerordentlichen Hauptversammlung
   (3) Entlastung des Vorstandes
   (4) Prüfung des Jahresabschlusses
   (5) Vertretung der AG
   (6) Bestellung des Vorstandes
   (7) Überwachung des Vorstandes
   (8) Satzungsänderungsbeschluss
   (9) Erstellung des Jahresabschlusses
   (10) Einberufung einer ordentlichen Hauptversammlung
   (11) Entscheidung über die Verwendung des Bilanzgewinns

Aufgabe 12

Beurteilen Sie folgende Vorgänge, Tatsachen und Rechtshandlungen in einer AG:

1. Der Vorstand einer AG kauft eine Maschine für 2 Mio. Euro. Der Aufsichtsrat ist damit nicht einverstanden.
2. Felix Glück hat 20 % der Aktien einer AG. Kann er einen Beschluss zur Kapitalerhöhung verhindern?
3. Das Vorstandsmitglied Breitner bewirbt sich in der Hauptversammlung zur Wahl in den Aufsichtsrat.
4. Aufsichtsrat Paul Schmatke kauft für die AG Aktien einer anderen AG.

Aufgabe 13

1. Was unterscheidet grundsätzlich die eingetragene Genossenschaft von den Kapitalgesellschaften?
2. In der Generalversammlung einer Genossenschaft sind zehn Mitglieder (Genossen) vertreten. Die Mitglieder A, B, C, D, E und F haben jeweils drei Geschäftsanteile, das Mitglied G hat vier Geschäftsanteile, die Mitglieder H, I und J besitzen jeweils einen Geschäftsanteil. Wie viele Stimmen haben die Mitglieder jeweils?

1.6 Kreditarten und Kreditsicherungen

1.6.1 Finanzierungsbegriff bei privatrechtlichen Unternehmen

Finanzierung im betriebswirtschaftlichen Sinne ist die Bereitstellung von Kapital.

Privatrechtliche Unternehmen haben mehrere Möglichkeiten sich das benötigte Kapital zu beschaffen. Das Kapital kann von dem Unternehmer bzw. den Gesellschaftern zur Verfügung gestellt werden oder von Fremdkapitalgebern, meist von Kreditinstituten.

Die Entscheidung für eine Finanzierungsart besteht in der Prüfung, ob die benötigten Gelder von außen beschafft werden sollen oder ob die Mittel vom Unternehmen selbst erwirtschaftet werden können. Den Unternehmen stehen grundsätzlich mehrere Alternativen zur Verfügung.

Eigenfinanzierung	Fremdfinanzierung
Finanzierungsmittel in Form von Eigenkapital werden von dem oder den Eigentümern aufgebracht.	Finanzierungmittel werden in Form von Fremdkapital von Dritten aufgebracht.

Bei Kreditinstituten kann sich das Unternehmen Geld in Form von Krediten beschaffen.

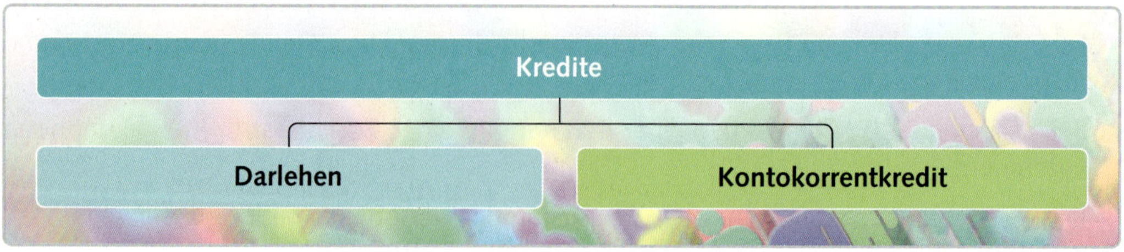

1.6.2. Kreditarten

1.6.2.1 Darlehen

Bei der **Darlehensfinanzierung** werden Geldmittel durch fremde Personen (Dritte), die nicht Eigentümer sind, bereitgestellt. Es handelt sich um Fremdfinanzierung **(Fremdkapital)**.

BGB § 488

Das Wesen des **Darlehens** besteht darin, dass der Gläubiger (z. B. ein Kreditinstitut) dem Schuldner Geldmittel in einer bestimmten Höhe zur Verfügung stellt und der Schuldner (z. B. ein Unternehmen) diesen Betrag tilgen muss. Im Regelfall verlangt der Darlehensgeber (Gläubiger) vom Darlehensnehmer die Zahlung von Zinsen. Über getilgte Beträge kann nicht mehr neu verfügt werden.

Neben den Zinsen gehören zu den Finanzierungskosten auch das Damnum (Disagio), Provisionen und Gebühren.

Ein **Disagio** bedeutet, dass der zu tilgende Darlehensbetrag nicht zu 100 % ausgezahlt wird. Der Darlehensnehmer erhält z. B. nur 98 % der Darlehenssumme, muss aber 100 % zurückzahlen. Da das Disagio vorgezogene Zinsen darstellt, wird die laufende Nominalverzinsung dadurch geringer.

Darlehen nach der Art der Rückzahlung

Festdarlehen

Das Kapital steht dem Betrieb für die gesamte Laufzeit zur Verfügung. Die Tilgung erfolgt in einer Summe am Ende der Laufzeit. Die jährliche Zinsbelastung ist konstant.

BEISPIEL

Kreditbetrag 100.000,00 €, Laufzeit 5 Jahre, Zinssatz 8 %

$$Z = \frac{K \cdot p}{100}$$

Z = Jahreszins, K = Kapital, p = Zinssatz

$$Z = \frac{100.000{,}00 \cdot 8}{100} = 8.000{,}00 \text{ €}$$

Tilgung in einer Summe am Ende der Kreditlaufzeit					
Zeit	**Restschuld am Jahresanfang**	**Zinsen**	**Tilgung**	**Zahlung**	**Restschuld am Jahresende**
1	100.000,00	8.000,00		8.000,00	100.000,00
2	100.000,00	8.000,00		8.000,00	100.000,00
3	100.000,00	8.000,00		8.000,00	100.000,00
4	100.000,00	8.000,00		8.000,00	100.000,00
5	100.000,00	8.000,00	100.000,00	108.000,00	

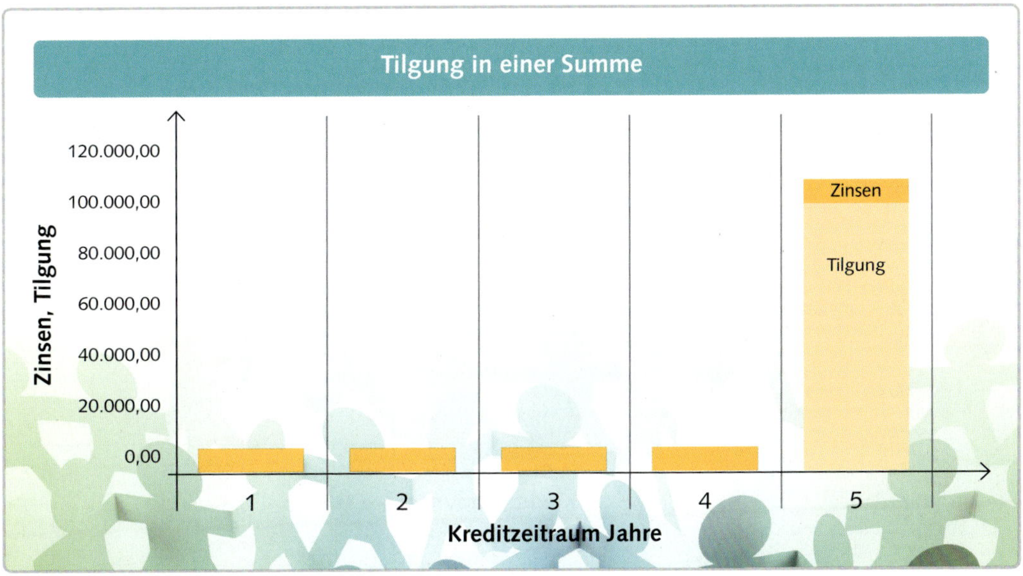

Ratendarlehen

Die Tilgung erfolgt in gleichbleibenden regelmäßigen Raten und führt zu sinkenden Liquiditätsabflüssen während der Kreditlaufzeit. Mit fortschreitender Tilgung sinkt die Zinsbelastung, während der Tilgungsbetrag pro Periode gleichbleibt.

BEISPIEL

Kreditbetrag 100.000,00 €, Laufzeit 5 Jahre, Zinssatz 8 %

$$\textit{T-Rate} = \frac{\textit{Gesamtschuld}}{\textit{Tilgungsjahre}}$$

$$\text{T-Rate} = \frac{100.000,00}{8} = 12.500,00\ €/\text{Jahr}$$

T-Rate = Jahres-Tilgungsrate

Tilgung mit regelmäßigen Raten					
Zeit	**Restschuld am Jahresanfang**	**Zinsen**	**Tilgung**	**Zahlung**	**Restschuld am Jahresende**
1	100.000,00	8.000,00	20.000,00	28.000,00	80.000,00
2	80.000,00	6.400,00	20.000,00	26.400,00	60.000,00
3	60.000,00	4.800,00	20.000,00	24.800,00	40.000,00
4	40.000,00	3.200,00	20.000,00	23.200,00	20.000,00
5	20.000,00	1.600,00	20.000,00	21.600,00	

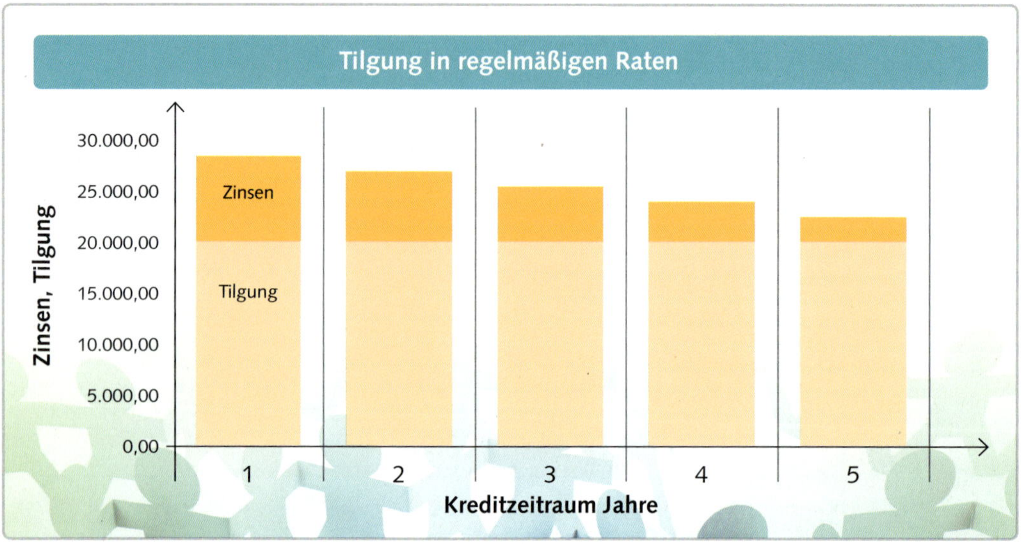

Annuitätendarlehen

Die Liquiditätsbelastung (Zahlungsbelastung), besteht aus Zins und Tilgung. Diese sogenannte Annuität ist während der gesamten Kreditlaufzeit konstant. Der Zinsanteil sinkt im Laufe der Zeit zugunsten eines im gleichen Verhältnis steigenden Tilgungsanteils.

BEISPIEL

Kreditbetrag 100.000,00 €, Laufzeit 5 Jahre, Zinssatz 8 %

$$A = K \cdot \frac{i \cdot (l + i)^n}{(l + i)^n - 1}$$

A = Annuität i = Zinssatz

$$A = 100.0000,00 \cdot \frac{0,08 \cdot (1 + 0,08)^5}{1 + 0,08)^5 - 1} = 25.045,65$$

Tilgung mit Annuitäten					
Zeit	**Restschuld am Jahresanfang**	**Zinsen**	**Tilgung**	**Zahlung**	**Restschuld am Jahresende**
1	100.000,00	8.000,00	17.045,65	25.045,65	82.954,35
2	82.954,35	6.636,35	18.409,30	25.045,65	64.545,06
3	64.545,06	5.163,60	19.882,04	25.045,65	44.663,02
4	44.663,02	3.573,04	21.472,60	25.045,65	23.190,41
5	23.190,41	1.855,23	23.190,41	25.045,65	0,00

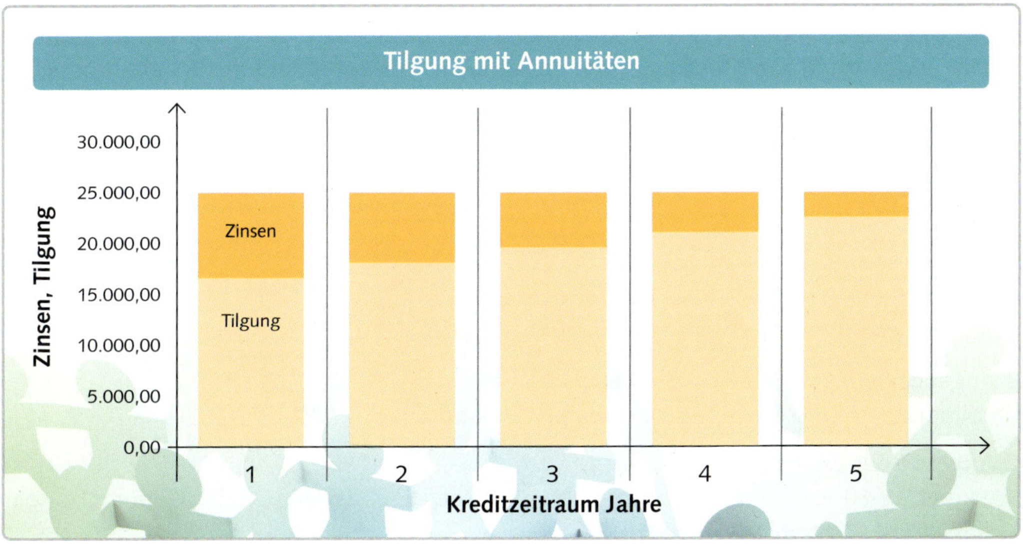

Unterscheidung Nominal- und Effektivzins bei Darlehen

Der Zinssatz ist neben der Kreditsumme, der Laufzeit und der zu stellenden Sicherheiten ein wichtiger Bestandteil des Darlehensvertrags zwischen Darlehensnehmer (Unternehmen) und Darlehensgeber (i. d. R. Kreditinstitut). Dabei ist zwischen Nominal- und Effektivzins zu unterscheiden.

Nominalzins

Der **Nominalzins** gibt die Höhe der Darlehensverzinsung und damit der jährlichen Zinsbelastung an. Der Nominalzinssatz wird als Prozentsatz für ein Jahr (Jahreszinssatz, Zinssatz pro anno) angegeben. Der Nominalzinssatz bezieht sich immer auf die gesamte Kreditsumme.

BEISPIEL

(Rest-)Kreditbetrag 100.000,00 €, Laufzeit 5 Jahre, Zinssatz 8 % (= Nominalzinssatz)

$$Z = \frac{K \cdot p \cdot 360}{100 \cdot t} = \frac{100.000,00 \cdot 8 \cdot 360}{100 \cdot 360} = 8.000,00 \text{ €} \quad \text{(Zinszahlung (pro Jahr)}$$

Effektivzins

Der **Effektivzinssatz** berücksichtigt alle Kreditkosten, d. h. neben den Zinsen noch anfallende Gebühren und ggf. ein Disagio.

$$p_{eff} = \frac{\textit{Kreditkosten pro Jahr}}{\textit{Auszahlungsbetrag}} \cdot 100$$

Die Kreditinstitute bieten häufig eine Auszahlung unter 100 % des Kreditbetrages an und gewähren dafür eine geringere Nominalverzinsung. Dieser zusätzliche Zinsaufwand (Vorwegzins) wird als Disagio (Damnum oder Abschlag) bezeichnet. Getilgt werden muss aber immer der gesamte Kreditbetrag. Dieser zusätzliche Zinsaufwand führt zu einer höheren tatsächlichen, effektiven Verzinsung. In gleicher Weise wirken sich Gebühren, die die Kreditinstitute verlangen, auf die Effektivverzinsung aus.

BEISPIEL

Kapitalbedarf des Unternehmens: 10.000,00 € = notwendiger Auszahlungsbetrag

A Angebot des Kreditinstituts „WWW-Online Bank":
Kreditbetrag 10.310,00 €, Laufzeit 1 Jahre, Zinssatz 4,5 %, Disagio 3 %, Auszahlung: 10.001,00 €

B Angebot der „Europabank":
Kreditbetrag 10.000,00 €, Laufzeit 1 Jahre, Zinssatz 6 %

C Angebot der „Asiabank":
Kreditbetrag 10.257,00 €, Laufzeit 1 Jahre, Zinssatz 6 %, Disagio 2,5 %, Gebühr 1 % der Kreditsumme, Auszahlung 10.001,00 €

Angebot	Nominalzinssatz	Nominalzinsen	Disagio	Disagio	Gebühr	Gebühr	insgesamt	Effektivzinssatz
A	5,8	450,00	3 %	309,00			759,00	7,59
B	6,0	600,00					600,00	6,00
C	6,0	600,00	2,5 %	256,00	1 %	10,06	860,06	8,60

Annahme: Laufzeit 5 Jahre

Angebot	Nominalzinssatz	Nominalzinsen	Disagio	Disagio pro Jahr	Gebühr	Gebühr pro Jahr	insgesamt	Effektivzinssatz
A	5,8	450,00	3 %	61,80			511,80	5,12
B	6,0	600,00					600,00	6,00
C	6,0	600,00	2,5 %	51,20	1 %	2,01	653,01	6,53

Für Disagio und sonstige feste Kreditkosten gilt: Je länger die Laufzeit, desto weniger wirken sich die fixen Kreditkosten negativ auf die Effektivverzinsung aus. Die fixen Kosten verteilen sich auf mehrere Jahre.

Ergebnis: Bei einer Laufzeit von einem Jahr ist effektiv das Angebot B das günstigste. Bei gleichen Konditionen und einer Laufzeit von 5 Jahren wäre das Angebot A das günstigste.

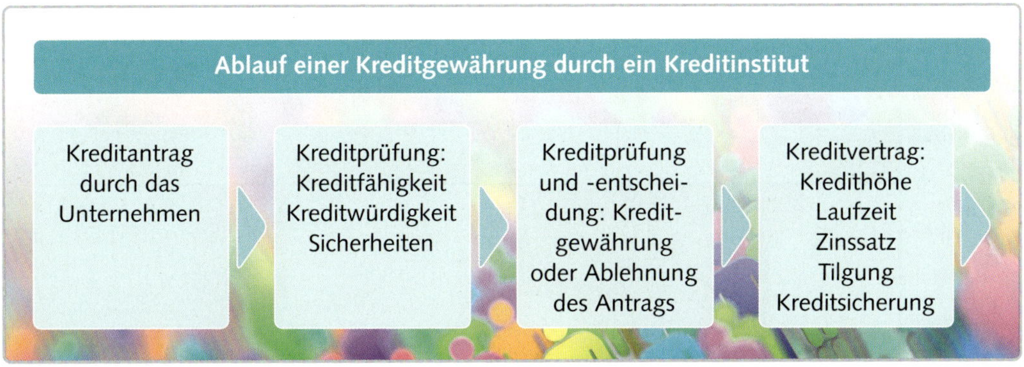

Kreditfähigkeit:
Kreditfähigkeit ist die Fähigkeit, rechtswirksam Kreditverträge abschließen zu können. Kreditfähig sind natürliche, voll geschäftsfähige Personen, juristische Personen und Personengesellschaften (OHG, KG).

Kreditwürdigkeit:
Kreditwürdig sind alle die Personen und Unternehmen, von denen eine vertragsgemäße Erfüllung der Verpflichtungen und eine ordnungsgemäße Rückzahlung erwartet werden kann.

1.6.2.2 Kontokorrentkredit

Zahlungseingänge und Zahlungsausgänge eines Unternehmens lassen sich nicht immer exakt steuern. So kann es notwendig sein diese Schwankungen durch eine kurzfristen Kredit auszugleichen. Eine praktische Möglichkeit bieten die Kreditinstitute durch die Inanspruchnahme einer Kreditlinie auf dem Zahlungsverkehrskonto an (Kontokorrentkredit).

Ein **Kontokorrentkredit** entsteht, wenn in einem festgelegten Abrechnungszeitraum (i. d. R. Monat oder Quartal) auf einem Konto Kreditbeträge in schwankender Höhe bis zu einer Obergrenze (Kreditlimit) in Anspruch genommen, zurückgezahlt und wieder beansprucht werden können.

Der Kontokorrentkredit ist ein teurer Kredit, bietet aber bei einem kurzfristigen Kreditbedarf eine Reihe von Vorteilen:

- stetige Anpassung an den jeweiligen Finanzbedarf (hohe Flexibilität)
- bequeme Inanspruchnahme durch einfache Verfügung (z. B. Überweisung, Abhebung)
- bequeme Tilgung (Tilgung erfolgt automatisch durch Zahlungseingänge)

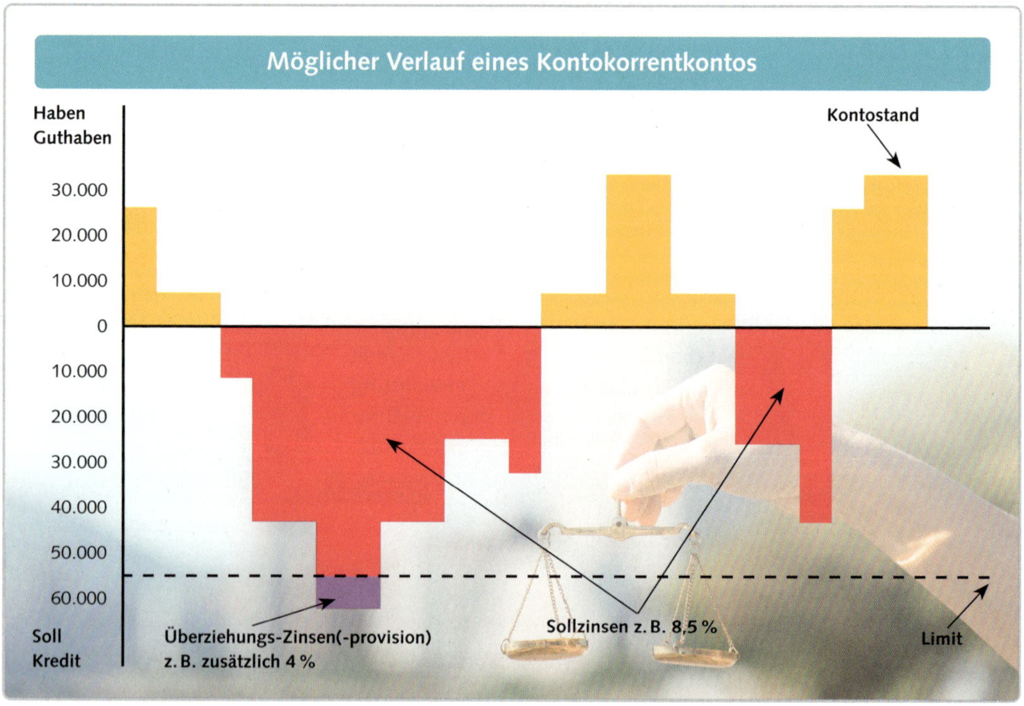

1.6.3 Kreditsicherheiten

© Antonio –

1.6.1.3 Kreditvertrag

BGB § 488

Die Gewährung eines Darlehens stellt ein Vertragsverhältnis zwischen dem Kreditgeber und dem Kreditnehmer dar. Durch den Darlehensvertrag wird der Darlehensgeber verpflichtet, dem Darlehensnehmer einen Geldbetrag in der vereinbarten Höhe zur Verfügung zu stellen. Der Darlehensnehmer ist verpflichtet, einen geschuldeten Zins zu zahlen und bei Fälligkeit das zur Verfügung gestellte Darlehen zurückzuzahlen.

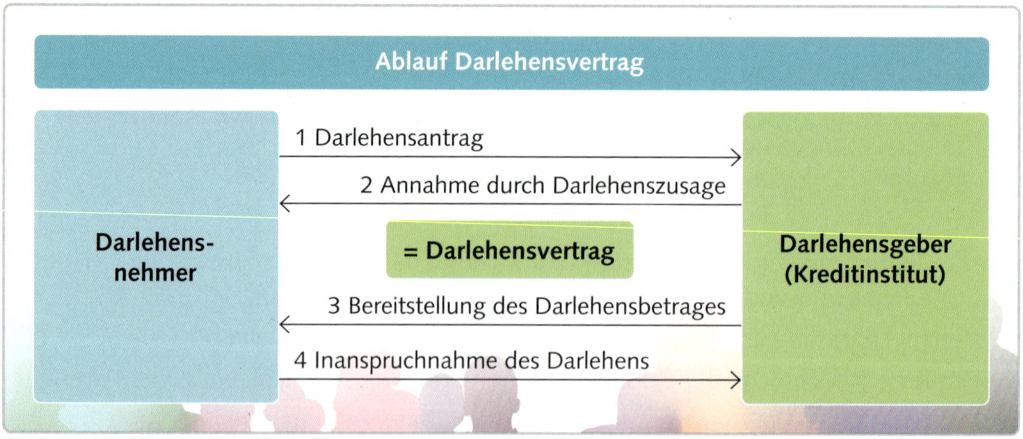

Wesentliche Inhalte des Darlehensvertrages:

- Darlehenshöhe
- Zinssatz
- Laufzeit
- Tilgung/Rückzahlung
- Besicherung

Pflichten aus dem Darlehensvertrag für den	
Darlehensnehmer	**Darlehensgeber**
▪ Aufnahme des Darlehens ▪ Zahlung der vereinbarten Zinsen ▪ Rückzahlung des Darlehens ▪ Bestellung der vereinbarten Sicherheiten ▪ Duldung der Verwertung der Sicherheiten durch die Bank, falls das Darlehen Not leidend wird	▪ Bereitstellung des Darlehens ▪ Annahme der Zins- und Tilgungsleistungen ▪ Freigabe der Sicherheiten bei Tilgung des Darlehens

Grundlage einer Kreditgewährung durch ein Kreditinstitut ist die Kreditwürdigkeit des Kreditnehmers. Kreditwürdig ist ein Darlehensnehmer, wenn er seine Kreditverpflichtungen vertragsgemäß erfüllen kann.

Persönliche Kreditwürdigkeit ist gegeben, wenn der Kreditsuchende aufgrund seiner Zuverlässigkeit, seiner unternehmerischen Fähigkeiten bzw. seiner beruflichen Qualifikation seinen Kreditverpflichtungen nachkommen kann.
Materielle Kreditwürdigkeit beinhaltet, dass die wirtschaftliche Lage des Kreditsuchenden ausreicht, den Kreditvertrag zu erfüllen.

Das Kreditinstitut beurteilt die Kreditwürdigkeit aufgrund der bisherigen Zusammenarbeit mit dem Kunden, holt Auskünfte ein und beurteilt vorzulegende Unterlagen (z. B. Jahresabschlüsse, Handelsregister- und Grundbuchauszüge, Gesellschafterverträge).

Manche Kredite werden ausschließlich aufgrund der Kreditwürdigkeit des Antragstellers gewährt. Man spricht von **Blankokrediten**. In diesen Fällen wird vom Kreditnehmer eine Haftung mit seinem Gesamtvermögen (Geschäfts- und Privatvermögen) verlangt. Weitere Sicherheiten werden nicht gefordert.

In vielen Fällen verlangt das Kreditinstitut aber zusätzliche Sicherheiten **(gesicherte Kredite)**.

Einteilung wichtiger Kreditsicherheiten

Personalkredit	**Sachkredit**
Zusätzliche Sicherheit durch Haftung weiterer Personen ▪ Bürgschaft ▪ Zession	Zusätzliche Sicherheit durch Verwertungsrechte an Sachen ▪ Sicherungsübereignung ▪ Pfandrechte, insbesondere Grundschuld

1.6.3.2 Bürgschaft

Ein Bürgschaftskredit ist ein **Personalkredit**, der zusätzlich durch eine Bürgschaft gesichert ist.

BGB §§ 765 ff

Bürgschaft ist ein Vertrag durch den sich der Bürge verpflichtet, dem Kreditgeber gegenüber für die Erfüllung der Zahlungspflicht des Schuldners einzustehen.

Der Bürgschaftsvertrag muss grundsätzlich schriftlich abgeschlossen werden. Eine Ausnahme gilt für Kaufleute, die im Rahmen ihres Geschäftsbetriebes auch mündlich bürgen können. Kreditinstitute schließen Bürgschaftsverträge immer schriftlich ab.

Die Bürgschaft setzt voraus, dass eine Hauptschuld besteht, sie ist an die Schuld gebunden **(akzessorische Sicherheit)**.

Ein Bürgschaftsverhältnis

- **entsteht** mit Entstehung der Hauptschuld und
- **endet** mit deren Rückzahlung.
- Die **Höhe** der Schuld des Bürgen richtet sich nach der Höhe der Hauptschuld. Der Bürge kann aber auch alle
- **Einreden** (Einwendungen), die der Hauptschuldner vorbringen könnte, geltend machen.

BEISPIEL

Die Hauptschuld ist bereits verjährt. Damit hat sowohl der Hauptschuldner als auch der Bürge das Recht der „Einrede der Verjährung".

Der Kreditgeber hat aufgrund des Bürgschaftsvertrages zwei Schuldner, die er zur Zahlung der Verbindlichkeit heranziehen kann.

Grundsätzlich gibt es zwei Grundformen der Bürgschaft, wobei nur die selbstschuldnerische Bürgschaft in der Praxis üblich ist.

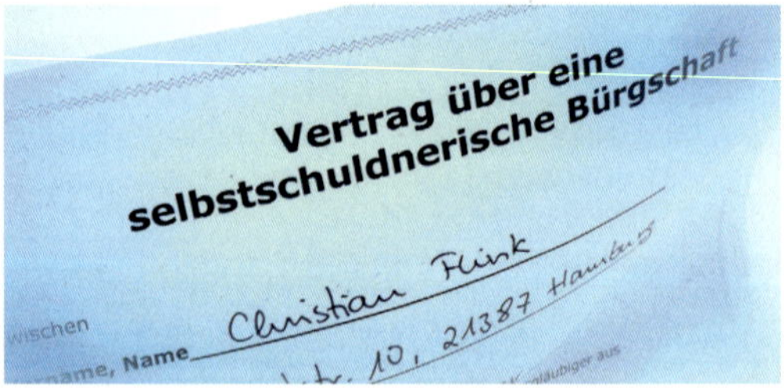

BGB § 773

Ausfallbürgschaft	Selbstschuldnerische Bürgschaft
Der Gläubiger kann den Bürgen nur zur Zahlung heranziehen, wenn er beweisen kann, dass er den Hauptschuldner erfolglos in Anspruch genommen hat. Als Nachweis gibt es nur eine erfolglose Zwangsvollstreckung in das Vermögen des Hauptschuldners. Der Bürge hat das Recht der Einrede der Vorausklage, d. h. solange nicht gegen den Hauptschuldner erfolgslos zwangsvollstreckt wurde, kann er diese Einrede geltend machen und muss die Schuld nicht begleichen. Kreditinstitute akzeptieren eine solche Bürgschaft grundsätzlich nicht.	Kreditinstitute verlangen eine selbstschuldnerische Bürgschaft. Der Bürge verzichtet dabei auf das Recht der Einrede der Vorausklage. Er ist sofort zur Zahlung verpflichtet, wenn der Hauptschuldner bei Fälligkeit die verbürgte Verbindlichkeit nicht zahlt. Der Gläubiger muss den Hauptschuldner nur erfolglos zur Zahlung aufgefordert haben.

Zahlt der Bürge an den Gläubiger geht die Forderung gegenüber dem Hauptschuldner auf den Bürgen über (gesetzlicher Forderungsübergang).

BGB § 774

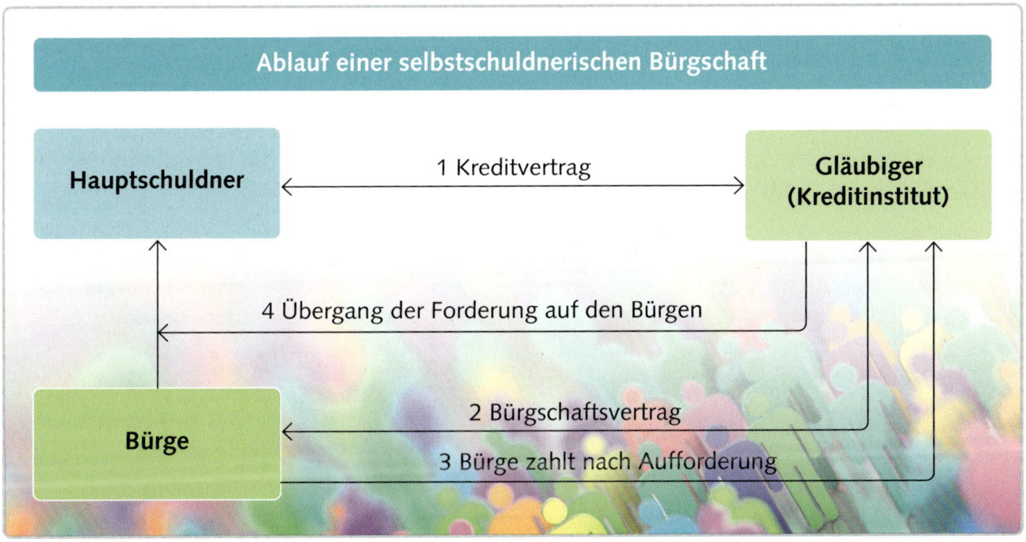

Beendigung des Bürgschaftsverhältnisses

Die Bürgschaft erlischt, wenn

- die Hauptverbindlichkeit erlischt,
- die Bürgschaft zeitlich befristet war, die Bürgschaftsfrist abgelaufen ist und der Gläubiger den Einzug der Forderung nicht unverzüglich betreibt,
- der Bürge von einem im Bürgschaftsvertrag vereinbarten Kündigungsrecht Gebrauch macht oder
- die Verbindlichkeit des Hauptschuldners ohne Zustimmung des Bürgen von einem Dritten übernommen wird (z. B. Geschäftsübernahme)

Bürgschaft erlischt nicht

- mit dem Tod des Bürgen (Nachlassverbindlichkeit) oder
- mit dem Tod des Hauptschuldners

1.6.3.3 Zession

BGB §§ 398 ff.

Durch einen **Forderungsabtretungsvertrag** (Zessionsvertrag) tritt der Kreditnehmer zur Sicherung von Bankkrediten seine Forderungen gegenüber einem Schuldner (= Dritter) sicherungsweise an das Kreditinstitut (oder einen anderen Kreditgeber) ab (zedieren). Der Schuldner der abgetretenen Forderung ist der Drittschuldner.

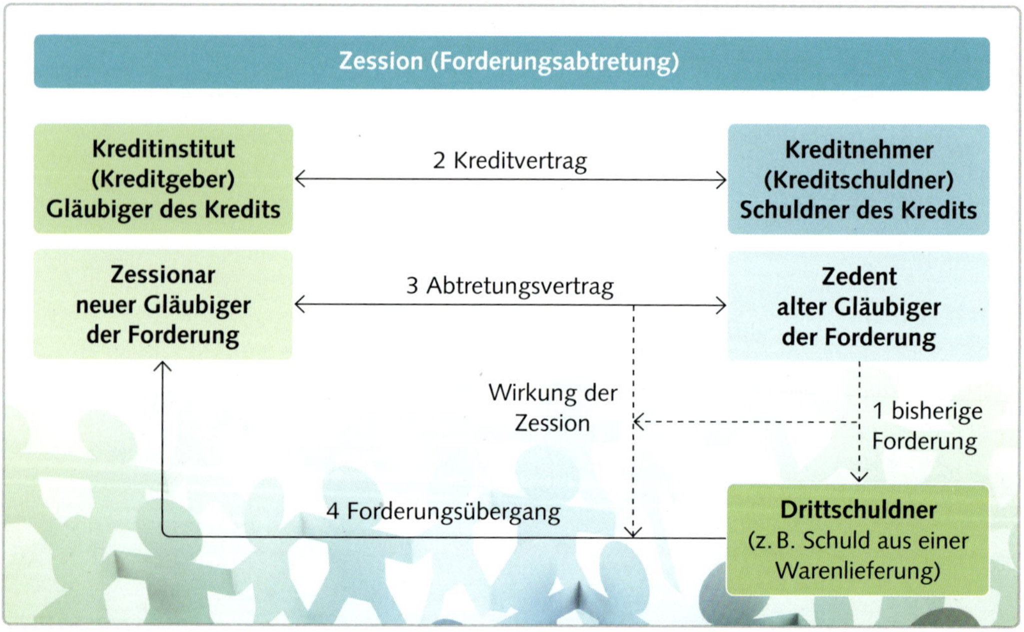

Die Abtretung erfolgt nur zur Sicherung der Ansprüche des Kreditinstituts gegenüber dem Kreditnehmer.

Das Kreditinstitut verfügt nach der Zession über zwei Forderungen:

- aus dem Kreditvertag
- aus dem Abtretungsvertrag

Das Kreditinstitut erlangt nur ein treuhänderisches (fiduziarisches) Eigentum. Das bedeutet, dass die Forderung nur eingezogen werden darf, wenn der Kreditnehmer seinen Verpflichtungen aus dem Kreditvertrag nicht nachkommt.

Arten der Zession

Stille Zession

In der Regel haben die Drittschuldner keine Kenntnis von der Abtretung. Die Zahlungseingänge erfolgen meist auf ein Konto bei der kreditgebenden Bank. Das Kreditinstitut hat dann ggf. direkten Zugriff auf die eingehenden Zahlungen, falls der Kredit nicht zurückgezahlt wird. Banken sichern sich zudem das Recht, die Zession auch offenlegen zu dürfen.

Offene Zession

Bei einer offenen Zession ist der Drittschuldner über die Forderungsabtretung informiert und kann nur noch an die Bank (Zessionar) mit schuldbefreiender Wirkung bezahlen.

Einzelzession

Hier wird nur eine bestimmte Forderung (z. B. Anspruch aus einer Lebensversicherung) an den Zessionar abgetreten. Eine Einzelabtretung kommt im Geschäftsleben selten vor. Bei Krediten an Privatpersonen dagegen werden Abtretungen von Forderungen aus einem Arbeitsverhältnis (Gehaltsforderung), Forderungen aus Lebensversicherungen oder Bausparguthaben als Kreditsicherung eingesetzt.

Kollektivzession

Unternehmen treten oft mehrere Forderungen zur Kreditsicherung ab. Höhe und Zusammensetzung der Forderungen ändern sich im Unternehmen aber ständig. Aus diesem Grund werden Zessionskredite der Kreditinstitute i. d. R. in der Form der Kollektivzession gewährt. Hierbei unterscheidet man zwischen Mantel- und Globalzession.

Formen der Kollektivzession	
Mantelzession	**Globalzession**
Der Zedent tritt alle Forderungen ab, die auf einer Debitorenliste (Forderungsliste) aufgeführt sind. Da diese Forderungen aber nach Zahlung durch die Kunden nicht mehr bestehen, wird vereinbart, dass die Debitorenliste in regelmäßigen Abständen ergänzt wird, um die vereinbarte Gesamthöhe zu erreichen. Mit Einreichung der Liste gelten die Forderungen als abgetreten.	Der Zendent tritt nur Forderungen bestimmter Kundengruppen an den Zessionar ab. **Beispiel:** Forderungen der Kunden mit den Anfangsbuchstaben A bis G. Es werden dadurch Forderungen dieser Kundengruppe vom Zeitpunkt ihrer Entstehung ab an das Kreditinstitut abgetreten, also im Voraus.

1.6.3.4 Sicherungsübereignung

Bei der **Sicherungsübereignung** überträgt der Schuldner Eigentum an beweglichen Gegenständen zur Sicherung einer Forderung. Der Schuldner bleibt jedoch Besitzer der Gegenstände und kann diese vertragsgerecht nutzen.

Der Sicherungsübereignungskredit ist ein Realkredit. Die Schuld wird nicht durch eine Person, wie z. B. bei der Bürgschaft, sondern durch eine Sache gesichert.

Die Sicherungsübereignung ist nicht ausdrücklich im Gesetz geregelt. Sie ist jedoch durch die Rechtsprechung als Gewohnheitsrecht anerkannt.

Bei beweglichen Sachen erfolgt die Eigentumsübertragung durch Einigung und Übergabe der Sache. Bei einer Sicherungsübereignung findet jedoch keine Übergabe statt. Stattdessen einigen sich Schuldner und Gläubiger darüber, dass die Sache beim Schuldner bleibt (Besitzkonstitut) und dieser die Sache nutzen darf. Der Schuldner ist nur mittelbarer Besitzer, der Gläubiger ist Eigentümer. Übereignet werden meist Maschinen, Kraftfahrzeuge oder Warenlager. Es ist nicht Zweck ein unbedingtes Eigentumsrecht wie z. B. beim Kauf zu verschaffen. Die Übereignung erfolgt nur sicherungshalber. Der Kreditgeber darf die Sache nur veräußern, wenn der Kredit nicht vertragsgerecht bedient wird. Nach Rückzahlung des Kredits geht das Eigentum wieder an den Schuldner zurück.

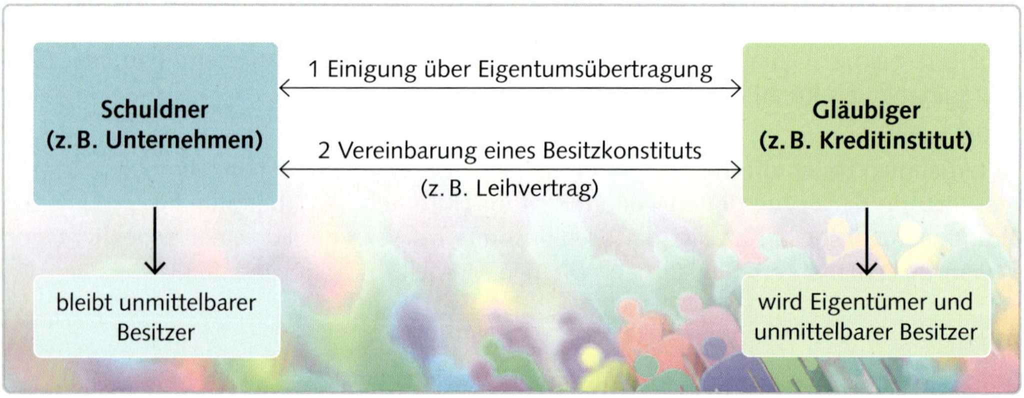

Inhalt des Sicherungsübereignungsvertrages
▪ detaillierte Beschreibung des Sicherungsgutes ▪ Sicherungsabrede: Herausgabeanspruch des Eigentümers (Gläubiger) nur bei Nichterfüllung des Kreditvertrages ▪ Pflicht des Schuldners zum sorgsamen und vereinbarten Umgang mit dem Sicherungsgegenstand ▪ Pflicht des Schuldners zur Versicherung des Gegenstandes (z. B. Vollkaskoversicherung bei Kraftfahrzeugen)

Wirkung der Übereignung

- Eigentümer (Gläubiger) kann Dritten gegenüber seine Rechte uneingeschränkt geltend machen
- Eigentümerrechte sind im Innenverhältnis (Verhältnis Kreditnehmer und Kreditnehmer) aufgrund der Sicherungsabrede beschränkt.

Verwertung des Sicherungsgutes

Gemäß der Sicherungsabrede hat der Gläubiger nur einen Herausgabe- und Verwertungsanspruch, wenn der Schuldner seine Kreditverpflichtungen nicht erfüllt. Die Verwertung kann durch freihändigen Verkauf erfolgen.

Sicherungsübereignung	
Vorteile	**Nachteile**
■ Der Kreditnehmer kann das Sicherungsgut weiter nutzen. ■ Die Sicherungsübereignung wird nach außen nicht sichtbar. ■ Der Kreditgeber ist Eigentümer und kann bei Gefahr die Herausgabe des Sicherungsgegenstandes verlangen und diesen einfach verwerten.	■ Der Kreditnehmer darf nicht frei über das Sicherungsgut verfügen (z. B. kein Verkauf). ■ Der Schuldner muss den Gegenstand versichern. ■ Für den Kreditgeber besteht die Gefahr, dass der Gegenstand bereits sicherungsübereignet ist oder ein Eigentumsvorbehalt besteht. Es könnten auch Rechte eines Vermieters (Vermieterpfandrechte) der Herausgabe entgegenstehen. Gegenstände die fest in ein Gebäude eingebaut wurden werden Bestandteil des Gebäudes und entziehen sich dem Zugriff des Eigentümers.

Eine Alternative bei der Absicherung durch bewegliche Sachen wäre die Verpfändung der Sache.

Abgrenzung zur Verpfändung	
Verpfändung	**Sicherungsübereignung**
■ Gegenstände werden übergeben ■ Gläubiger wird Besitzer (Verwahrpflicht) ■ Schuldner bleibt Eigentümer ■ Verwertung des Sicherungsgutes i. d. R. nur durch öffentliche Versteigerung.	■ Gegenstände werden treuhänderisch übereignet ■ Gläubiger wird treuhänderischer Eigentümer und unmittelbarer Besitzer ■ Schuldner bleibt mittelbarer Besitzer ■ Verwertung des Sicherungsgutes durch freihändigen Verkauf

1.6.3.5 Grundschuld

Eine **Grundschuld** ist ein Pfandrecht an einem Grundstück. Der Schuldner räumt dem Gläubiger ein Verwertungsrecht an einem Grundstück ein.

Ein durch eine Grundschuld abgesicherter Realkredit wird als **Grundschuldkredit** bezeichnet.

Wesen der Grundschuld

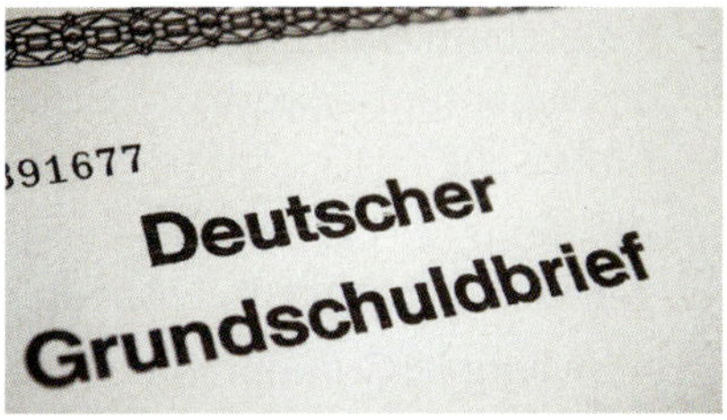

© lilo – stock.adobe.com

Die Grundschuld ist ein abstraktes Recht, d. h. das Recht besteht unabhängig von einem Grundgeschäft. Es besteht also kein zwingender Zusammenhang mit einem Darlehen. Der Kreditnehmer haftet nicht persönlich, sondern nur mit seinem Grundstück (dingliche Sicherung). Die persönliche Haftung wird in einem gesonderten Vertrag (Kreditvertrag) vereinbart. Grundschuldkredite sind langfristige Kredite. Darum ist eine Absicherung, die möglichst unabhängig von persönlichen Verhältnissen ist, sinnvoll.

Die Besonderheit dieses Pfandrechts besteht darin, dass eine Übergabe bei unbeweglichen Sachen nicht möglich ist. Die Übergabe wird durch den Eintrag in das Grundbuch ersetzt. Das Grundbuch ist ein öffentliches Register. Ohne Eintrag in dieses Register entsteht kein Recht an dem Grundstück (Grundpfandrecht). Grundpfandrechte erlöschen auch nur durch Löschung im Grundbuch.

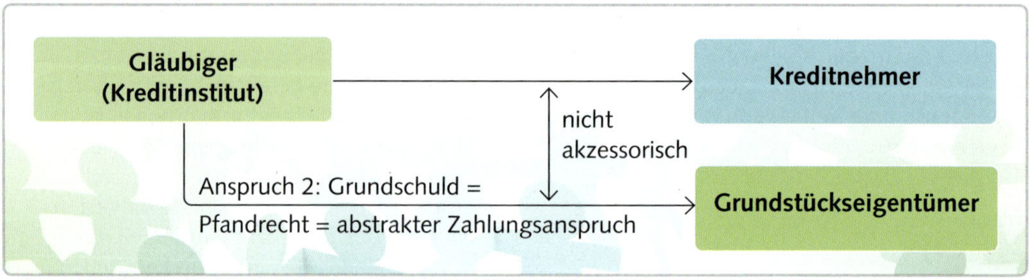

Grundstück und Grundbuch

Ein **Grundstück (Flurstück)** ist vermessungstechnischer Teil der Erdoberfläche. Zu dem Grundstück gehören auch Sachen, die fest mit dem Grundstück **verbunden** sind (insbesondere Gebäude),

Erzeugnisse des Grundstücks (z. B. Kies, Pflanzen) und

Zubehör eines Grundstücks (z. B. landwirtschaftliche Geräte).

Grundschulden belasten Grundstücke einschließlich der mit dem Grundstück fest verbundenen Sachen, Erzeugnisse und des Zubehörs des Grundstücks.

Das **Grundbuch** ist ein öffentliches Verzeichnis beim Amtsgericht (Grundbuchamt) in dem alle Grundstücke eines Bezirks bzw. einer Gemeinde eingetragen sind.

Inhalt des Grundbuches:

- Aufschrift (Amtsgericht, Grundbuchbezirk)
- Bestandsverzeichnis (Gemarkung, Art und Größe eines Grundstückes)
- Abteilung 1: Eigentümer, Eigentumsverhältnisse (z. B. Alleineigentum oder gemeinschaftliches Eigentum), Grundlage des Eigentumserwerbs (z. B. Erbschein, Auflassung)
- Abteilung 2: Lasten und Beschränkungen (z. B. Wohnrecht, Erbbaurecht, Auflassungsvormerkung, Wegerecht)
- Abteilung 3: Grundpfandrechte (z. B. Hypothek, Grundschuld)

Die Rangfolge der Eintragungen entscheidet über die Reihenfolge der Befriedigungsansprüche aus dem Grundstück.

BEISPIEL

Im Grundbuch sind in Abteilung 3 folgende Rechte eingetragen:

1.	15.02.20xx	Grundschuld zugunsten Europabank AG	100.000,00 €
2.	22.04.20xx	Grundschuld zugunsten Sparkasse	50.000,00 €
3.	10.10.20xx	Grundschulde zugunsten Volksbank	70.000,00 €

Bei einer Zwangsversteigerung wurde für dieses Grundstück ein Erlös von 130.000,00 € erzielt.

Ergebnis:

1.	Rang (Europabank) erhält	100.000,00 €
2.	Rang (Sparkasse) erhält	30.000,00 €
3.	Rang (Volksbank) erhält	0,00 €

Entstehung, Arten, Übertragung und Erlöschen der Grundschuld

Entstehung der Grundschuld

BGB § 873

- Einigung über die Belastung des Grundstücks
- Eintrag im Grundbuch
- Haftung des Grundstückseigentümers: Der Eigentümer haftet nicht persönlich, sondern mit dem Grundstück (dingliche Haftung).

Arten der Grundschuld

- **Buchgrundschuld:** Sie entsteht durch Einigung und Eintrag im Grundbuch.
- **Briefgrundschuld:** Zusätzlich wird noch eine Urkunde **(Grundschuldbrief)** ausgestellt.
- **Fremdgrundschuld:** Berechtigter aus der Grundschuld ist nicht der Eigentümer, sondern ein Dritter (z. B. Kreditinstitut).
- **Eigentümergrundschuld:** Berechtigter aus dem Pfandrecht ist der Eigentümer selbst. Dadurch sichert sich der Eigentümer einen guten Rang (z. B. Rang 1). Besteht eine Eigentümerbriefgrundschuld, kann der Eigentümer bei Kreditbedarf durch Abtretung oder Verpfändung die Grundschuld zur schnellen Geldbeschaffung einsetzen.

BGB §§ 1192 u. 1154

Übertragung der Grundschuld

- Buchgrundschuld: Die Übertragung erfordert eine Abtretungserklärung des Grundschuldgläubigers in notariell beglaubigter Form und die Umschreibung im Grundbuch auf den neuen Berechtigten.
- Briefgrundschuld: Zur Übertragung genügt die Übergabe des Grundschuldbriefes mit einer Abtretungserklärung an den neuen Gläubiger. Die Übertragung kann, muss aber nicht, später im Grundbuch eingetragen werden.

Erlöschen der Grundschuld

Der Schuldner kann nach Tilgung seiner Schuld vom Gläubiger eine Löschungsbewilligung verlangen. Mit dieser Bewilligung kann er beim Grundbuchamt die Löschung veranlassen.
Einem nachrangigen Gläubiger steht ein gesetzlicher Löschungsanspruch zu, wenn er dadurch in der Rangfolge aufsteigen kann.

Zusammenfassung und Lernkontrolle

Zusammenfassung

- **Kredite:** Beschaffung von Fremdkapital als
  - **Darlehen:** Das Darlehen wird einmalig ausgezahlt, die Rückzahlung erfolgt in Form
    - ✓ des Festdarlehens,
    - ✓ von Ratendarlehen oder
    - ✓ des Annuitätendarlehens
  - **Kontokorrentkredit:** Der Kontokorrentkredit entsteht durch Einräumung eines Limits, in dessen Höhe das Zahlungsverkehrskonto im Soll geführt werden kann. Der Kredit kann auch nach Rückzahlung oder Teilrückzahlung immer wieder in Anspruch genommen werden.
- **Kreditsicherheiten:**
  - **Blankokredit: Sicherheit besteht in der Person des Kreditnehmers**
  - **Personalkredit: Sicherheit durch Mithaftung zusätzlicher Personen als**
    - ✓ Bürgschaft: Haftung einer weiteren Person
    - ✓ Zession: Abtretung von Forderungsrechten gegenüber einem Dritten
  - **Sachkredit: Sicherheit durch Sachen**
    - ✓ Sicherungsübereignung: Übertragung von Eigentum an beweglichen Sachen auf den Kreditgeber
    - ✓ Grundschuld: Pfandrecht an einem Grundstück

Lernkontrolle

Aufgabe 1

Erläutern Sie je zwei Vor- und Nachteile der Fremdfinanzierung (Darlehensfinanzierung).

Aufgabe 2

Welche Merkmale weist ein Darlehen auf?

Aufgabe 3

Unterscheiden Sie Raten- und Annuitätendarlehen.

Aufgabe 4

Unterscheiden Sie Darlehen und Kontokorrentkredit.

Aufgabe 5

Erstellen Sie einen Tilgungsplan für die ersten 5 Jahre für ein Raten- und ein Annuitätendarlehen über 150.000,00 €. Annahmen: Zinssatz 5 %, Laufzeit 8 Jahre, Annuität beim Annuitätendarlehen 23.208,22 €.

Aufgabe 6

Zur Finanzierung einer Investition werden zwei Angebote von Kreditinstituten eingeholt.

- Kreditinstitut A: fünfjähriges Darlehen, Nominalzins 4 %, Auszahlung 98 %
- Kreditinstitut B: Laufzeit 5 Jahre, Nominalzins 3,51 %, Auszahlung 96 %

Prüfen Sie, welches Angebot effektiv günstiger ist.

Aufgabe 7

Einzelkaufmann Müller will einen Kredit bei seiner Hausbank aufnehmen. Sein alter Freund Meier ist bereit für Müller zu bürgen.

Beschreiben Sie zwischen wem der Kredit- und der Bürgschaftsvertrag zustande kommt und welche Form der Bürgschaft die Hausbank verlangen wird (mit Begründung).

Aufgabe 8

Für die Außendienstmitarbeiter der Brauer KG sollen Firmenwagen beschafft werden. Als Sicherheit bietet die KG ihrem Kreditinstitut diese PKWs an. Mit welcher Vereinbarung könnten die Autos als Sicherheit dienen.

Aufgabe 9

Nennen und begründen Sie an drei Beispielen Gefahren der Sicherungsübereignung für den Kreditgeber.

Aufgabe 10

Beschreiben Sie die wichtigsten Informationen, die das Grundbuch enthält.

Aufgabe 11

Herr Meier bürgt für seinen Geschäftsfreund Müller und hat in einem Bürgschaftsvertrag auf die Einrede der Vorausklage verzichtet. Das Kreditinstitut verlangt von ihm eine Zahlung für die Schuld von Müller. Meier zahlt nicht und begründet dies damit, dass Müller Vermögen in Deutschland und der Schweiz hätte.

Aufgabe 12

Allgemein wird ein Grundstück als beste Kreditsicherheit dargestellt. Beschreiben Sie welche Risiken für den Kreditnehmer trotzdem bestehen.

2 Öffentliche Unternehmen

2.1 Begriff und Einteilung

Öffentliche Unternehmen (Staatsunternehmen) sind öffentlich-rechtlich oder privatrechtlich organisierte Unternehmen im mehrheitlichen oder vollen Eigentum des Staates oder seiner Untergliederungen.

In welcher Rechtsform die öffentlichen Unternehmen gegründet werden unterliegt der Freiheit den internen Verwaltungsaufbau wählen zu können (Organisationshoheit). Öffentliche Unternehmen werden von der öffentlichen Hand betrieben. Zweck dieser Unternehmen ist die Erfüllung öffentlicher Aufgaben, sie sind für die Allgemeinheit tätig. Als Unternehmen gilt, wer sich im geschäftlichen Verkehr, also wirtschaftlich betätigt. Öffentliche Unternehmen sind daher Einrichtungen der öffentlichen Hand, die zur Leistungserstellung betriebswirtschaftlich organisiert sind.

Zur Unterscheidung der verschiedenen Formen öffentlicher Unternehmen können verschiedene Kriterien herangezogen werden:

rechtliche Selbstständigkeit
Rechtliche Selbstständigkeit erfordert die Rechtsfähigkeit. Rechtsfähige öffentliche Einrichtungen sind in der Lage im eigenen Namen Verträge rechtskräftig schließen zu können. Sie können in ihrem Namen klagen, verklagt werden und Verpflichtungen eingehen. Rechtlich unselbstständige Einrichtungen können nicht im eigenen Namen handeln, sie handeln im Auftrag der Behörde.

BEISPIELE

rechtlich selbstständig: juristische Personen des öffentlichen Rechts
rechtliche unselbstständig: Anstalten ohne Rechtspersönlichkeit

organisatorische Selbstständigkeit
Merkmale einer organisatorischen Selbstständigkeit sind:

- eigene Organe

  BEISPIEL

  Organisatorisch selbständig ist eine AG. Sie hat die Organe Vorstand, Aufsichtsrat und Hauptversammlung.
  Regiebetriebe einer Kommune sind organisatorisch unselbstständig, sie haben keine eigenen Organe.

- eigenes Personal und eigenes Vermögen
- In rechtlich organisatorisch unselbstständigen Einrichtungen ist die Gemeinde für die Einstellung und Entlassung des Personals sowie für die Betriebsmittelbeschaffung zuständig. Ist die Einheit organisatorisch selbstständig, obliegen diese Tätigkeiten dem Geschäftsführer bzw. Vorstand.

- Befreiung vom öffentlichen Dienstrecht
- Tarifbestimmungen und andere Vorschriften des öffentlichen Dienstes (z. B. Kündigungsschutz) sind aus der Sicht des Arbeitgebers für einen flexiblen Personaleinsatz eher hinderlich
- eigene Organisationsstruktur
- Organisatorisch selbstständige Einheiten können ihren organisatorischen Aufbau selbst festlegen.
- Möglichkeit zur Beteiligung privaten Kapitals

finanzwirtschaftliche Selbstständigkeit
Merkmale finanzwirtschaftlicher Selbstständigkeit sind:

- eigene Kassen- und Kreditwirtschaft
  Bei finanzwirtschaftlich selbstständigen Einrichtungen erfolgen die Ein- und Auszahlungen nicht über die zentrale Gemeindekasse, Kredite werden nicht von der Gemeinde aufgenommen.
- eigene Buchführung und eigener Jahresabschluss
- Nettobetrieb

  Bei einem **Nettobetrieb** erscheint nur das Ergebnis im Haushaltsplan der Gemeinde. **Bruttobetriebe** werden detailliert im Haushaltsplan erfasst.
- eigene Pläne
  Finanzwirtschaftliche Selbstständigkeit bedeutet, dass nicht der Haushaltsplan der Gemeinde, sondern der einrichtungsspezifische Wirtschafts- und Finanzplan Grundlage wirtschaftlichen Handelns der Einrichtung ist.
- Befreiung vom Vergaberecht
  Im Vergaberecht ist die Vorgehensweise beim Kauf von Gütern und Leistungen vorgeschrieben (z. B. Anwendung öffentlicher Ausschreibungen). Bestimmte Einrichtungen sind von der Anwendung des Vergaberechts wenigstens teilweise befreit.

gemeinwirtschaftliche oder erwerbswirtschaftliche Zieldominanz
Erwerbswirtschaftliche Betriebe arbeiten nach dem Gewinnprinzip und streben einen maximalen Gewinn an. Unternehmen mit hauptsächlich gemeinwirtschaftlicher Zielsetzung haben als Hauptziel die Bevölkerung mit bestimmten Gütern und Leistungen zu versorgen. Sie streben nicht nach Gewinnerzielung, sondern nach weitgehender Kostendeckung.

BEISPIEL

Städtische Wasserwerke haben das Ziel, die Stadt möglichst kostendeckend mit Wasser zu versorgen.

öffentlich- oder privatrechtliche Rechtsform
Grundsätzlich stehen den Verwaltungen die Handlungsformen des öffentlichen Rechts und des privaten Rechts zur Verfügung. Wenn eine Einrichtung dem öffentlichen Recht unterliegt, handelt die Einrichtung als öffentliche Gewalt und unterliegt nicht den Vorschriften des Privatrechts, das die Rechtsverhältnisse der Privatrechtssubjekte regelt. Für öffentlich-

2.3 Juristische Personen des öffentlichen Rechts

2.3.1 Gemeinsamkeiten

Zu juristische Personen d. ö. R. siehe auch LF 2

Juristische Personen d. ö. R. verfügen über eine eigene Rechtspersönlichkeit und sind organisatorisch und finanzwirtschaftlich verselbstständigte Einheiten (Nettobetriebe). Sie zählen zu den öffentlichen Betrieben nur dann, wenn sie Leistungen erstellen, die am Markt gehandelt werden. Sie stehen unter Rechtsaufsicht einer übergeordneten Verwaltung.

2.3.2 Rechtsfähige Anstalten des öffentlichen Rechts

Unter einer Anstalt d. ö. R. versteht man einen Verwaltungsträger, der einen Bestand von persönlichen und sächlichen Mitteln mit einem bestimmten Ziel oder Zweck verwaltet. Die Anstalt hat Benutzer. Die Regeln für die Benutzung werden meist in einer Anstalts- oder Benutzerordnung festgelegt. Die Anstalten werden von einem Vorstand geleitet und von einem Aufsichtsrat beaufsichtigt. Anstalten d. ö. R. werden auf Grundlage eines Gesetzes gegründet.

BEISPIELE

Rundfunkanstalten, Sparkassen, Deutsche Bundesbank, Deutscher Wetterdienst, Bundeskartellamt, Kraftfahrt-Bundesamt

2.3.3 Stiftungen des öffentlichen Rechts

Stiftungen d. ö. R. sind Verwaltungsträger, die ein Vermögen entsprechend der Zweckbestimmung verwalten. Gegründet werden sie durch einen formellen Stiftungsakt. Im Gegensatz zu Anstalten und Körperschaften, haben Stiftungen keine Benutzer und keine Mitglieder.

BEISPIELE

Stiftung preußischer Kulturbesitz, Stiftung Warentest, Deutsches Krebsforschungszentrum Heidelberg

2.3.4 Körperschaften des öffentlichen Rechts

Körperschaften d. ö. R. sind Verwaltungsträger, die auf der Grundlage von Mitgliedern gegründet werden. Körperschaften sind somit abhängig von einem Mitgliederbestand. I. d. R. haben die Mitglieder einer Körperschaft wesentliche Mitwirkungsrechte. Die Verwaltung der Körperschaft sowie die fachliche Aufsicht erfolgt durch Organe während die Rechtsaufsicht dem Staat obliegt.

Unterschieden wird zwischen Gebiets- und Personenkörperschaften.

- Gebietskörperschaften haben die Hoheitsgewalt über ein bestimmtes Gebiet (Beispiele: Bundesländer, Gemeinden). Mitglieder sind automatisch die im Gebiet lebenden Personen.
- Bei Personenkörperschaften hängt die Mitgliedschaft von der Erfüllung bestimmter Voraussetzungen ab. Meist sind das persönliche Merkmale, wie etwa Beruf oder spezielle Aufgabenstellungen (**Beispiele:** Handwerkskammer, Ärztekammer, Industrie- und Handelskammer, Berufsgenossenschaften, Bundesagentur für Arbeit).

2.4 Privatrechtliche Unternehmensformen

2.4.1 Eigengesellschaften mit gemeinwirtschaftlicher Zielsetzung

Die Eigengesellschaft wird als AG oder GmbH betrieben und ist vollständig selbstständig. Die Gesellschaft hat eine gemeinnützige Zielsetzung (z. B. Stadtwerke, Wohnungsbaugesellschaften). Träger (Gesellschafter) ist die öffentliche Hand, z. B. eine Kommune, ein Bundesland oder der Bund. Der Träger hält sämtliche Anteile und hat damit entscheidenden Einfluss auf die Besetzung der Organe. Der Träger trifft somit letztendlich die Entscheidungen über die Unternehmensziele.

2.4.2 Öffentliche Erwerbsunternehmen

Für die öffentlichen Erwerbsunternehmen treffen die Merkmale der Eigengesellschaften ebenfalls zu. Der Unterschied besteht jedoch darin, dass sie echte Erwerbsunternehmen sind und somit nach den Grundsätzen des ökonomischen Prinzips wie ein Privatunternehmen agieren. Öffentliche Erwerbsunternehmen unterscheiden sich letztendlich von Privatunternehmen nur durch die Eigentumsverhältnisse, sie gehören der öffentlichen Hand.

2.4.3 Gemischtwirtschaftliche Unternehmen

Gemischtwirtschaftliche Unternehmen entstehen durch Beteiligung der öffentlichen Hand an Privatunternehmen. Oft ist die öffentliche Hand Mehrheitseigner und hat damit großen Einfluss auf die Geschäftsführung.

Zusammenfassung und Lernkontrolle

Zusammenfassung

- **Öffentliche Unternehmen** sind Unternehmen die mehrheitlich oder vollständig im Eigentum des Staates sind.
- Unternehmen in **öffentlich-rechtlicher Rechtsform:**
  - Anstalten ohne Rechtspersönlichkeit
  - Regiebetriebe
  - Eigenbetriebe
  - Juristische Personen des öffentlichen Rechts:
    - ✓ Anstalten d. ö. R.
    - ✓ Stiftungen d. ö. R.
    - ✓ Körperschaften d. ö. R.
- Unternehmen in **privatrechtlicher Unternehmensform**, meist als GmbH oder AG:
  - Eigengesellschaften mit gemeinwirtschaftlicher Zielsetzung
  - Öffentliche Erwerbsunternehmen
  - gemischtwirtschaftliche Unternehmen

Lernkontrolle

Aufgabe 1

Welche drei grundsätzlichen Typen öffentlicher Betriebe gibt es?

Aufgabe 2

Unterscheiden Sie Regiebetriebe (in Reinform), Eigenbetriebe und Eigengesellschaften.

Aufgabe 3

Beschreiben Sie die Unterschiede zwischen privatwirtschaftlichen und öffentlich-rechtlichen Unternehmensformen.

Lernfeld 14: Staatliches Handeln in nationale und internationale wirtschaftliche Zusammenhänge einordnen

G

1 Unternehmen im Wirtschaftskreislauf

1.1 Einfacher Wirtschaftskreislauf

Um das Wirtschaftsgeschehen in einer Volkswirtschaft überschaubar darzustellen und verständlich zu machen, bedient man sich einer vereinfachten Darstellung, eines Modells. Im Kreislaufmodell werden alle handelnden Wirtschaftssubjekte zu jeweils einer Gruppe (Sektor) zusammengefasst und die Beziehungen innerhalb einer Gruppe werden vernachlässigt.

Im Modell des einfachen Wirtschaftskreislaufs werden die Beziehungen zwischen den privaten Haushalten und den Unternehmen als Kreislauf dargestellt. Die Haushalte stellen den Unternehmen die Produktionsfaktoren Arbeit, Boden und Kapital zur Verfügung (Produktivgüterstrom).

BEISPIEL

- Heike Maler arbeitet in einem mittelständischen Betrieb. Sie stellt ihre **Arbeitskraft** zur Verfügung.
- Berta Blume hat ihr geerbtes Haus der Kanzlei Mahler und Mahler verpachtet, die in diesem Gebäude ihre Kanzlei betreibt. Frau Blume stellt den Produktionsfaktor **Boden** zur Verfügung.
- Paul Klein legt sein Geld in Aktien einer AG an. Er stellt **Kapital** zur Verfügung

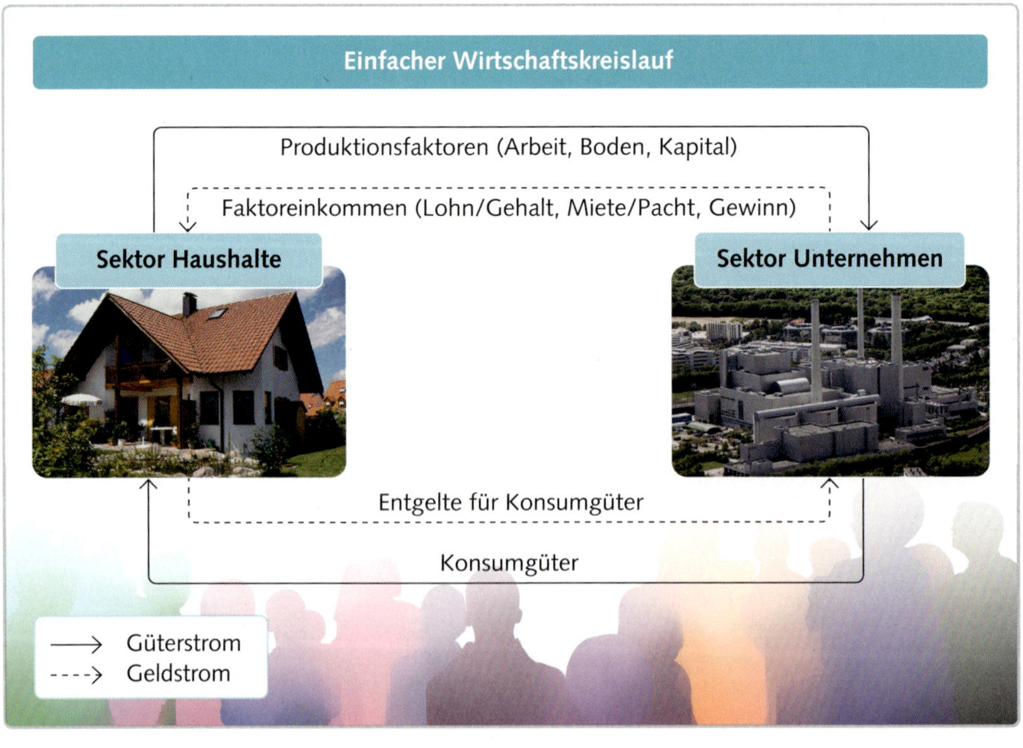

Ziel der Produktion in einer Volkswirtschaft ist letztendlich die Versorgung mit Konsumgütern, die anschließend an die Haushalte verkauft werden.

Der **Produktivgüterstrom** zeigt den Fluss der von den Haushalten den Unternehmen zur Verfügung gestellten **Produktionsfaktoren** (Strom vom Sektor Haushalt zum Sektor Unternehmen).
Der **Konsumgüterstrom** fließt entgegengesetzt vom Sektor Unternehmen zum Sektor Haushalte.
Produktivgüterstrom und Konsumgüterstrom sind **Güterströme**.

Die Haushalte erhalten von den Unternehmen Entgelte für die Produktionsfaktoren (Faktoreinkommen), die sie den Unternehmen zur Verfügung stellen. Es entsteht ein Geldstrom vom Sektor Unternehmen zum Sektor Haushalte.

Modellannahmen

In diesem einfachen Modell eines Wirtschaftskreislaufs stehen den Geldströmen die Güterströme gegenüber. Die Güter- und Geldströme laufen gegeneinander und entsprechen sich wertmäßig. Vereinfacht reicht es aus, die Beziehungen zwischen den Sektoren daher nur durch die Geldströme darzustellen.

Das Modell unterstellt, dass die Haushalte ihr gesamtes Einkommen konsumieren, also nicht sparen. Andere Sektoren wie der Staat oder das Ausland werden nicht berücksichtigt, sodass das Brutto- dem Nettoeinkommen entspricht und kein Geld aus dem Kreislauf der Volkswirtschaft abfließt. In diesem Modell besteht zwischen der Produktion von Gütern und deren Konsum keine Zeitspanne.

1.2 Erweiterter Wirtschaftskreislauf

Das Modell des einfachen Wirtschaftskreislaufs kann durch weitere Sektoren erweitert werden, wodurch einschränkende Modellprämissen (Sparen = 0, Steuern = 0, Abfluss ins Ausland = 0) aufgegeben werden und das Modell näher an die Wirklichkeit angepasst wird.

Banken im „evolutorischen" Wirtschaftskreislauf

Im einfachen Modell wird angenommen, dass nicht gespart werden kann und die Haushalte ihr gesamtes Einkommen für den Konsum ausgeben müssen. Damit wird unterstellt, dass die Haushalte nicht auf Konsum verzichten. Wenn ein Teil der Einnahmen gespart wird, bedeutet dies für die Haushalte, dass sie auf Konsum verzichten.

Sparen bedeutet **Konsumverzicht**, da nicht das gesamte Einkommen für Konsumzwecke verwendet wird. Ein Teil wird zurückgelegt und kann dann ggf. später für größere Anschaffungen verwendet werden.

Zur Berücksichtigung des Sparens kann ein eigener Sektor eingeführt werden, der als Kapitalsammelstelle fungiert. Dieser Sektor wird häufig als „Sektor Banken" bezeichnet. Da Kreditinstitute (Banken) eigentlich auch Unternehmen sind, ist diese Darstellung nur ein Hilfsmittel zum Verständnis des Wirtschaftsgeschehens und unterstellt nicht, dass Banken keine Unternehmen seien.

Wenn in einer Volkswirtschaft nicht gespart wird, ist kein Geld für Investitionen vorhanden, das Einkommen wird nur für den Konsum verwendet. Will eine Wirtschaft jedoch wachsen, müssen Investitionen stattfinden (evolutorische Volkswirtschaft). Dass eine Volkswirtschaft wachsen kann, setzt voraus, dass in dieser Volkswirtschaft gespart wird. In vereinfachter Darstellung kann Sparen und Investieren über den Sektor Banken dargestellt werden.

Staat im Wirtschaftskreislauf

Durch die Berücksichtigung des Sektors Staat wird der Tatsache Rechnung getragen, dass das Bruttoeinkommen nicht dem Nettoeinkommen entspricht. Konsumiert werden kann nur das verfügbare Einkommen. Neben dem Sparen wird der mögliche Konsum durch die Zahlung von Steuern und Abgaben (Sozialversicherung) verringert.

Das Modell stellt den Staat als Empfänger aller Steuern und Abgaben dar. Gleichzeitig kann gezeigt werden, dass der Staat nicht nur Einnahmen hat, sondern diese wieder über staatliche Zahlungen und Leistungen in den Wirtschaftskreislauf zurückfließen. Neben Zahlungen, die der Staat für erhaltene Gegenleistungen ausgibt, leistet der Staat auch Transferleistungen an Haushalte und Unternehmen (z. B. Arbeitslosengeld II, Kohlesubventionen).

Berücksichtigung des Auslandes im Wirtschaftskreislauf

In der Realität bilden moderne Volkswirtschaften keine Binnenwirtschaften, deren Wirtschaftsgeschehen nur auf dem nationalen Markt stattfindet (geschlossene Volkswirtschaft). Realistisch ist es, eine offene Volkswirtschaft in ihrer internationalen Verflechtung darzustellen. Annahmen der Modellerweiterung:

- Alle Ausfuhren von Gütern und Dienstleistungen werden als Exporte bezeichnet. Exporte bewirken einen Geldzufluss der inländischen Unternehmen.
- Alle Einfuhren von Gütern und Dienstleistungen werden als Importe bezeichnet. Importe führen zu einem Abfluss von Geldeinheiten in den Sektor Ausland.

Die Differenz zwischen den Exporten und Importen einer Volkswirtschaft wird als **Außenbeitrag** bezeichnet.

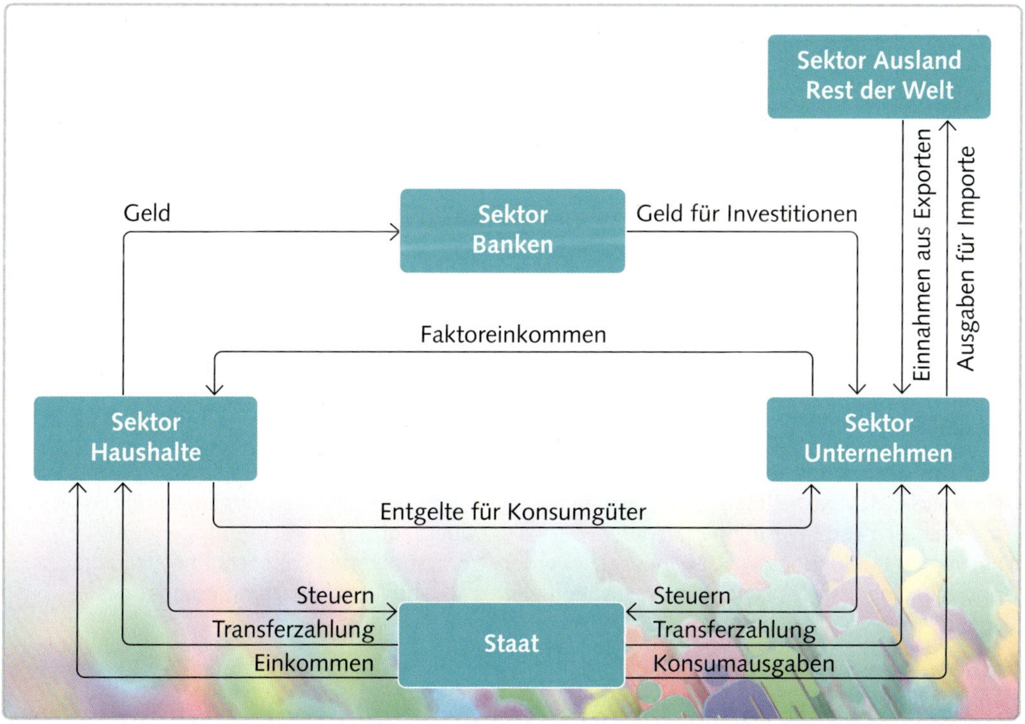

1.3 Bruttoinlandsprodukt

Als Maß zur Messung der wirtschaftlichen Leistung einer Volkswirtschaft dient das Bruttoinlandsprodukt (BIP). Die Veränderung des BIP gilt als Maßgröße für das Wachstum einer Volkswirtschaft.

- **Bruttoinlandsprodukt:**
  Das Bruttoinlandsprodukt (BIP) ist der Wert aller Waren (Sachgüter) und Dienstleistungen, der in einer bestimmten Periode im Inland produziert wird.
- **Reales und nominales Bruttoinlandsprodukt:**
  Das **nominale BIP** ist der am meisten verwendete Maßstab um die Leistungsfähigkeit und die Wertschöpfung unterschiedlicher Länder und Regionen zu vergleichen. Das nominale BIP berücksichtigt weder die Inflation noch die Deflation.

  Das **reale BIP** ist der Maßstab für die wirtschaftliche Entwicklung einer Volkswirtschaft unter Ausschaltung der Preissteigerungen. Diese Größe wird international als ein Maßstab für die wirtschaftliche Leistung und den Wohlstand einer Volkswirtschaft verwendet.
- **Wirtschaftswachstum:**
  Wirtschaftswachstum heißt Erhöhung des realen BIP

Das Bruttoinlandsprodukt (BIP) wird in Deutschland über die Entstehungs- und Verwendungsseite berechnet.

Entstehungsrechnung des BIP (Informationen werden von Unternehmen statistisch erfasst)

	in Mrd. Euro
Produktionswert	**4.776,123**
abzgl. Vorleistungen	2.454,428
= Bruttowertschöpfung	2.321,695
plus Gütersteuern abzgl. Subventionen	258,365
= Bruttoinlandsprodukt	**2.580,060**

Erläuterungen:

Produktionswerte: Produktionswerte sind die Werte aller produzierten Waren und Dienstleistungen.

Vorleistungen: Vorleistungen sind in der Wirtschaftswissenschaft die im Produktionsprozess verbrauchten, verarbeiteten oder umgewandelten Waren und Dienstleistungen. Sie unterscheiden sich von Investitionen dadurch, dass diese über mehrere Abrechnungsperioden hinweg im Produktionsprozess eingesetzt werden. Vorleistungen bei der Schuhherstellung sind z. B. eingekauftes Leder, eine Investition wäre z. B. eine Maschine zum Zuschnitt des Leders.

Gütersteuern: Steuern, deren Höhe vom Wert der produzierten Güter und Dienstleistungen abhängt, wie z. B. Tabak-, Mineralöl- oder Umsatzsteuer.

Verwendungsrechnung des BIP

	in Mrd. Euro
private Konsumausgaben	**1.446,274**
plus Konsumausgaben des Staates	493,336
plus Bruttoinvestitionen (einschl. Vorratsveränderungen)	506,347
plus Exporte	1.090,085
abzgl. Importe	955,982
= Bruttoinlandsprodukt	**2.580,060**

1.4 Wichtige statistische Größen zur Beurteilung der Wirtschaftskraft mit Hilfe des BIP

Mit Hilfe weiterer Rechengrößen bzw. Kennzahlen kann der wirtschaftliche Erfolg einer Volkswirtschaft noch detaillierter beurteilt werden.

Messzahl	Erklärung
Nettoinlandsprodukt = Bruttoinlandprodukt – Abschreibungen	Das Nettoinlandsprodukt (NIP) gibt den Wert, der im Inland definitiv neu zur Verfügung stehenden Gütermenge an.
Investitionsquote $= \frac{\text{Investitionen x 100}}{\text{Bruttoinlandsprodukt}}$	Die Investitionsquote gibt den prozentualen Anteil der getätigten Investitionen am Bruttoinlandsprodukt (BIP) wieder. Die Höhe der Quote entscheidet über das langfristige Wachstumspotenzial einer Volkswirtschaft.
Staatsquote $= \frac{\text{Staatsausgaben x 100}}{\text{Bruttoinlandsprodukt}}$	Staatsquote, auch als Staatsausgabenquote bezeichnet, gibt das Verhältnis der Staatsausgaben zum Bruttoinlandsprodukt an. Die Kennzahl dient als Maß für den Einfluss des Staates auf die Wirtschaft. Da die Staatsausgaben nicht nur den Staatsverbrauch und die staatlichen Investitionen, sondern auch Transferleistungen an private Haushalte und Unternehmen beinhalten, handelt es sich um eine „unechte Quote", die auch Werte größer als 100 % annehmen kann.

Zusammenfassung und Lernkontrolle

Zusammenfassung

Wirtschaftskreislauf

- Der Wirtschaftskreislauf veranschaulicht das Zusammenwirken der Wirtschaftssubjekte (Sektoren) einer Volkswirtschaft als Modell.
- Nur die Geldströme werden berücksichtigt.
- Der einfache Wirtschaftskreislauf berücksichtigt nur die Sektoren Haushalte und Unternehmen und stellt eine statische Wirtschaft dar, die nicht wachsen kann.
- Die Erweiterung des Kreislaufs um das Sparen (Sektor Bank) zeigt eine evolutorische Volkswirtschaft, in der Wachstum möglich ist. Sparen (Konsumverzicht) schafft die Grundlage für Investitionen.
- Weitere Realitätsnähe wird durch die Einbeziehung des Sektors Staat erreicht. Teile des Volkseinkommens werden vom Staat als Steuern einbehalten, der Staat leistet selbst Transferzahlungen und gibt Geld für Konsumgüter aus.
- Durch die Einbeziehung des Sektors Ausland wird eine offene Volkswirtschaft abgebildet, die Wirtschaftsbeziehungen mit anderen Ländern unterhält (Exporte, Importe).
- Messgröße für die wirtschaftliche Leistungsfähigkeit einer Volkswirtschaft ist das Bruttoinlandsprodukt (BIP).
- BIP = Wert aller Waren und Dienstleistungen, die in einer Volkswirtschaft innerhalb einer Periode (z. B. Jahr) erstellt wurden.
- Weitere Kennzahlen zur Bewertung der volkswirtschaftlichen Leistungsfähigkeit sind u. a. das Nettoinlandsprodukt, die Investitions- und die Staatsquote.

Lernkontrolle

Aufgabe 1

Beschreiben Sie den Güter- und Geldkreislauf eines einfachen Wirtschaftskreislaufs.

Aufgabe 2

Erklären Sie, warum auf die Darstellung des Güterkreislaufs verzichtet werden kann.

Aufgabe 3

Beschreiben Sie die Rolle der Kreditinstitute (Banken) innerhalb des erweiterten Wirtschaftskreislaufs.

Aufgabe 4

Berechnen Sie die Höhe der möglichen Investitionen in der folgenden Modellwirtschaft (ohne Staat und Ausland):

Faktoreinkommen: 1 000 Geldeinheiten, Konsumausgaben: 800 Geldeinheiten

Aufgabe 5

Erklären Sie die Bedeutung des volkswirtschaftlichen Sparens für das Wirtschaftswachstum einer Volkswirtschaft.

Aufgabe 6

Erläutern Sie, warum ein armes Entwicklungsland kaum in der Lage ist, ein Wirtschaftswachstum zu erzeugen. Machen Sie Vorschläge, wie dies auch mit Hilfe der Industrieländer überwunden werden könnte.

Aufgabe 7

Welche Folgen kann

a) ein Exportüberschuss oder

b) ein Importüberschuss für eine Volkswirtschaft haben?

Aufgabe 8

Erklären Sie die Berechnungsmethoden für das Bruttoinlandsprodukt.

Aufgabe 9

Erläutern Sie, warum bei der Entstehungsrechnung die Gütersteuern und Subventionen berücksichtigt werden.

Aufgabe 10

Beschreiben Sie, welche Rechengrößen für die Berechnung des BIP mit Hilfe der Verwendungsrechnung aus dem Wirtschaftskreislauf entnommen werden können.

Aufgabe 11

Erklären Sie die Bedeutung der Messgröße Nettoinlandsprodukt.

2 System der Sozialen Marktwirtschaft und ihre Ordnungselemente

2.1 Wirtschaftsordnung als Bestandteil der Gesellschaftsordnung

Kein Mensch kann völlig losgelöst von anderen Menschen existieren. Alle Menschen sind Teil einer Gemeinschaft, bestehend aus Familie, Freunden, Parteien, Vereinen, Betrieben u. a. Die umfassendste Gemeinschaft bildet die Gesellschaft eines Landes. Sie wird durch die Gesamtheit der Menschen gebildet, die in einem gemeinsamen Staatsgebiet miteinander verbunden sind.

Das Zusammenleben der Menschen in einer Gesellschaft erfordert eine allgemeine Ordnung. Diese Spielregeln müssen alle Gruppenmitglieder einhalten, um ein geordnetes Zusammenleben überhaupt möglich zu machen.

Die **Gesellschaftsordnung** umfasst die Gesamtheit aller Normen, Regeln und Institutionen, die das Zusammenleben von Menschen in einer Gesellschaft gestalten.

Die Gesellschaftsordnung ist nicht nur in der Verfassung und in Gesetzen festgelegt, sondern basiert auch auf Sitten, Brauchtümern und kulturellem Erbe. Die Gesellschaftsordnung besteht aus verschiedenen Teilordnungen:

- **Rechtsordnung:** Gesamtheit aller Rechtsvorschriften der Gesellschaft
- **Politische Ordnung:** Herrschafts- und Machtverhältnisse innerhalb einer Gesellschaft (z. B. demokratische Gesellschaft)
- **Sozialordnung:** Regeln für den Schutz der Benachteiligten und Schutz bei Krankheit, Arbeitslosigkeit u. Ä.
- **Wirtschaftsordnung:** Rahmenbedingungen für das wirtschaftliche Handeln der einzelnen Wirtschaftssubjekte

Die **Wirtschaftsordnung** ist ein Ausschnitt aus dem gesamten Ordnungsgefüge einer Gesellschaft. Sie wird durch die anderen Teilbereiche der Gesellschaftsordnung beeinflusst. Die Wirtschaftsordnung legt fest, in welcher Weise das Wirtschaftsgeschehen gesteuert, d. h. wie das wirtschaftliche Handeln der Wirtschaftssubjekte aufeinander abgestimmt wird.

Jede Volkswirtschaft hat die Aufgabe, den Bedarf der in ihr lebenden Menschen an Gütern und Dienstleistungen zu decken.

Jede Wirtschaftsordnung legt fest,
- **wer** darüber bestimmt,
- **welche Güter in welchen Mengen** produziert werden sollen,
- **wie die Güter produziert werden** sollen (Kombination der Produktionsfaktoren) und
- **an wen die Güter verteilt** werden sollen.

2.2 Grundtypen der Wirtschaftsordnung

Es gibt unterschiedliche Wege, wie das Versorgungs- und Verteilungsproblem der Güter in einer Volkswirtschaft gelöst werden soll. Die beiden Grundtypen einer Wirtschaftsordnung stellen die **Marktwirtschaft** und die **Zentralverwaltungswirtschaft** dar. In beiden Fällen handelt es sich um Modellvorstellungen einer reinen Form, die in der Realität nur als Mischformen vorkommen.

Wichtige Merkmale der Grundmodelle einer Wirtschaftsordnung

freie Marktwirtschaft	**Zentralverwaltungswirtschaft**
Alle Wirtschaftssubjekte planen und entscheiden selbstständig, ohne dass der Staat eingreift. Produzenten entscheiden, was sie produzieren wollen. Die Konsumenten entscheiden, was sie kaufen wollen.	Der Staat (zentrale Planungsstelle) plant die Produktion aller Güter (Art, Menge, Qualität). Alle Unternehmen müssen produzieren, was der Plan vorgibt. Die Konsumenten haben nur das geplante Angebot zur Verfügung.
Bausteine der freien Marktwirtschaft:	**Bausteine** der Zentralverwaltungswirtschaft
erwerbswirtschaftliches Prinzip: Jeder Marktteilnehmer strebt nach seinem höchstmöglichen Nutzen (Unternehmen: Gewinnmaximierung, Kostenminimierung – Haushalte: Nutzenmaximierung).	**Gesellschaftssystem:** Diese Wirtschaftsordnung verlangt ein Gesellschaftssystem, in dem das private Gewinnstreben und die Möglichkeit, andere Menschen für eigene unternehmerische Ziele anzustellen, nicht erlaubt sind.
freie Marktpreisbildung: Der Preis entsteht durch den Wettbewerb auf dem Markt, auf dem sich Angebot und Nachfrage gegenüberstehen. Der Marktpreis führt zum Ausgleich zwischen Angebot und Nachfrage.	**zentrale Planung:** Die Planung erfolgt durch den Staat. Es werden langfristige Pläne für 15–20 Jahre erstellt, die die gesamtwirtschaftlichen Entwicklungsziele vorgeben. In Fünfjahresplänen wird versucht, allen Wirtschaftsbereichen konkrete Ziele vorzugeben. Durch die Jahrespläne erhält jeder Betrieb genaue Produktionsziele, die einzuhalten sind. Die Preise werden ebenfalls festgesetzt, zeigen also nicht wie in der Marktwirtschaft die Knappheit der Güter an und bilden sich nicht aufgrund von Angebot und Nachfrage.
Wichtige Ordnungsmerkmale: ▪ Privateigentum ▪ Vertragsfreiheit ▪ Gewerbefreiheit ▪ Freie Berufs- und Arbeitsplatzwahl	Wichtige Ordnungsmerkmale: ▪ Gemeineigentum an Produktionsmitteln ▪ Betriebe werden staatlich verwaltet ▪ zentrale Planung und Lenkung von Produktion, Güterverteilung, Berufsausbildung und Einsatz der Arbeitskräfte

2.3 Soziale Marktwirtschaft

„Sinn der sozialen Marktwirtschaft ist es, das Prinzip der Freiheit auf dem Markt mit dem des sozialen Ausgleichs zu verbinden."

(Alfred Müller-Armack, 1946)

In der Bundesrepublik Deutschland wurde nach dem Zweiten Weltkrieg durch den Wirtschaftswissenschaftler Alfred Müller-Armack und den ersten Wirtschaftsminister der Bundesrepublik, Ludwig Erhard, eine weiterentwickelte Form der freien Marktwirtschaft eingeführt. In der sozialen Marktwirtschaft ist die Rolle des Staates im Wirtschaftsbereich durch zwei Aufgaben definiert:

- Der Staat soll **soziale Gerechtigkeit** und **Sicherheit** schaffen.
- Der Staat sorgt für einen **störungsfreien Wirtschaftsablauf** unter Einhaltung der **marktgerechten Wirtschaftsordnung**.

Als **soziale Marktwirtschaft** bezeichnet man eine Wirtschaftsordnung, die auf der Basis des freien Wettbewerbs dem Staat die Aufgabe zuweist, sozialpolitische Korrekturen vorzunehmen und auf sozialen Ausgleich hinzuwirken.

Zwei Ordnungsmerkmale prägen die soziale Marktwirtschaft

Marktwirtschaft

Dem freien Spiel der Marktkräfte wird so weit freien Lauf gelassen, wie dies sich zum Nutzen der Volkswirtschaft auswirkt.
Beschränkungen des Wettbewerbs, die zum Nachteil der Verbraucher führen (z. B. Zusammenschluss zu einem Kartell oder Preisabsprachen) werden möglichst verhindert. Das Bundeskartellamt hat hierbei die Aufgabe zu überwachen, dass Kartellverbote eingehalten werden. Zudem soll das Bundeskartellamt verhindern, dass ein Machtmissbrauch durch marktbeherrschende Unternehmen entsteht.

Sozialer Ausgleich

Der Staat sorgt durch ein System sozialer Sicherungen für den Schutz der Bevölkerung vor negativen Folgen der freien Marktwirtschaft (in Form von z. B. Sozialversicherung, betrieblicher Mitbestimmung). Zahlreiche weitere Vorschriften zum Verbraucherschutz helfen, den marktschwächeren Verbraucher vor Marktmissbrauch zu schützen.

Bei der sozialen Marktwirtschaft handelt es sich um eine staatlich gelenkte, an sozialen Zielen orientierte Marktwirtschaft. Dabei greift der Staat i. d. R. nicht direkt in den Markt (marktkonforme Maßnahmen) ein, sondern sorgt für sozialen Ausgleich. Die wichtigen Freiheitsprinzipien, das Privateigentum, die Vertragsfreiheit, das Gewinn- bzw. Nutzenstreben und die Unabhängigkeit der Wirtschaftssubjekte, werden garantiert. Der Staat übernimmt in der sozialen Marktwirtschaft nicht die Rolle des Nachtwächterstaates, sondern er greift im Interesse der Allgemeinheit und der **sozial Schwachen** aktiv in das Wirtschaftsgeschehen ein.

Der Staat ist u. a. auf folgenden Politikfeldern aktiv:

- Sozialpolitik (Unterstützung sozial Schwacher)
- Einkommenspolitik (Regelungen zur gerechten Einkommensverteilung)

- Konjunkturpolitik (Steuerung der Konjunktur)
- öffentliche Unternehmen (Leistungen, die nicht privat erbracht werden können, übernimmt der Staat)

Die staatlichen Eingriffe bzw. die Korrekturen der Marktwirtschaft erfolgen hauptsächlich durch Gesetzgebung. Die Grundlagen der sozialen Marktwirtschaft sind im Grundgesetz verankert. Weitere Gesetze schränken die Freiheitsrechte teilweise ein oder dienen dem Schutz der sozial Schwächeren.

Beispiele für wichtige Merkmale der sozialen Komponente in der sozialen Marktwirtschaft der Bundesrepublik Deutschland

→ **Vertragsfreiheit**

Vertragsfreiheit besteht grundsätzlich. Es gibt aber Einschränkungen durch z. B. das Wucherverbot, die Nichtigkeit von sittenwidrigen Geschäften, Verbot von bestimmten Rechtsgeschäften (beispielsweise Drogenhandel), Verbot zur Bildung von Kartellen, Verbot des unlauteren Wettbewerbs.

→ **Konsumfreiheit**

Der Konsument ist nur wenig eingeschränkt. Beispiele für Einschränkungen: Waffen, Rauschgift, Zigaretten und Alkohol für Jugendliche, Medikamente.

→ **Berufs- und Arbeitsplatzwahl**

Die Wahlfreiheit besteht grundsätzlich. Der Staat versucht aber zur Unterstützung des Einzelnen und um Fehlentwicklungen entgegenzuwirken, indirekt einzugreifen (z. B. Umschulungen, Berufsberatung, Stellenvermittlung). Darüber hinaus besteht für bestimmte Berufe die Pflicht, entsprechende Zulassungsvoraussetzungen zu erfüllen (z. B. Zulassung als Rechtsanwalt oder Arzt).

→ **Gewerbefreiheit**

Die Gewerbefreiheit wird in manchen Bereichen eingeschränkt (z. B. Konzessionen für Gaststätten, Apotheken, Baugenehmigungen).

→ **Eigentumsverhältnisse**

Das Privateigentum ist garantiert. Es gilt auch Staatseigentum (z. B. Bundesstraßen, Staatsforste, Sporthallen, Schulen). Zudem legt das Grundgesetz fest, dass Eigentum auch verpflichtet.

→ **Planung von Produktion und Konsum**

Grundsätzlich können die Wirtschaftssubjekte dezentral planen, es gibt keine staatliche Planungsbehörde.

→ **Preisbildung**

Der Preis bildet sich als Marktpreis durch Angebot und Nachfrage. Daneben gibt es auch staatliche Preisfestsetzungen, wie z. B. in der Landwirtschaft, Mindesthonorar bei Rechtsanwälten oder Notargebühren.

→ **Preise für den Produktionsfaktor Arbeit (Lohnfindung)**

Die Löhne werden durch Verhandlungen zwischen den Tarifpartnern (Gewerkschaften und Arbeitgeberverbänden) ausgehandelt. Es gibt aber in Deutschland auch einen gesetzlich vorgeschriebenen Mindestlohn.

→ **Einkommensverteilung**

Bei der Verteilung des Einkommens greift der Staat an mehreren Stellen ein. Durch z. B. unterschiedliche Steuerklassen, Sparförderung, Kindergeld u. v. m. findet eine Umverteilung statt.

2.4 Kooperations- und Konzentrationsformen

2.4.1 Gründe für Partnerschaften und Zusammenschlüsse

© Peggy_Marco –

Der Wettbewerb treibt Unternehmen dazu, ständig nach Optimierung und Differenzierung zu suchen. Kooperation und Konzentration sind dabei zwei strategische Mechanismen, die Unternehmen nutzen, um ihre Position auf dem Markt zu stärken, Effizienz zu steigern und Wachstumspotenziale zu realisieren. Während Kooperation den Zusammenschluss von Unternehmen in Form von Partnerschaften und Allianzen beschreibt, um gemeinsame Ziele zu verfolgen, bezieht sich Konzentration auf die Konsolidierung von Unternehmen durch Fusionen oder Übernahmen. Beide Ansätze haben ihre eigenen Vor- und Nachteile und können je nach Kontext und Unternehmensstrategie unterschiedliche Auswirkungen haben. Es ist daher entscheidend für Unternehmen, die richtige Balance zwischen diesen Mechanismen zu finden und sie in ihrem strategischen Kontext optimal einzusetzen.

2.4.2 Kooperation

Eine Kooperation bezeichnet die Zusammenarbeit von zwei oder mehr Unternehmen auf einer vertraglichen Basis, mit dem Ziel, einen gemeinsamen Nutzen zu erzielen. Dies kann durch gemeinsame Projekte, Informationsaustausch oder die gemeinsame Nutzung von Ressourcen geschehen. Dabei bleibt die wirtschaftliche und rechtliche Selbstständigkeit erhalten.

In einer komplexen und globalisierten Wirtschaft erfordert der Wettbewerbsdruck oft Kooperationen zwischen Unternehmen. Diese Allianzen, ob in Form von Joint Ventures, Partnerschaften oder strategischen Allianzen, ermöglichen es den Unternehmen, Ressourcen zu teilen, Risiken zu verteilen und gemeinsam Marktchancen zu nutzen. Ein Beispiel hierfür sind Autohersteller, die sich zusammentun, um gemeinsam Technologien für Elektrofahrzeuge zu entwickeln.

Kooperationen können in vielerlei Hinsicht Vorteile für die Unternehmen bringen:

- Unternehmen können ihre individuellen Stärken und Ressourcen kombinieren, um größere Projekte zu bewältigen.
- Aufgrund von gemeinsamen Forschungs- und Entwicklungsarbeiten können höhere technische und wirtschaftliche Erfolge generiert werden.
- Gemeinsame Investitionen und Projekte verteilen das Risiko auf mehrere Akteure.
- Unternehmen können leichter in neue Märkte eintreten, indem sie beispielsweise lokale Partner nutzen.
- Durch eine Zusammenarbeit können die Beschaffung und der Absatz, z. B. durch gemeinsame Werbung verbessert werden.

Problematisch können Kooperationen werden, wenn unterschiedliche Unternehmenskulturen aufeinandertreffen und dies zu Missverständnissen führt. Auch besteht die Gefahr, dass bei enger Zusammenarbeit ein Informationsleck entsteht und somit Geschäftsgeheimnisse ungewollt weitergegeben werden.

2.4.3 Konzentration

Die Konzentration von Unternehmen bezieht sich auf die Tendenz bestimmter Branchen, wenige große Unternehmen oder sogar nur ein dominantes Unternehmen zu haben, anstatt eine Vielzahl von Wettbewerbern. Diese Konzentration kann sowohl regional als auch global auftreten.

Geht dabei die wirtschaftliche Selbstständigkeit verloren und die rechtliche Selbstständigkeit bleibt erhalten, entstehen Konzerne. Bei einem Trust (Fusion) wird bei mindestens einem Unternehmen die wirtschaftliche und rechtliche Selbstständigkeit aufgegeben.

Neben den Vorteilen, die auch für die Kooperation gelten, können durch eine Konzentration positive Skaleneffekte oder einen exklusiven Zugang zu wichtigen Ressourcen erreicht werden.

Auch Verbraucher können von den niedrigeren Preisen und der gesteigerten Effizienz profitieren, die eine Marktkonzentration mit sich bringt. Allerdings können sie auch unter eingeschränkten Auswahlmöglichkeiten und mangelndem Wettbewerb leiden.

Um den Verbraucher zu schützen und den Wettbewerb zu fördern haben viele Länder, wie auch Deutschland, Kartellgesetze und Regulierungsbehörden, die eine übermäßige Konzentration von Unternehmen und die Bildung von Monopolen verhindern sollen.

2.4.4 Formen der Kooperation und Konzentration

Zusammenschlüsse von Unternehmen können in verschiedenen Formen und aus unterschiedlichen Gründen auftreten. Aufgrund der beteiligten Wirtschaftsstufen können folgende Zusammenschlüsse unterschieden werden:

1. **Horizontaler Zusammenschluss**: Hier arbeiten Unternehmen der gleichen Produktions- oder Handelsstufe zusammen. Oder ein Unternehmen übernimmt ein anderes Unternehmen aus derselben Branche oder demselben Marktsegment. Das Ziel ist in der Regel, Marktanteile zu gewinnen oder die Konkurrenz zu verringern.
2. **Vertikaler Zusammenschluss**: Hierbei handelt es sich um den Zusammenschluss von Unternehmen, die in verschiedenen Stufen der Produktionskette tätig sind. Ein Beispiel wäre ein Autobauer, der einen Zulieferer von Autoteilen übernimmt. Dadurch kann das Unternehmen die Kosten senken und die Effizienz steigern.
3. **Diagonaler Zusammenschluss**: Dies tritt auf, wenn ein Unternehmen ein anderes Unternehmen in einer verwandten, aber nicht identischen Branche übernimmt. Ein Elektronikhersteller könnte beispielsweise einen Softwareentwickler übernehmen. Auch können sich Unternehmen zusammenschließen, die in unterschiedlichen Branchen tätig sind. Es ist somit ein branchenfremder Zusammenschluss. Das Hauptziel ist in der Regel die Diversifikation, um das Geschäftsrisiko zu verteilen.

Horizontale und vertikale Unternehmenszusammenschlüsse werden auch als organische Zusammenschlüsse bezeichnet, weil sie aus einer inneren Ordnung herauswachsen. Dies bedeutet, dass zwischen den zusammengeschlossenen Unternehmen eine natürliche Beziehung besteht. Diagonale Zusammenschlüsse werden auch als anorganische Zusammenschlüsse bezeichnet, weil zwischen den Beteiligten keine (natürliche) Beziehung besteht.

Zusammenfassung und Lernkontrolle

Zusammenfassung

- Jeder Staat stellt Regeln für das Zusammenleben auf (Gesellschaftsordnung).
- Ein Teil der Gesellschaftsordnung ist die Wirtschaftsordnung.
- Die Wirtschaftsordnung stellt Regeln für die Steuerung des Wirtschaftsgeschehens auf.
- Die theoretischen Reinformen einer Wirtschaftsordnung sind die freie Marktwirtschaft und die Zentralverwaltungswirtschaft.
- Die Wirtschaftsordnung der Bundesrepublik ist die Soziale Marktwirtschaft, die sich auch aus dem Grundgesetz ableiten lässt (Sozialstaatsprinzip).
- Die Soziale Marktwirtschaft verlangt vom Staat die Einhaltung der Marktwirtschaft. Zum Schutz des Gemeinwohls greift der Staat mit marktkonformen Maßnahmen ein.

	Kooperation		**Konzentration**		
Lose Zusammenarbeit	Interessengemeinschaft	Kartell Syndikat	Konzern	Trust	Enger Zusammenschluss
Wirtschaftliche Selbständigkeit	bleibt erhalten	eingeschränkt	wird aufgegeben	wird aufgegeben	
Rechtliche Selbständigkeit	bleibt erhalten	bleibt erhalten	bleibt erhalten	wird aufgegeben	

Lernkontrolle

Aufgabe 1

Beschreiben Sie, warum eine Gesellschaftsordnung notwendig ist.

Aufgabe 2

Welche Grundfragen regelt die Wirtschaftsordnung?

Aufgabe 3

Beschreiben Sie die Rolle des Staates in der freien Marktwirtschaft, in der Zentralverwaltungswirtschaft und in der Sozialen Marktwirtschaft.

Aufgabe 4

Beschreiben Sie, warum es bei der freien Marktwirtschaft zur Monopolisierung kommen kann.

Aufgabe 5

Beschreiben Sie, warum es in der Zentralverwaltungswirtschaft häufig an der Motivation der Arbeitnehmer fehlt.

Aufgabe 6

Beschreiben Sie, warum es in der Zentralverwaltungswirtschaft häufig zu Unterversorgung mit Gütern kommt.

Aufgabe 7

Beschreiben Sie anhand von drei Beispielen, wie der Staat in der Bundesrepublik Deutschland seiner Rolle als Sozialstaat nachkommt, ohne direkt in den Markt einzugreifen.

Aufgabe 8

Klären Sie, ob es Beispiele für direkte Markteingriffe (Preismechanismus wird außer Kraft gesetzt) in der Bundesrepublik Deutschland gibt und nennen Sie ggf. Beispiele.

3 Wirtschaftspolitik

3.1 Wirtschaftspolitische Ziele

3.1.1 Überblick über die wirtschaftspolitischen Ziele

Die staatliche Wirtschaftspolitik soll optimalerweise Fehlentwicklungen oder Störungen eines Landes verhindern und die positiven wirtschaftlichen Entwicklungen bestmöglich unterstützen. Aus dem Gesetz zur Förderung der Stabilität und des Wachstums der Wirtschaft (StabG) aus dem Jahre 1967 lassen sich die klassischen Ziele der Wirtschaftspolitik ableiten, welche folgendermaßen lauten:

- Stabilität des Preisniveaus
- Hoher Beschäftigungsgrad
- Stetiges und angemessenes Wirtschaftswachstum
- Außenwirtschaftliches Gleichgewicht

Gesetz zur Förderung der Stabilität und des Wachstums der Wirtschaft

§ 1: Bund und Länder haben bei ihren wirtschafts- und finanzpolitischen Maßnahmen die Erfordernisse des gesamtwirtschaftlichen Gleichgewichts zu beachten. Die Maßnahmen sind so zu treffen, dass sie im Rahmen der marktwirtschaftlichen Ordnung gleichzeitig zur Stabilität des Preisniveaus, zu einem hohen Beschäftigungsstand und außenwirtschaftlichem Gleichgewicht bei stetigem und angemessenem Wirtschaftswachstum beitragen.

Von einem gesamtwirtschaftlichen Gleichgewicht spricht man, wenn alle vier oben genannten Ziele gleichzeitig erreicht werden. Dies ist aber so gut wie unmöglich, da zwischen den einzelnen Zielen Zielkonflikte bestehen. Daher wird auch oft von einem „magischen Viereck" gesprochen. Zwar unterstützen sich manche Ziele gegeneinander, z. B. wird bei einem Wirtschaftswachstum ein hohes Beschäftigungsniveau erreicht, andere konkurrieren aber gegeneinander. Beispielsweise führt ein hoher Beschäftigungsgrad oder Vollbeschäftigung zu einer Preisinstabilität.

Aus heutiger Sicht sind weitere Ziele wie der „Umweltschutz" oder die „gerechte Einkommens- und Vermögensverteilung" hinzu gekommen, so dass sich das „magische Viereck" zu einem „magischen Fünfeck", „magischen Sechseck, bei weiteren Zielen, wie „Lebensqualität" oder „internationaler Wettbewerb" sogar zum „magischen Vieleck" entwickelt hat.

Ziele der Wirtschaftspolitik					
Stabilität des **Preisniveaus**	Hoher Beschäftigungsstand **(Vollbeschäftigung)**	Stetiges und angemessenes **Wirtschaftswachstum**	**Außenwirtschaftliches Gleichgewicht**	Gerechte **Einkommens- und Vermögensverteilung**	**Umweltschutz**
Quantitative Ziele				**Qualitative Ziele**	

Wichtig ist, dass in der sozialen Marktwirtschaft das Handeln größtenteils durch den Markt koordiniert wird. Der Staat hat nur eine stützende Funktion und soll nur mit marktkonformen Mitteln eingreifen.

3.1.2 Preisniveaustabilität

Ziel der Preisniveaustabilität ist es, dass der Durchschnitt der Preise über alle Güter über einen längeren Zeitraum konstant bleibt. Dabei können sich die einzelnen Preise der Güter verändern. Eine Preiserhöhung von Gut A muss dann durch eine Preissenkung von Gut B oder Preissenkungen von verschiedenen Gütern ausgeglichen werden. Eine absolute Preisstabilität ist nahezu unmöglich, daher wird von Wirtschaftspolitikern und der Europäischen Zentralbank eine relative Preisstabilität angestrebt. Diese liegt vor, wenn die allgemeine Preissteigerungsrate bei 2 % gegenüber dem Verbraucherpreisindex des Vorjahresmonats liegt.

Die Veränderung des Preises erfolgt durch bestimmte Indexzahlen. Durch den Verbraucherpreisindex für Deutschland (VPI) wird die Preisentwicklung für die Lebenshaltung aller Haushalte erfasst. Wichtige Begriffe für den VPI sind der Warenkorb und das Wägungsschema.

Die Errechnung des Verbraucherpreisindexes beruht auf einem Warenkorb, der die Verbrauchsgewohnheiten der privaten Haushalte eines Landes erfasst. Aufgrund der Vielzahl der angebotenen Waren und Dienstleistungen ist es nicht möglich alle Preise zu erfassen. Der Warenkorb beinhaltet daher ca. 600 Waren und Dienstleistungen, die repräsentativ für den Verbrauch und die Preisentwicklung sind.

Da sich die Verbrauchsgewohnheiten der Konsumenten mit der Zeit verändern, wird der Warenkorb alle 5 Jahre angepasst. Wenig nachgefragte Güter werden aus dem Warenkorb entfernt und neu nachgefragte Güter werden in den Warenkorb aufgenommen.

Neben der repräsentativen Auswahl der Waren und Dienstleistungen ist die Gewichtung der einzelnen Positionen für den Gesamtindex von großer Wichtigkeit. Dabei werden die Dienstleistungen und Güter in 12 Gruppen zusammengefasst. Durch das Wägungsschema zeigt sich, welchen Anteil die einzelnen Ausgaben an den Gesamtausgaben der privaten Haushalte haben. Es bringt somit die Bedeutung der Produkte oder Dienstleistungen im Vergleich zu den anderen im Warenkorb befindlichen Produkte oder Dienstleistungen zum Ausdruck. Ebenso wie der Warenkorb wird auch das Wägungsschema im 5-Jahres-Rhythmus aktualisiert.

Für die Verbraucher ist weniger wichtig, wie stark bzw. in welchem Umfang die Verbraucherpreise und die Löhne und Gehälter gestiegen sind, sondern das Zusammenwirken beider Größen. Der Nominallohn entspricht dem Nettoverdienst, welcher keine Aussagen über die Kaufkraft zulässt. Der Reallohn dagegen stellt die Menge an Gütern oder Dienstleistungen dar, die man sich mit dem Nominallohn kaufen kann.

Steigt der Nominallohn z. B. aufgrund von erfolgreichen Tarifverhandlungen, so bedeutet dies zuerst einmal, dass die Arbeitnehmer zahlenmäßig mehr Einkommen zur Verfügung haben. Steigt jedoch auch das Preisniveau (und zwar schneller als der Nominallohn) so können sich die Arbeitnehmer im Vergleich zu vorher weniger Güter oder Dienstleistungen kaufen. Der Reallohn ist also gesunken. Steigt der Nominallohn dagegen schneller als das Preisniveau, ist der Reallohn gestiegen. Der Reallohn berücksichtigt somit auch die Inflation bzw. Deflation.

Bei einer Inflation erfolgt eine Geldent-wertung aufgrund von Preiserhöhungen. Man kann somit für dieselbe Geldeinheit weniger Waren kaufen als bisher. Man unterscheidet unterschiedliche Arten von Inflationen, je nach Ursachen und Abläufen der Inflation.

Inflationsarten	Beschreibung
Nachfrageinflation	Ist die Nachfrage bei einem Produkt, bzw. bei allen Produkten größer als das Angebot, da dies beispielsweise aufgrund von fehlenden Produktionskapazitäten nicht so schnell wachsen kann, spricht man von einer Nachfrageinflation. Als Reaktion auf die erhöhte Nachfrage und das geringere Angebot werden die Anbieter ihre Preise erhöhen.
Angebotsinflation	Die Angebotsinflation entsteht, da Unternehmen ihre Produktionskosten direkt an den Verbraucher weitergeben. Dies hat zur Folge, dass die Verbraucher bzw. Arbeitnehmer höhere Löhne verlangen, welche wiederum die Produktionskosten der Unternehmen steigen lassen.
Offene Inflation	Bei der offenen Inflation handelt es sich um einen spürbaren Anstieg der Inflation. In Deutschland ist die Inflation in der Regel immer offen. Durch die Erhebungen und Publikationen des Statistischen Bundesamts können alle Wirtschaftssubjekte feststellen, ob ein allgemeiner Preisanstieg vorliegt. Es kommt zu einem Überhang in der Nachfrage. Die Europäische Zentralbank geht davon aus, dass der Endverbraucher ab einer Inflationsrate von 2 % dies spürbar wahrnimmt.
Zurückgestaute Inflation	Auch hier kommt es zu einem Überhang in der Nachfrage. Dies ist allerdings nicht ersichtlich, da der Staat aktiv eingreift und beispielsweise Preisobergrenzen festlegt.
Schleichende Inflation	Bei einer schleichenden Inflation nehmen die Preise langsam zu, so dass es kaum bemerkt wird. Die Inflationsrate beträgt in der Regel zwischen 2 und 5 %.
Galoppierende Inflation	Die galoppierende Inflation soll den starken Anstieg des Preisniveaus darstellen und gilt als Vorstufe der Hyperinflation. Auslöser ist nahezu immer eine größere politische Umwälzung, Krisen oder Kriege. Bei einer Inflationsrate von ca. 20 % pro Jahr kann man von einer galoppierenden Inflation sprechen.
Hyperinflation	Die Hyperinflation ist die am stärksten ausgeprägte Inflationsart mit Inflationsraten von 50 %. Bei ihr steigen die Nachfrage und die Preissteigerung immer schneller, bis schließlich das Vertrauen der Bevölkerung in die eigene Währung total verloren geht. Die Folge sind die Verwendung von alternativen Währungen wie Gold bzw. Waren wie Zigaretten oder Essen.

Die Deflation ist das Gegenteil der Inflation, das heißt, das Preisniveau einer Volkswirtschaft nimmt stetig ab. Durch die Absenkung des Preisniveaus steigt die Kaufkraft des Geldes – es ist mehr wert. Das Waren- und Dienstleistungsangebot übersteigt die Nachfrage, dadurch sinken die Preise immer weiter. Bei einer anhaltenden Deflation kann es mittel- bzw. langfristig zu Insolvenzen damit verbundener Arbeitslosigkeit oder zu sinkenden Löhnen in einem Land kommen.

Ursachen, die zur Deflation führen, können sein:

- Die Europäische Zentralbank verknappt die Geldmenge.
- Senkung der Staatsausgaben
- Eine größere Sparneigung der Verbraucher durch eine verschlechterte Zukunftserwartung
- Durch schlechte Zukunftserwartungen verschieben Unternehmen ihre Investitionen und fragen keine Kredite nach.

3.1.3 Vollbeschäftigung

Von einer Vollbeschäftigung kann man sprechen, wenn alle Menschen, die arbeiten können und auch wollen, auch eine Arbeit bekommen.

Anhand der Arbeitslosenquote lässt sich berechnen, ob Vollbeschäftigung herrscht.

Arbeitslosenquote = Arbeitslose / (Erwerbstätige + Erwerbslose)

Die Arbeitslosenquote gibt an, wie groß der Anteil der Arbeitslosen an allen möglichen Arbeitnehmern ist, die für den Arbeitsmarkt zur Verfügung stehen. Erwerbstätige sind alle, die selbstständig oder abhängig beschäftigt sind. Erwerbslose (Arbeitslose) sind alle, die sich bei der Bundesagentur für Arbeit arbeitslos gemeldet haben. Erwerbstätige und Erwerbslose zusammen werden auch als Erwerbspersonen bezeichnet. Die Arbeitslosenquote wird von der Bundesagentur für Arbeit monatlich berechnet und veröffentlicht.

BEISPIEL

Gibt es in einem Land in einem Monat 46 Millionen Erwerbstätige und 6 Millionen Arbeitslose, ist die Arbeitslosenquote:

6 Millionen / (46 Millionen + 6 Millionen) = 0,115 = 11,5 %

Vollbeschäftigung entspricht theoretisch einer Arbeitslosenquote von 0 %. Praktisch gibt es in einem Land immer Zu- und Abgänge am und vom Arbeitsmarkt. Menschen kündigen ihre bestehende Arbeit, melden sich arbeitslos und suchen nach einem neuen Job.

Auch ist nicht jeder Arbeitslose zu jeder Arbeit fähig oder bereit. Deshalb spricht man bei einer Arbeitslosenquote von 2–3 % in der Praxis bereits von Vollbeschäftigung.

Neben der Vollbeschäftigung ist in einem Land auch Über- oder Unterbeschäftigung möglich. Bei einer Überbeschäftigung ist die Nachfrage an Arbeitskräften größer als das Angebot. Bei der Unterbeschäftigung überwiegt dagegen das Arbeitskräfteangebot gegenüber der Nachfrage.

Es gibt verschiedene Arten und Ursachen der Arbeitslosigkeit:

Kurzfristige Arbeitslosigkeit	Unter **friktioneller Arbeitslosigkeit** (Fluktuations- oder Sucharbeitslosigkeit) versteht man die oft unvermeidliche Arbeitslosigkeit zwischen der Aufgabe der alten Tätigkeit, z. B. aufgrund der eigenen Karriereplanung, oder eines Umzuges, und dem Finden einer neuen Tätigkeit. ***Saisonale Arbeitslosigkeit*** ist abhängig von der Jahreszeit. Sie entsteht, wenn bestimmte Arbeiten nur im Sommer (z. B. Bauarbeiten) oder nur im Winter (z. B. Skibetrieb) ausgeübt werden können.
Mittelfristige Arbeitslosigkeit	**Konjunkturelle Arbeitslosigkeit** entsteht durch einen wirtschaftlichen Abschwung und den damit verbundenen Arbeitsplatzabbau durch eine rückläufige Nachfrage.
Langfristige Arbeitslosigkeit	**Strukturelle Arbeitslosigkeit** kann auf bestimmte Regionen beschränkt sein, in der das Angebot an Arbeitskräften auf zu wenig Nachfrage durch die Arbeitgeber trifft. Sie kann auch durch den Einsatz von neuen Techniken bzw. Technologien, durch mangelnde Qualifikationen der Arbeitnehmer oder durch Veränderungen auf dem Weltmarkt entstehen.

3.1.4 Stetiges und angemessenes Wirtschaftswachstum

Die Zunahme des realen Bruttoinlandsproduktes einer Volkswirtschaft innerhalb eines Jahres versteht man als Wirtschaftswachstum. Beim Bruttoinlandsprodukt (BIP) handelt es sich um den Wert aller Güter und Dienstleistungen, die in einem Jahr innerhalb der Landesgrenzen einer Volkswirtschaft erwirtschaftet werden. Dabei werden bei der Berechnung des BIP für Deutschland die Leistungen der Ausländer, die innerhalb Deutschlands arbeiten, berücksichtigt, die Leistungen der Inländer, die im Ausland arbeiten dagegen nicht. Das Wirtschaftswachstum kann auch durch das Bruttonationaleinkommen dargestellt werden.

Bei der Ermittlung des BIP wird zwischen Entstehungs-, Verteilungs- und Verwendungsrechnung unterschieden.

In der **Entstehungsrechnung** wird das BIP berechnet, indem zuerst der Produktionswert aller Produzenten (Land- und Forstwirtschaft, produzierendes Gewerbe, Handel, Gastgewerbe und Verkehr, öffentliche und private Dienstleister, ...) ermittelt wird. Der Pro-

Produktionswert
– Vorleistungen
= Bruttowertschöpfung
+ Gütersteuern
– Gütersubventionen
= Bruttoinlandsprodukt

duktionswert ergibt sich aus den Verkäufen von Gütern und Dienstleistungen, den Bestandsveränderungen der unfertigen und fertigen Erzeugnisse sowie der selbst erstellten Anlagen. Von diesem Betrag werden die Vorleistungen abgezogen. Vorleistungen sind Produktionsgüter wie Roh-, Hilfs- und Betriebsstoffe, Fertigteile, Halbfabrikate, Handelswaren oder Dienstleistungen, die Unternehmen von anderen Unternehmen gekauft haben und die in der eigenen Produktion verwendet wurden. Das Ergebnis stellt die Bruttowertschöpfung dar. Zu dieser Bruttowertschöpfung werden die Gütersteuern (z. B. Mineralöl- oder Tabaksteuer) addiert und die Gütersubventionen abgezogen. Daraus ergibt sich das Bruttoinlandsprodukt.

Die **Verwendungsrechnung** zeigt auf, wie die inländischen Waren und Dienstleistungen verwendet werden. Sie können konsumiert, investiert oder exportiert werden. Die Verwendungsrechnung setzt somit an der Nachfrageseite an.

Es werden zuerst alle Ausgaben für die Endprodukte durch die Konsumenten ermittelt. Unter Endprodukten versteht man Güter und Dienstleistungen, die unmittelbar gekauft oder konsumiert und nicht weiterverarbeitet werden. Zu diesem Wert werden alle Konsumleistungen vom Staat und alle Bruttoinvestitionen addiert. Die Bruttoinvestitionen können staatlich oder durch private Unternehmen vorgenommen werden. Eine Bruttoinvestition ist z. B. eine Maschine, die durch ihren Einsatz unseren Konsum in Zukunft erhöhen soll. Zum Schluss wird der Außenbeitrag berücksichtigt, dabei werden die Exporte dazu gezählt und die Importe abgezogen.

Private Konsumausgaben
+ Konsumausgaben des Staates
+ Bruttoinvestitionen
+ Exporte
– Importe
= Bruttoinlandsprodukt

Im Gegensatz zu den oben genannten Berechnungsarten betrachtet die Verteilungsrechnung nicht die Güterseite, sondern bezieht sich auf die Entlohnung der Produktionsfaktoren Arbeit und Kapital.

Um das BIP im Rahmen der **Verteilungsrechnung** ermitteln zu können, muss zunächst das Arbeitnehmerentgelt errechnet werden. Das Arbeitnehmerentgelt umfasst neben den Bruttolöhnen und -gehältern auch die Sozialbeiträge der Arbeitgeber und Arbeitnehmer sowie deren Lohnsteuer. Zu diesem Wert werden die Unternehmens- und Vermögenseinkommen addiert. Darunter versteht man sowohl die Gehälter bzw. Gewinne von Unternehmen als auch die Kapitalanlagen, wie z. B. Aktien oder Festgelder. Das Arbeitnehmerentgelt und die Unternehmens- und Vermögenseinkommen ergeben zusammen das sogenannte Volkseinkommen.

Um das BIP zu errechnen müssen nun noch die Produktions- und Importabgaben an den Staat, die Subventionen sowie die Abschreibungen einbezogen werden. Zudem müssen die Salden der Primäreinkommen aus der übrigen Welt berücksichtig werden. Das heißt, das Einkommen von Inländern (Deutschen) im Ausland muss noch hinzugerechnet und das Einkommen von Ausländern, die in Deutschland arbeiten muss noch abgezogen werden.

Arbeitnehmerentgelt
\+ Unternehmens- und Vermögenseinkommen
= Volkseinkommen
\+ Produktions- und Importabgaben an den Staat
– Subventionen
\+ Abschreibungen
= Bruttonationaleinkommen
– Saldo aus den Primäreinkommen der übrigen Welt
= Bruttoinlandsprodukt

3.1.5 Außenwirtschaftliches Gleichgewicht

Das Ziel des außenwirtschaftlichen Gleichgewichts ist es, dass zwischen den Importen (Einfuhr) und den Exporten (Ausfuhr), die ein Staat innerhalb eines Jahres tätigt, ein Gleichgewicht herrscht. In dieser Situation können die Importausgaben mit den Exporteinnahmen finanziert werden. Der sogenannte Außenbeitrag, also die Differenz zwischen den Importausgaben und Exporteinnahmen, ist der Indikator für das außenwirtschaftliche Gleichgewicht und sollte demzufolge bei null liegen.

Außenbeitragsquote = (Exporte – Importe) · 100 / Bruttoinlandsprodukt

Eine exakte Erreichung dieses Zieles ist nicht unbedingt notwendig. In der Praxis gilt das außenwirtschaftliche Gleichgewicht als erreicht, wenn es unter einem Außenbeitrag von 1,5% liegt.

3.1.6 Weitere Ziele der Wirtschaftspolitik

3.1.6.1 Erweiterung des magischen Vierecks

Wie zu Beginn angesprochen, wurde das ursprüngliche „magische Viereck" um weitere Ziele ergänzt. Im Folgenden sollen zwei weitere Ziele beispielhaft dargestellt werden.

3.1.6.2 Umweltschutz

Durch das stetige Wirtschaftswachstum, als wirtschaftspolitisches Ziel, kann es zur Folge haben, dass damit einhergehend die Umwelt immer weiter zerstört wird. Erderwärmung, Saurer Regen, Waldsterben usw. sind Folgen der Übernutzung der Umwelt durch den Menschen. Um die Umweltzerstörung aufzuhalten, wurde der Umweltschutz als ein weiteres wirtschaftspolitisches Ziel in Deutschland aufgenommen und ist seit 1994 im Grundgesetz verankert.

In Artikel 20 des Grundgesetzes ist geregelt, dass der Staat für den Schutz der natürlichen Lebensgrundlagen (Boden, Pflanzen, Tiere, Wasser, Luft) auch für die künftigen Generationen verantwortlich ist.

Durch ordnungsrechtliche Instrumente wie Regeln und Gesetze, aber auch durch Subventionen fördert der Staat, dass das Ziel des Umweltschutzes erfolgreich durchgesetzt wird und Umweltgefahren abgewendet werden. So versucht der Staat wirtschaftliche Anreize durch einen Emissionsrechtehandel zu schaffen, damit Unternehmen im eigenen wirtschaftlichen Interesse umweltfreundlichere Methoden und Vorgehensweisen nutzen. Bei einem Emissionsrechtehandel können Unternehmen durch eine schadstoffarme Produktion die ungebrauchten Emissionsrechte weiterverkaufen. Auch durch eine gezielte Besteuerung von schadstoffhaltigen Produkten werden die Unternehmen dazu erzogen, weniger umweltschädlichere Produkte zu verwenden. Positive Effekte werden auch über Steuererleichterungen oder finanzielle Anreize erzielt, damit Unternehmen umweltbewusster produzieren.

3.1.6.3 Gerechte Einkommens- und Vermögensverteilung

Das Ziel der gerechten Einkommens- und Vermögensverteilung dient zur Erhaltung des sozialen Friedens innerhalb eines Landes. Im Grunde geht es darum, dass alle wirtschaftlichen Werte gerechter auf die einzelnen Bevölkerungsgruppen aufgeteilt werden.

Einkommen beinhaltet alle Einnahmen, wie Gehälter, Löhne, Gewinne, Zins- und Mieteinnahmen, die natürliche und juristische Personen innerhalb eines Jahres erhalten. Als Vermögen werden zum einen das Sachvermögen (z. B. Immobilien oder persönliches Eigentum) und zum anderen das Geldvermögen (z. B. Bankvermögen) bezeichnet. Das Vermögen selbst kann wiederum eine Einnahmequelle darstellen.

Eine gerechte Verteilung von Einkommen und Vermögen zu erzielen ist beinahe unmöglich auf einem Markt, der auf Angebot und Nachfrage sowie auf Gewinnmaximierung und Wettbewerbsverhalten ausgerichtet ist. Der Staat kann durch die Tarifautonomie nicht direkt in Lohnverhandlungen eingreifen, und somit auch keine gerechte Einkommensverteilung garantieren. Was bleibt sind Maßnahmen wie die Einführung eines Mindestlohnes.

Das Verständnis von einer gerechten Einkommens- und Vermögensverteilung kann zudem von unterschiedlichen Vorstellungen von Gerechtigkeit abhängen. Man kann die Gerechtigkeit beispielsweise aus Sicht der Leistung oder des Bedürfnisses sehen. Unter der Leistungsgerechtigkeit versteht man vor allem die Orientierung an der erbrachten Menge und Qualität der Leistung. Dabei zählen die sozial Schwächeren, Kran-

ken oder Älteren zu den Verlierern dieser Verteilungsgerechtigkeit. An diesem Problem setzt die Verteilung nach der Bedürftigkeit an. Benachteiligte Gruppen benötigen Unterstützung. Daher muss der Staat mit seinen Möglichkeiten wie z. B. Sozialleistungen, oder Steueranpassungen eingreifen und umverteilen. Hierbei ergeben sich automatisch Konflikte mit anderen wirtschaftspolitischen Zielen.

3.2 Beziehungen zwischen den wirtschaftspolitischen Zielen

Jedes Land strebt nach Vollbeschäftigung, stetigem Wirtschaftswachstum, stabilen Preisen und einem Gleichgewicht aus Exporten und Importen. Im besten Fall ergänzen sich die Ziele gegenseitig, z. B. führt Wirtschaftswachstum zu mehr Beschäftigung, oder die Ziele sind indifferent, d. h. sie haben nichts miteinander zu tun. Geht die Verfolgung eines Ziels jedoch zu Lasten eines anderen Ziels, so spricht man von einem Zielkonflikt.

BEISPIEL

Die ursprünglichen vier wirtschaftspolitischen Ziele bzw. die Erweiterungen wurden nicht ohne Grund als magisches Viereck bzw. magisches Vieleck bezeichnet, denn die gleichzeitige Erreichung aller Ziele grenzt an Magie. Betrachtet man alleine jeweils zwei Ziele, so erkennt man, welches Zielkonfliktpotenzial das magische Viereck in sich trägt. Beispielsweise werden hier einige Zielkonflikte aufgeführt:

Zielkonflikt zwischen Wirtschaftswachstum und Preisniveaustabilität
Bei hohen Wachstumsraten der Wirtschaft steigt in der Regel die Inflationsrate an. Während die Wirtschaft wächst, ist auch die gesamtwirtschaftliche Nachfrage und die Auslastung der Unternehmen hoch. Die starke Konkurrenz zwischen den Unternehmen um die verfügbaren Produktionsfaktoren auf vielen Märkten führt zu einem steigenden Preisniveau.

Zielkonflikt zwischen Vollbeschäftigung und Preisniveaustabilität
Bei Vollbeschäftigung besteht zwar Nachfrage auf dem Arbeitsmarkt, jedoch ist das Angebot ausgeschöpft. Die Gewerkschaften als Vertreter der Arbeitnehmer haben in dieser Phase eine starke Position und können größere Lohnsteigerungen durchsetzen. Die höheren Löhne oder Gehälter führen in den Unternehmen zu Kostendruck, es entsteht eine Lohn-Preis-Spirale, d. h. die Löhne treiben die Preise in die Höhe und die Preise treiben wiederum die Löhne in die Höhe. Zwischen den beiden Zielen der Vollbeschäftigung und der Preisstabilität besteht somit ein grundsätzlicher Zielkonflikt.

Zielkonflikt Wirtschaftswachstum und Umweltschutz
Das Wirtschaftswachstum ist die Voraussetzung für eine Erhöhung des Lebensstandards eines Landes. Dies lässt sich entweder durch die Erhöhung der produzierten Menge oder durch die Neuentwicklung von Produkten verwirklichen. Die Steigerung der Produktionsmenge führt allerdings dazu, dass Rohstoffe- und Energiequellen ausgebeutet werden. Die überproportionale Zunahme der Schadstoffbelastung und die gleichzeitige Problematik der Entsorgung ausgedienter Produkte geht zu Lasten der Umwelt und gefährdet dadurch auch die Lebensgrundlage für Menschen, Tiere und Pflanzen.

Durch das Stabilitätsgesetz soll Ungleichgewichten und Zielkonflikten entgegengesteuert und eine Zielharmonie verwirklicht werden. Deshalb müssen Ziele in eine Präferenzordnung gebracht werden, damit Zielkonflikte weitestgehend vermieden werden können.

Zusammenfassung und Lernkontrolle

Zusammenfassung

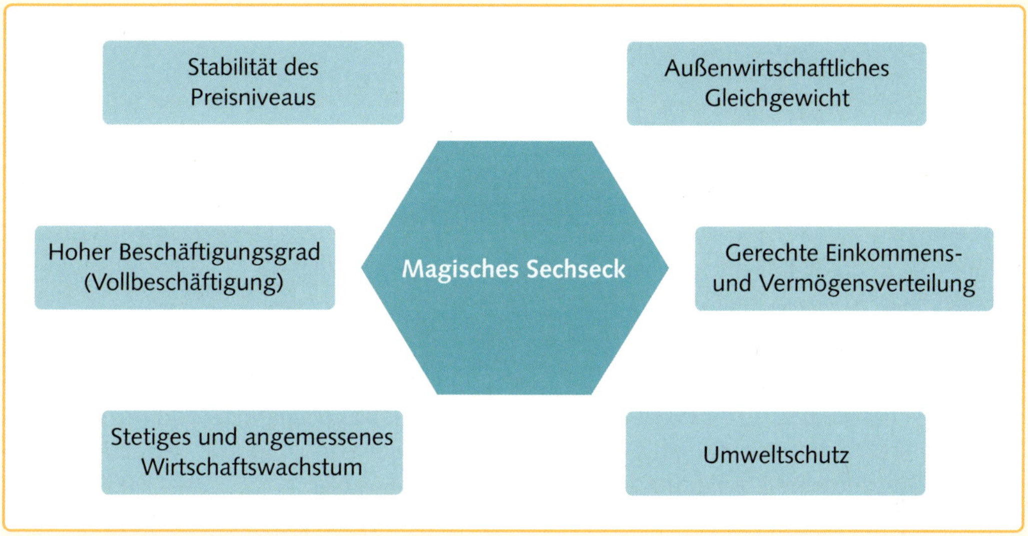

Die einzelnen Ziele können sich gegenseitig befördern, neutral zueinander sein oder im Konflikt zueinander stehen. Der Staat hat die Aufgabe, möglichst ein gesamtwirtschaftliches Gleichgewicht herzustellen.

Lernkontrolle

Aufgabe 1

Welches Ziel verfolgt das „Gesetz zur Förderung der Stabilität und des Wachstums der Wirtschaft“?

Aufgabe 2

Was versteht man unter dem magischen Viereck bzw. Sechseck?

Aufgabe 3

Wann spricht man von einem gesamtwirtschaftlichen Gleichgewicht?

Aufgabe 4

Erklären Sie den Begriff: „Preisniveaustabilität“.

Aufgabe 5

Nennen und beschreiben Sie die Arten der Inflation.

Aufgabe 6

Was versteht man unter einer Deflation?

Aufgabe 7

Welche Ursachen gibt es, die zu einer Deflation führen können?

Aufgabe 8

Was versteht man unter einer Vollbeschäftigung?

Aufgabe 9

Erläutern Sie, ob ein Land dauerhaft eine absolute Vollbeschäftigung haben kann.

Aufgabe 10

Wie hoch ist die Arbeitslosenquote eines Landes mit 26 Millionen Erwerbstätigen und 1,5 Millionen Arbeitslosen?

Aufgabe 11

Das Wirtschaftswachstum eines Landes wird über das Bruttoinlandsprodukt gemessen. Dabei unterscheidet man bei der Ermittlung zwischen der Entstehungs-, Verteilungs- und Verwendungsrechnung. Erläutern Sie diese drei Arten!

Aufgabe 12

Was versteht man unter dem „Außenwirtschaftlichen Gleichgewicht“?

Aufgabe 13

Welche weiteren Ziele außer dem „Umweltschutz“ und der „gerechten Einkommens- und Vermögensverteilung“ sollte Ihrer Meinung nach der Staat als Wirtschaftspolitische Ziele aufnehmen? Begründen Sie Ihre Antwort!

Aufgabe 14

Nennen Sie ein Beispiel, wie die Ziele „Wirtschaftswachstum“ und „Umweltschutz“ in Einklang gebracht werden können.

Aufgabe 15

Nennen Sie Beispiele, wie sich die Ziele des magischen Vierecks gegenseitig positiv beeinflussen können.

3.3 Konjunkturelle Schwankungen und strukturelle Veränderungen

3.3.1 Konjunktur und Konjunkturschwankungen

Die **Konjunktur** beschreibt den unstetigen (wellenförmigen) Verlauf der gesamtwirtschaftlichen Entwicklung einer Volkswirtschaft im Zeitverlauf.

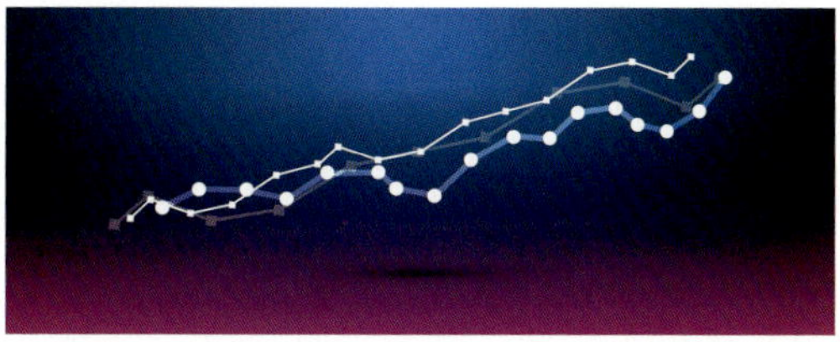

Die Entwicklung der Gesamtwirtschaft vollzieht sich im Zeitverlauf nicht gleichmäßig. Sie ist über mehrere Phasen durch Auf- und Abwärtsbewegungen gekennzeichnet. Damit verdeutlicht die Konjunktur den Wechsel zwischen wirtschaftlichen Krisen und Hochphasen.

BEISPIEL

Als Messgröße der konjunkturellen Phasen (Schwankungen) dient regelmäßig das **reale Bruttoinlandsprodukt (BIP)**.

Das reale Bruttoinlandsprodukt ist der preisbereinigte Wert aller Waren und Dienstleistungen, die in einem bestimmten Zeitraum innerhalb einer Volkswirtschaft produziert wurden. Damit ist die Entwicklung bzw. Veränderung der Gesamtwirtschaft unabhängig von Preisveränderungen möglich.

Die Veränderung des realen Bruttoinlandsprodukts kann auf unterschiedliche Konjunkturschwankungen zurückgeführt werden. Es wird zwischen saisonalen-, konjunkturellen- und strukturellen Schwankungen unterschieden.

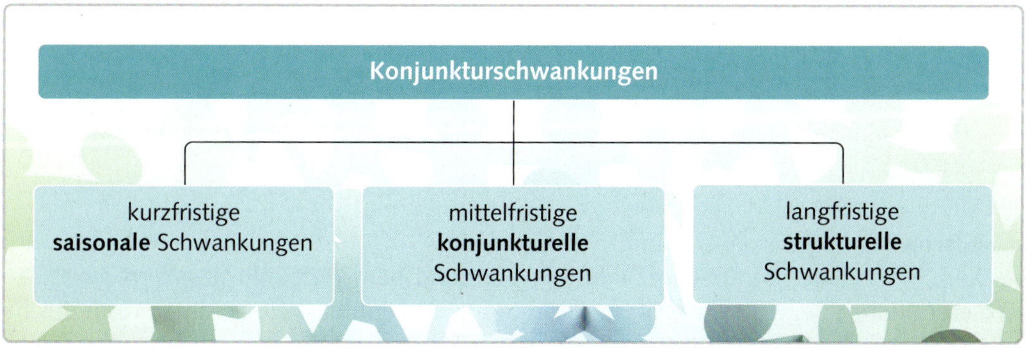

Die **saisonalen Schwankungen** sind jahreszeitbedingt und unterliegen häufig den natürlichen bzw. klimatischen Veränderungen während eines Jahres. Als klassische Beispiele dienen das Baugewerbe und die Landwirtschaft, die unweigerlich von der Winterzeit negativ beeinflusst werden. Ferner beeinflussen die Urlaubszeit im Sommer oder bestimmte Festtage (z. B. Weihnachten) unterschiedliche Bereiche der Wirtschaft (z. B. Reiseunternehmen oder Einzelhandel) positiv. Daneben lassen sich auch **konjunkturelle Schwankungen** beobachten. Diese erstrecken sich i. d. R. über einen Zeitraum von 4 bis 8 Jahren und beeinflussen die gesamte Volkswirtschaft. **Strukturelle Schwankungen** haben ihren Ursprung hingegen in grundlegenden und langfristigen Veränderungen, wie der Globalisierung oder dem technischen Fortschritt.

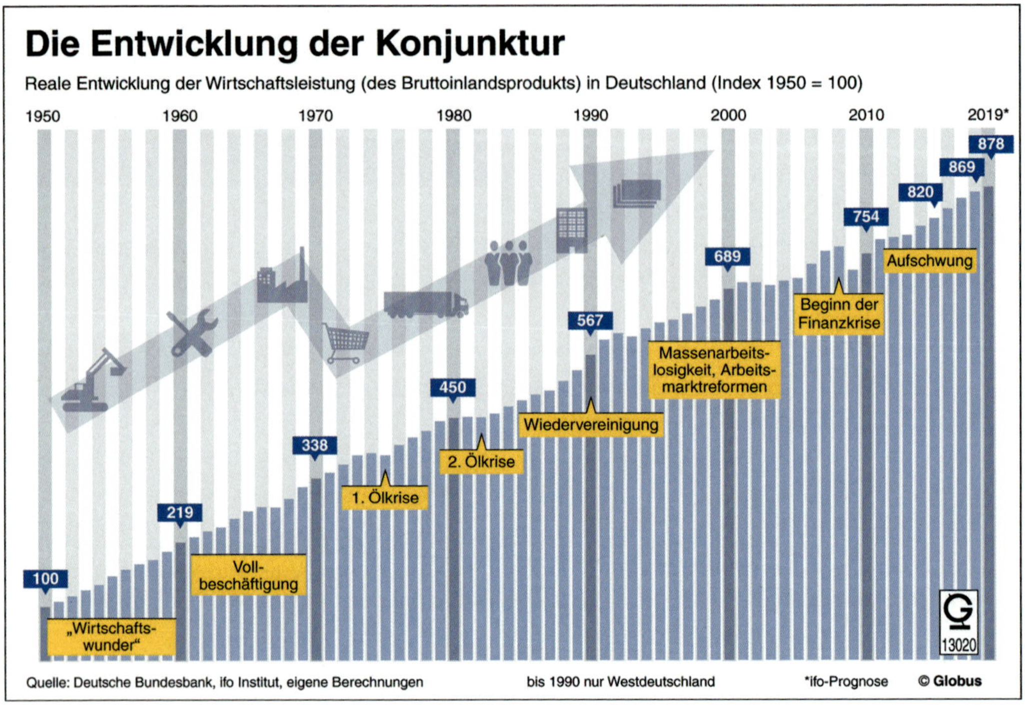

Die Konjunktur und ihre Schwankungsbreite folgen in der Realität keiner eindeutigen Regelmäßigkeit. In der Theorie geht man dennoch von einem Konjunkturmodell aus, das **vier Konjunkturphasen** (Zyklen) in einen idealtypischen **Konjunkturzyklus** festlegt.

Ein idealtypischer **Konjunkturzyklus** besteht aus **Aufschwung** (Expansion, Erholung), **Hochkonjunktur** (Boom, Prosperität), **Abschwung** (Rezession) und **Tiefpunkt** (Depression, Krise).

- **Aufschwung** (Expansion, Erholung)
  Diese Phase leitet den neuen Zyklus ein und folgt dem Tiefpunkt des alten Zyklus. In dieser Phase ist eine positive Grundstimmung wahrnehmbar. Die gesamtwirtschaftliche Auslastung der Produktion steigt, freie Kapazitäten werden genutzt und die Investitionsneigung nimmt zu. Die Zukunftsaussichten sind positiv, die Wirtschaft erholt sich langsam und die Zuwachsraten zum realen BIP steigen.

- **Hochkonjunktur (Boom, Prosperität)**
  In der Boom-Phase sind die Produktionskapazitäten am Limit. Eine Produktionssteigerung kann nur durch Erweiterungsinvestitionen erreicht werden. Die Produktionsfaktoren (Arbeit/Boden/Kapital) werden knapp. Das allgemeine Preisniveau steigt, die Kaufkraft der Einkommen sinkt. Die Zuwachsraten des realen BIP werden geringer.

- **Abschwung (Rezession)**
  Die Hochkonjunktur leitet eine pessimistische Grundhaltung und damit den Abschwung ein. Dies führt zu einem Rückgang der Auftragseingänge, der die Investitionsneigung der Unternehmen verringert und in einem Beschäftigungsrückgang endet. Die gesamtwirtschaftliche Nachfrage geht zurück. Das Wachstum des realen BIP stagniert.

- **Tiefpunkt (Depression, Krise)**
  Der Abschwung erreicht seinen Höhepunkt in der Depression. In dieser Phase sind die Produktionskapazitäten seit längerem unterdurchschnittlich beansprucht. Die Lagerbestände sind hoch, ebenso wie die Arbeitslosenquote. Die Nachfrage nach Konsum- und Investitionsgütern erreicht ihren Tiefpunkt.

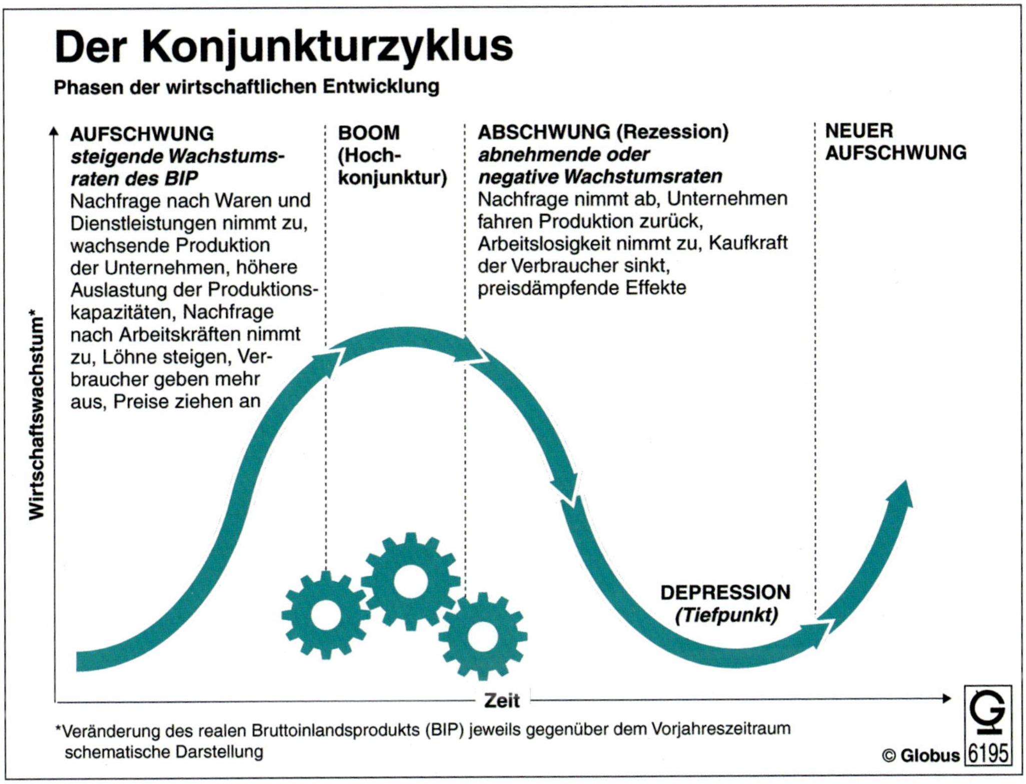

Die dargestellten vier Phasen des Konjunkturzyklus gehen in der Realität ineinander über, weshalb die theoretische Abgrenzung der Phasen nicht eindeutig auf die Realwirtschaft übertragbar ist.

Konjunkturzyklus und Trend

Der Konjunkturverlauf zeigt sogenannte **Wendepunkte**. Im Zustand der Hochphase (Boom) wird beispielhaft ein Umbruch in die Rezession eingeleitet (oberer Wendepunkt). Jeder Konjunkturzyklus verläuft über mehrere Jahre zwischen den unteren (bzw. oberen) Wendepunkten. Diese Zeit wird gemessen und als Zyklus bezeichnet.

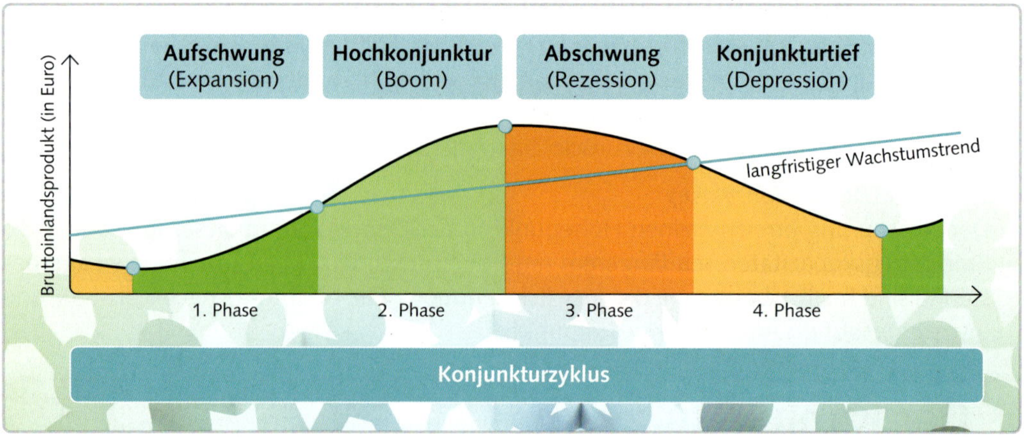

Die Schwankungen (Auf- und Abwärtsbewegungen) der Gesamtwirtschaft werden regelmäßig als Abweichungen vom **langfristigen Wachstumstrend** bezeichnet. Die **Trendlinie** zeigt den stetigen Wirtschaftswachstumspfad an, eine Entwicklung ohne Schwankungen, die in der Realität nicht vorkommt. Der Trend dient als Gradmesser einer langfristigen Entwicklung, gemessen am realen BIP.

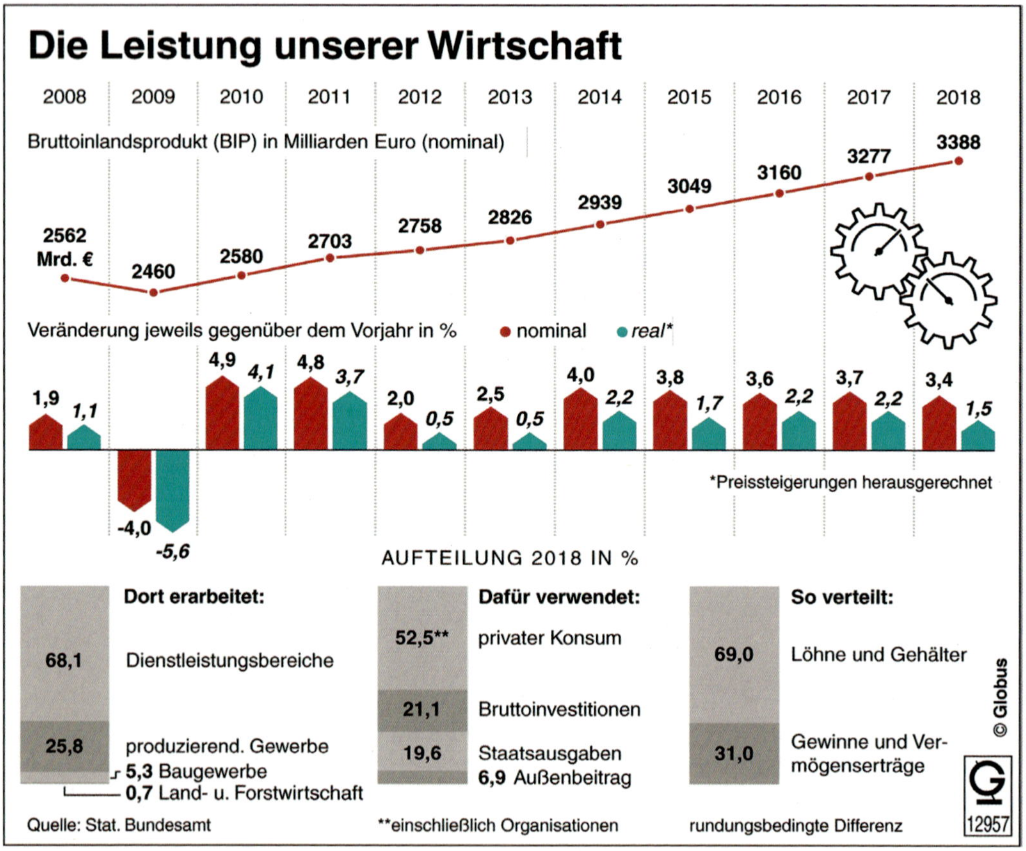

3.3.2 Konjunkturindikatoren

Mithilfe von Konjunkturindikatoren ist es möglich, die aktuelle Konjunkturphase zu bestimmen. Das Wissen um die jeweilige Phase ist notwendig, um über Vorhersagen zur wirtschaftlichen Entwicklung geeignete wirtschaftspolitische Maßnahmen ergreifen zu können. Greift der Staat korrigierend in die gesamtwirtschaftliche Situation ein, spricht man in diesem Zusammenhang von Konjunkturpolitik.

Unter **Konjunkturindikatoren** versteht man Kennzahlen, die die gegenwärtige Konjunkturphase anzeigen (Diagnose) und Vorhersagen über die zukünftige Entwicklung ermöglichen (Prognose).

Staatliche Konjunkturpolitik ist auf diejenigen wirtschaftspolitischen Maßnahmen ausgerichtet, die die Fehlentwicklungen des Marktes und damit die wirtschaftlichen Schwankungen auszugleichen versuchen. Das Ziel ist die Stabilisierung der wirtschaftlichen Entwicklung und die Sicherung und Erhaltung des allgemeinen Wohlstandsniveaus durch ein gleichmäßiges Wirtschaftswachstum.

Die jeweils aktuelle Konjunkturphase kann durch drei Gruppen von Konjunkturindikatoren festgestellt werden.

Konjunkturindikatoren

Frühindikatoren	**Gegenwarts**indikatoren	**Spät**indikatoren
Frühindikatoren haben einen zeitlichen Vorsprung. Ihre Veränderung dient der Prognose des künftigen Konjunkturverlaufs.	Gegenwartsindikatoren reagieren zeitgleich mit bestimmten konjunkturellen Veränderungen.	Spätindikatoren antworten mit einer zeitlichen Verzögerung auf die in der jeweiligen Konjunkturphase erfolgte Veränderung.
Beispiele	**Beispiele**	**Beispiele**
■ Börsenkurse ■ Geschäftsentwicklung (Ifo-Geschäftsklima-Index) ■ Baugenehmigungen ■ Konsumbereitschaft ■ Auftragseingang ■ Lagerbestand ■ Zinsstrukturkurve	■ Kreditnachfrage ■ Kapazitätsauslastung (Produktion von Konsum- und Investitionsgütern) ■ Wachstumsrate des realen BIP ■ Umsatzstatistik (Handelsunternehmen)	■ Lohn- und Gehaltsniveau ■ Arbeitslosenquote ■ Preisniveau ■ Beschäftigungsgrad ■ Unternehmensinsolvenzen

Eine Einschätzung bzw. Prognose für die künftige Konjunkturentwicklung einer Volkswirtschaft bedarf der Gesamtbetrachtung aller Indikatoren und wird von unterschiedlichen Institutionen durchgeführt. Eine renommierte Gruppe in diesem Feld bildet der „Sachverständigenrat zur Begutachtung der wirtschaftlichen Entwicklung (Die fünf Wirtschaftsweisen)".

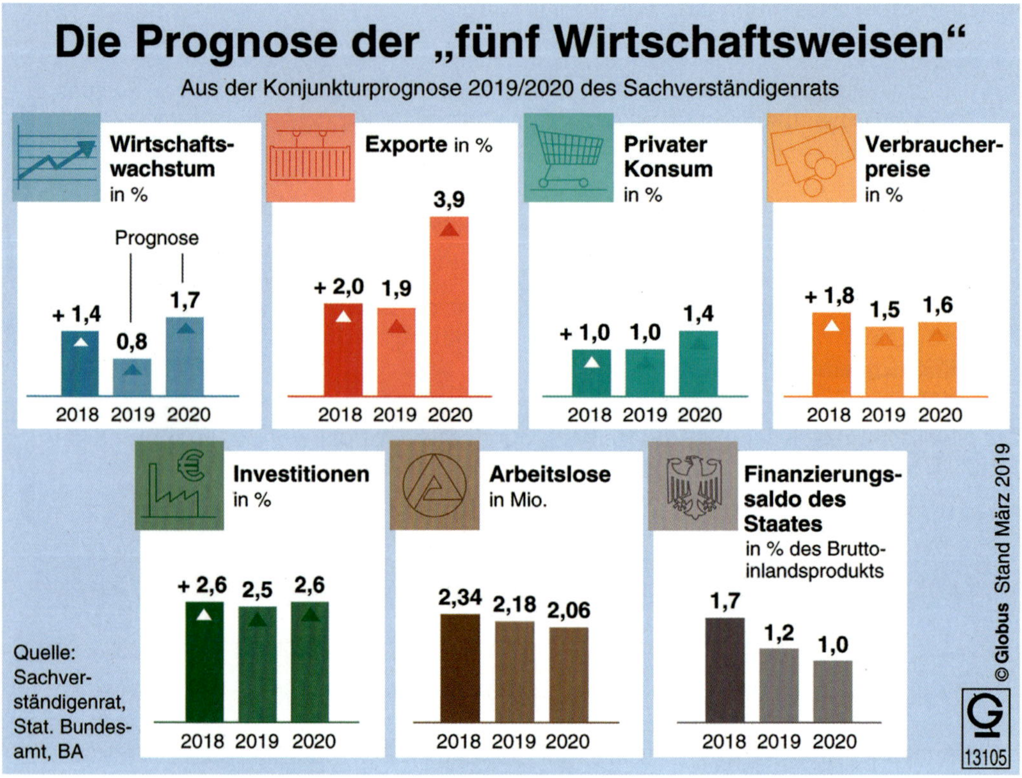

StabG § 1

Die **Konjunkturpolitik** ist Teil der **Wirtschaftspolitik**. Sie nimmt Einfluss auf die Ziele des Stabilitätsgesetzes durch geeignete Maßnahmen u. a. zur Förderung der Beschäftigung (z. B. Lohnkostenreduktion) und des Wirtschaftswachstums (z. B. Grundlagenforschung).

3.3.3 Zusammenhang zwischen Konjunkturphasen und -indikatoren

Konjunkurindikatoren	Konjunkturphasen: Aufschwung	Hochkonjunktur	Abschwung	Tiefpunkt
Frühindikator				
Auftragslage	steigend	hoch (Limit)	stark sinkend	schwacher Wert (stagnierend)
Geschäftsentwicklung	sehr positiv	positiv (abwartend)	stark negativ	negativ (stagnierend)
Gegenwartsindikator				
Preisniveau	konstant (leicht steigend)	stark steigend	leicht sinkend	niedrig (Preisverfall)
Konsum	steigend	hoch (langsam fallend)	fallend	niedrig (abwartend)
Spätindikator				
Lohn und Gehalt	steigend	hoch (schneller Anstieg)	leicht steigend (stagnierend)	stagnierend
Arbeitslosenquote	sinkt	niedriges Niveau	ansteigend	hoch (stagnierend)

3.3.4 Strukturwandel und -krisen

Der Strukturwandel und die Konjunktur hängen zusammen. In den Konjunkturphasen wird er sichtbar.

Der Strukturwandel ist das Kennzeichen der (Sozialen) Marktwirtschaft. Er wird durch ihren Wettbewerb hervorgerufen. Der Wettbewerb führt zu einem veränderten Nachfrageverhalten, einem Wandel bei Preisen oder verfügbaren Ressourcen und technischem Fortschritt. Auch die Globalisierung ist als Ursache des Strukturwandels relevant.

- Die Veränderung des **Nachfrageverhaltens** kann psychologische und politische Ursachen haben und ist auch durch den demografischen Wandel bedingt. Das Altern und Schrumpfen der deutschen Bevölkerung wirken sich sowohl auf das Nachfrageverhalten als auch auf die Verfügbarkeit und Preise von Produktionsfaktoren wie zum Beispiel „Arbeit" aus.
- Strukturwandel wird auch durch die Angebotsfaktoren befördert. Rohstoffe und Energie sind zunehmend knapp und folglich teuer. Diese Veränderung zwingt Unternehmen auf ressourcensparende Verfahren bei der Produktion umzustellen. Dies gilt ferner für die Produktionsfaktoren Arbeit und Kapital (Geld und Kredit). Verteuert sich ein Produktionsfaktor im Verhältnis zu einem anderen, so wird der teurere Produktionsfaktor durch einen günstigeren ersetzt.
- Der technische Fortschritt ist einer der bedeutendsten Faktoren des wirtschaftlichen Strukturwandels. Als klassisches Beispiel gilt die Veränderung der Agrar- zur Industriegesellschaft. Seither bewegt sich der technische Fortschritt stetig. Insbesondere der Bereich der Informations- und Kommunikationstechnologie (Digitalisierung) führt zu weitreichenden Veränderungen. Für die Gesellschaft hat dies einen überwiegend positiven Effekt. Betroffene Beschäftigte oder ganze Branchen können hierdurch jedoch auch negative Auswirkungen erfahren. Die Automobilbranche, die zunehmend automatisiert produziert, zeigt dies eindringlich. Arbeitnehmern, die schlecht ausgebildet oder wenig flexibel sind, droht meist die Arbeitslosigkeit. Der technische Fortschritt führt somit einerseits zu einem Verlust von Arbeitsplätzen in veralteten Industriesektoren, aber andererseits zu zahlreichen innovativen Tätigkeiten.
- Die Veränderungen, die infolge der Globalisierung entstehen, sind neue Herausforderungen für die Wettbewerbsfähigkeit von Unternehmen. Um wettbewerbsfähig zu bleiben, sind Standortverlagerungen ins kostengünstigere Ausland keine Seltenheit. Die Globalisierung öffnet und vergrößert den Markt. Dies erhöht den Wettbewerbsdruck, der zwangsläufig den Innovationsdruck der Unternehmen verstärkt. Die Unternehmen sind gefordert, schnell und flexibel auf die Strukturveränderungen der internationalen Märkte zu reagieren. Damit steigt das Arbeitsmarktpotenzial für hoch qualifizierte Arbeitnehmer.

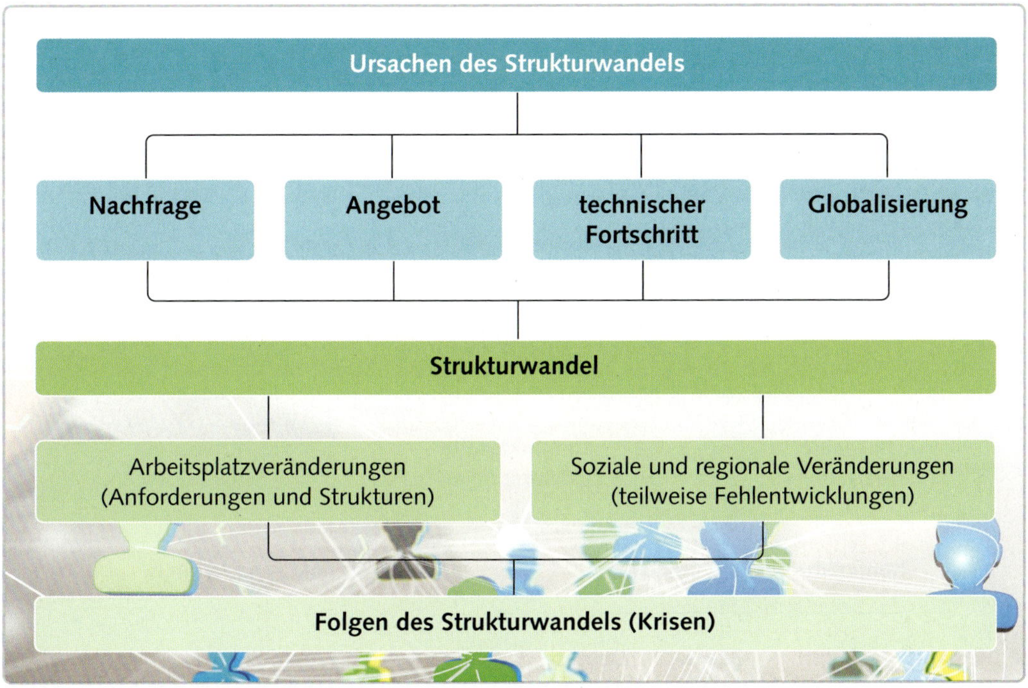

Der Strukturwandel bedingt das Wirtschaftswachstum. Er ist mitverantwortlich für Wachstums- und Schrumpfungsprozesse.

Der Strukturwandel vollzieht sich in der Realität nicht störungsfrei. Insbesondere die strukturschwachen Branchen und Regionen sehen sich vor erhebliche Anpassungsprobleme gestellt, die mit tiefgreifenden ökonomischen und sozialen Krisen, sog. **Strukturkrisen** einhergehen können. Als Krisenphänomene gelten u. a. die strukturelle Arbeitslosigkeit oder die Wahrung der einheitlichen Lebens- und Wohlstandsverhältnisse.

Um mögliche negative gesellschaftspolitische Folgen des Strukturwandels (Strukturkrisen) zu mildern, nimmt der Staat durch geeignete **sektorale Strukturpolitik** (z. B. Subventionierung der Industriepolitik) oder **regionale Strukturpolitik** (z. B. Ost–West, Land–Stadt) Einfluss auf den Wandel, ohne diesen dauerhaft verhindern zu wollen.

Die Träger der Strukturpolitik sind überwiegend die Europäische Union, der Bund und die Länder. Als wichtige Instrumente der Strukturpolitik gelten Maßnahmen zur **Förderung der Infrastruktur** (z. B. Ausbau von Autobahnen zur Gewerbeansiedlung) und zur monetären **Subventionierung** von Branchen oder Unternehmen (z. B. Steuererleichterungen oder Finanzhilfen).

Zusammenfassung und Lernkontrolle

Zusammenfassung

Konjunktur

Die Konjunktur beschreibt bestimmte zeitliche Zyklen (kurz- oder langfristig) und damit die regelmäßige (normale) Auf- und Abwärtsbewegung der Gesamtwirtschaft.

Konjunkturschwankungen

- **saisonale** Schwankungen
- **konjunkturelle** Schwankungen
  - **Konjunkturphasen/-zyklus**
    - **Expansion**
    - **Boom**
    - **Rezession**
    - **Depression**
  - **Konjunkturindikatoren**
    - **Frühindikator** (z. B. Geschäftsentwicklung)
    - **Gegenwartsindikator** (z. B. Preisniveau)
    - **Spätindikator** (z. B. Arbeitslosenquote)
- **strukturelle** Schwankungen

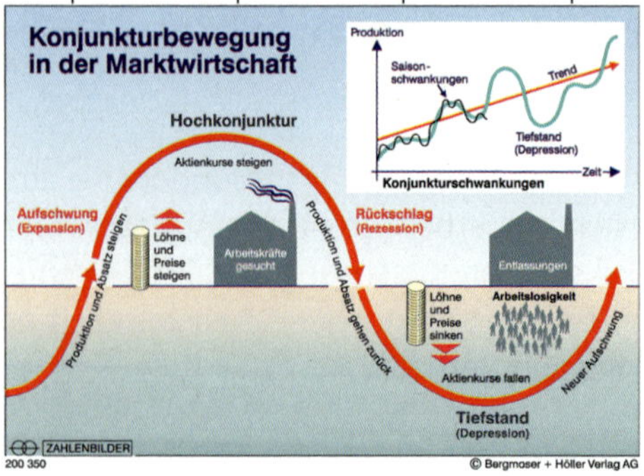

Ursachen des Strukturwandels

- **Nachfrageverhalten** (Marktteilnehmer, Haushalte und Unternehmen)
- **Angebot** (Arbeit und Kapital)
- **technischer Fortschritt** (Innovationen)
- **Globalisierung** (internationale Arbeitsteilung und Marktöffnung)

sektoraler und/oder regionaler Strukturwandel

Folgen des Strukturwandels (ggf. Strukturkrisen)

Arbeitsplatzveränderungen (Anforderungen und Strukturen) | Soziale und regionale Veränderungen (teilweise Fehlentwicklungen)

Strukturpolitik (Eingriff durch Korrekturmaßnahmen)

Lernkontrolle

Aufgabe 1

Erklären Sie den Begriff Konjunktur.

Aufgabe 2

Erklären Sie den Zusammenhang zwischen saisonalen Schwankungen und Trendlinie.

Aufgabe 3

Zeichnen Sie ein Schaubild mit Achsenbeschriftung und idealtypischem Konjunkturverlauf. Ordnen Sie den unterschiedlichen Phasen passende Konjunkturindikatoren zu.

Aufgabe 4

Beschreiben Sie die Notwendigkeit von Konjunkturindikatoren für Maßnahmen der Konjunkturpolitik.

Aufgabe 5

Internetrecherche

Recherchieren Sie Informationen zur aktuellen Konjunkturlage der Bundesrepublik Deutschland. Werten Sie diese Informationen aus und ordnen Sie die Zahlen dem idealtypischen Konjunkturverlauf zu. Visualisieren Sie die Lösung in einer Grafik.

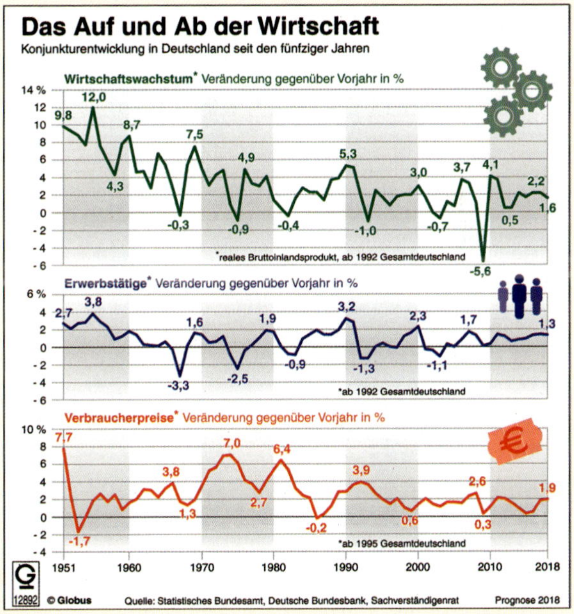

Aufgabe 6

Interpretieren Sie die Grafik und beurteilen Sie die konjunkturelle Lage in Deutschland.

Aufgabe 7

Erklären Sie das Entstehen von Strukturkrisen anhand von drei Ursachen.

Aufgabe 8

Beurteilen Sie die Notwendigkeit staatlicher Wirtschaftspolitik (Konjunktur- und Strukturpolitik) im System der Sozialen Marktwirtschaft.

3.4 Geldpolitik des Europäischen Systems der Zentralbanken (ESZB)

3.4.1 EZB, ESZB und Eurosystem

Die **Europäische Zentralbank (EZB)** mit Sitz in Frankfurt am Main (Deutschland) ist seit dem 01.01.1999 für die Durchführung der Geldpolitik im Euro-Währungsgebiet verantwortlich. Als politisch **unabhängiges Organ** der Europäischen Union (EU) bildet sie den Kern des **Europäischen Systems der Zentralbanken (ESZB)** und des **Eurosystems**.

Die **EZB** und die **nationalen Zentralbanken** (NZBs) der **19 Mitgliedsstaaten** der Europäischen Union, die den Euro als Währung eingeführt haben (Euroländer), bilden gemeinsam das **Eurosystem** (Euro-Währungsgebiet)[1].

Die **EZB** und die **NZBs aller 28 EU-Mitgliedstaaten,** d.h. unabhängig davon, ob diese Mitgliedsstaaten den Euro als Währung eingeführt haben oder nicht, bilden das **ESZB**[2].

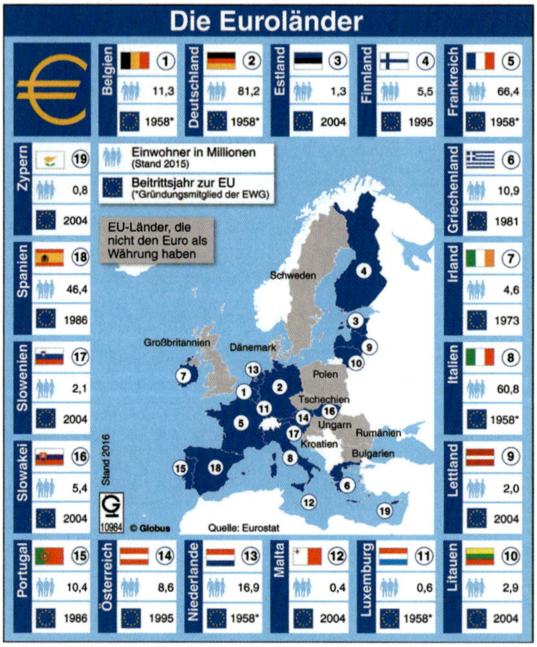

1 Ein potentieller neuer Mitgliedsstaat der europäischen Union muss vor dem Beitritt in das Euro-Währungsgebiet die Konvergenzkriterien erfüllen, die die wirtschaftlichen und rechtlichen Voraussetzungen für die Teilnahme an der Wirtschafts- und Währungsunion festlegen.
Weitere Informationen finden Sie über den QR-Code:
https://www.ecb.europa.eu/ecb/orga/escb/html/convergence-criteria.de.html

2 Die Unterscheidung zwischen ESZB und Eurosystem wird nebeneinander weiterbestehen, solange es EU-Mitgliedstaaten gibt, die nicht dem Eurosystem (Euro-Währungsgebiet) angehören.

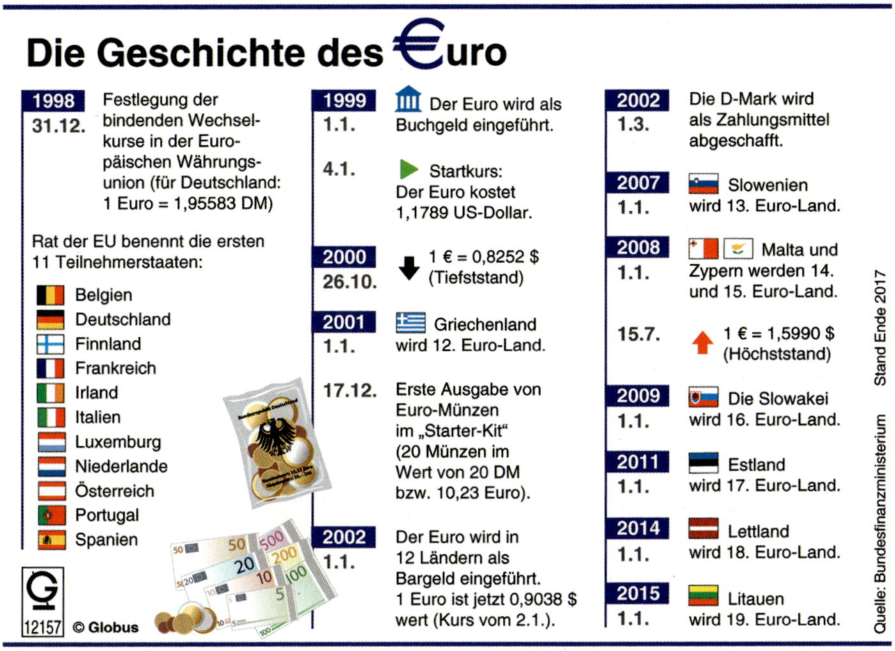

3.4.2 Zielsetzung

AEUV Art. 127 Abs. 1

In Artikel 127 (1) AEUV (Vertrag über die Arbeitsweise der Europäischen Union[3]) ist das vorrangige Ziel des ESZB, die Preisniveaustabilität[4] zu gewährleisten. Dieses **geldpolitische Ziel** gilt dabei als Herausforderung für die Europäische Union (EU) als Ganze.

Die ESZB unterstützt darüber hinaus, soweit dies ohne Beeinträchtigung des Zieles der Preisniveaustabilität möglich ist, die allgemeine Wirtschaftspolitik in der EU. Die Ziele der EU sind vielfältig. Im wirtschaftlichen Zielkorridor ist eine nachhaltige Entwicklung Europas zu gewährleisten. Hierzu zählen ein ausgewogenes Wirtschaftswachstum, eine stabile Preisniveaustabilität sowie eine in hohem Maße wettbewerbsfähige soziale Marktwirtschaft, die auf Vollbeschäftigung und sozialen Fortschritt abzielt.

3.4.3 Funktion und Aufgaben

AEUV Art. 127 Abs. 2

Die EZB ist ein offizielles Organ der EU. Sie fungiert unabhängig als zentrale Institution des Eurosystems und des Bankenaufsichtssystems (Einheitlicher Aufsichtsmechanismus –

3 Der Vertrag über die **Arbeitsweise der Europäischen Union (AEUV)** zählt zum Primärrecht der EU. Basis des AEUV ist der EWG-Vertrag aus 1957. Änderungen erfolgten durch den Vertrag von Maastricht (EG-Vertrag, EGV), den Vertrag von Nizza und den Vertrag von Lissabon.
Weitere Informationen zum AEUV finden Sie über den QR-Code: http://www.aeuv.de/

4 Die Preisniveaustabilität bezieht sich auf das allgemeine Preisniveau innerhalb einer Volkswirtschaft und bedeutet, dass sowohl andauernde Inflation als auch Deflation vermieden werden sollen. Der EZB-Rat hat den Anstieg des Harmonisierten Verbraucherpreisindex (HVPI) im Euro-Währungsgebiet von unter (aber nahe) 2 % gegenüber dem Vorjahr als Richtwert definiert.

SSM[5]). Diese Funktion und die mit ihr verbundenen Aufgaben übt die EZB in enger Absprache mit den nationalen Zentralbanken des Eurosystems aus. Alle Mitglieder des Eurosystems tragen damit strategisch und operativ zu den Zielen des Eurosystems bei, indem die Aufgaben in Kooperation und Teamarbeit wahrgenommen werden.

Der institutionelle Rahmen für die einheitliche Geldpolitik schützt die EZB gegen jegliche Arten von politischer oder wirtschaftlicher Einflussnahme. Die **Unabhängigkeit der EZB** beruht auf fünf Säulen.

Europäische Zentralbank (EZB)

Institutionelle Unabhängigkeit	**Persönliche** Unabhängigkeit	**Operative** Unabhängigkeit	**Finanzielle** Unabhängigkeit	**Rechtliche** Unabhängigkeit
Die EZB und NZBs dürfen keine Weisungen von Organen der EU oder Regierungen etc. einholen und diese dürfen wiederum keinen Einfluss auf sie ausüben.	Die Mitglieder des EZB-Direktoriums werden auf 8 Jahre berufen, ohne Wiederwahl, was die Objektivität der Entscheidungen erhöht.	Die Geldpolitik liegt einzig bei der EZB. Um Druck der Staaten auf die NZBs zu verhindern, sind Kredite an öffentliche Haushalte verboten.	Die EZB und NZBs generieren eigene Einnahmen und verfügen über einen eigenen Haushalt.	Die eigene Rechtspersönlichkeit der EZB sichert ihre Unabhängigkeit, ggf. über den Europäischen Gerichtshof.

Alle Mitglieder des Eurosystems handeln mit **eigener Rechtspersönlichkeit,** aber integrativ und transparent innerhalb des Eurosystems. Sie sind für die effektive Erfüllung ihrer Aufgaben selbst verantwortlich und rechenschaftspflichtig.

Die europäischen Tätigkeitsfelder (Zuständigkeitsbereiche) der nationalen Zentralbanken (NZBs) werden eindeutig durch die Beschlussorgane der EZB festgelegt und sind nach erlassenen Vorschriften auszuführen (Grundsatz der Dezentralisierung).

5 SSM (engl.) steht für **Single Supervisory Mechanism**.
Weitere Informationen zum SSM finden Sie über den QR-Code: https://www.bankingsupervision.europa.eu/about/thessm/html/index.en.html

Die Beschlussorgane[6] der EZB stehen an der Spitze des ESZB (Eurosystems) und bestehen aus **EZB-Rat** und **EZB-Direktorium**. Die Entscheidungsfindung innerhalb des ESZB ist folglich zentralisiert. Der **erweiterte Rat** gilt als drittes Beschlussorgan der EZB, solange nicht alle EU-Mitgliedsstaaten dem Eurosystem angehören.

Zu den **grundlegenden Aufgaben** des Eurosystems gehören laut Artikel 127 (2) AEUV

- die Geldpolitik für das Euro-Währungsgebiet festzulegen und auszuführen,
- Devisengeschäfte durchzuführen,
- die offiziellen Währungsreserven der Mitgliedstaaten des Eurogebiets zu halten und zu verwalten (Portfoliomanagement) und
- das reibungslose Funktionieren der Zahlungssysteme zu fördern.

Zur Erfüllung der genannten grundlegenden (geldpolitischen) Aufgaben ist die EZB auch für die Aufsicht über Kreditinstitute, die in teilnehmenden Mitgliedstaaten niedergelassen sind, zuständig. Diese Aufgaben nimmt die EZB innerhalb eines **Einheitlichen Aufsichtsmechanismus** wahr, der aus der EZB und den nationalen zuständigen Behörden besteht.

AEUV
Art. 127
Abs. 6

Neben diesen grundlegenden Aufgabenbereich fallen **weitere Aufgaben**, wie z. B.:

- Banknoten
  Die EZB hat das ausschließliche Recht, die Ausgabe von Banknoten innerhalb des Euroraums zu genehmigen (Geldmengensteuerung).
- Statistik
  Zur Wahrnehmung der Aufgaben des ESZB erhebt die EZB in Zusammenarbeit mit den NZBs statistische Daten (z. B. Geldmenge und Inflationsniveau von Mitgliedsländern).
- Finanzstabilität und Aufsichtsfragen
  Zur Sicherstellung der Stabilität des Finanzsystems sind die zuständigen Behörden der ESZB angehalten, die Kreditinstitute des Eurosystems zu beaufsichtigen und gegebenenfalls zu sanktionieren.
- Inner- und außereuropäische Zusammenarbeit
  Für die Aufgabenwahrnehmung unterhält die EZB sogenannte Arbeitsbeziehungen mit den relevanten Organen und Einrichtungen innerhalb und außerhalb der EU.

6 Informationen zu den Beschlussorganen, wie Zusammensetzung der jeweiligen Beschlussorgane mit Tätigkeitsbereichen, Verflechtungen und Amtszeiten finden Sie über den QR-Code: https://www.ecb.europa.eu/ecb/orga/decisions/govc/html/index.de.html

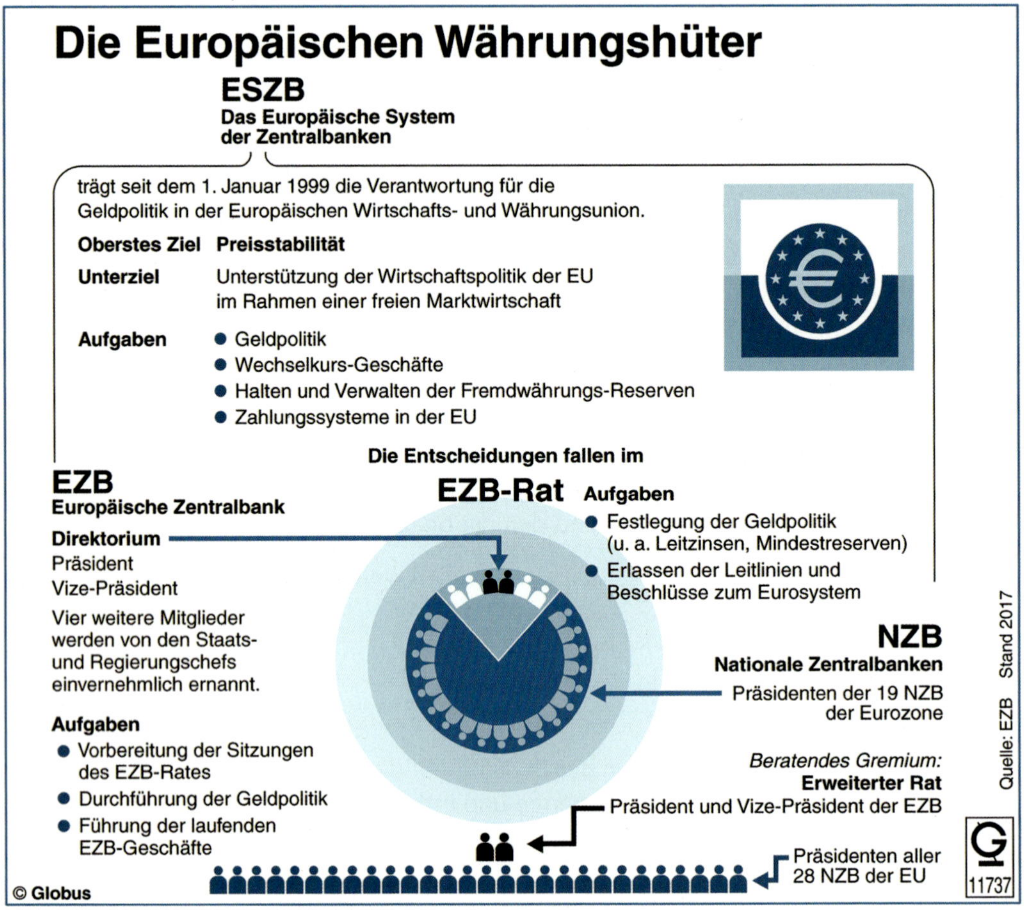

3.4.4 Strategie und Instrumente der Geldpolitik

Die Instrumente der Geldpolitik sind auf das primäre Ziel der Preisniveaustabilität im Eurosystem ausgerichtet. Der EZB-Rat entwickelt auf der Grundlage einer vielfältigen **wirtschaftlichen** und **monetären Analyse** von volkswirtschaftlichen Daten seine geldpolitische Strategie. Damit begründet sich die Geldpolitik der EZB auf zwei komplementären Ansätzen, der sogenannten **Zwei-Säulen-Strategie**.

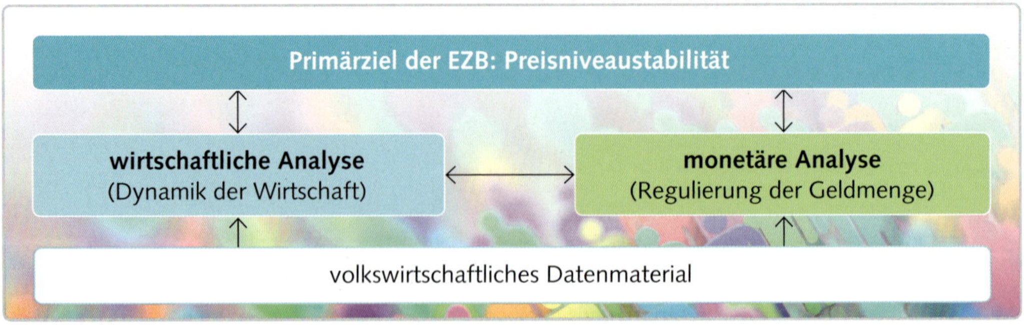

BEISPIEL

Die **wirtschaftliche (ökonomische) Analyse** dient der **realwirtschaftlichen Beurteilung** von kurz- bis mittelfristigen Risiken für die Preisniveaustabilität. Sie umfasst die Beurteilung von vergangenen und künftigen volkswirtschaftlichen Daten, wie die Dynamik (Entwicklung) von Angebot und Nachfrage im Arbeits- und Gütermarkt (z. B. Lohn-, Preis- oder Produktionsniveau).

Um auf längerfristige Inflationsrisiken Einfluss zu nehmen, konzentriert sich die **monetäre Analyse** auf den langfristigen Zusammenhang zwischen Geldmenge, Preisen und Beschäftigung. Die Steuerung der Geldmengenentwicklung (Geldmengenwachstum) im Euroraum dient als wesentliche Regulierungsgröße für wirtschaftliche Stabilität.

Geldmenge und Leitzinsen

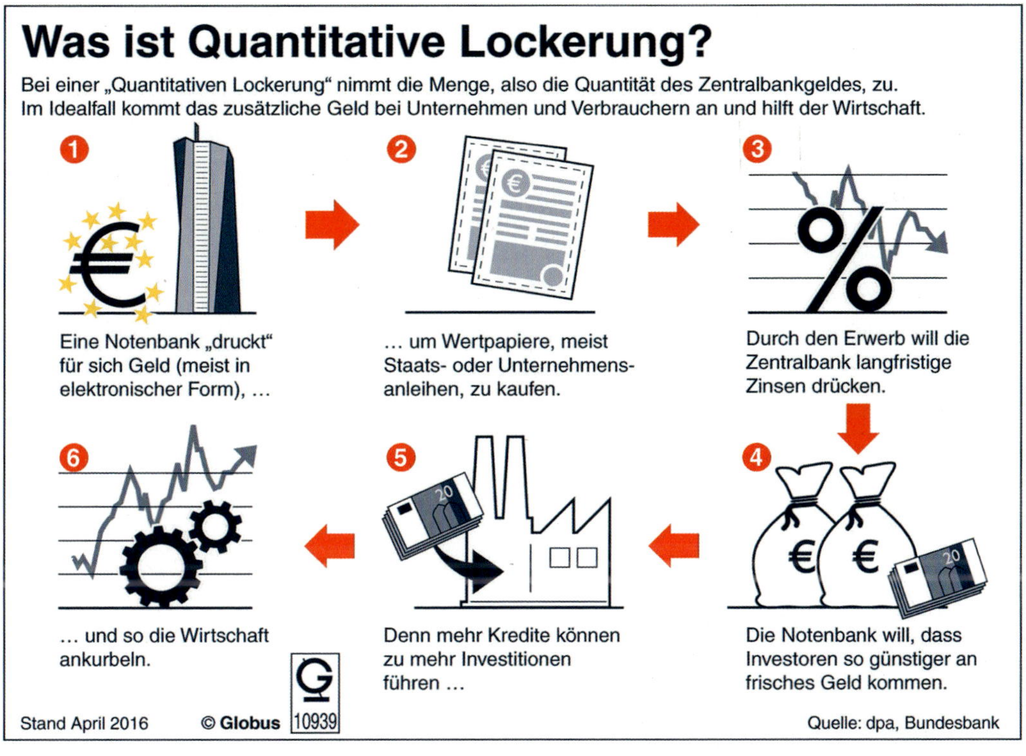

Die Grafik *„Was ist Quantitative Lockerung?“* zeigt die Beeinflussung des Zinsniveaus durch die EZB auf dem Euro-Geldmarkt. Die Geldmengenerhöhung führt zu niedrigeren Zinsen und vergünstigt damit die Kreditbedingungen. Dadurch können sich vorrangig Geschäftsbanken (z. B. Volksbanken, Sparkassen oder Kreditbanken) günstiges Geld von der Zentralbank leihen. Dies nennt man Refinanzierung. Weil die Refinanzierungskosten der Banken durch die niedrigen Zinsen sinken, kann die günstige und neu gewonnene Liquidität an ihre Kunden (z. B. Privathaushalte, Unternehmen) über ebenfalls günstige Kredite weitergegeben werden. Bei einer allgemein positiven Grundstimmung und Zukunftserwartung kann dies ein Mittel zum Antrieb der gesamtwirtschaftlichen Nachfrage sein und langfristig zum Wirtschaftswachstum beitragen.

Die Geldmittelbeschaffung der Geschäftsbanken über die EZB wird als **Refinanzierung** bezeichnet.

Die **Leitzinsen** sind das wichtigste Instrument für die Steuerung der Geldmenge (Zentralbankgeld). Sie sind die von der EZB festgelegten Zinssätze, zu denen sich die Geschäftsbanken bei der EZB Liquidität beschaffen oder überschüssige Geldreserven anlegen können. Leitzinsen stellen das zentrale geldpolitische Instrumentarium dar, denn sie beeinflussen (bzw. „leiten") maßgeblich die Zinsverhältnisse am Euro-Geldmarkt und darüber auch die allgemeine Zinsentwicklung.

Eine **Anhebung der Leitzinsen** führt tendenziell zu einem allgemeinen Anstieg des Zinsniveaus. Dies wiederum mäßigt die allgemeine Kreditnachfrage und damit das Wirtschaftswachstum. Diese **restriktive**[7] **Geldpolitik** der EZB soll einem inflationären Anstieg des Preisniveaus durch die Reduzierung (Beschränkung) der umlaufenden Geldmenge im Euroraum entgegenwirken.

Eine **Absenkung der Leitzinsen** führt regelmäßig dazu, dass das allgemeine Zinsniveau auf dem Kapitalmarkt sinkt und Kredite billiger werden. Diese **expansive Geldpolitik**[8] der EZB soll durch eine verstärkte Kreditnachfrage zu einer Erhöhung (Ausdehnung) der umlaufenden Geldmenge führen und in der Tendenz das Wirtschaftswachstum steigern.

Die EZB verfolgt seit mehreren Jahren eine expansiv geprägte Geldpolitik im Euroraum.

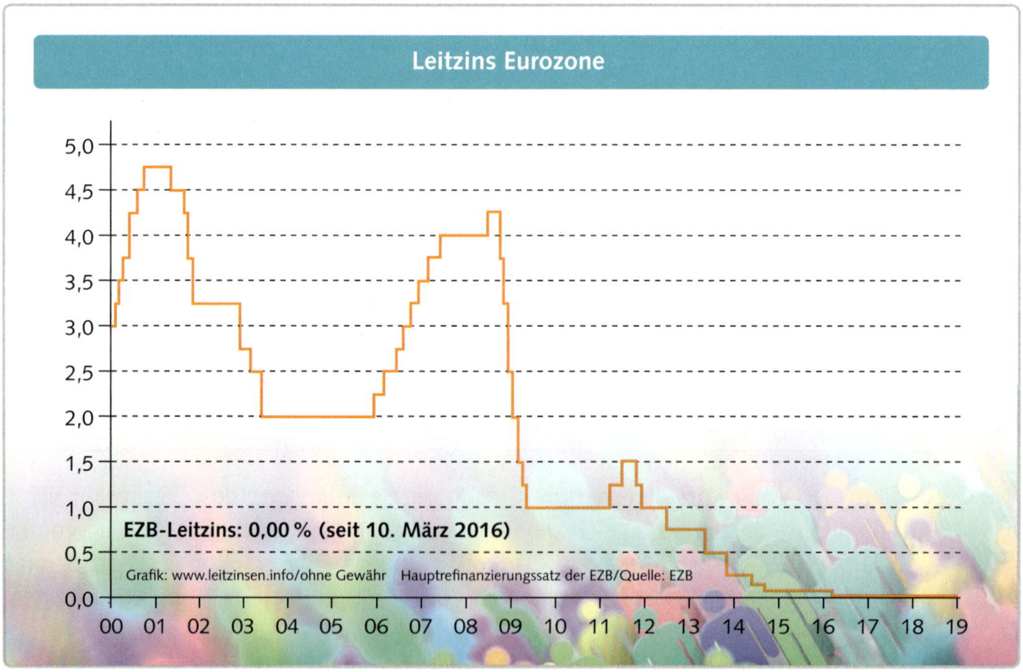

7 Das Wort „restriktiv" bedeutet „beschränkend".
8 Das Wort „expansiv" bedeutet „ausdehnend".

Als **Leitzinsen** im Eurosystem gelten die Zinssätze für das **Hauptrefinanzierungsgeschäft**, für die **Einlagefazilität** und für die **Spitzenrefinanzierungsfazilität**.

Geldpolitische Instrumente[9]

BEISPIEL

Zur Erreichung seiner geldpolitischen Ziele stehen dem Eurosystem eine Reihe geldpolitischer Instrumente zur Verfügung. Das Eurosystem führt Offenmarktgeschäfte durch, bietet ständige Fazilitäten an und verlangt von Kreditinstituten, Mindestreserven auf Konten im Eurosystem zu halten.

Geldpolitische Instrumente der EZB

- **1. Offenmarktgeschäfte**
- **2. Ständige Fazilitäten**
- **3. Mindestreservepolitik**

1. Offenmarktgeschäfte

Als Offenmarktgeschäft wird eine geldpolitische Operation bezeichnet, die auf Initiative der EZB erfolgt. Mit einem Offenmarktgeschäft kann entweder das Ziel verfolgt werden, den Banken Zentralbankgeld („Liquidität") bereitzustellen, oder aber ihnen Liquidität zu entziehen. Nachfolgende Arten von Offenmarktgeschäften sind zu unterscheiden.

Offenmarktgeschäfte

■ Hauptrefinanzierungsgeschäfte ■ längerfristige Refinanzierungsgeschäfte	■ Feinsteuerungsoperationen	■ strukturelle Operationen

Als **Hauptrefinanzierungsgeschäft** bezeichnet das Eurosystem ein wöchentliches Offenmarktgeschäft mit einwöchiger Laufzeit. Über das Hauptrefinanzierungsgeschäft stellt das Eurosystem den Banken gegen Hinterlegung von Sicherheiten befristet Zentralbankgeld zur Verfügung. Die Hauptrefinanzierungsgeschäfte werden in der Regel als **Standardtender** durchgeführt; der sich bei diesem Verfahren ergebende Hauptrefinanzierungssatz zählt zusammen mit den Zinssätzen der ständigen Fazilitäten zu den **Leitzinsen**. Für das Euro-

9 Deutsche Bundesbank – Eurosystem (Abruf: 04.2019): https://www.bundesbank.de/de/aufgaben/geldpolitik/geldpolitischer-handlungsrahmen

system sind die wöchentlichen Hauptrefinanzierungsgeschäfte regelmäßig das wichtigste geldpolitische Instrument, mit dem es die Zinssätze und die Liquidität am Geldmarkt steuert und mit dem es Signale über seinen geldpolitischen Kurs sendet.

Ein **längerfristiges Refinanzierungsgeschäft** gehört ebenfalls zu den Offenmarktgeschäften. Das Verfahren ist ähnlich. Der wesentliche Unterschied zum Hauptrefinanzierungsgeschäft liegt in der längeren Laufzeit von regelmäßig vier Wochen, mit der Geld an die Geschäftsbanken zur Verfügung stellt wird.

Ein **Standardtender** ist ein standardisiertes Ausschreibungs- und Zuteilungsverfahren für regelmäßige Offenmarktgeschäfte, die das Eurosystem den dafür zugelassenen Banken (Geschäftspartnern) anbietet. Sie werden überwiegend für Hauptrefinanzierungsgeschäfte und längerfristige Refinanzierungsgeschäfte verwendet und werden in Form von **Mengen-** oder **Zinstendern** durchgeführt.

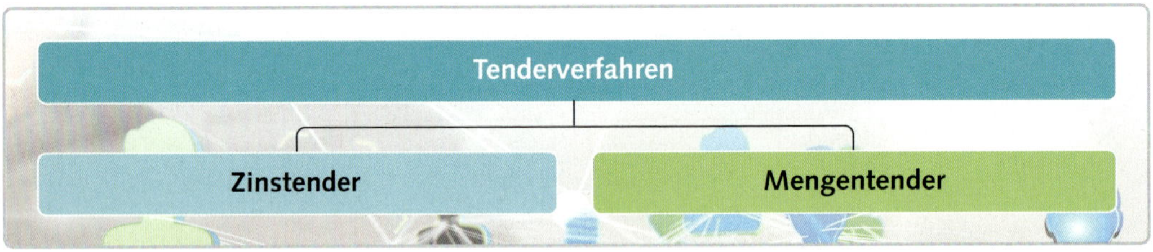

Bei einem **Zinstender** wird vorab festgelegt, wie viel Zentralbankgeld die EZB dem Bankensystem im Rahmen einer Auktion zur Verfügung stellen will. Die an der Auktion teilnehmenden Banken geben bei ihren Geboten nicht nur den gewünschten Betrag an Zentralbankgeld an, den sie ersteigern möchten, sondern auch den Zinssatz, zu dem sie das Geschäft abschließen wollen. Ähnlich wie bei einer Versteigerung erhalten die höchsten Gebote zuerst den Zuschlag. Dies geht solange, bis der Gesamtbetrag auf die höchsten Gebote verteilt ist. Gebote zum letzten noch zum Zuge kommenden Zinssatz werden gegebenenfalls nur anteilig bedient. Der niedrigste Zinssatz, bei dem eine Zuteilung gerade noch erfolgt, wird als **marginaler Zinssatz** bezeichnet.

Ein **Mengentender** ist ein Bietungs- und Zuteilungsverfahren mit vorab festgelegtem (festen) Zinssatz und Volumen an Zentralbankgeld (Liquidität). Die teilnehmenden Banken geben bei ihren Geboten den gewünschten Betrag an Zentralbankgeld an, den sie erhalten möchten. Wenn die Gesamtnachfrage das Angebot übersteigt, erhält jede Bank nur einen Teil des gewünschten Betrages, der sich nach dem Anteil des Gesamtangebots an der Gesamtnachfrage bemisst (sog. Repartierung[10]).

Verfahrensschritte beim Tenderverfahren

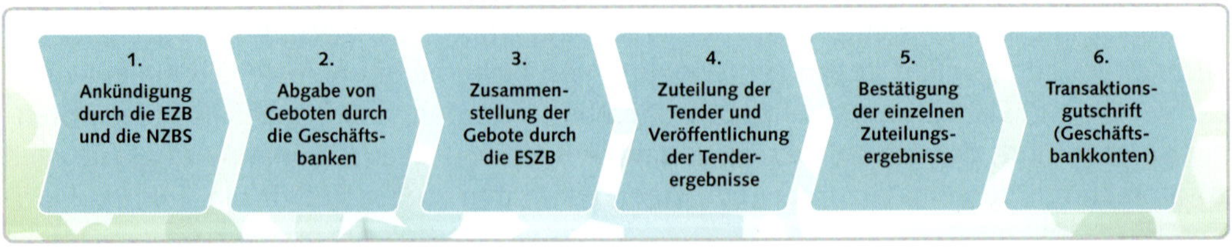

10 repartieren = zuteilen

Feinsteuerungsoperationen setzt das Eurosystem von Fall zu Fall ein, um die Auswirkungen unerwarteter Schwankungen des Bedarfs an Zentralbankgeld auf die Zinssätze auszugleichen. Mit Feinsteuerungsmaßnahmen kann Zentralbankgeld zugeführt oder abgeschöpft werden. Um Zentralbankgeld zuzuführen, kann das Eurosystem zum Beispiel sehr kurzfristige Kredite gewähren. Um Zentralbankgeld abzuschöpfen, kann es den Geschäftsbanken anbieten, Termineinlagen anzunehmen. Eine andere Art von Feinsteuerungsoperation sind Devisenswapgeschäfte[11]. Dabei kauft das Eurosystem von den Banken für kurze Zeit Devisen gegen Gutschrift von Sichteinlagen in Zentralbankgeld; dies führt den Banken Zentralbankgeld zu. Am Ende der Laufzeit müssen die Banken die Devisen wieder zu Lasten ihrer Sichteinlagen vom Eurosystem zurückkaufen. Ebenso kann das Eurosystem Devisen aus dem eigenen Bestand für einen befristeten Zeitraum verkaufen und so Zentralbankgeld zeitweise abschöpfen.

Die **strukturellen Operationen** dienen dazu, den Bedarf der Geschäftsbanken an Zentralbankgeld langfristig zu beeinflussen. Ist der Bedarf aufgrund besonderer Entwicklungen so niedrig, dass die Banken kaum noch auf Refinanzierungsgeschäfte angewiesen sind, können die geldpolitischen Instrumente nicht in gewünschter Form „greifen“. Abhilfe kann das Eurosystem beispielsweise durch den Verkauf von Schuldverschreibungen schaffen: Die kaufenden Geschäftsbanken müssen den Kaufpreis aus ihren Einlagen in Zentralbankgeld entrichten, was den Bestand an Zentralbankgeld dauerhaft verringert. Die Geschäftsbanken sind dann zur Deckung ihres Bedarfs an Zentralbankgeld wieder stärker auf die wöchentlichen Refinanzierungsgeschäfte angewiesen.

2. Ständige Fazilitäten

Die ständigen Fazilitäten zählen zu den geldpolitischen Instrumenten des Eurosystems, die die zugehörigen Kreditinstitute täglich auf eigene Initiative in Anspruch nehmen können. Die NZBs bieten zwei Varianten an. Die **Spitzenrefinanzierungsfazilität**, um, gegen geeignete Sicherheiten, Übernachtliquidität bereitzustellen und die **Einlagenfazilität**, um überschüssiges Guthaben bis zum nächsten Geschäftstag anzulegen.

> Die **ständigen Fazilitäten** dienen als kurzfristige Anlage- und Kreditmöglichkeit zu bestimmten Zinssätzen. Diese Zinssätze sind Leitzinsen, die Signale über den allgemeinen Kurs der Geldpolitik geben. Der Zinssatz für die **Spitzenrefinanzierungsfazilität** bildet regelmäßig die Obergrenze des Tagesgeldsatzes, der Zinssatz für die **Einlagefazilität** die Untergrenze des Tagesgeldsatzes.

Die geldpolitischen Instrumente der EZB sind nachfolgend tabellarisch zusammengefasst[12].

11 swap = tauschen (austauschen)

12 Quelle: https://www.ecb.europa.eu/pub/pdf/other/gendoc2008de.pdf?5af6b6a4265aed28f9e6035e1cd3a9ef, S. 10

Geldpolitische Geschäfte	Transaktionsart		Laufzeit	Rhythmus	Verfahren
	Liquiditätsbereitstellung	Liquiditätsabschöpfung			
Offenmarktgeschäfte					
Hauptrefinanzierungsgeschäfte	Befristete Transaktionen	–	Eine Woche	Wöchentlich	Standardtender
Längerfristige Refinanzierungsoperationen	Befristete Transaktionen	–	Drei Monate	Monatlich	Standardtender
Feinsteuerungsoperationen	Befristete Transaktionen Devisenswaps	Befrisitete Transaktionen Hereinnahme von Termineinlagen Devisenswaps	Nicht standardisiert	Unregelmäßig	Schnelltender Bilaterale Geschäfte
Strukturelle Operationen	Befristete Transaktionen	Emission von Schuldverschreibungen	Standardisiert/ nicht standardisiert	Regelmäßig und unregelmäßig	Standardtender
	Entgültige Käufe	Entgültige Verkäufe	–	Unregelmäßig	Bilaterale Geschäfte
Ständige Fazilitäten					
Spitzenrefinanzierungsfazilität	Befristete Transaktionen	–	Über Nacht	Inanspruchnahme auf Initiative der Geschäftspartner	
Einlagefazilität	–	Einlagenannahme	Über Nacht	Inanspruchnahme auf Initiative der Geschäftspartner	

3.4.5 Mindestreservepolitik

Die EZB verlangt von den Kreditinstituten des Eurosystems, dass sie im Rahmen der Mindestreservevorschriften des Eurosystems **Mindestreserven** auf Konten bei den NZBs unterhalten. Die Pflichteinlagen werden als Guthaben mit dem Zinssatz des Hauptrefinanzierungsgeschäfts verzinst.

Die **Mindestreserven** steuern durch die Anpassung der Geldmenge die Höhe der Geldmarktzinsen.

Die Mindestreserve (Mindestreserve-Soll) des einzelnen Kreditinstituts ist im Durchschnitt innerhalb der Erfüllungsperiode, die regelmäßig am Abwicklungstag des ersten Hauptrefinanzierungsgeschäfts beginnt, zu erbringen. Ihre Höhe richtet sich nach der **Mindestreservebasis**. Diese wird individuell anhand ausgewählter Bilanzpositionen des Kreditinstituts festgelegt.

Das Mindestreserve-Soll jedes einzelnen Kreditinstituts wird durch die Anwendung des Mindestreservesatzes (%-Wert) auf die Mindestreservebasis berechnet.

Die Grundlage der Mindestreservebasis bilden die Monatsendbestände der reservepflichtigen Bilanzpositionen (Verbindlichkeiten) des vorletzten Monats vor Beginn der Erfüllungsperiode (vgl. Tabelle[13]).

A. In die Mindestreservebasis einbezogene Verbindlichkeiten mit positivem Reservesatz von 1 %
Einlagen
▪ Täglich fällige Einlagen ▪ Einlagen mit vereinbarter Laufzeit von bis zu zwei Jahren ▪ Einlagen mit vereinbarter Kündigungsfrist von bis zu zwei Jahren
Ausgegebene Schuldverschreibungen
▪ Schuldverschreibungen mit einer Ursprungslaufzeit von bis zu zwei Jahren
B. In die Mindestreservebasis einbezogene Verbindlichkeiten mit einem Reservesatz von 0 %
Einlagen
▪ Einlagen mit vereinbarter Laufzeit von mehr als zwei Jahren ▪ Einlagen mit vereinbarter Kündigungsfrist von mehr als zwei Jahren ▪ Repogeschäfte
Ausgegebene Schuldverschreibungen
▪ Schuldverschreibungen mit einer Ursprungslaufzeit von mehr als zwei Jahren
C. Nicht in die Mindestreservebasis einbezogene Verbindlichkeiten
▪ Verbindlichkeiten gegenüber Instituten, die ihrerseits den Mindestreservevorschriften des Eurosystems unterliegen ▪ Verbindlichkeiten gegenüber der EZB und den teilnehmenden nationalen Zentralbanken (NZBs)

Jedes Kreditinstitut kann aufgrund von Verwaltungskosten einen Freibetrag von 100.000 € von ihrem Mindestreserve-Soll pauschal abziehen.

Der Mindestreservesatz der EZB beträgt 1 %.

13 Quelle: https://www.ecb.europa.eu/pub/pdf/other/gendoc2008de.pdf?5af6b6a4265aed28f9e6035e1cd3a9ef, S. 66

BEISPIEL

Die Bilanzstatistik der EUROPA-Bank weist zum 31.03.20.. reservepflichtige Verbindlichkeiten in Höhe von 620 Mio. € (Mindestreservebasis) aus.

Berechnung des Mindestreserve-Solls:

Mindestreserve-Soll = (Mindestreservebasis x Mindestreservesatz) – Freibetrag (pauschal)
= (620 Mio. € x 1 %) – 100.000 €
= 6,1 Mio. €

Die EUROPA-Bank muss zur nächsten beginnenden Erfüllungsperiode eine Mindestreserve von 6,1 Mio. € bei der NZB (Deutsche Bundesbank) unterhalten. Diese Pflichteinlage (Guthaben) wird mit dem Zinssatz des Hauptrefinanzierungsinstruments verzinst.

Zusammenfassung und Lernkontrolle

Zusammenfassung

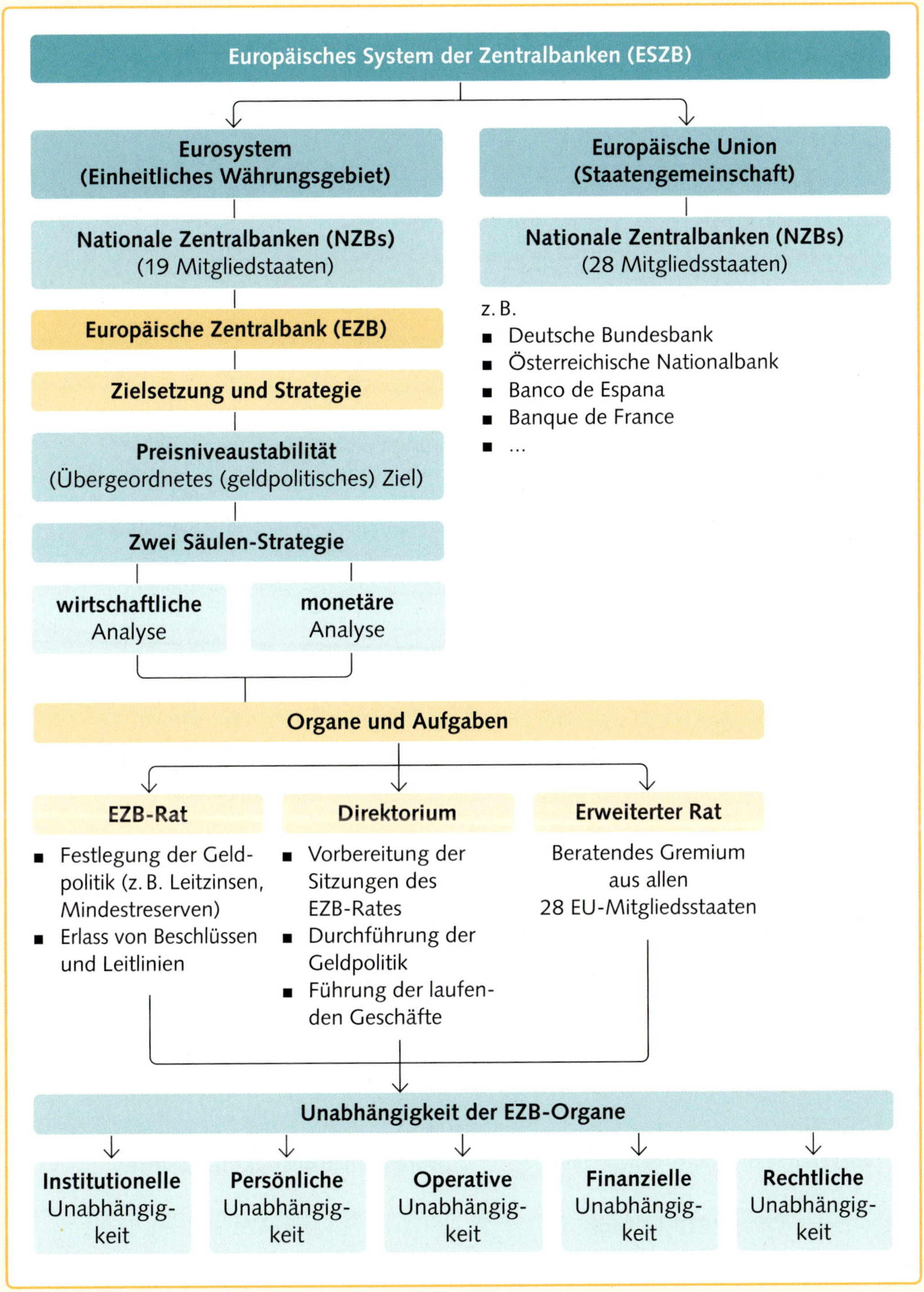

Geldpolitische Instrumente der EZB

- **1. Offenmarktgeschäfte** (Initiative EZB)
  - **Tenderverfahren** (Standardtender)
    - **Zinstender**
    - **Mengentender**
- **2. Ständige Fazilitäten** (Initiative Kreditinstitute)
- **3. Mindestreservepolitik** (Initiative EZB)

1. Offenmarktgeschäfte

- Hauptrefinanzierungsgeschäfte **(wöchentlicher Tender)**
- längerfristige Refinanzierungsgeschäfte **(monatlicher Tender)**
- Feinsteuerungsoperationen **(Devisenswapgeschäfte)**
- strukturelle Operationen **(Emission von Schuldtiteln)**

2. Ständige Fazilitäten

Spitzenrefinanzierungsfazilität	**Einlagefazilität**
Vergabe von **„Übernachtkrediten"**	Abnahme von **„Übernachteinlagen"**
Hintergrund: Bereitstellung schneller Liquidität zum Ausgleich fehlender Gelder (Sollsalden) über Hinterlegung von Sicherheiten. Diese Fazilität wird „overnight" auf Initiative der Kreditinstitute (Geschäftsbanken) veranlasst.	*Hintergrund:* Zinsbringende „overnight" Anlage bei den NZBs von überschüssiger Liquidität (Habensalden) auf Initiative der Kreditinstitute (Geschäftsbanken).
Zinssatzhöhe: **Obergrenze des Tagesgeldsatzes**	*Zinssatzhöhe:* **Untergrenze des Tagesgeldsatzes**
Oberer EZB-Leitzins	**Unterer EZB-Leitzins**

3. Mindestreservepolitik

MindestreserveSoll = Mindestreservebasis x Mindestreservesatz (1 %) – 100.000 €

↓

Geldpolitische Szenarien

Senkung der Mindestreserve	Erhöhung der Mindestreserve
↑ Geldmenge	**↓ Geldmenge**

Einflusswirkung auf die Kreditinstitute und Volkswirtschaft

Liquiditätserhöhung ↓ Zinssenkung ↓ Kreditausweitung ↓ Investitionsanstieg	Liquiditätsverknappung ↓ Zinssteigerung ↓ Krediteinschränkung ↓ Investitionsrückgang

Lernkontrolle

Aufgabe 1

Definieren Sie das Primärziel der EZB.

Aufgabe 2

Um den Zielerreichungsgrad des Primärziels zu kontrollieren, bedient sich die EZB einer Zwei-Säulen-Strategie. Erklären Sie diese.

Aufgabe 3

Nennen Sie die Organe der EZB und ihre Aufgaben.

Aufgabe 4

Beurteilen Sie die Unabhängigkeit der EZB für die Ausübung der Geldpolitik.

Aufgabe 5

Erklären Sie, wie die EZB Liquidität bereitstellen kann.

Aufgabe 6

Begründen Sie eine mögliche Leitzinserhöhung durch die EZB.

Aufgabe 7

Erklären Sie den Hintergrund der Mindestreservepolitik der EZB und beurteilen Sie die Auswirkungen einer Erhöhung des Mindestreservesatzes auf die Volkswirtschaft der Bundesrepublik Deutschland.

3.5 Globalisierung und internationale wirtschaftspolitische Zusammenarbeit

3.5.1 Globalisierung

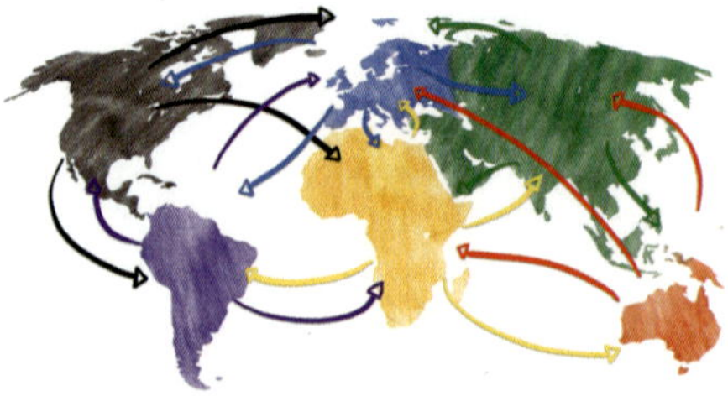

Globalisierung bezeichnet den Vorgang der zunehmenden weltweiten Verflechtung in Politik, Wirtschaft, Kultur, Umwelt, Kommunikation und anderen Bereichen.

Wirtschaftliche Globalisierung zeigt sich in einer zunehmenden internationalen Verflechtung der Wirtschaftsbeziehungen, z. B. im Handel, in der Produktionsteilung und durch Unternehmenskooperationen.

Sowohl Unternehmen als auch Märkte wachsen immer mehr über die regionalen und nationalen Grenzen hinaus. Im Grunde genommen ist die ganze Welt zu einem einzigen Wirtschaftsraum (Weltmarkt) zusammengewachsen.

Die Ursachen für die zunehmende Internationalisierung der Wirtschaftsbeziehungen sind in drei Bereichen zu sehen.

Ursachen der Globalisierung

- Liberalisierung des Welthandels
- Verbesserung der Transportmöglichkeiten
- Verbesserung der Informations- und Kommunikationsmöglichkeiten

Siehe Kapitel 4.2

Der Handel über die Grenzen eines Landes hinaus wurde insbesondere in der zweiten Hälfte des 20. Jahrhunderts stark erleichtert. Das hat zu einem verstärkten Warenaustausch auf internationaler Ebene geführt. Zur **Liberalisierung des Welthandels** haben zahlreiche internationale Handelsabkommen beigetragen. Neben dem Abbau von Zöllen führen auch die Standardisierung und der Abbau nichttarifärer Handelshemmnisse zur Öffnung des Welthandels.

Liberalisierung des Welthandels

Abbau von Zöllen
- Einfuhrzölle
- Ausfuhrzölle

Abbau nichttarifärer Handelshemmnisse
- Ein- und Ausfuhrquoten
- Ein- und Ausfuhrverbote
- Rechtliche Vorschriften
- Kennzeichnungsvorschriften
- usw.

Standardisierung
- Vereinheitlichung von Maßen
- Qualitätsstandards
- Kennzeichnungen
- usw.

Stark verbunden mit dem Warenaustausch sind **Transportmöglichkeiten und -kosten**. Seit Jahren sinken die Kosten für See- und Lufttransporte. Im Seeverkehr wird diese Entwicklung begünstigt durch die Einführung von großen Containerschiffen und den Einsatz von Standardcontainern. Nicht unerheblich ist zudem, dass viele Dokumente und Güter in digitaler Form vorliegen und schnell übermittelt werden können (z. B. Frachtbriefe, Software).

Die Entwicklung neuer Technologien im Bereich der **Informations- und Kommunikationstechnik** hat die Globalisierung in erheblichem Maße gefördert. Mittels Internet, E-Mail- und Telefonverkehr können Informationen in Sekundenschnelle kostengünstig weltweit übertragen werden. Die Gewinnung von Informationen und die Kontaktaufnahme zu Unternehmen sind stark erleichtert und kostengünstig. Hierbei spielt auch die Verbreitung der englischen Sprache als Weltsprache eine große Rolle.

3.5.2 Wirtschaftspolitische Zusammenarbeit von Staaten

3.5.2.1 Globalisierung und Wirtschaftspolitik

Angesichts der Globalisierung muss Wirtschaftspolitik nicht nur auf nationaler Ebene, sondern auch auf internationaler, insbesondere europäischer Ebene betrieben werden. Zahlreiche Reglungen und Entscheidungen der Europäischen Union betreffen die Wirtschaft der Mitgliedsstaaten. Internationale Organisationen beeinflussen ebenfalls die Wirtschaftspolitik.

3.5.2.2 Wirtschaftspolitische Zusammenarbeit in Europa

Durch die Gründung der Europäischen Union (EU) und deren Vorläufer wurde die wirtschaftspolitische Zusammenarbeit zwischen den Mitgliedsländern stark gefördert. Dies wurde durch die Schaffung von handlungsfähigen Organen mit gewichtigen Kompetenzen und der Schaffung eines „**Gemeinsamen Marktes**" vorangetrieben. Eine einheitliche europäische Wirtschaftspolitik erfolgt im Bereich der Geld- und Währungspolitik für die Euroländer durch die Europäische Zentralbank. Andere Wirtschaftsfelder, auf denen eine starke Zusammenarbeit innerhalb der EU erfolgt, sind z. B. Landwirtschaft, Fischerei, Verkehr und Handel. Angestrebt werden engere Verflechtungen in den Bereichen Beschäftigungs-, Umwelt- und Sozialpolitik.

Zur Überprüfung der Entscheidungen des Europäischen Rates ist der Europäische Gerichtshof zuständig.

Durch den Vertrag von Rom gründeten die Staaten Italien, Frankreich, Bundesrepublik Deutschland sowie Belgien, Niederlande und Luxemburg die Europäische Wirtschaftsgemeinschaft (EWG), aufbauend auf der bereits bestehenden Gemeinschaft für Kohle und Stahl (EGKS). Bereits bei der Gründung der EWG wurde das Ziel der Schaffung eines „Gemeinsamen Marktes" formuliert. Durch weitere Abkommen und Aufnahme weiterer Staaten wurde 1992/93 im Vertrag von Maastricht die Europäische Gemeinschaft mit erweiterten Kompetenzen gegründet.

Der gemeinsame Binnenmarkt der EU erlaubt den freien Personen-, Dienstleistungs-, Waren- und Kapitalverkehr für alle Bürger der EU.

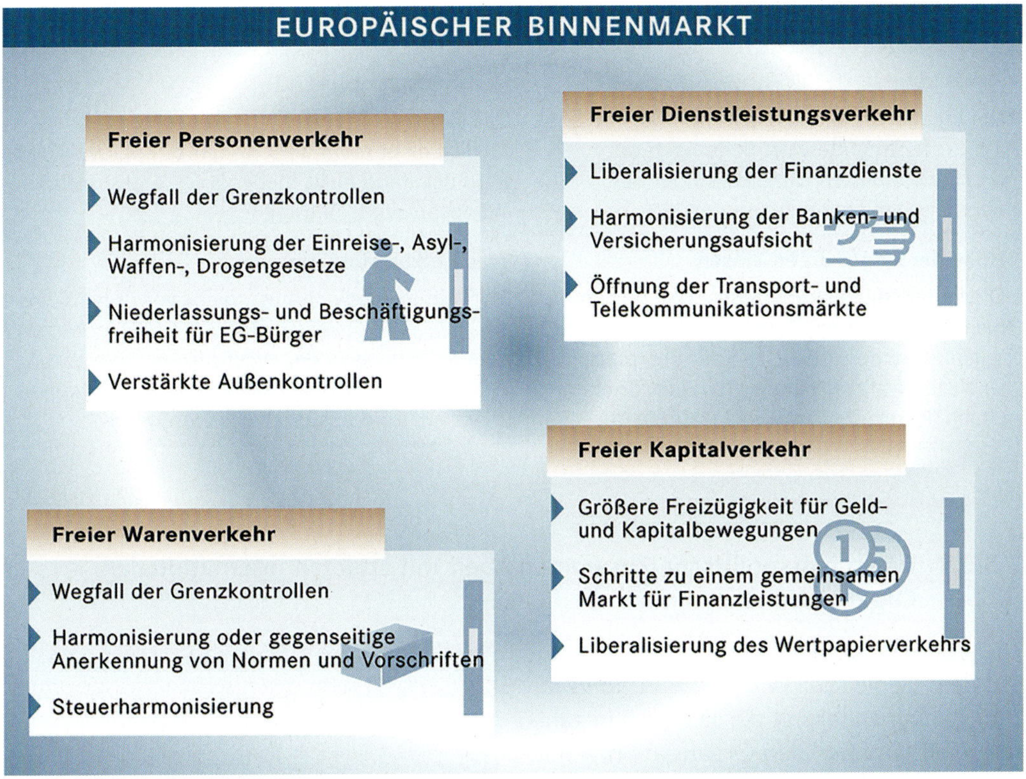

Quelle: https://www.bpb.de/nachschlagen/lexika/lexikon-derwirtschaft/19286/europaeischerbinnenmarkt

Ein weiterer Schritt der gemeinsamen Wirtschaftspolitik innerhalb der EU wurde durch die Einführung der Währungsunion mit einer gemeinsamen Währung zum 1. Januar 1999 vollzogen. Die **Europäische Währungsunion (EWU)** stellt den Zusammenschluss von EU-Mitgliedsstaaten auf dem Gebiet der Geld- und Währungspolitik dar. Seit ihrer Errichtung 1999 mit elf Staaten (Belgien, Deutschland, Finnland, Frankreich, Irland, Italien, Luxemburg, Niederlande, Österreich, Portugal, Spanien) traten mit Griechenland (2001), Slowenien (2007), Malta und Zypern (2008), der Slowakei (2009), Estland (2011), Lettland (2014), Litauen (2015) und Kroatien (2023) weitere Staaten bei.

- Seit 01. Januar 2002 gilt in allen Ländern der EWU der Euro als einheitliche und ausschließliche Währung. Einige Länder der EWU konnten oder wollten den Euro nicht oder noch nicht einführen
- Die EU-Staaten, die den Euro noch nicht eingeführt haben, sind grundsätzlich verpflichtet, der Währungsunion beizutreten sobald sie die im EG-Vertrag festgelegten Konvergenzkriterien erfüllen. Eine Ausnahme bilden Dänemark und Großbritannien, die eine Sonderstellung ausgehandelt haben („Opting-out-Klausel"). Sie können selbst entscheiden, ob sie der Währungsunion beitreten, sofern sie die Konvergenzkriterien erfüllen. Großbritannien hat 2017 seinen Austritt aus der gesamten EU erklärt und 2020 die EU verlassen.

Konvergenzkriterien der Europäischen Währungsunion	
Preisstabilität Die Inflationsrate darf nicht mehr als 1,5 Prozentpunkte über derjenigen der drei preisstabilsten Mitgliedsländer der Europäischen Union liegen.	**Haushaltsdisziplin** Das jährliche öffentliche Defizit sollte grundsätzlich nicht mehr als 3 %, der öffentliche Schuldenstand nicht mehr als 60 % des Bruttoinlandsprodukts betragen.
Höhe der langfristigen Zinsen Die langfristigen Nominalzinssätze dürfen nicht mehr als zwei Prozentpunkte über den entsprechenden Zinssätzen der drei preisstabilsten Mitgliedsländer der Europäischen Union liegen.	**Wechselkursstabilität** Der Beitrittskandidat muss mindestens zwei Jahre am „Wechselkursmechanismus II" teilgenommen haben. Dabei darf der Wechselkurs der eigenen Währung nicht starken Schwankungen gegenüber dem Euro ausgesetzt gewesen sein.

3.5.2.3 Wirtschaftspolitische Zusammenarbeit mit anderen internationalen Organisationen

© sogmiller – stock.adobe.com

Die Bundesrepublik Deutschland arbeitet auf dem Gebiet der Wirtschafts- und Währungspolitik außer mit der EU noch in zahlreichen internationalen Organisationen mit, die sich mit diesen Gebieten beschäftigen.

- Die wichtigsten Organisationen sind die
- OECD (Organisation für wirtschaftliche Zusammenarbeit und Entwicklung),
- UNCTAD (Konferenz der Vereinigten Nationen für Handel und Entwicklung),
- WTO (Welthandelsorganisation),
- IWF (Internationaler Währungsfonds),
- Internationale Bank für Wiederaufbau und Entwicklung (Weltbank), sowie die
- ILO (Internationale Arbeitsorganisation).

OECD: Organisation für wirtschaftliche Zusammenarbeit und Entwicklung

Aufgabe der OECD ist die Erstellung wirtschaftswissenschaftlicher Forschungsarbeiten in Form von Analysen und Statistiken zu länderbezogenen oder übergreifenden wirtschaftlichen Themen und die Erarbeitung von Problemlösungsvorschlägen.

UNCTAD: Konferenz der Vereinten Nationen für Handel und Entwicklung

Die UNCTAD hat die Aufgabe der Förderung des Handels und der Entwicklung in und mit sogenannten Entwicklungsländern, insbesondere durch Integration dieser Länder in den Welthandel. Hierzu liefert die UNCTAD Forschungsergebnisse und Analysen, veranstaltet Konferenzen und fördert die technische Zusammenarbeit.

WHO: Welthandelsorganisation

Die WHO verfolgt das Ziel der Liberalisierung des Handels durch Abschaffung von Zöllen und Handelsbeschränkungen sowie die Bekämpfung von handelspolitischen Diskriminierungen. Hierzu erarbeitet die WHO Abkommen und bietet ein Forum für Verhandlungen über multilaterale Handelsbeziehungen.

IWF: Internationaler Währungsfonds

Der IWF hat die Aufgabe im Interesse des Handels für Stabilität der Wechselkurse zu sorgen. Zudem gibt der IWF seinen Mitgliedern Hilfestellungen bei Zahlungsschwierigkeiten, durch Kreditgewährung, Überwachung der Finanzpolitik, Hilfen durch Beratung, Ausbildung und Informationen in Form von Statistiken.

Weltbank: Internationale Bank für Wiederaufbau und Entwicklung

Die Weltbank unterstützt Entwicklungsländer bei ihrem wirtschaftlichen Aufbau. Hierzu gewährt sie Darlehen, berät und gewährt technische Unterstützung.

ILO: Internationale Arbeitsorganisation

Ziele der ILO sind die Verbesserung der Arbeitsbedingungen, der Arbeitszeitregelungen und des Schutzes der Arbeitnehmer gegen arbeitsbedingte Krankheiten und Verletzungen sowie das Erreichen einer gerechten Entlohnung und die Förderung der Aus- und Weiterbildung der Arbeitnehmer.

Zusammenfassung und Lernkontrolle

Zusammenfassung

- Globalisierung führt zur weltweiten Verflechtung der Wirtschaftsbeziehungen (Weltmarkt)
- Gründe für die Globalisierung:
  - Liberalisierung des Welthandels durch Abbau von Zöllen und Handelshemmnissen sowie Standardisierung
  - Verbesserung der Transportmöglichkeiten durch geringe Transportkosten, Container und digitalen Austausch
  - Verbesserung der Kommunikationsmöglichkeiten durch Telefon, Internet, E-Mail
- Globalisierung erfordert Zusammenarbeit auch in der Wirtschaftspolitik
  - Wirtschaftspolitische Zusammenarbeit in der EU, insbesondere Schaffung eines gemeinsamen Binnenmarktes und einer Währungsunion
  - Wirtschaftspolitische Zusammenarbeit in internationalen Organisationen, wie z. B. OECD, WHO, IWF oder Weltbank.

Lernkotrolle

Aufgabe 1

Beschreiben Sie, was man unter wirtschaftlicher Globalisierung versteht und erklären Sie Ursachen der Globalisierung!

Aufgabe 2

Die Globalisierung wird von vielen Menschen scharf kritisiert. Suchen Sie in der Diskussion und mit Hilfe einer Internetrecherche Argumente, die diese Kritik unterstützen.

Aufgabe 3

Die Schaffung der Europäischen Währungsunion (Einführung des Euro) wird meist positiv bewertet. Worin sehen Sie die Vorteile und eventuell Nachteile der gemeinsamen Währung?

Aufgabe 4

Die Befreiung des Welthandels von Zöllen und vergleichbaren Handelshemmnissen ist nicht unumstritten. Gegner des Abbaus von Handelsbeschränkungen sehen im Protektionismus ein wichtiges Instrument der Wirtschaftspolitik. Durch Einfuhrzölle und Subventionen soll die heimische Wirtschaft geschützt und gestärkt werden. Beschreiben Sie die Vorteile des Protektionismus und kritisieren Sie diese aus Sicht der Befürworter des Freihandels, die einen uneingeschränkten internationalen Warenverkehr fordern! Beurteilen Sie die beiden grundsätzlichen Positionen zusammenfassend!

Aufgabe 5

Die Schaffung eines gemeinsamen europäischen Marktes bzw. des EU-Binnenmarktes beinhaltet den freien Personen-, Kapital-, Dienstleistungs- und Warenverkehr. Stellen Sie Vor- und Nachteile dieser vier Merkmale (Freiheiten) des Binnenmarktes gegenüber.

Sachwortverzeichnis